INTEGRATIVE LIFE PLANNING
Critical Tasks for Career Development and Changing Life Patterns

# キャリア開発と統合的ライフ・プランニング

## 不確実な今を生きる6つの重要課題

Sunny Sundal Hansen
サニー・S・ハンセン
■著■

平木典子／今野能志／平 和俊／横山哲夫
■監訳■

乙須敏紀
■訳■

福村出版

ヘンリー・ボロウへ
師であり、友であり、同僚であるあなたから私は、
仕事だけでなく、
人生におけるさまざまな役割について学びました

トール、ソーニャ、もう1人のトールへ
あなたたち家族は、本書の執筆にとって
かけがえのない愛、支え、そして生きた見本でした


INTEGRATIVE LIFE PLANNING:
Critical Tasks for Career Development and Changing Life Patterns
by L. Sunny Hansen

Copyright © 1997
by Jossey-Bass, Publishers,
350 Sansome Street, San Francisco, California 94104
All Rights Reserved.

This translation published under license.
Translation © 2013 Fukumura Shuppan Inc.
Japanese translation published by arrangement
with John Wiley & Sons International Rights, Inc.
through The English Agency (Japan) Ltd.

## 日本語版によせて

　私は、カウンセリングとキャリア・ディベロプメントに関わっている日本の仲間が私の著書 "*Integrative Life Planning – Critical Tasks for Career Development and Changing Life Patterns*" の翻訳を選んでくれたことをたいへん嬉しく思います。皆さんがこのような決断をしたことを光栄に思い、そして、もちろん日本のカウンセリングとキャリア・ディベロプメントの専門家の皆さんが本書に興味を持ってくださることを望んでいます。私は私的にも仕事上でも日本とは長く関わりを持ってきましたので、とりわけ日本の仲間が私のＩＬＰを日本語に翻訳してくれたことに感謝します。実のところ、Integrative Life Planning は、私が 12 年以上前にミネソタ大学 Education and Human Development 学部 Counseling and Student Personnel Psychology（CSPP）教授としての仕事の集大成として創り上げた概念です。振り返ると、私を日本に紹介してくれたのは日本でもよく知られ尊敬を集めていた Henry Borow 教授で、私が彼の秘書をしていた学部の学生だった頃でした。彼は、日本でキャリア開発のコンサルタントとして活動しているとき、奥様と生まれたばかりのお嬢さん Carolyn と一緒に住まわせてくれました。それが 60 年前のことであること、そしてすべてがそこから始まったことを考えると、まさに驚きです。

　私は、Integrative Life Planning の日本語版を 50 年来の夫である Tor Kjaerstad Hansen に、そして２人の成人した子どもたち Sonja K. Johnson と Tor Sundal Hansen と孫である Walter、Jana Johnson、Sofie、Kyra Hansen たちに捧げたいと思います。

　キャリア開発と変化における重要な人生上の課題という Integrative Life Planning のメッセージは、日本の人々にも適用できると思います。ILP はアメリカにおけるキャリア開発とライフ・パターンという視点から書かれ

たものですが、その概念は他の国々の仲間にも同じように意味があるということを知り、私は勇気づけられています。

　また私は、ILP の 6 つの重要課題は、依然として妥当で、そしていくらかの普遍性もあると思っています。ほとんどの人間にとって、働くこと、そして既存の仕事に限らず自分にとってなすべき仕事を見つけることが、今でも重要なことなのです。私たちは、時代の変化が新たなニーズと機会を創り出し、キャリア開発とその他の領域のリーダーたちがそのニーズへの対応策を創造してきたことを知っています。

　これまで、ILP の重要課題はいくらか変化してきました。具体的に言えば、「健康に関心を向ける」ことはほとんどの人々にとって重要であることが早い時期に認識されていました。個人的な視点から言えば、私は、それが自分は何者であるかの中心に位置づけられ、そしてそれは自分が何ができて何ができないかに深い影響を与えている、ということを発見しました。したがって、この課題を ILP の最新の鍵概念として追加しています（訳注：最後に補遺として付け加えられています）。

　私は Integrative Life Planning は日本の人々にとって意味のある重要な概念であるということが明らかになることを願っています。渡辺三枝子氏、平木典子氏、仙崎武夫妻をはじめ、日本の友人と仲間の皆さん、そして日本を私の人生の重要な部分にしてくださったすべての方々に私の敬意を伝え、結びとします。

2013 年 3 月　　　　　　　　　　　　　Sunny Sundal Hansen, Ph.D.
Professor Emerita
Counseling and Student Personnel Psychology Program
Department of Educational Psychology
College of Education and Human Development
204 Burton Hall
University of Minnesota, Minneapolis 55455/U.S.A.

## 監訳者まえがき

　100時間を超える監訳討議を共にした仲間から要請があった。「永く日本におけるキャリア開発にコミットし続けた横山の"思い"を記す」ことが本書の「監訳者まえがき」になる、と。この要請を受けさせていただくことにした。

　事実、少数の同志と限られた支援者に勇気づけられながら、日本のキャリア開発のありようとあるべき姿についての発信と実践を永く続けてきたが、その発端は、個人の主体性軽視の日本型人事・人材管理に対する人事マンとしての造反、挑戦にあった。半世紀前からのことである。多くの試行錯誤と教訓のなかから理論づくりにも挑戦した。今なお燃え続ける"思い"は、「自由で、自主的で、多様な、個人の生き生きした姿づくり」と「そのような個人との共生を可能とする組織、社会環境づくり」の支援へのコミットメントである。

　過去半世紀の半ばはその実現を阻む既成概念との闘いに明け暮れた観があるが、その間に活動の焦点は「キャリア開発の啓発・普及・浸透」に定まった。学会、専門・教育機関をはじめ、行政を含む組織、社会の一部にも、注目すべき変化がこのころから見られるようになった。キャリア開発の内的（内在的）把握を含め、その正当な理解の浸透は現在なお不十分と言わざるを得ないが、このタイミングでサニー・ハンセン先生のIntegrative Life Planning（ILP）の邦訳が可能になったことは特筆すべき出来事になるに相違ない。

　ILP原著の出版（US）は16年を遡るにもかかわらず、その内容は日本社会がいま、まさに必要としているものである。不確実で激しくグローバル化しつつある重要課題に関する指摘は「われわれはいかに生き、いかに働

くか」という問いに答える観点、指針、戦略を示唆し、多様性の前提としての多元性、包含性と、スピリチュアリティを含める。特にキャリア開発、キャリア・カウンセリングに携わる者にとっては、現場の問題、課題に対する対応への示唆・活用に富むことも本書の貴重な側面であろう。本書が、未だ道半ばにある日本のキャリア開発の支援活動やキャリア教育の発展と充実の支えとなることを心から願う。

　私的には、先にエドガー・シャイン先生によって風穴を開けていただいた内的（内在的）キャリア開発の視点に大きなインパクトを受けたこと、そして、今ハンセン先生の壮大・深遠で、熱情的な ILP 実践哲学の監訳に参加できたことによる充足感に痺れている次第である。

　全巻を通して困難な訳に大変な労を執られた乙須敏紀氏、価値ある学術書として立派に作り上げてくださった編集者の小川和加子氏、そして当初の予定よりも発刊の大幅な遅延をもたらしたにもかかわらず、ここまでご辛抱いただき、しかも絶え間ない励ましを送っていただいた福村出版の常務取締役宮下基幸氏にお詫びとともに感謝の意を表したい。監訳者一同（平木典子・今野能志・平和俊・横山哲夫）の熱意を読者は汲んで下さることを信ずる。なお力の及ばぬ点についてはご叱正とご寛容をお願いしたい。

2013 年 1 月　　　　　　　　　　　　　　　　　　　　　　横山哲夫
　　　　　　　　　　　　　　日本キャリア開発研究センター（JICD）顧問
　　　　　　　　　　　　　日本キャリア・カウンセリング研究会（JCC）顧問

# キャリア開発と統合的ライフ・プランニング
## 不確実な今を生きる6つの重要課題

目　次

日本語版によせて　　サニー・S・ハンセン　　*3*
監訳者まえがき　　横山哲夫　　*5*

序文　　*11*
著者について　　*23*

## 第1章　統合的ライフ・プランニング：
　　　　キャリア・ディベロプメントの新しい考え方──*25*

キャリア・ニーズ：過去と現在　■　キャリアの広義の概念　■　新しいアプローチの必要性　■　統合的ライフ・プランニング（ILP）：新しい概念　■　比喩としてのキルトとキルター　■　ILPの概念的枠組み　■　ILPの原理　■　6つの重要課題　■　結論

## 第2章　ILPの学際的起源を辿る──────────*53*

キャリア・ディベロプメントと成人の発達　■　ジェンダー役割理論　■　ジェンダー役割システム　■　女性の発達理論　■　「新しい男性」の発達理論　■　多文化理論と知見　■　スピリチュアリティ（精神性・魂・霊性）　■　ILPのその他のルーツ　■　結論

## 第3章　重要課題1：変化するグローバルな文脈のなかで
　　　　なすべき仕事を見つける──────────*85*

グローバルにそしてローカルに、考えそして行動する　■　変化するグローバルな文脈を理解する　■　結論

## 第4章　重要課題2：人生を意味ある全体のなかに
　　　　織り込む──────────────────*121*

全体的な発達　■　統合的ライフ・プランニングにおける全体的概念　■　女性

と男性の全体的キャリア・ディベロプメント ■ ジェンダー役割におけるエージェンシー（Agency）とコミュニオン（Communion） ■ 自己充足と結びつき ■ 結論

## 第5章　重要課題3：家族と仕事をつなぐ──────167

家族と仕事における変化 ■ 家族と仕事に関する重要な理論と研究 ■ 家族と仕事、その役割と関係 ■ 組織における仕事─家族の問題 ■ ライフ・プランニングへの介入 ■ ライフ・プランニングの展望 ■ 結論

## 第6章　重要課題4：多元性と包含性に価値を置く──────207

多様性に価値を置く ■ 多様性に関わる ■ 多元主義（pluralism） ■ 多文化カウンセリング ■ 多文化キャリア・カウンセリング ■ 組織における多文化的キャリア介入 ■ 多文化キャリア・カウンセリングにおけるジェンダー要因 ■ 包含性（Inclusivity） ■ 文化的な感受性の高いキャリアの専門家にとっての課題 ■ 結論

## 第7章　重要課題5：スピリチュアリティ（精神性・魂・霊性）と人生の目的を探究する──────249

スピリチュアリティ、宗教、そしてカウンセリング ■ スピリチュアリティを定義する ■ スピリチュアリティとキャリア ■ スピリチュアリティと心理学 ■ スピリチュアリティ、価値観、そして物質主義 ■ スピリチュアリティと仕事 ■ スピリチュアリティと目的 ■ 物語りとしてのキャリア ■ スピリチュアリティと統合的ライフ・プランニング ■ 結論

## 第8章　重要課題6：個人の転換（期）と組織の変化のマネジメント──────283

個人の転換（期） ■ Schlossbergの転換（期）への適応理論 ■ ある失業のケー

ス・スタディ ■ 対処戦略 ■ 転換（期）にある女性 ■ 意思決定と転換（期）
■ 組織的変化 ■ グローバルな社会的変化 ■ 結論

## 第9章　人生を統合し、社会を形作る：
　　　　キャリアの専門家にとっての意義―――――327

ILPの概念の総合 ■ ILPの重要課題の再検証 ■ 統合的ライフ・プランニングの諸概念 ■ キャリアの専門家にとってのILPの意義 ■ 新しいパラダイムへの移行 ■ 統合的ライフ・プランニングと社会的変化 ■ 結論

## 演習問題集：ILPの適用――実践のための演習―――369

補遺（監訳者あとがきに代えて）
統合的ライフ・プランニングの活用：専門的能力開発のために　*401*

参考文献　*415*
索引　*437*

# 序　文

「労働者たちは安心して働ける新しい職場を求めている」
「企業の殺し屋たち：ウォールストリートはレイオフが好きだ。しかし一般大衆はひどく怯えている。何か良い方法はないか？」
「事業が見直されるとき、何百万もの人間が路頭に迷う」
「履歴書を何千通送っても元管理職はまだ仕事を見つけられない」
「厳しい仕事、容赦のない賃下げ：ブルーカラーを叩きのめすレイオフ」

　本書の原稿を書き終える1週間前の新聞や雑誌の紙面に踊るこれらの衝撃的な見出しは、本書が取り扱うテーマの1つ、アメリカの労働環境の劇的変化を鮮明に描き出している。本書を執筆している間、この問題が新聞の見出しを占領していた。私は、キャリアの専門家として、言い換えると、人々がただ生き延びるだけでなく、21世紀の生活と仕事に向けて準備できるように支援する者の視点から、本書を書いている。私は、今われわれには、キャリア・プランニングのための新しい哲学、仕事や家族そして他の人生の役割についての新しい態度、他者と関わる新しい方法、そしてコミュニティにおける仕事の目的についての新しい感覚が必要だと強く主張したい。

　ここ数年、キャリア・ディベロプメントの専門家は、キャリア・プランニングについての従来の考え方が時代遅れとなり、不十分であることを認識してきた。多くの人々が、既存のキャリアと職業活動に関する理論では、今現実に人々の生活で起こっているさまざまな事態に対処することができないと批判している。教育、仕事、家族、ビジネス、産業、テクノロジー、人間の成長、そして国境を巡る国際的紛争等のあらゆる分野で起こっている劇的な変化は、世界をますます不確実性の高いものにしている。人々を職業にマッチングするという古いパラダイムは、キャリアとライフ・プラン

ニングのための新しいパラダイムに道を譲りつつある。しかしわれわれは、新しいアプローチがどのような形を取るべきかをまだ正確には知らない。

## ■本書の必要性

　本書は、21世紀の人生および仕事に向けて準備しているクライエントを支援するキャリアの専門家に、新しい概念的枠組みを提供することを目的とした10年間に及ぶ研究の成果である。本書を執筆するために行った準備は膨大で、困難を極めるものだった。本書は、さまざまな状況に置かれている学生、クライエント、被雇用者を支援しているキャリアの専門家が、新しい考え方、新しい世界観を発展させ、不断に変化する世界のなかでどうすれば人々の人生選択と意思決定を最善の形で支援することができるかについて、新しい方法で考えるようになることを目的として書かれた。本書は、機械的、断片的、還元主義的世界観から離れ、人々とコミュニティの、つながりのある、全体的で、統合された新しい世界観へと向かう最近の潮流と合致している。

　この新しい理論体系は、**統合的ライフ・プランニング**（Integrative Life Planning: ILP）という。ILPは、キャリア・プランニングのための従来の「特性因子理論」——個人の特性を研究し、職務を研究し、それからその2つをマッチングさせる——から離れ、1人ひとりの人生コースそのものを設計する全体的アプローチへと向かう動きを象徴している。ILPは、これまでのキャリア・ディベロプメント理論、とりわけ故ドナルド・スーパー（Donald Super）の理論から多くを継承している。スーパーはキャリアを、個人にとって満足でき、社会にとっても利益となる自己概念の発達と実現として、そして人が生涯を通じて持つ役割の連続として、他の誰よりも幅広く定義した。そこでは、職業はそのほんの1つの役割でしかない。

　この広義のキャリアの概念は行きわたってきたものの、依然としてキャリアの古い意味が支配的である。多くの人々がキャリアという概念を、単純に職務や職業と同一視している。ミネソタ大学でキャリア・ディベロプメントに関する講義を25年ほど行ってきた後、私はキャリア・ディベロプメントについての新しい用語、新しい概念を確立する必要があると確信

した。1987年にフロリダ州オーランドで、全米キャリア・ディベロプメント学会の第1回全国大会が開催されたが、私はそこで、統合的ライフ・プランニングの概念を初めて体系的に提示した。それは、キャリアの専門家の間にかなり大きな反響を呼び起こした。その後、このモデルはワークショップや講義のなかで、さらに4年前から冊子の形で配布するなかで、何百人もの実践家によって検証され、質問を受け、討論するなかで、私はこの理論に変更を加え、さらに精緻なものにしていった。

キャリア・ディベロプメントと組織開発の分野では、多くの専門家がキャリアを新しい観点から見直し始めている。1992年のオハイオの全国大会には、理論家と実践家の両方が結集し、職業発達とキャリア・ディベロプメントの2つの発達理論の統合を模索した。1994年の第2回会議では、キャリア・カウンセリング実践、すなわちキャリア介入理論の開発が始まった。その会議の報告で Mark Savickas は、Frank Parsons の論理的合理的モデルは、20世紀初頭の職業ガイダンス（vocational guidance）のための一解決策となることができ、またドナルド・スーパーのキャリア・ディベロプメント理論は、20世紀後半の一解決策となることができたが、20世紀が終わり新しい世紀に入ろうとしている今、人々の生活の文脈とキャリア・カウンセリング実践に適切な新たな解決策が求められていると提起した。

統合的ライフ・プランニングモデルは、そのような解決策の一部として包括的枠組みを提供する。それは変化している家族、仕事、学習、余暇という文脈のなかで、また世界が日々刻々と1つのグローバル・コミュニティになりつつあるという文脈のなかで、人々が人生選択と意思決定を行うのを支援する。初期のモデルは、ますます小さくなりつつある労働市場という1つのパイから、個人が1つの職業を見出すのを支援することに重点を置いたものであったが、次に現れたモデルは、人生の役割の探求を奨励するものであった。しかし、実践に移すことは非常に難しいということが判明した。

1990年代に入ると、未来を計画するには熟考しなければならないあらゆる種類の新しい問題が出現していることに気づかされた。さまざまな世界的および地域的問題が、われわれの関心を呼んでいる。そしてわれわれの周りには、仕事の性質と労働形態の変化、女性と男性のキャリア・ディ

ベロプメント、仕事と家族のつながり、ますます多様化しつつある職場における人間関係の有効性、スピリチュアリティ、人生の意味と目的、そして個人の転換（期）と組織の変化などに関わる問題が噴出している。

　組織的キャリア・ディベロプメントの専門家と経営コンサルタントもまた、職場で実際に起こっているさまざまな劇的な変化についての書物を著し、未来の組織におけるまったく異なったパターンのキャリア・ディベロプメントを示唆している。Douglas T.（Tim）Hall が、「変幻自在のキャリア（protean career）」について初めて記述したのは、1976 年のことであった。1996 年の現在、彼が予言した内容は現実となりつつある。「変幻自在の（プロテアン）キャリア」——その名前は、ギリシャ神話のプロテウスに由来する——は、多くの形を取ることができる。それは、素早く変化しながら適応し、人間関係における成長を経験し、常に自らの意思で学び続ける学習者としての個人を意味する。William Bridges（1993, 1994a, 1994b）も同様に、21 世紀におけるキャリア・プランニングは、「脱職務化した（dejobbed）」社会における変化に適応でき、自らを起業家、すなわち「ベンダー（vendors）」として売り込むことができる人間となることを要求するであろうと予言した。Jeremy Rifkin（1995）はさらに進んで、「仕事の終わり（the end of work）」を予言した。個人のキャリア・ディベロプメントと組織的キャリア開発という 2 つの分野が、本書で述べているような形で共に変化しつつある——そしてそこでは、変化している社会における、個人のキャリア・ディベロプメントと組織のキャリア開発の相互作用が重要となる。

　私は、ILP は、人々の人生の文脈と、そこにおける選択の両方を検証するための学際的枠組みを提供することによって、個人と組織の間にある溝を埋めることができると信じている。ILP 概念を構築していく努力は、心理学、キャリア・ディベロプメント、家族社会学、多文化主義、組織開発、成人の発達、経済学、社会学、未来学、さらには神学に至るまでのさまざまな学問領域の文献に及んだ。この意味で本書は、非伝統的である。それはカウンセリングとキャリア・ディベロプメントという私自身の境界を越えて、他分野の思索の成果を取り込んだものになっている。私は主観的なものから客観的なもの、学問的なものから大衆的なもの、個人的なものから専門的なものまで、ありとあらゆる種類の文献に目を通した。ある意味

で本書は、箱の外に出る試みを象徴している。本書は、変化する女性と男性のニーズを地域的およびグローバルな規模で見つめ直すのを助ける。本書はまた、キャリアをただ単に個人的な成果として捉えるのではなく、コミュニティ全体の幸福のためのものとして捉えることを強く主張する。

## ■想定する読者

　取り扱う範囲の広さから、本書は幅広い読者の関心を引くであろう。とはいえ、本書は特に、教育機関、経営組織、行政機関、政府機関で活動する、自らをキャリアの専門家と考える人々を想定して書かれている。具体的には、キャリア・カウンセラー、キャリア・コーチ、キャリア・センターの所長、カウンセラー教育者、大学の学生指導職員、アカデミック・アドバイザー、人材開発マネジャー、組織開発専門家、労働市場情報専門家、未来学者、経営コンサルタント、従業員支援専門家、学校カウンセラー、キャリア・セラピスト、再就職斡旋カウンセラーまたはコンサルタントであり、そしてもちろん学生も含まれる。キャリア・ディベロプメント、組織開発、成人教育、人的資源開発について教えている教授にとっても、本書は教科書として、あるいは副読本として役に立つであろう。また、家族カウンセラーや、現在、自分自身でキャリアを設計したり、変更したりしている個人にとっても有益な一冊となるであろう。本書では特別な場合を除き、**キャリアの専門家**、**キャリア・カウンセラー**、**キャリアの実践家**という用語をほぼ同じ意味で用いている。

　私は本書で示した概念、課題、動向、戦略が、理論家にとっても、実践家にとっても有益であることを願っている。本書は他の誰よりも、キャリアの専門家が、読み、熟考し、書かれている考え方に基づき活動し、仕事上のさまざまな決定に役立ててほしいと願っている。本書は解答を示す書ではなく、多くの問題を投げかけ、人々が日々追求しているキャリアとライフ・プランニングに、多くの新たな問いを投げかけ、1つのアプローチを提案するものである。本書は、どうすれば概念を実行に移すことができるかを示す「ハウツー」ものではないが、ワークショップ、クラス、その他のキャリア上の介入の場で、どのようにILPの理論を実践に移すかに

ついての考え方は示している。この次には、実践のための新たな書が必要となるであろう。そしてそこには、キャリアの専門家が日々のILPの実践のなかで発展させたさまざまな創造的考え方、自分自身のILPモデルと戦略が含まれることは間違いない。

## ■本書の構成と概念

　統合的ライフ・プランニングの概念は、これまで拒否されたり無視されたりすることの多かったキャリア・ディベロプメントの諸側面にキャリアの専門家の目を向けさせるための枠組みを提供する。それは、21世紀の未来に向けてライフ・プランニングを策定しようとする人々が必ず考えなければならない6つの重要課題、人生のテーマを明らかにする。統合的ライフ・プランニングという概念は、職業選択という狭い枠をはるかに超えている。それは人類が直面しているさまざまな課題を、個人、家族、コミュニティのニーズと結びつけるための概念である。そして本書は、人々の夢と希望を、1990年代に社会が直面している地域と、グローバルなニーズと調和させる結びつきと全体性について書かれている。

　ILPの6つの重要課題については、第3章以降に、1つの課題につき1章を割り当てて詳説していく。各章では、関連する背景、問題、動向、そしてさまざまな分野の研究者および実践家の理論を検討する。そのなかで私は、一定の重要事項を具体的に示し強調するために、個人および家族の体験や具体例を示した。本書のなかで行われた検討が、さまざまなクライエントのために活動するキャリアの専門家にとって有益なものであることを願っている。

　第1章「統合的ライフ・プランニング：キャリア・ディベロプメントの新しい考え方」は、キャリア・ディベロプメントに対する従来の考え方の限界と、新しい考え方の論理的根拠と必要性について検討して、考察のための舞台を設置している。そこでは、統合的ライフ・プランニングの概念、つまりその基盤となる諸原理と、6つの重要課題、すなわち人生のテーマを構成する次元を提示する。特性因子理論は残り続けるであろうが、ILPは、より全体的な、そしてたぶん利他的な生き方を模索している人々

のために、1つの選択肢としての枠組みを提供する。

第2章「ILPの学際的起源を辿る」は、ILPの基礎知識を提示する。それには、生涯発達と成人の発達に関する理論、キャリア・ディベロプメント理論、ジェンダー役割理論、多文化理論と概念などに関する文献の要約が含まれる。本書のページの限界から、文献の引用は包括的というよりは選択を余儀なくされている。すべての章を通して言えることであるが、私は各重要課題に関しては、質的研究と量的研究の両方の知見に依拠した。

ILPの6つの重要課題についての検討は、第3章の「重要課題1：変化するグローバルな文脈のなかでなすべき仕事を見つける」から始まる。私は1万233項目の地球規模の課題のなかから、ILPに関係が深く、そしてスローガンにもなっている「グローバルに考え、ローカルに行動せよ」という必要性に則って、私にとって重要と思われる10の課題を選び出し、検討した。第4章「重要課題2：人生を意味ある全体のなかに織り込む」では、ILPの「4つのL」、すなわち、**Labor**（労働）、**Love**（愛）、**Learning**（学習）、**Leisure**（余暇）について検討する。それに続いて、この4つのLが女性と男性のキャリア・ディベロプメントに及ぼす主な影響について検討する。私はそこで、男性と女性の両方が伝統的なパートナーとしてのジェンダー役割と機能から離れる手段として、「自己充足と結びつき」の概念を提起した。

第5章「重要課題3：家族と仕事をつなぐ」では、合衆国に実在するさまざまな家族のタイプを検証し、特に共稼ぎ家族のなかでそして、組織内において引き起こされる役割葛藤の問題を検証する。そこでは、仕事と家族の役割とその両者の関係を効果的にするためのいくつかの介入を提案し、新しい家族のあり方が効果的に機能するためには、新しい考え方が必要であることを提示する。4番目の重要課題である、他者の多様性に価値を置きながら、われわれ自身の独自性を理解するという点に関しては、第6章「重要課題4：多元性と包含性に価値を置く」で検討する。人口動態が変化し、労働力の中身がますます多様化するなかで、労働者は、「他者」の世界を理解するための対人関係態度とスキルを発達させることが重要になる。多文化キャリア・カウンセリングにおける人種およびジェンダーの問題として、**多元主義**（pluralism）と**多文化主義**（multiculturalism）とい

う用語が検討される。その一方で、家庭内暴力、性器切除、嫁焼殺などの、人間（多くが女性）の尊厳を侵害する伝統が多く存在することを取り上げ、そのような習慣が残存していることに対して寛大であるべきではないということを強調している。どのような背景を持つ女性、男性であれ、エンパワーメントという概念が極めて重要になるということが強調される。

　第7章「重要課題5：スピリチュアリティ（精神性・魂・霊性）と人生の目的を探究する」では、大部分の人間が今後、スピリチュアリティを探究することの必要性を自覚させる。それは宗教的信条の如何にかかわらず、人間としての統合性と全体性にとって核となるものである。この章ではまた、スピリチュアリティと、価値、金銭、物質主義の関係が検証される。キャリア・プランニングのなかでこれらの問題を扱うための一般的な方法と同時に、スピリチュアリティに関するさまざまな出典およびその意味を引用した。

　第8章「重要課題6：個人の転換（期）と組織の変化のマネジメント」は、本書で最も重要な章の1つである。なぜなら、ここでわれわれは、さまざまな転換（期）のモデルを詳細に検証し、個人の転換（期）と意思決定を連繋させ、積極的（肯定的）不確実性（Positive Uncertainty）の概念を詳説し、個人のキャリアに影響する組織の変化について検討するからである。この章ではまた、組織におけるリーダーシップの役割についての周知の哲学が、男性、女性を問わず現代の労働者を苦しめている実際の企業現場とは乖離していることについて、問題を提起する。失業についてのケーススタディでは、失業がどのように家族に影響を与えるかについての私の個人的な体験を紹介する。

　最終章の「人生を統合し、社会を形作る：キャリアの専門家にとっての意義」では、ILPの概念と6つの重要課題を要約し、ILPとコミュニティにおける、それらの重要課題の相互関係を示す。そしてライフ・プランニング・プロセスのなかでキャリアの専門家がチェンジエージェントとなるために、ILPをいかに実践していくかについて道筋を示す。そのなかで、過去のILPワークショップの参加者が実際に行ったプログラムと介入の実例が示される。この章は、演習「サークル・オブ・ライフ（人生の環）」で締めくくられるが、それは統合的ライフ・プランニングの不可欠な部分

である。演習問題集の部である、「ILPの適用——実践のための演習」では、実践家がILPのさまざまな構成部分を実践に移すときに活用できる可能な演習を提示する。

## ■比喩としてのキルト

　統合的ライフ・プランニングでは、キルトとキルター（quilter）を比喩として使う。開拓時代、キルトは主に女性によって制作されたが、現在では、エイズで亡くなった人を偲ぶために作られるエイズ・キルトなどに見られるように、多種多様な人がキルトを創っている。キルトはしばしば芸術作品として作られ、そしてそれは人々の人生の一里塚を象徴する。キルトは、一片一片がそれ自体固有の物語りを有していると同時に、それらが組み合わされて1つの全体的な物語りを形作る。

　ILPは、多くの理由からキルトと似ている。あるレベルで見れば、ILPキルトは、劇的な変化が1人ひとり、家族、コミュニティ、国家、そして地球全体に影響を及ぼしていくグローバルな世界または文脈を象徴する。もう1つのレベルでは、ILPキルトは、キャリアの世界、すなわち、キャリア・ディベロプメントとキャリア・プランニング、そしてそのなかで専門的知見と実践が変化していく様子を表している。それはまた、ILPモデル、すなわち、現代社会の重要な構成部分であるにもかかわらず、従来のキャリア・プランニングでは無視され見過ごされてきた6つの重要課題を象徴している。それらの重要課題は、統合的ライフ・プランニング・キルトの中核を形成し、そしてその基本的デザインを合わせ創る布片あるいは一片一片である。4番目のレベルでは、そのキルトは、私自身の人生の一片一片、ILPに直接関係する私の体験における一片一片を象徴する。というのは、それらが、私自身と、キャリアとライフ・プランニングに関する私の理論を形作り、同時に私自身がこれまで行ってきた選択、直面した困難、そしてそのなかで行った決断を表しているからである。

　本書を著すことは、1つのリスクであったが、しかし私はこれまでの人生において多くのリスクを冒し、その大半が最終的には肯定的結果を生み出してきた。私は、ほとんど貯金を持たずに大学に入った（今日経済的

困窮にある人々にとっては、それはもっと困難であろう）。イギリスに留学し、奨学金の受給を断念せざるを得なくなり、大学を終えるためにお金を借りなければならなかったが、ノルウェーで私自身のルーツを発見するという、人生を変える大きな体験をした。インド出身の友人と共に合衆国南部を旅行していたとき、人種差別主義の実態を目の当たりに体験し、目を開かされた。大学で働いていた頃、人種差別主義や女性差別主義などの種々の「主義」について、私はそれほど重要なこととして考えておらず、どこか遠くの、未開の地の問題としてしか認識していなかった（幸い今は違う）。私はまた宗教の面でも、伝統的なものから、より民主主義的でリベラルな会衆派へと変わった。30歳代初めに、あるノルウェー人男性と結婚し、30歳代後半に一男一女を得た。さまざまな職業につき、多くの国で生活し、講義を行った。中学生のときから、社会正義と社会変革のために活動している。BORN FREE と呼ばれるプログラムを開発した。そして、専門学会やその他の組織のために働き、指導した。

　これらは、ミネソタ南部の小さな町出身の若い女性にとっては、多大なリスクを意味した。しかし非伝統的な女性として、私は夢にも思わなかったような幸運に恵まれた。私のキルトはとても大きなもので、そのうちの数片はまだ完成されていない。キャリア・ディベロプメントに関するキルトの数片を縫い合わせる私の努力――専門家に向けて情報を発信し、変化に向けて動き出すように呼び掛ける新しい方法による――は、私のライフワークと価値観、そして専門領域、仕事と家族、コミュニティ、社会における建設的な変化への希望の統合を象徴している。

## ■謝　辞

　私はこの本を準備する数年間だけでなく、教授職というキャリアの初期の頃から、多くの人々に支えられてきた。私はここで、それらの人々すべてに感謝の意を表したい。

　専門領域の多くの同僚、友人が私を導いてくれた。なかでも Henry Borow は、私が大学生のとき、私を秘書として雇ってくれ、私をヴォケーショナル・ガイダンスとキャリア・ディベロプメントの分野へと導いて

くれた。また彼の妻のMarionとは、生涯を通じた友となることができた。2人の、デュアル・キャリアという結婚生活は、私の初期の役割モデルとなった。

「カウンセリングと学生支援心理学プログラム（CSPP）」のコーディネーターであるTom Skovholtは、古くからの同僚、友人であり、カウンセリングとキャリア・ディベロプメント、ジェンダー役割、多文化主義に関する多くの問題で、私と同質の考えを持ち、私を支えてくれた。

これ以外にも、多くの同僚、キャリアの専門家が、私に情報を伝えてくれ、影響を与え、その仕事を本書のなかに生かすことに同意してくれた。本書のなかにそれらの考えが多く取り入れられているが、あまりにも数が多すぎてすべての名前を挙げることができなかった。ここであらためてお礼を述べたい。

多くの専門学会が私の成長を支えてくれた。「全米カウンセリング学会（ACA）」とその専門部会、とりわけ「全米キャリア・ディベロプメント学会（NCDA）」などである。

ミネソタ大学教育人材開発学部（教授としてのキャリアの大半を過ごした）、特にRobert Bruininks学部長と、教育心理学科長のMark Davison教授は、本書を執筆するための研究休暇（1993-94）を取るために尽力してくれた。

メリーランド大学の教授Nancy Schlossbergとボルティモアのロヨラ大学教授Lee Richmond、それにボストン大学のDouglas T. Hall、3人は私の原稿を注意深く読み、批判的で建設的な価値ある助言を多く与えてくれた。そのおかげで、本書は最初の原稿とは比べものにならないほど優れたものになった。

キャリア・ディベロプメントとカウンセリングに関する多くの理論家と実践家が、何年にもわたり私を激励し、私の仕事に多大な影響を与えてくれた。特に、故ドナルド・E・スーパーは特記すべき存在である。

ジョシー・バス社のスタッフと共に仕事をすることは、私の大きな喜びであった。特に、私を担当してくれた編集主任のGale Erlandsonは、私の原稿について意義深いコメントや示唆を与えてくれ、私に前へ進み続ける勇気を与えてくれた。編集助手のRachel Livseyは、私の進捗状況を見守ってくれ、多くの資料を用意してくれた。制作主任のJoanne Clapp

Fullagar と彼女のスタッフの編集能力のおかげで、この本は完成することができた。また Susan Cho は、本書のマーケティングを担当してくれた。

　法律家から、CSPP プログラムの大学院生となった David Rivers は、本書の参考文献目録を作成するための緻密な作業を手伝ってくれた。

　カウンセリングとキャリア・ディベロプメント・コースの学生たちは、統合的ライフ・プランニングに関するレポートで、私にさまざまな刺激を与えてくれた。私は長い間学生たちに、重要な宿題として、そのレポートの提出を求めてきた。またワークショップの参加者たちは、ILP に関する貴重で建設的なフィードバックを返してくれた。それらの人たちは、ILP 概念を実行に移すにあたって、その革新的なプロジェクトのなかで驚くほどの創造性を発揮した。

　修士課程や博士課程の学生たちは、非伝統的な主題や方法を選択する危険を冒し、研究に取り入れてくれた。私は学生たちとの研究のなかで、相互に学び合い、互いを思いやり尊敬する心を共有することができた。

　CSPP のオフィス・スーパーバイザー、秘書、そして私の友人でもある Carla Hill は、原稿の書式を整えてくれた。彼女は長い間、献身的に、忠実に、そして効率的に私を支えてくれ、ワープロを巧みに操り、通信を円滑に進めてくれた。彼女の緻密な卓越した能力のおかげで、私は本書のような野心的な仕事に安心して取り組むことができた。

　私の生涯の友である Phyllis Kragseth は、英語教師の目と、友の心と、チアリーダーの応援で私の原稿に目を通してくれた。

　そして私の家族。数学から美術、スポーツまで多くの才能に溢れ、私を驚かせることを片時も止めない娘のソーニャ、そして技術者としての父の足跡を踏襲し、さらに先へ進んでいる息子のトール、2 人は成長のさまざまな段階で、カウンセリングとキャリア・ディベロプメントに関して私が書いたり読んだりしている内容の生きた見本であった。そして最後に、私の夫トール。彼は真の「伴侶」であり、友人、同胞、そして語り部であり、私が知る限りでの最高の平等主義者である。

　　　ミネソタ州ホワイト・ベアー・レークにて　　　サニー・S・ハンセン
　　　1996 年 7 月

# 著者について

 L・サニー・ハンセン（Lorraine Sundal Hansen）は、現在、ミネソタ大学教育心理学部、カウンセリングと学生支援心理学プログラム（CSPP）の教授を務める。1951年に「英語学とジャーナリズム」で学士号、1957年に「教育英語とカリキュラムおよび指導」で修士号、次いで1962年に、「教育カウンセリングとガイダンス」で博士号をすべてミネソタ大学から授与された。彼女は、BORN FREE運動の創設者、指導者であり、現在はBORN FREEセンターの所長を務める。同センターは、文化、ジェンダー、キャリアのための応用研究と教育的介入に焦点を当てた活動を行っている。彼女は30年以上にわたって、英語教師、カウンセラー、カウンセラー教育専門家として活躍している。

 ハンセンの主な研究領域は、キャリア・ディベロプメント、キャリア・プランニング、ジェンダー役割、多文化カウンセリング、異文化間カウンセリングとガイダンスである。多くの著書、共著、研究論文、寄稿文があるが、主なものは、「BORN FREE：教育機関における性役割のステレオタイプ化の排除に向けた協働的アプローチ」「統合されたキャリア・ディベロプメント」「アメリカにおけるキャリア・ディベロプメントの動向と問題点」「ジェンダーとキャリアの相互関係」「多文化カウンセリングにおけるジェンダー問題」「賢く成長する：学校で少女に何が作用しているか」「選ばれた女性指導者のキャリア・パターン」「女性のキャリア・ディベロプメントとカウンセリング」「学校における性役割のステレオタイプ化の排除」などがある。キャリア・ディベロプメントを中心テーマとした革新的プログラム、履修コース、メディアなどの創設も彼女の中心的な仕事である。

 ハンセンはその業績が認められ、多くの栄誉に輝いているが、その主なものは以下の通りである。全米カウンセリング学会（会長を務めていた）からの「全米ACAプロフェッショナル・ディベロプメント賞（1995）」、

全米キャリア・ディベロプメント学会（ここでも会長を務めていた）からの「NCDA卓越したキャリア賞（1990）」、カウンセラー教育とスーパービジョン学会からの「全米最高指導者賞（1985）」、ミネソタカウンセリングと発達のための学会からの「最優秀業績賞（1990）」、ミネソタ・キャリア・ディベロプメント学会からの「ジュールス・カーラン最優秀業績賞」、全米トレーニングと発達のためのアメリカ学会ミネソタ支部からの「最優秀キャリア・ディベロプメント賞」。彼女はまた、全米心理学会の会員であり、カウンセラーとキャリア・カウンセラーの国家資格保有者でもある。

ハンセンの業績は15カ国以上に紹介され、彼女はそれらの国々から招待を受け、講演者、ワークショップの指導者として活躍し、またフルブライトの奨学金授与者でもある。彼女はカウンセリング発展のための国際会議（IRTAC）の副議長および理事を務めたことがあり、現在はその学会誌 *IJAC* の編集委員を務めている。

◆訳 註
（1）現在はサニー・S・ハンセン（Sunny Sundal Hansen）と改名。
（2）所属は出版年1997年のもの。現在はミネソタ大学名誉教授。

# 第 1 章
# 統合的ライフ・プランニング
# キャリア・ディベロプメントの新しい考え方

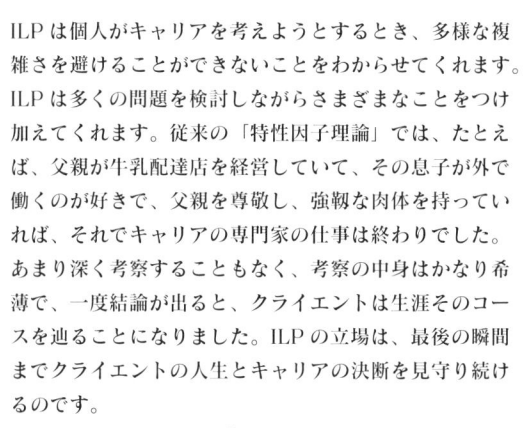

ILPは個人がキャリアを考えようとするとき、多様な複雑さを避けることができないことをわからせてくれます。ILPは多くの問題を検討しながらさまざまなことをつけ加えてくれます。従来の「特性因子理論」では、たとえば、父親が牛乳配達店を経営していて、その息子が外で働くのが好きで、父親を尊敬し、強靭な肉体を持っていれば、それでキャリアの専門家の仕事は終わりでした。あまり深く考察することもなく、考察の中身はかなり希薄で、一度結論が出ると、クライエントは生涯そのコースを辿ることになりました。ILPの立場は、最後の瞬間までクライエントの人生とキャリアの決断を見守り続けるのです。

―― ILPワークショップに参加した中年期の女性の言葉

スヌーピーの漫画のなかには、本書のテーマを間接的に表現したものがいくつかある。1例をあげると、スヌーピーが屋外でジョギングをしている（アメリカ社会で最近流行している）。そのとき、身体の各部位がお互いに話しかけているが、どこか非難し合うような口調である。一方の足が他方の足に、そもそもジョギングの目的は何かと尋ねている。心臓は身体の各部に、自分が動き続ける限り、他の部位も動き続けなければならないと念を押している。脳は、心臓を大切にするためには重要なのだろうと、それに同意する。締めくくりの教訓的な言葉としては、「黙って動き続けよう」ということになる。

　言うまでもなくこの漫画の伝えたいことは、身体の各部位はすべて有機的につながっており、相互に依存し合っているので、全体を維持するためには一緒に働かなければならないということである。本書では、**相互の結びつき**（interconnectedness）、**関係性**（relatedness）、**全体性**（wholeness）といった用語が頻繁に使われるが、それらの用語は、従来のキャリア・ディベロプメントに関する教科書や、キャリア・プランニングの実践のなかではあまり使用されたことのない用語である。

　本書でわれわれは、1980年代初期に起こった、新しいパラダイムに基づいて話をすすめていく。ここで**パラダイム**ということばを、われわれは、古くからある問題を解決するための新しい方法という意味で使う（Ferguson, 1980; Capra, 1982; Kuhn, 1962）。特にFergusonは、医学、宗教、教育など、さまざまな分野における新しいパラダイムについて、人々は社会に変化をもたらすために「コンスパイヤー（conspire）」——共に呼吸を合わせ始めているという自説を展開している。彼女は、社会変化は、個人の変化、特につながりに向けた変化から生まれると信じていた。Capraもまた、旧来の還元主義者、宇宙を秩序付ける伝統的な機械論的方法——ニュートン主義者の論理的、合理的、競争的、断片的、客観的解釈——が、新しい物理学の世界観、すなわち、主観的、育成的、協同的で、つながりのある世界観によって置き換えられつつある状況を説明し、同様のメッセージを伝えた。Capraは1960年代と70年代の女性運動を支持し、その運動において重要な役割を果たした。

　1980年代以降、多くの学問分野で、新しいパラダイムが「発見（discovered）」されている。伝統的な西洋医学は、厳密な科学的原理から離れ、全体的な健康、こころ・からだ・スピリットへの関心の高まり、スピリチュアルな癒しを包含する方法へと向かっている（Siegel, 1989）。経済学は、国家の発展を測る手段として、GNPだけに頼る方法から離れて、経済的発展だけでなく社会的な発展も視野に入れた、Hazel Hendersonの国家未来指標（Country Futures Indicators）などの人間的な指標を包括した方法へと向かわざるを得なくなっている。Hendersonは、GNPやGDPなどの指標は、国家の成長を示す指標としては包括的でないとして、それに代わる新たな指標について一冊の書——*Paradigms in Progress*（邦訳『地球市民の条件——人類再生のためのパラダイム』尾形敬次訳、新評論、1999年）——を著し、その指標として、「持続可能性、平等性、人間中心の開発（sustainable, equitable, people-centered development）」などを挙げた。彼女はまた、未来学者としての視点から、女性と男性の愛情関係が再定義されつつある様子を示したが、それは1990年代を通じて、そして統合的ライフ・プランニングにおいても重要な主題となっている。

　未来学者のJoel Barker（1993）は、パラダイムを、「未来を発見するビジネス（the business of discovering the future）」と定義した。彼は、成功する組織は、パラダイムとパラダイムシフトを予見し、そしてそれを理解し、それに則って行動することができるリーダーやマネジャーを持っているということを示した。また、組織マネジメントの専門家たちは、仕事、キャリア、組織のための新しいパラダイムを提起している。それらの人々は、これからの仕事の様式は大きく変貌し、新しい構造、リーダーシップ、そしてキャリア・ディベロプメントに向けた新しいアプローチが必要だと主張している（Hall, 1996、Mirvis &Hall, 1994）。MirvisとHallは、境界のないキャリア、境界のない組織について述べ、そこでは、大きな柔軟性、適応性、自主性が要求されると説いている。Hallは新しいキャリアの形態を提唱し、それを**変幻自在のキャリア**（protean career）と名付けた。変幻自在のキャリアは、生涯にわたるキャリアのサイクルのなかで移行し変化する能力という意味を含んでいる——それは生涯一職業という考え方とは大きく異なっている。また「仕事（work）」を新しく定義しなおすことが必要だという人々もいる。たとえば、Matthew Fox（1994）は、

なすべき仕事の発見プロセスとして仕事の再創造を提唱した。Mary Sue Richardson（1993）は、家庭と職場の両方を包含する新しい仕事の場所を提唱し、同時に仕事を有給の仕事と無給の仕事、家庭における仕事、ボランティアの仕事、そしてコミュニティの仕事という形で広く定義することを提唱した。彼女は、21世紀は、職業としての仕事ではなく、男性と女性が従事するあらゆる種類の仕事を重視する必要があると主張している。

　私は、キャリアとライフ・プランニングのパラダイムシフトが必要だと考えている。人々を職務にマッチングさせる伝統的で、論理的で、合理的な方法──しばしば「特性因子理論」と呼ばれる──は、今後もわれわれと共に存在するであろう（人々をマッチングさせる職務がなくならない限り）。しかし社会──地球的規模と国家的規模の両方での──、仕事、家族、教育、人口動態、あらゆる背景の女性と男性の役割と人間関係が劇的に変化したことにより、キャリアの専門家は、クライエントが複雑で難しい人生選択と意思決定ができるように支援するための、新しい方法を確立する必要がある。私はまた、あらゆる国家が直面している問題、たとえば自然環境の悪化、人権、多文化主義、暴力などの問題が、キャリア・プランニングのための新しい哲学を要求しており、そこでは、個人的な満足感と安定した生活のための個人的職業選択ではなく、個人の全体性のみならず、意味ある人生、すなわち自己とコミュニティの両方にとって有意義な仕事のための、生涯にわたる多元的な選択に重点が置かれるべきであると考える。

## ■キャリア・ニーズ：過去と現在

　キャリアの意思決定のためのアプローチが、必ずしもいつもうまくいっているわけではないと多くの人が認めている。私のキャリア・ディベロプメントのクラスの学生に、自分自身のキャリア・ディベロプメントに関して短い言葉でお互い紹介し合うように言うと、次のような言葉が聞こえてきた。「私はちょうど今あるキャリア（たいてい職業を意味する）に就いたところだ」「僕はたまたまいいタイミングでいい所にいる。ちょうど良い時期に、ちょうど良い場所に落ち着いた」「大人になったとき、どんな職業に就きたいか、まだわからない」「私のカウンセラー（または先生）は、

第1章　統合的ライフ・プランニング：キャリア・ディベロプメントの新しい考え方

私はおそらく大学には行けないだろうと言った。だから私は、彼らが間違っていることを証明するために大学に入った。そして今ここにいる！」。解雇されて、あるいは人員削減に遭い、いま転換（期）にあると言う学生もいた。また、新しい人生の道を見つけるために自らの意思で退職したが、それは自分がこれまでに下した決定のなかで最良のものだった、と言った学生もいた。しかしながら、キャリア・ディベロプメントとは何であるかを知っている学生はほとんどなく、キャリア・カウンセラーから有益な助言をもらったという学生も、キャリア・プランニングをどのように行えば良いかについて指導を受けたことがあるという学生も、ほとんどいなかった。実際、教えられなければ、キャリア・ディベロプメントとキャリア・プランニングの多次元性と複雑さを本当に理解することはできない。

　情報化時代にあって、情報の重要性については誰もが認めているところだが、従来の事例報告や公式の調査によれば、一般の人々は「キャリア（career）」を主に「職業（job）」と見なし、職業設計（vocational planning）の結論は、多くの場合、ある職業を選択することだと考えている。労働市場オフィス、連邦キャリア情報プロジェクト、さらには最近成立した法律に基づき設置された「技能訓練（Tech Prep）」「スクール・トゥ・ワーク・トランジション（School-to-Work Transitions）」などの機関を通じて提供される多くのキャリア・サービス、そして職場における実践学習（work-based learning）などは、若者や成人が「即戦力（work-ready）」になったとき、それらの人々を待ち受けているであろう職務に向けて準備させることに重点を置いたものである。

　コンピュータを用いたキャリア情報システムもまた、特定の職業に絞り込むように利用者を促している。このようなアプローチは、キャリア・プランニングとは、人々をある適当な職業に向けて準備させ適合させる直線的なプロセスであるということを前提としている。しかしそのような前提認識は、今日の合衆国で、あるいは今日のより広い現在のグローバル社会で、人々が複数回の転職を行っているという現実には適合しないものになっている。すべての人が情報が重要であることを認めているが、情報だけではキャリアの意思決定に向けた複雑なプロセスに対応することができない、ということも大半の人が認めている。何年も前にコンピュータを用い

たキャリア決定システム（System of Interactive Guidance and Information: SIGI）を開発した Martin Katz は、キャリア決定とは、価値観と価値体系のなかにおける選択であると鋭く看破した。彼は SIGI システムの中心に価値観を据えることによって、ことばを実行に移した。

　今多くの人々が、キャリア・ディベロプメントとは、生涯を通じて生起する一生のプロセスであり、ある職業を選ぶという狭い枠に留まるものではないということを認識し始めている。しかしながら多くのキャリアの専門家が、今なお直線的モデルによって教育を受け、そのなかで、労働者役割の準備のために、職業情報が最も重要であると教えられてきた。労働市場情報センター、雇用促進センター、キャリア・プランニング・センター、キャリア・ディベロプメント・センター、再雇用促進センター、そして新しく法制化され設置が義務付けられた「ワン・ストップ」・コミュニティ・キャリア・センターであれ、大半のキャリア・サービスが、その主要な目的を、1人ひとりの職業選択あるいは職業転換の支援をすること、すなわち、自己評価や検査、教育的および職業的探索、そして職務検索を通じて、1人ひとりをある特定の職業または職務に適合させることであると定めている。このモデルが依然として、大半のキャリア・カウンセリングの実践において支配的なのである。

　確かに女性センターや個人の実践家のなかには、クライエントに対して、キャリア・プランニングをもっと全体的な観点から見るようにと指導している人々もいる。しかしキャリア・サービスの大部分が、依然として職業選択、職業検索、就職斡旋に重点を置いている。それとは対照的に、多くの女性支援機関は、女性の経済的必要性だけでなく、もっと全体的な人生──業績面だけでなく人間関係も含めて──を送りたいという女性の願望をよく理解しているため、キャリア・プランニングに対して、より広い人生役割という観点から、あるいは仕事と家族のつながりという観点からアプローチしてきた。

　ひとり親は、その多くは貧困レベルで生活する女性であるが、職を得ること、あるいは生活保護から抜け出ることに集中している。しかし彼女らが長期的なキャリア・プランニングのなかで定職に就くことを望むとき、彼女らは板挟み状態に置かれる。つまり、その職に就くことによって収入

が一定のレベルを超えると、医療保険サービスが受けられなくなり、それが受けられなくなると、家族を守るために再び生活保護を受けざるを得なくなるのである。彼女らはまた、安心できる手頃な費用の保育施設と移動手段を見つけなければならないという困難にも直面する。そして経済が逼迫し、失業率が高い時代には、彼女らの多くが選択肢のない状況に置かれる。

　不幸なことに、1996年に、「われわれに馴染みの福祉を変えよう」という政治的キャンペーンの下、福祉制度をやめてしまおうとする動きが表面化したが、それは犠牲者非難という考え方に基づいていたかのようだった。福祉依存から抜け出し、訓練を受けて職業を得ることは、望ましい目標であるが、訓練が終わったときに職があるという保証は何もないのである。しかも、法律を変えたいと思っている議員たちは、福祉関連予算が実際には国家予算の4％しか占めていないにもかかわらず、国民にとって大きな負担であるかのように誇張して喧伝している。しかし彼らがわが国の福祉制度が今現実に抱えている問題の複雑さを本当に認識しているのかどうかは疑問だ。独身者、男性と女性、子どもの有無、そして特に低所得者にとってのキャリア・プランニングのプロセスは、21世紀における特別な課題を提供するであろう。

## ■キャリアの広義の概念

　20世紀初めの職業ガイダンスの始まりを特徴づける古いマッチング・モデルは、今でも職業斡旋担当者やキャリアの専門家によって広く用いられているが、それは、われわれが生活する脱工業化社会にとっては、もはや不十分であり、問題のすべてを包含しきれていないようだ。ドナルド・スーパー（1951）は、初めてキャリアの広義の概念を提唱した重要な理論家の1人である。彼はキャリアを、人が生涯を通じて持つ立場の連続として定義し、職業はその1つにすぎないとした。スーパー（1980）は、人の一生における役割と舞台という比喩を導入し、それをライフ・キャリア・レインボー（Life Career Rainbow）という形で図解した。そのレインボーは、大きく分けて9つの役割から構成されている。子ども、学生、余暇人、

市民、労働者、親、配偶者、年金生活者、家庭人である。そしてその舞台は、仕事、家庭、家族、余暇、コミュニティである。スーパーはまた、人は成長のさまざまな発達段階を通過すると規定した。探索期、確立期、維持期、そして衰退期である。最後の衰退期は、現在では解放期と改名され、さらに細かく、減速期、退職設計期、退職生活期の3期に区分されている。

　企業においては、組織的なキャリア・ディベロプメントで、キャリア・プランニングに対する心理学的アプローチはあまり用いられてこなかった。教育的モデルは、主に個人に重点が置かれてきたが、組織的モデルでは、組織の方に重点が置かれ、組織の目標に個人の目標を融合させることが主目的であった。しかし次第に企業による人材開発プログラムも、キャリア・ディベロプメントを組織の問題としてではなく、個人の問題として捉えるようになってきた。以前は、管理職は、部下のキャリア・ディベロプメントのための「コーチ」となることを目指していた。しかし最近では、1人ひとりが、自らの昇進や昇格に関してより自律的に積極的に活動するようになり、自分自身のニーズを知り、自らをエンパワーできるようにコーチするという動きが出てきている。依然として多くの企業で、従業員と職務の「最適な組み合わせ（best fit）」を見つける戦略が支配的であるが、すでに起こっている職場や組織の劇的な変化に合わせて、その戦略は大きく変わりつつある。

## ■新しいアプローチの必要性

　このように、特性因子理論によるキャリア・プランニングは今でも広く実践されているが、私は、より幅広い基盤を持った新しいアプローチが必要となっていることを主張したい。その主な理由は、古いモデルは、われわれとは異なった時代と社会のために設計されたものであり、またその方法が、今日のキャリア・ディベロプメントに大きな影響を与えるいくつかの重要な個人的問題を無視または排除（おそらく無意識的にと思うが）しているからである。以下の節で、新世紀に向けてキャリア・ディベロプメントが変わらなければならない7つの理由を示す。

## □社会の変化

多くの分野のリーダーが、21世紀の重要な特徴は変化であろうという予測で一致している。変化はすでに起こっており、それがあまりにも速く、あまりにも多くの領域で起こっているため、遅れずについていくことは難しい。変化は、仕事、家族、教育、余暇、人口動態、テクノロジー、政治など、あらゆる分野に及んでいる。人々の人生における**変化する文脈**（changing contexts）は、興味・関心、能力、適性など人々の内面への影響という点だけでなく、それ以上に、人々のキャリア上の機会と意思決定に重大な影響を及ぼすものとして、ますます広く認識されるようになっている。その変化する文脈は、新しいパラダイムを必要としている。それは、人生のさまざまな段階でキャリア上の意思決定を行いキャリアを移行するという、古くからある生涯にわたる問題を解決する新しい戦略であり、そしてその戦略には、個人だけでなく社会も含めて、新しい方向性と動機が伴っているであろう。このような文脈に注意を向けることによって、カウンセリング、心理学、そしてキャリア・プランニングの大きな発展が生み出されるはずだ。

## □キャリアの定義の変化

キャリアを職務とし、キャリア・プランニングを職務へのマッチングとする狭い定義——古い直線的モデル——が、いまなお広く使われている。考え方を変えることは難しい。そのシナリオでは、人々は自分自身のなかに、社会のなかに、仕事のなかに、そしてあらゆる人生役割のなかに、複数の可能性を見出すのではなく、情報を得るために環境を精査し、限られた大きさのパイの分け前を求めて競争する。すでに見たようにスーパー（1951）は、誰よりも早く、最も永続性のあるキャリアとキャリア・ディベロプメントの広義の定義を提唱した。キャリアとは、「生涯を通じた自己概念の発達と実現の持続的なプロセスであり、自己概念を現実に対して検証し、それにより自己に満足すると同時に、**社会に有益となる**（p. 88、強調は筆者）ものである」。彼のこの広義の定義には、本書を通して何度も触れるであろう。

スーパーの主要な論点の1つが、人々は複数の**潜在能力**（potentialities）を持っているということである。人がキャリアを決定するとき、その人はある能力を別の能力よりも優先して発達させることを選択しているのである。これに反して従来のキャリア・プランニングと職業ガイダンスは、人の才能に完全に合致した1つの職業があるという前提に基づいている。これは還元主義者のアプローチである。

　組織マネジメントに関する文献もまた、キャリア・パターンの変化に言及している。雇用の保障と安定という古い前提認識は、いま崩壊しつつあり、ブルーカラー、ホワイトカラー、そして年齢の高い労働者が、「人員削減（ダウンサイジング）」され、労働者―雇用者関係の新しいルールが確立されていくなかで、そこには少なからぬ不確実性と怒りがある。労働者は技能やサービスを提供し、その見返りとして、給与、福利厚生、終身雇用を受け取るという、古い「従属関係的な（relational）」キャリア・パターンに代わり、新しい「相互取り引き型（transactional）」のキャリアが広まっている。そこでは、臨時社員が期限付き契約で技能を売り、福利厚生はほとんどあるいはまったくない。こうした新しい組織の方針と構造の下で、労働者の側には、多大な適応能力ならびにキャリアの自己開発と自己管理（MirvisとHall, 1994）が要求される。核となる労働者（人員削減を生き延びることができた、あるいは長期契約で雇用されている労働者）にとっても、特にますます多様化する職場環境においては、この新しいキャリア・パターンはまた、同僚とのより深い人間関係を構築することを通じてこれまで以上に心理的な成功に重点を置くことを求めている（Hall, 1996）。

## □人口動態の変化

　今後合衆国が迎えるであろう人口動態の変化については、よく知られるところである（JohnstonとPacker, 1987）。ますます多様化し多文化的になっていく社会のなかで、キャリアの専門家は、違い――その違いが、人種、宗教、民族、階級、年齢、性別、身体能力、性的指向、出身国など何であれ――に対応することにおいて、さらには学生や労働者がその違いにうまく対応することができるように支援することにおいて、これまで以上に熟

練することが求められている。職場でもそれ以外の場所でも、対人関係は常に重要であったが、将来のキャリアの専門家は、1人ひとりが相互に尊敬し、信頼し合い、自尊心を持ち、違いに価値を置けるように、これまで以上に大きな力を注いで支援しなければならなくなるであろう。過去のキャリア支援は、主に白人中産階級に焦点を当ててきたが、将来のキャリアの専門家は、職場でも私的生活の場でも、ますます多様化する人々とより効果的に相互作用するための新しい理論、知識、戦略が必要となるであろう（BrownとMinor, 1989, 1992）。

## □生き方の変化

　世界中で、女性の、そして男性の生き方が大きく変化しているが──1995年の北京における国連世界女性会議や、ますます目に見えるようになってきている男性運動が示すように──、その変化の速さと性質は、その国の経済、政治、宗教、歴史、社会的および文化的伝統によって違いがある。男性と女性の間の役割と関係性は、20世紀に大きく変化した。特に、ますます多くの女性が労働力として参入するようになった西欧諸国で、その変化は顕著であった。そして、男性の役割もまた変化した。特に、彼らの仕事がリストラクチャリングされ、より多くの時間を家族と過ごすことが許されるようになるにつれ、多くの男性がこれまでよりもっと家族に関われるようになった。仕事と家族における葛藤とその解決に関して多くの文献が書かれている。キャリアの専門家は、家族と仕事の互恵的効果を理解し、パートナーが相互に尊敬し合い、葛藤に対応し、仕事─家族のバランスをうまく取れるように支援するための訓練を受ける必要がある。キャリアの専門家はまた、今なお支配─従属の関係を助長する社会に残存しているステレオタイプと偏見を減らすように支援していくことが必要である。

## □組織と職場の変化

　組織の構造と職場が変化しつつあり、伝統的なアプローチによる、キャリア・プランニングとカウンセリングは時代遅れで不十分になっている。仕事のリストラクチャリング、人員削減、合併、買収、これらすべてが、

仕事にも労働者にも、大きな影響を与える。合衆国でもヨーロッパでもブルーカラーとホワイトカラーの両方に対するレイオフの劇的増加に加えて、生涯一職業という古いパターンも別のものにとって代わられつつある。今日、臨時労働者、ポートフォリオ・パーソン、契約社員、さらには「使い捨て（throwaway）」労働者など、さまざまな名称で呼ばれているパートタイム労働者が存在する。一方組織は、ワークチーム、ボトムアップ型の意思決定、新しいタイプの管理職、階層のフラット化という方向へ向かっている。

メディアのなかで数え切れないほど何度も言われている、広がる不安とは、これまでの職場が否定的な方向に向けて変化し、職の保障安定が過去のものとなりつつあるということを指している。人びとの間では、「忠誠心という要因[1]」の喪失や、雇用者と被雇用者の間に新しい心理的契約が生まれつつあることが語られている。David Noer はこの状況について、特に生き残った被雇用者について、*Healing the Wounds*（1993）のなかで述べている。William Bridges は *Job Shift*（1994b）（邦訳『ジョブシフト──正社員はもういらない』岡本豊訳、徳間書店、1995年）のなかで、社会の「脱職務化（dejobbing）」を想定し「すべての職はどこへ行ってしまった？」と問いかけている。つまり、1人ひとりの労働者が起業家になり、職務（job）ではなく課題（task）を遂行し、急激な変化と「一過性（temporariness）」のなかで生きる術を学ぶという1つの潮流である。

言うまでもなく、当てはめる職がなければ、人々を職にマッチングするという古いモデルはまったく無意味である。このような変化が起こっているとするならば、キャリアとライフ・プランニングについての新しい概念が必要なことは自明である。

## □個人の転換（期）と変化する働き方のパターン

キャリア・プランニングに対する従来のアプローチは、社会は固定し、個人は変化せず、仕事は生涯を通じた選択であるということを前提にしていた。しかし、もはやそのような前提が正しくないということは、キャリアの転換（期）に関する文献がいま急激に増えていることを見れば、すぐに理解できる（たとえば、Bridges, 1980; Schlossberg, 1991; Brammer, 1991）。

よく引用される試算によれば、普通の成人は、生涯に5～7回の大きなキャリアの変化を経験するといわれている。William Charland は *Career Shifting*（1993）のなかで、「変化する経済のなかでやり直す」ことの重要性を強調し、他の多くのキャリアに関する著者たちと同様に、再訓練と生涯学習の重要性を強く訴えた。彼は新しく現れつつある仕事と学習の機会を分析するなかで、労働市場試算を引用している。それによると、合衆国では毎年すべての職業の3分の1が転換（期）にあり、すべての技能訓練校の3分の1が時代遅れになり、すべての労働者の3分の1が離職している。実際、転換することは当たり前のことになっており、転換（期）のカウンセリングが、キャリア・ディベロプメントと人的資源管理の中心となっている。キャリアの専門家の主要な任務の1つは、個人のキャリアの移行、自分の価値観、そして組織および社会の変化との間の相互関係を、1人ひとりが再考するのを支援することである。

## □個人主義、スピリチュアリティ、コミュニティ

もう1つの重要な変化は、これまで個人主義があまりに強調されすぎたことによって——合衆国で顕著に見られる——バラバラになった個人、バラバラになった社会が生み出され、そこでは自分勝手な判断がまかり通り、人および社会全体の発達が無視されてきたという認識が、ちらちら現れてきたことである。全体的な個人の発達と健康、そしてからだとこころとスピリットの関係についての書物がかなり多く出版されるようになった。1970年代以降、その文献では、仕事とスピリチュアリティ、そして人生の意味と目的についてより力点が置かれるようになっている。また、人生の選択と意思決定は、社会的な問題や共通の善（common good）と関係づけて考える必要があるという認識も広まりつつある。この傾向は *The Spirit of Community*（Etzioni, 1993）などの本によって「コミュニティ」への関心が、そして *The Reinvention of Work*（Fox, 1994）などの本によってスピリチュアリティと「結びつき」への関心が呼びかけられていることに最もよく現れている。キャリアの専門家は、キャリア・プランニングを行っている人に対して、自己を満足させるための仕事にばかり重点を置き過ぎることなく、社会の利益としての仕事により重点を置くように支援する

ことによって、この動きに貢献することができるのである。また、キャリアの専門家は、人々が人生のさまざまな部分の結びつきと、それら各部の全体への統合を認識することができるように支援することができる——すなわち、女性と男性、家族と仕事、合理的と情緒的、知的、身体的とスピリチュアル、個人の人生とキャリア、地域、国家と世界全体などについての関係である。

## ■統合的ライフ・プランニング（ILP）：新しい概念

本書で私は、統合的ライフ・プランニング（ILP）の概念を展開していくが、ILP は、人々を支援するキャリアの専門家が、人々の人生、コミュニティ、そしてさらに大きな社会の「全体像（big picture）」を見ることができるようにするための、人生の多くの側面を統合した包括的なモデルである。ILP は、キャリアとライフ・プランニングについて考える新たな方法を、哲学的枠組みと、キャリアの専門家がその概念を実際に適用するための実践的戦略を共に提示している。この仕事は、結びつき、多元主義、スピリチュアリティ、主観主義、全体性、コミュニティなどのテーマに重点を置いたポストモダンの思索の多くの成果と調和している。それらの成果のうちの2つ—— Hazel Henderson の *Paradigms in Progress* と、Matthew Fox の *Reinvention of Work* ——については、すでに本章で紹介したが、それ以外に Thomas Moore の *Care of the Soul*（1992）や、それらのテーマに重点を置いた多くの多文化主義的な文献がある。ILP は、キャリアの専門家に向かって多くの解答を提示するものではなく、その個々のクライエントと共に、自分自身の環境で実際に使いながら熟考していくための包括的枠組みを提供するものである。

## ■比喩としてのキルトとキルター

私は1987年に ILP の全体像を描き始めたとき、私が主張したいことの比喩として、またキャリア・プランニングのアプローチを象徴する比喩として、キルトとキルターを使うことに決めた。キルティングは、多くの

文化で重要な伝統として、通常、女性の手によって行われてきた。キルトは、いくつかの片（ピース）から構成され、それらが互いに縫い合わされて全体を形成する。それらの片は、1つの作品——まさにそれは1つの芸術作品である——を創造するために、注意深く縫い合わされることによって、心の温もりを伝え、育む精神を象徴することができる。キルト芸術は、ピースを選び、それらを組み合わせ、作り手にとっても使い手にとっても意味を持つものとして、つなぎ合わせることに興味のある人なら、だれでも学ぶことができる。キルターとは、他者が自分自身の人生のキルトを作るのを手助けするために、この過程に従事する人間のことを指す。このようにキルトによる比喩は、多くのメッセージを伝えるために、そして個人のこと、職業のこと、実践のことなどを、どのように織り上げていくかについて1つのアイデアを提供するために、使うことができる。

　キルトはこれ以外にも、多くのレベルで理解することができる。1番目のレベルでは、キルトは、劇的変化が起こり、それが個人、家族、コミュニティ、国家そして地球全体へと影響を及ぼしていく、グローバルな世界、グローバルな文脈を象徴する。2番目のレベルでは、それはキャリアの世界、キャリア・ディベロプメントとキャリア・プランニングの分野、そしてキャリアの専門家の知識と実践が変化していく様子を象徴する。そこでは最前線の知識の開拓者と、新しい知識の習得の仕方が、われわれが自分自身や社会や地球全体について考えるときの思考法を変化させる。そして3番目のレベルでは、キルトは以下の章で順次紹介していく6つの重要課題を持つILPモデルそのものを象徴する。それらの重要課題は、今日のわれわれの人生で重要な部分を占めているにもかかわらず、伝統的なキャリア・プランニングの考え方では、無視されたり排除されたりしてきたピースである。それらの重要課題は、統合的ライフ・プランニングの中核をなしている。

　さらにもう1つのレベルがある。キルトは、私自身の人生の数片、ILPと直接関係する私自身の体験のピースを象徴する。というのは、それらは私自身、キャリアとライフ・プランニングについての私の考え方、そして私自身の選択、限界、決断を形作ってきたからである。それらのピースは、私の思考と意見の統合であり、個人としてのピースと専門家としてのピー

スを意識的に結合したものである。このキルトは私の個人的物語りのいくつかを、その物語りが展開された地域的、国家的、世界的シーンと一緒にして縫い合わせたものである。私の人生というキルトでは、個人的というピースは専門家としてのピースの構成部分となる。なぜならそれらの体験の組み合わせが、統合的ライフ・プランニング・モデルの開発に大きな影響を与えたからである。それは、多くの書を読み、多くの体験をし、多くの思索を重ねるなかで進化してきたものであり、そのすべてが、大学での仕事環境、ノルウェー系アメリカ人という家庭環境、そして2人の個性豊かな子どもを持つデュアル・キャリアの家族ということを背景にして起こったものである。

　本書は、多くの大学における職業・キャリア・教育心理学の研究を支配している、アカデミックな世界の客観主義的、経験主義的規範からの離脱である。本書は、この15年間に築かれてきた新しい知見を、新しい意見、特に女性と民族的マイノリティの意見を、正当に代弁している。本書はまた、当時私が研究していた領域における、唯一の常勤女性教授として私が感じていた緊張感を表している。そして、本書は、縫い合わされたキルトの数片というよりも、時としてコンクリート・ブロックのように感じられたシステムのなかで、変化をもたらそうと一生懸命努力していたときの私の、次第に擦り切れていきつつあった心を表している。しかし私はそのようなシステムのなかで、生き残り、成長し、変化のために働くことができた。それが可能であったのは、大部分外部からの、それも国内と国外の両方からの支援と支持のおかげである。

　実際この比喩としてのキルトは、実に多くの意味を内包しているため、本書でそのすべてを検討するのは無理である。その代わりに、本書ではそのうちのいくつかに焦点を当てて検討していく。それらは、グローバルとローカルという文脈、人々の人生上の選択と意思決定における変化にとって、その文脈が意味するもの、仕事という専門家の文脈と、従来の職業ガイダンスから現代的キャリア・ディベロプメントへ、そしてそれを超えて統合的ライフ・プランニングへと向かう動きである。そして私自身の個人的な文脈、すなわち個人としてまた専門家としてILPに関連して私が持つことができ、そのなかでILPを進化させることができた私自身の体験

である。キルトはこれらすべてを象徴すると同時に、私がこれまで会うことができたすべての人々、そして私が家族、学生、同僚、友人の助けによって持つことができた機会のすべてを象徴している。

## ■ ILPの概念的枠組み

さて、それではILPの概念の紹介に入り、ILPキルトがどのようなものかを説明していきたい。まず最初に、**ILPは発展途上にある**（in process）概念であるということを理解することが大切である。その形は、基本的な要素の多くを同一のまま保持しているが、1987年に最初に示したものとはいくつかの点で異なっている。最終的に私が望んでいることは、ILPがキャリアの専門家に、キャリア・ディベロプメントに関してこれまでとは違った世界観を提示し、クライエント、学生、組織を支援することができるように、統合的な方法を示すことであり、そうするための新しいツールや手段を創造するように促すことである。

### □プランニング（Planning）対パターン（Patterns）

ILPの概念を発展させているとき、私はその概念を記述する用語として、統合的ライフ・プランニングを使うか、統合的ライフ・パターンを使うかで迷った。**プランニング**とは、何か——この場合はキャリア——を達成し作りあげるための、直線的で合理的なプロセス、あるいは細部にわたって決められたやり方という意味であり、通常それは、わかり切った結果しかもたらさない。そして実際ILPは、従来のキャリア・プランニングと似たところがある。しかしILPは統合的であるという点で、すなわち、職業や仕事だけでなく、個人の全体性に目をやり、人生の各部を統合することに焦点を当てるという点で、それとは異なっている。これに対して、**パターン**という用語——それはよく裁縫で使われる——は、あるものを作るときに使うガイドを意味している。そしてそのとき、そのモデルがいかに良いものであったとしても、それを使う者が必ずしもそれがどのように出来上がっていくかを知らない場合がある。このように、**パターン**という用語は、私には、より流動的で、たぶんより「右脳的」であるように見え、

予測可能性と不確実性の両方を包含しているように思える。しかしパターンは同時に統合的でもある。それは部分を合体させて、ある全体を形作る。実は私は、**パターン**という用語の方が、正確にILPの概念の特徴を伝えると思っている。しかし私は、**プランニング**という用語の方を多く使用する。その理由は、それがエージェンシーの感覚（a sense of agency）、すなわち人は自分自身の人生の方向をある程度コントロールすることができるという感覚を表現することができるからである。私は本書のなかで、この2つの用語を代替可能なものとして使う。

この用語を選択するにあたって、私はキャリアやキャリア・プランニングという用語から離れ、人生の役割のもっと幅広い概念と、それが相互にどのように関係しているかを示すことができる用語を探そうと努力した。私の永年の教授経験のなかで、私は学生の多く——特に女子学生——が、スーパーの拡張された概念に共感していることに気づいた（おそらくそれは彼女らの多くが、そのときはまだ大学院生であるにしても、複数の人生役割を生きてきたからであろう）。しかし彼女らが現実世界で実践に入るとき、彼女らはクライエントや他の専門家の多くが、キャリアという用語を職業または職務を意味するものとして狭い意味で使っていることに気づく。単なる職業選択ではなく、生涯にわたるパターンとプロセスとしてのキャリア・ディベロプメントの概念は、彼女らを狭い考え方から解き放つものだったのである。

## □エージェンシーの感覚

私は、**プランニング**という言葉を放棄するのをためらった。というのは、キャリア・ディベロプメントに関する初期の文献の多くが、人生におけるプランニングの重要性を強く主張しているからである。中学3年生についてのSuperとOverstreet（1960）の研究の最も重要な概念の1つが、生徒たちは、選択するという行動には心の準備ができていないが、「計画性を持つ（planfulness）」ということには準備ができているというものであった。また心理学の文献のなかには、プランする能力、すなわち、「エージェンシーの感覚」——自分の人生に起こることを自らコントロールするという感覚——を持つことは、一般に心理的な健全性と関係があるということを

示しているものがある。人々が自分の運命をどのようなものとして捉えるかということに関しては、文化によって大きな価値観の違いがある。しかし西欧文化においては、このコントロールという概念は、エンパワーメント・カウンセリングにおいて、そのなかでも特に、女性や、人種および民族的マイノリティ、そして貧困のなかで雇用機会に恵まれずに、自分の人生を良くするためにできることなどほとんど何もないと考えている人々に対するカウンセリングにおいて、重要な意味を持っている。

　私は今も、変化する社会のなかで、より深い自己認識、環境についての情報、意思決定プロセスに関する知識を通して、クライエントや学生がプランすることを支援できると信じているが、人生は予測できないこと、あるいは人生の機会と選択に大きく影響する偶発的な出来事——肯定的なものも否定的なものも——は予想できないということが次第にわかってきた。Nancy Schlossberg（1991）と Schlossberg と Robinson（1996）は、「期待していたことが起こらなかったこと（non-event）」——職を得られなかったとき、選挙で落選したとき、昇進できなかったとき、子どもができなかったときなど——も、われわれの人生と、われわれの周囲の人々の人生に大きな影響を及ぼすと述べている。パターンという観点から一生を考察すること、すなわち、従来の成功の梯子という観点からではなく、ある種のサークル・オブ・ライフ（人生の環）の螺旋的な運動として一生を考察することは、有益であると私には思える。時にわれわれは計画を立て、それによってエンパワーされた感じを得ることがあるが、それよりも、われわれの人生のパターンが発達し、曖昧さと不確実性のなかで生きていくことの必要性を理解することの方が、より現実的かもしれない。プランニング（論理的、合理的パラダイムの一部としての）は、究極的にはより小さな役割しか果たすことができない。

## □統合へ向けた動き

　この10年間、カウンセリングとキャリア・ディベロプメントにおいて、全体性とつながりに向けた動きが非常に顕著になってきた。実際、それは新しいパラダイムの構成部分である。ILPを構想し始めたとき、私は仕事と家族の統合、そして女性と男性の役割と両者の関係性に主眼を置いた。

それらの問題は今でも重要であるが、私は今、脱工業化社会における人生には、さらに多くの統合しなければならない側面が存在していることを認識している。私は、自分の世界観が十分に包含的でなかったことに気づいた。

　私は最初、**統合的**（integrative）ということばを、仕事と家族のつながりを伝えるためのことばとして使っていたが、私はすぐに、われわれの人生のそれ以外の部分も含める必要があることに気づいた。私は、専門家たちがずっと前から、教育と仕事、仕事と学習のつながり、さらには仕事と余暇のつながりについてまで語っているにもかかわらず、仕事と家族のつながりについて語ることにあまり乗り気でない（そして教育の場面では今でもそうである）という事実に衝撃を受けた。1990年代半ばでさえ、学校におけるキャリア・ガイダンスや、大学およびビジネスの場でのキャリア・ディベロプメントのモデルには、キャリア・プランニングの過程から家族を排除したり、あるいはその役割を最小化する傾向がある。これはわれわれが、西欧的な直線的な思考にばかり目を向けている結果なのかもしれないが、特に民族的マイノリティや非西欧文化の人々をカウンセリングする場合において、それはますます不適切な慣行となっている。

　1990年代には、ウエルネス（健康であること）と全体性の概念がより大きな信頼を獲得し始めているが、特に論理実証主義の伝統と共に、アカデミックな心理学の領域では、**全体的な**（holistic）という用語に対する疑念は今も根強く残っている。これは、広く使われている用語ではない——というよりむしろ——率直に言うと、多文化カウンセリングが広く認められるようになるまでは、まったく使われていなかった用語である。われわれは結びつきを見るという、もっと有意義な仕事をする必要がある、と私は考える。われわれは物事をしっかりと、そして全体的に見る必要がある。一部の執筆家やキャリアの専門家が、スピリチュアリティと仕事について書き始めた。また、合理的なものと直感的なものを結びつける者も現れている。さらに（私自身も含めて）、女性と男性の人生の統合に焦点を当てる者もいる。ウエルネスの分野で仕事をする人たちは、からだとこころ、そしてスピリットのつながりを強調する——すなわち、身体的、知的、情緒的、スピリチュアル、社会的、そしてキャリア・ディベロプメントを包含

するある種のウエルネスの車輪（wellness wheel）の発達を強調する。未来学者は、地域、国家、そして地球全体の関連性に目を向けるように呼び掛けており、それは「グローバルに考え、ローカルに行動せよ」というスローガンに象徴されている。多様性と多文化主義について書かれた文献が多く出版されるようになっているが、そのような人生の側面をキャリア・プランニングと結びつけて考察するものはほとんどいない。ILPはそれら多くのピースを包含することを試みる。

## ■ ILPの原理

　統合的ライフ・プランニングは、本来全体的であるライフ・プランニングのプロセスを学ぶことができるように若者や成人を支援するキャリアの専門家——カウンセラー、キャリア・スペシャリスト、アドバイザー、成人教育の専門家、組織開発のスペシャリスト、人事の管理職を含む——のために考え出された包括的な概念である。そのプロセスは6つの視点から見ることができる。最初の視点は、自己と世界を見る視点であり、個人の発達と、われわれが生活する文脈の両方を考慮に入れたものである。具体的には、地域的、国家的、地球規模の変化、仕事、家族、教育、余暇における変化、文化的変容と女性と男性の変化しつつある役割、さまざまな人生役割の相対的重要性（すなわち学習、愛、仕事、くつろぎ）、こころとからだとスピリットのための自分自身の発達優先順位についての反省の必要性、そして個人と社会の両面での、変化そのものの重要性である。

　第2の視点は、特に合衆国では、数世代にわたって仕事がわれわれの人生の中心であったが、ILPは、キャリアと組織開発、ジェンダー役割、多文化主義と多様性、社会および個人の変化などに関する分野で現れてきた最新の知識を、実践のための統合された枠組みへと組み入れるモデルである。多様性と包含性に価値を置くことに焦点を合わせるのがILPの1つの側面であり、これがILPを他に類のないユニークなものにしている。ILPの概念は、専門家が自分自身の人生のさまざまな側面を検証し、それをより意味のある全体へと統合させ、学生、クライエント、被雇用者と共にそのモデルを使うためのスキルと戦略を発展させる方法を提示する。そ

してそのような方法が、Abraham Maslow（1962）の欲求段階説——生理的欲求から始まり、安全、所属、承認、自己実現へと高まっていく欲求に関する理論——を超えていく者にとって非常に有益なものであるということも認識されている。

　第3の視点は、その統合的モデルには、社会、組織（特に仕事組織）、家族、個人に対する検証が含まれるということ、そしてそのモデルは、業績目標、コミュニティ目標だけでなく、人間の発達における関係性を目標として考慮に入れるという点である。それは新しいアプローチを必要とする社会的変化の文脈を示し、キャリア・ディベロプメントとキャリア・プランニング、そして人材開発のための拡張された枠組みを提供する。

　第4の視点は、ILPモデルは、多くのつながりと関連性を探索するということである。それは、統合的ライフ・プランニングが可能となる方法を実証するために、仕事と家族の関連性を、そして共稼ぎ家族を検証する。ILPモデルは、理想的な家族の存在を前提にするのではなく、現代合衆国に実在している多様な家族のタイプを取り上げ、ILPがそれらすべてに対して適用可能であることを示す。また家族と仕事以外の役割についても探索するが、仕事をすることと愛することが人生の最も重要な2つの経験であるがゆえに、これらの役割が家族と職場でどのように遂行されるかという点に重点を置く。

　第5の視点は、ILPは、ライフ・プランニングの主要な側面として、従来のキャリア・プランニングではしばしば無視されてきた、スピリチュアリティおよび人生の意味と目的を導入するということである。それらは、スピリチュアルな関心を重視する文化的グループ、民族グループにとって特別重要である。過去の、合理的で論理的なキャリア・プランニング・モデルは、還元主義的ニュートン主義者の伝統を踏襲し、人間の発達のスピリチュアルな側面には、特に仕事との関係では、ほとんど関心を払ってこなかった。

　最後の視点は、ILPは、人々が変化に対応し、社会的文脈のなかで自らの人生選択、意思決定、転換（期）を理解することができるように支援することに焦点を定めることにある。ILPは、われわれすべてが、自分自身の人生においても、そして他者の人生においても、さらにはより大きな社

会のなかにおいても、チェンジ・エージェントとなれることを提案する。われわれ自身の個人的選択と転換（期）が、地域的コミュニティ、そして地球規模のコミュニティに対してどのように影響を及ぼすかということを理解することが大切である。仕事、家族、学習、余暇は、コミュニティの大きな構成要素であり、それに貢献しているがゆえに、もしもわれわれの個人的な発達、男性と女性の問題、文化的多様性、転換（期）のプロセス、社会的変化などについて理解すれば、われわれはより有効なコミュニティを実現することができると私は考える。ILPの概念の広範な基盤は、知識の多様な分野からの、量的および質的な研究に基づく幅広い文献に由来するものである。

## ■6つの重要課題

現在、統合的ライフ・プランニングの概念は、人生における6つの重要課題に集約されており、私の観点では、それらはキャリア・ディベロプメントと意思決定の中心に位置するものである。それらの課題は、従来のキャリア・ディベロプメント理論と実践では無視されるか、ほとんど関心が向けられてこなかったものである。しかしその6つの重要課題は、20世紀の終わりに人類が直面している重要な問題と関係するものであり、新世紀になっても重要であり続けるものであろう。それらの重要課題については、第3章から第8章までの各章で1つずつ解説していくが、ここで簡単に概略を紹介する。

### □重要課題1：変化するグローバルな文脈のなかでなすべき仕事を見つける

世界が単一の地球村になっていくにつれ、非常に多くの社会的ニーズや問題が生じている。そのため、そのすべてを含めることはほとんど不可能に近い。それゆえ、私にとって最も重要と思われるものをいくつかを特定してみた。私が選択した問題は、ローカルとグローバルの両方の場面でなすべき仕事を反映した問題である。私は、読者自身が自分の支援している

人々とコミュニティにとって最も重要と思われる問題を特定し、そのような問題が、どのように人々の仕事の選択や決定に影響するのかを、理解できるように支援することを望んでいる。

## □重要課題2：人生を意味ある全体のなかに織り込む

　世界中で、女性と男性の両方にとってのキャリア・ディベロプメントが変化しているが、最も劇的に変わっている国は合衆国であろう。1970年代以降、キャリアにおけるジェンダーの重要性と、さまざまな人生の役割に向けた、男性と女性に対する異なったキャリアの社会化に対して、ますます多くの関心が向けられるようになった。女性と男性のそれぞれのライフ・プランニングに影響する内的および外的要因は、異なっているものもあれば、同じものもある。以前、ジェンダー、キャリア、社会的変化に焦点を当てていたBORN FREEの概念は、ILPの基盤の一部を構成している。BORN FREEの概念、プロセス、トレーニングモデルの目的は、男性および女性のためのライフ・キャリアの選択肢を広げることであった。現在その枠組みは、さらに文化とコミュニティを反映するために、「再構築（re-visioned）」中である。その概念は、BORN FREE International（BFI）という名前のグローバルなネットワークを通じて、文化の垣根を越えて大きな反響を呼び起こしている（BORN FREE概念については、第2章でくわしく解説する）。

　全体的なライフ・プランニング——社会的、知的、身体的、情緒的およびキャリア的なディベロプメントはもとより、こころとからだとスピリットをも包含する——は、働くことにそれほどまで力点を置く社会とは、どこか相容れないもののように思えるかもしれない。しかし、われわれの人生は都合よく分割できるようなものではなく、その一部で生起したことが、他の部分に影響を与えるということがますます広く認識されるようになってきた。また、人生のなかで職場が占める役割が変化していく今、将来においては、有給の仕事が今日ほどの中心的な位置を占めるということはないかもしれないということも認識されるようになっている。男性も女性も、もはや仕事だけでは自己のニーズのすべてを満たすことができず、より統合された人間になるために、仕事とその他の人生役割の間のバランスを取

りたい――「人生全体のなかでの仕事」を理解したい――という願望を表現するようになっている。不可能ではないにしろ、人間にとってこれらすべての分野を一度に発達させることは難しいので、人々は、個人、家族、仕事、そしてコミュニティ特有のニーズと価値観に従って、それらに優先順位を付けるための支援を必要としている。

## □重要課題３：家族と仕事をつなぐ

　本章ですでに明らかにしたように、キャリア・ディベロプメントの分野において、男性―女性の役割と両者の関係性、そして家族と仕事のつながりに、もっと大きな関心が向けられる必要がある。本書では、家族と仕事に関する広範な文献のなかのほんの一部しか要約することができなかった。また、さまざまな種類の家族について言及したが、主に、共稼ぎ家族とひとり親家族に重点を置いた。というのも、その両者が今日の合衆国の家族形態のなかで主流となりつつあるからである。それ以外の家族形態――再婚家族、拡大家族、役割逆転家族（夫が家事を担当し、妻が主たる稼ぎ手になる）、そして成人単身家族――も、もちろん重要だが、ここでは主たる検討対象ではない。

　人々が、扶養者と養育者という生得的役割を越えて進もうとするときに生じるジェンダー役割のジレンマは、家族と職場において大きなストレスを生み出す。仕事―家族の葛藤、ひとり親のストレス、介護者のストレス（成人の子どもが高齢の両親の介護をするときの）について、キャリアの専門家はもっと理解を深める必要がある。またキャリアの専門家は、どうすれば相互のライフ・プランニングやパートナーシップを手助けできるかについて知る必要がある。**パートナーシップ**というとき、私は、お互いが尊敬を持って相手と接し、柔軟に話し合って役割を分担し、相手が役割を選ぶことを可能にし、そして２人の関係性、家族、およびコミュニティのために、個人の目標とパートナーの共通目標に合致する責任を果たす、そのような関係のことを意味している。

## □重要課題４：多元性と包含性に価値を置く

　将来あらゆる種類の違い――人種、民族、階級、宗教、ジェンダー、年

齢、障害、出身地域、性的指向——についての、十分な情報を与えられたうえでの認識が、非常に重要になってくるであろう。すでに進行中の、企業における多様性トレーニング、大学における多文化カウンセリング・コースとカリキュラム、変化に向けた政治活動、偏見と差別をなくすプログラムなどが、社会が直面している人間関係の問題に対する建設的な対応を象徴している。われわれは、人々が多様性を理解するだけでなく、それを受け入れ、価値を置き、祝福するようになるために支援していかなければならないというのが、私の信念である。

職場で、そしてそれ以外の場所でも、積極的な人間関係を発展させていくことは、統合的ライフ・パターンの幅広い概念のなかでも重要な構成部分である。

## □重要課題5：スピリチュアリティ（精神性・魂・霊性）と人生の目的を探求する

スピリチュアリティの探求は多くの人々の人生にとって中心となる重要課題であるが、キャリア・ディベロプメントに関する文献では、多くの場合見過ごされてきた。私はスピリチュアリティを、人生の意味と目的、すなわち人生に意味を与える自己の中核をなすものと位置づける。それは自己実現、個人の価値観、全体性、そしてコミュニティの感覚の探求と関係がある。私は**スピリチュアリティ**という用語を、高次元の力への切望、自己を超えた何か大きなもの、社会への還元、自己の才能をコミュニティの改善に向けて役立てること、結びつき感覚の実現など、それらに対する必要性という意味で使う。キャリア・ディベロプメントに向けた従来の論理的で合理的なアプローチは、スピリチュアリティが多くの文化的グループのなかで、人生の中心的な位置を占めているにもかかわらず、それに対してほとんど関心を向けてこなかった。しかし、キャリアの専門家として、われわれは、1人の人生との関連で、さらにコミュニティにおける、金銭の価値そして物質主義の意味を含めて、人々の人生の意味と目的の探求を支援する、重要な役割を果たすことができる。

## □重要課題6:個人の転換(期)と組織の変化のマネジメント

　個人および社会の変化に対処することは、最も重要な課題の1つである。クライエントが転換のプロセスについて考え、それにうまく対応することができるように支援するために、キャリアの専門家が使うことができるいくつかのモデルが存在する。単に再就職の斡旋や、学校から仕事へという状況にとってだけでなく、人生の中盤や後半の設計を含むあらゆる人生段階に起こる転換(期)のために、転換(期)支援カウンセリングは、明らかに、これからの重要な分野になってくるであろう。転換(期)にある人々が、人生のさまざまな段階で、たとえば、Gail Sheehy (1995) が述べているような45歳以降の第二成人期などの段階で、自分自身の文脈のなかで、自分のアイデンティティの最も重要な部分を統合するのを支援することが、キャリアの専門家にとっての大きな課題となるであろう。新世紀に向けて、人々が直面するかもしれない変化と不安定さに備えるのを支援するH. B. Gelatt (1989) の「積極的(肯定的)不確実性モデル」など新しい意思決定モデルを用いながら、クライエントもまた、意思決定をしたり転換を遂げていくために、学ぶ必要があることを知らなければならない。職場が新しい構造、方針、仕事形態を導入するにつれて、組織における変化もまた、個人とパートナーのキャリア上の意思決定、および仕事と人生の価値に大きな影響を与えるであろう。

　転換(期)支援カウンセリングにおいて同様に重要なことは、人々がチェンジ・エージェントになるのを支援するということである。すでに数多く出版されている組織ダイナミクスとシステム変化に関する文献が、このテーマを探究している。私たち1人ひとりが、自らの人生、人間関係、所属する機関のなかでチェンジ・エージェントになることができ、よって、特にローカルな仕事をグローバルな文脈のなかに位置づけながら、もっと大きなコミュニティに影響を及ぼすことができるであろう。

## ■結　論

　キャリア・ディベロプメントに向けた統合的ライフ・プランニングのア

プローチは、その性質からして、総合的、学際的、包括的である。システムズ・アプローチとして、それは人生と社会の多くの構成部分をつなぎ合わせる。どのようなカウンセラー、キャリアの専門家、キャリア・プランナーであれ、この概念の全体を一度に吸収することは無理であろう。すべての人が、所与の時機と仕事に合わせて、最も重要で、最も意義深いと思われる中心的な課題を選択しなければならないであろう。それぞれの課題が達成されるにつれて、それは人の人生のさまざまな次元を結びつける。すなわち、**アイデンティティ**（民族、人種、ジェンダー、階級、年齢、能力、信念、性的指向）、**人間の発達**（社会的、知的、身体的、スピリチュアル、情緒的、キャリア的）、**人生の役割**（愛、労働、学習、余暇）、そして**文脈**（社会、組織、家族、個人）、である。これらは統合的ライフ・パターン・キルトのピースである。さて、それではこの概念の根底に横たわる理論的基盤と知識の動向に目を向けることにしよう。

◆訳　注
（1）キャロル・K・ゴーマン著『忠誠心という要因』による。

# 第 2 章
# ILP の学際的起源を辿る

かなり多くの理論が、個人にだけ目を向け、個人と社会とのダイナミックな関係を考慮していないと思います。キャリアの成功は、とてもあいまいな概念で、人によって意味するものが大きく異なっています。たとえば、私の父は、彼の専門の職業を通じてそれを定義しますし、母はボランティアの仕事と家事を通して定義します。キャリアが私にとって何を意味するのか、私にはまだわかりません。女性にとって十分なキャリア・ディベロプメント理論はまだ存在しませんが、発達的観点やフェミニストによるエンパワーメント・モデルは、私のニーズと願望を確かめ、過去の私から脱し、成長と積極的な発見の過程へと移行するための自信を与えてくれると思います。

――大学院女子学生（カウンセリング専攻）

統合的ライフ・プランニングが具体化している考え方は、キャリア・ディベロプメントと職業心理学に加えて、いくつかの学問分野から引き出されたものである。ILP は、多くの布片を総合していこうとするキルトである。それは多くの学問分野にまたがっているため、その基盤となる専門的知識と実践のすべてについて記述することは難しい。とはいえ私は、世界と私の研究分野をより広いレンズを通して眺めるために、他の多くの分野を探索してきた。学問の世界は、研究分野と手続きによって成り立っている。しかし、より協働的で学際的なプログラムが、ここにきて強力に推進されるようになってきた。それは、教えることと学ぶことの両方についての、古い断片化された手続きがもはや役に立たないことへの、遅ればせながらの認識であるのかもしれない。

　本章では、その概念、哲学的思索、専門的な実践が、私の思索に大きな影響を及ぼした何人かの著者について概括していく。それらの人々は、「共同キルター（coquilter）」と見なすことができるかもしれない。ILP キルトには、キャリアの心理学、成人の発達、ジェンダー役割、ジェンダーおよびフェミニスト心理学、多文化主義などの分野の理論と研究が含まれる。著者たちは、組織心理学、スピリチュアリティ、転換（期）、未来学の分野からも多くの概念を提供してくれており、別の章で詳細に検討していきたい。ILP のさまざまなテーマは、多くの出典にまたがって論じられるので、その出典のすべてについて正確な起源、あるいは影響を述べることは難しい。しかしその起源が明確であるものについては、本章で出典を紹介していく。したがって ILP は、私が受けた多くの影響を私自身の内部で総合したものであると見なしていただくのが最上であろう。

## ■キャリア・ディベロプメントと成人の発達

　この 20 年間、キャリア・ディベロプメントと成人の発達を統合する新しい試みが次々に行われ、人間の発達は、青年期の終わりとともに停止するものではなく、人生のすべての段階で生起するものであり、キャリアとは単に職業を指すものでも、一度限りの選択を指すものでもないという認識が広まった。この 2 分野の理論を再検証することから、この章の議論

を始めたい。

## □キャリア・ディベロプメント

スーパー（1951）の、人生全体を通じたキャリア・ディベロプメントという理論は、キャリア・カウンセリングと人材開発の理論と実践に大きな影響を与えた。スーパーの初期の研究は、狭い職業心理学の分野から脱し、より広いキャリア・ディベロプメントの視点へと向かう動きの引き金となった。スーパー独自の卓越した概念は以下の通りである。

- キャリア・パターン（career patterns）：職業およびキャリアの選択パターンは、時の経過と人生の段階によって変化する。
- ライフ・パターン（life patterns）：女性と男性とでは、ライフ・パターンが異なる。
- キャリア成熟（career maturity）：人生のさまざまな段階——成長、探索、確立、維持、衰退（現在は解放と改名されている）——に応じて習得されなければならない職業的、発達的課題がある。
- 人生役割（life roles）：人生には、6つの基本的な役割——子ども、学生、労働者、家庭人、余暇人、市民——がある。（図2.1を参照）

スーパーが1980年代に創造したライフ・キャリア・レインボーは、彼のいう人生の役割と舞台、そして各人の人生における、個人的および状況的決定要因を表現したものである。彼は、どのような人であれ、その人生のなかで、またさまざまな発達段階に応じて、その役割が変化するということを指摘した。特に成人向けには、スーパーのレインボーは、カウンセリング・ツールとして有用である。

スーパーの仕事の最高の到達点は、Work Importance Study（WIS）である。それは10カ国で8年間を費やして行われた国際比較研究である。そして、この包括的で国際的な仕事を紹介する著書として、*Life Roles, Values, and Careers*（『人生役割、価値観、そしてキャリア』）が、彼の死後1995年に、クロアチアのBranimir Sverkoとスーパーの息子のCharles Superを共同編集者として出版された。その研究は、スーパーが教授職を

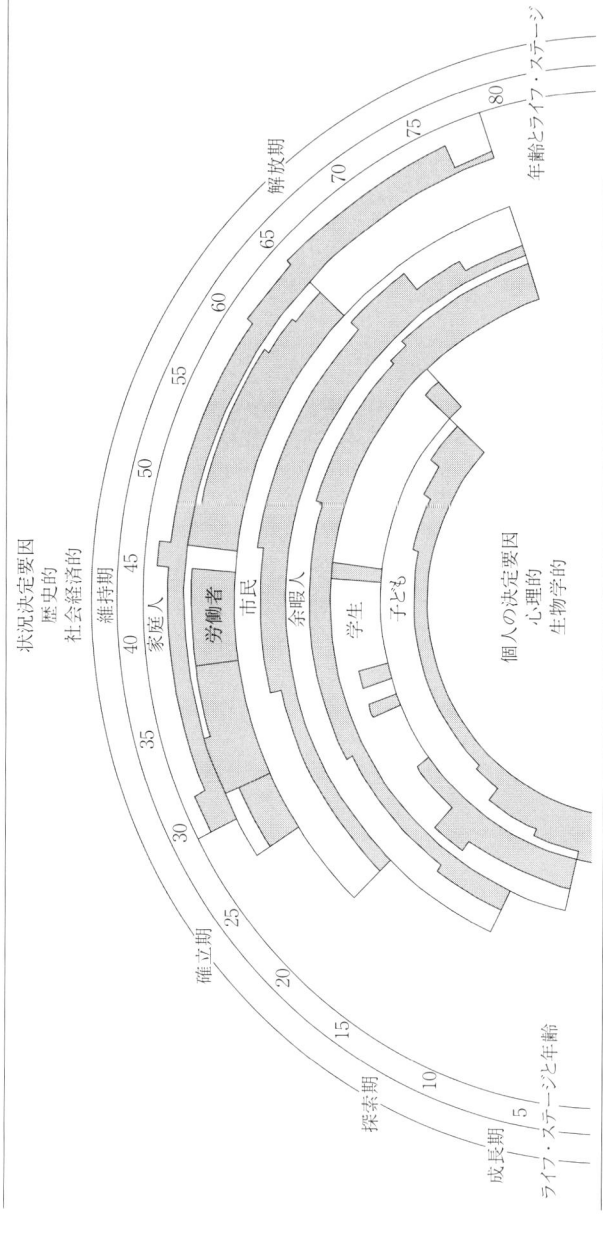

図2.1. スーパーのライフ・キャリア・レインボー

状況決定要因
　歴史的
　社会経済的

維持期
家庭人
労働者
市民
余暇人
学生
子ども

個人の決定要因
　心理学的
　生物学的

年齢とライフ・ステージ

解放期
確立期
探索期
成長期
ライフ・ステージと年齢

出典：D. E. Super, M. Savickas, and S. C. Super, "Life-Span, Life-Space Approach to Careers," in D. Brown, L. Brooks, and Associates (eds). *Career Choice and Development*. (3rd ed.) (p. 127) San Francisco: Jossey-Bass, Inc. Publishers, 1996. Reprinted by permission.

退いた後に始められ、オーストラリア、ベルギー、カナダ、クロアチア、イタリア、日本、ポーランド、ポルトガル、南アフリカ、アメリカの研究者が協力した。その研究は、個人の潜在能力の実現こそが、地位、ジェンダー、文化の垣根を越えて、人生の目標として永遠に普遍的なものであることを示した。その本の力強く胸をうつ序文のなかで、スーパーは次のように述べている。

> 本書をタペストリーに喩えると、その中心となる縦糸は、人生におけるさまざまな役割は個人の価値観の実現のため、それぞれの役割に特有の課題と機会を含んでいるという見解である。役割、そしてそれを達成するための1人ひとりの能力は、発達、年齢、人生の段階と共に変化し……。キャリアのプロセスは、本書が目指すように、科学として語ることができ、またこの序文の締めくくりのように、物語りあるいは人生の歴史として語ることができる。役割は変わり、人生の焦点も変わる。挑戦と報酬、資源とエネルギーの消費——これらすべては変わる。WISをまとめた本は未完だったので、本書をまとめるという仕事の完成——それはまさしく私のライフワークである——が近づきつつあるとき、私は発達心理学者である私の息子を3番目の編集者として迎えた。これもまた、仕事の重要性における1つの研究である。[pp. xx-xxi]

ドナルド・スーパーの仕事がもたらした影響は、本書のような書物1冊ではとても書き表せられないほど大きなものである。ILPに、そして人生の選択・役割・意思決定に関する理論と実践に、さらには人生における仕事の重要性に対する彼の貢献は計り知れない。

## □成人の発達

1970年代から80年代にかけて開花した成人の発達に関する分野は、人生全体を通じたキャリア・ディベロプメント理論と発達心理学を補完するものである。人生が青年期や中年期で停止すると主張するものはほとん

どいないであろう。特に、人口の高齢化が進むにつれて、人口比率が最も急上昇しているのは 80 歳以上であると人口動態指標が示すなかで、中年期およびそれ以降のカウンセリングに対する関心が高まっていることが、現在この主題がいかに重要であるかを証明している。すべてを紹介することができないほど多くの研究者が、男性と女性のさまざまな人生段階について研究し、成人においては年齢の上昇に伴い 1 人ひとりの違いが大きくなってくることを発見した。本書の少し先で検討する成人の転換（期）に関しても、多くの文献が著されている。

## □統合的研究

　統合的ライフ・プランニングに密接に関係する最近のある研究で、成人の人生における仕事、愛、学習の相互関係についての調査が行われた。それは人生の出来事あるいはライフ・マーカーという枠組みから、男性と女性を研究したものである（Merriam と Clark, 1991）。研究者は、成人期における仕事、愛、学習に関する質問表を作成し、それを大学院やその他の継続教育機関を通して、北アメリカの全域で配布した。最終サンプルは、405 名の成人からなり、その大半が白人女性で（27.7％が男性、72.3％が女性）、年齢は 20 歳から 62 歳までであった（平均年齢は、37.6 歳）。対象は十分な教育を受けた集団で、88％が何らかの大学を卒業し、39％が大学院を卒業していた。

　仕事と愛の相互関係について、大まかに 3 つのパターンが示された。(1) 平行パターン（parallel pattern）：愛と仕事という 2 つの領域は、撚り合わされ、一方における変化（あるいは安定）が、他方に反映する。(2) 安定／変動パターン（steady/fluctuating pattern）：一方が安定し、他方が変動している形で、安定している方がスタビライザーとして、また個人のアイデンティティの源として、作用する。(3) 発散型パターン（divergent pattern）：変化が頻繁に、それも自己主導で起こり、愛と仕事はそれぞれ独立し、多くの場合それぞれ反対方向に向かうように見える。著者らは、「どのパターンも組織化と調和の感覚を生み出す異なる安定化要因を有している」（p. 211）ことを見出した。次に仕事と愛の学習に対する関係では、学習が最もよく進むのは、仕事と愛の両方の領域で物事が順調に進んでい

るときであることが示された。この研究で4つの大きな発見がなされたが、それは、(1) 仕事、愛そして学習の相互関係の3つの異なったパターン、(2) 各パターンにおける安定要因、(3) ジェンダーによる差異のないこと、(4) 仕事をし人を愛する能力の発達における学習の役割である (pp. 210-212)。

　ILPと同様に人々の人生を統合的視点から見るこの質的研究は、教育を受けた成人男性と女性の人生がどのように交差しているかに関心のあるカウンセラーや発達の専門家にとって有益なものであろう。

　古い直線的パラダイムから離れたもう1つの成人女性を対象とした研究で、人々の人生におけるつながりが調査された。Grace Baruch、Rosalind Barnett、Caryl Rivers (1983) は、心理学的視点から、現代女性の愛と仕事の新しいパターンについて調査した。それはさまざまな人生パターンを持つ300名の白人女性を対象にした無作為調査で、一度も結婚したことのない女性、結婚しているが子どものいない女性、結婚し子どものいる女性、離婚したが子どものいる女性を含んでいた。一度も結婚したことのない女性と離婚した女性の全員が、何らかの形で雇用されていたが、それ以外の2グループでは、その半数しか雇用されていなかった。研究者は、専門的技能と人生の喜びという枠組みから、女性がどのような形で人生のいくつかの特定の領域と人生の満足感を体験するかを調査したが、すべての人に当てはまる (one size fits) 人生の形 (life print) などないという結論を得た。これらの研究は、人生役割のさまざまな側面を関係づけようとする研究のほんの2例にすぎない。

## □発達／文脈理論

　最近の心理学的文献、特に職業心理学とキャリア・ディベロプメントに関する文献に特徴的なことは、文脈、それも文化的文脈に焦点を当てたものが多く現れているという事実である。このことは、外部に外向きにではなく、伝統的に精神内に目を向けてきた分野においては、特に重要な意味を持っている。最近出ている相当数の文献では、初期の理論の限界を認め、新しい概念化を提案しながら、キャリア・ディベロプメントに対する**発達的─文脈的アプローチ** (developmental-contextual approach) を容認してい

る。その発達的―文脈的アプローチは、個人の発達を文脈のなかで見ることに焦点を合わせたもので、心理学やカウンセリングがこれまでしばしば批判されてきた、精神内部と個人の内面への過度の強調を避けるものである（Vondracek, Lerner と Schulenberg, 1986; Vondracek と Schulenberg, 1992）。時間的短さ（ブリーフ・カウンセリング）と多様性の懸け橋となるこの多文脈的カウンセリング・モデルは、世界をより相互作用的に関係性のなかで見る方法として、文脈と発達の連携に目を向ける（Steenbarger, 1991, 1993）。このような文脈理論の世界観は、多文化主義の理論家 Derald Wing Sue（1991）から支持されている。彼はおそらく、文脈理論は多文化理論の要石の1つだと言うであろう。

キャリア・カウンセリングとキャリア・ディベロプメントに関する実践と研究の年報のなかで、E. P. Cook（1991）は、発達的―文脈的主題に関する文献が多く現れていることを強調している。その年報は特に、「人生の中での仕事」に関連したアプローチや介入に焦点を当て、1人ひとりが「統合された心理学的存在（integrated psychological beings）」（p. 99）として機能することの必要性を強調した。同書はまた、多様な役割に関する文献を引用し、複数の役割が女性と男性の人生にどのような影響を与えるかについて注意を向けるように喚起している。この枠組みは、統合的ライフ・プランニングの進展とも一致している。

## ■ジェンダー役割理論

統合的ライフ・プランニングの1つの次元としてのジェンダー役割について、その重要性をこれからのページで明らかにしていきたい。執筆家や研究者のなかには、ジェンダーによる差異の重要性を認めることを拒否し、ジェンダーという変数を除外しようとする人たちがいる。しかし、ジェンダー役割が必ずしも決定的な問題になっているわけではないことを認めたとしても、男性および女性のキャリア・ディベロプメントにおいて重要であることを私は強く主張する。男性と女性のジェンダー役割の社会化に関する文献が多く現れ、それらがILPの発展に大きく寄与し、ジェンダーの影響とジェンダーの力は、本書のいくつかのテーマの基盤となって

いる。1970年代後半、1つの概念、1つのプロセス、1つのモデルとしてつくられたBORN FREEプログラムもまた、ILPの理論的基盤の一部になっている（Hansen, 1979）。

## ■ジェンダー役割システム

ジェンダー役割システムは、文化的規範の中核をなすもので、女性にも男性にも大きな影響を与える。このシステムは、態度、感情、行動のネットワークであり、ジェンダー役割のステレオタイプ化の浸透により生じたものである。あらゆる文化が固有のジェンダー役割システムを有し、ある特定の役割を男性と女性それぞれに割り当てているのは明らかである（ChetwyndとHartnett, 1977）。以下の3点が、そのシステムの主要な要素である。

1. **男性と女性のステレオタイプ**　その人のジェンダーに従って、2種類の異なった一連の性格特性のうちの1つが割り当てられる。男性のステレオタイプは、支配、独立、攻撃性、問題解決能力によって特徴づけられ、女性のステレオタイプは、従属、依存、受動性、問題に向かうときのより強い主観性によって特徴づけられる。
2. **「男性の仕事」**と**「女性の仕事」の分離**　これは、生活手段として、または生活の改善に必要あるいは適切と思われる、異なったタイプの活動の性別による割り当て——すなわち、仕事の区分け——のことである。この仕事の区分けは、いくつかの職業では改善が見られるにもかかわらず、1990年代の今も変わることなく存在している。
3. **男性により高い価値を置く**　男性に関連する特徴や特性を、女性に関連するものよりも、より重要で高い価値があると見なす。

この15年間に社会はいくつもの重要な変化を経験してきたが、ステレオタイプが依然として存在していること、社会化のパターンはゆっくりとしか変化しないこと、職場には依然として性差による仕事の分離が存在していること（ある程度の調整が行われたにもかかわらず）、そして依然として

女性がすることよりも男性がすることにより高い価値が置かれていること、これらの事実に対して反論するものはほとんどいないだろう。

## □いくつかの定義

われわれのすべてが、**ステレオタイプ**という用語が意味するものに気づいている。すなわち、単に人々の帰属グループ、この場合は男性か女性かだけに基づいて、1人ひとりの属性とは無関係に何らかの傾向、期待、能力を人に割り当てるプロセスのことである。しかし、いくつか特定のステレオタイプと、それに関連する読者にあまりなじみのない用語に関しては、以下で簡単に説明しておく。

**ジェンダー役割のステレオタイプ**とは、一般的に、女性にも男性にも、それぞれにふさわしいさまざまな役割と活動がある、という思い込みである。**ジェンダー特性のステレオタイプ**とは、一方の性を他方に比べてより特徴づける、ある種の心理学的特徴や行動特性があるとする考え方のことである。したがって、ジェンダー特性のステレオタイプは、ジェンダー役割のステレオタイプとジェンダー役割そのものの両方を含む（WilliamsとBest, 1982）。

**ジェンダー差のステレオタイプ**とは、男性と女性にはそれぞれに「典型的な」特徴や行動様式があるという認識、または、男性とは「こんなもの」、女性とは「こんなもの」という見方のことをいう。**ジェンダー役割の指向性**とは、男らしさや女らしさ、および男性の役割と女性の役割の社会化を通して、われわれが学習してきた考え方から成っている。**ジェンダー役割のイデオロギー**とは、男性と女性にふさわしい行動についての規範的見方——すなわち、男性は「こうすべき」、女性は「こうすべき」こと——をさす（KutnerとBrogan, 1976）。

**社会化**とは、行動、役割、態度、信念が次世代へ伝えられていくプロセスをいう。家族、学校、宗教団体、テレビ、職場、仲間同士などの社会化の担い手は、ジェンダーにふさわしい特徴があるというステレオタイプの信念を有していることが多い。**キャリアの社会化**とは、女性および男性が、性別、人種、階級に基づき、それぞれにふさわしいと考えられる教育上、職業上、そして人生の役割上の選択肢を準備していく人生を通した一連の

差別化過程、差別化体験をさす（Hansen, 1979）。女性および男性のキャリア・ディベロプメントを検証していくとき、これらの概念と定義を頭に入れておくことが重要である。それらは、ILPとBORN FREEの基盤の1つになっている。

## □ BORN FREEプログラム

統合的ライフ・プランニングが最も重要視していることの1つが、ジェンダーとキャリアの相互関係性である。私は過去20年以上の専門家としての人生の大半を、人生上の役割と選択におけるジェンダーの影響、そして関連するジェンダー役割問題を研究することに捧げてきた。これが、国家的プログラムであるBORN FREEにつながった。その目標は、キャリアに対するジェンダー役割のステレオタイプ化への影響を減らすこと、そして女性と男性の選択肢を広げ、両者の関係を改善することである。

BORN FREE概念は、私自身のキルトの重要な1片である。私がジェンダーとキャリアの関係を初めて現実として意識したのは、博士号を授与されて大学の助教授に任命された後のことだった。私は、高校、大学を通して、人種差別主義と偏見について——当時私たちはそれを「兄弟愛」について、と言っていた——論説を書くことに深く関わっており、ジェンダー問題についての私の意識は、1960年代半ばから1970年代初めまでは、まだ限られたものであった。ちょうどその頃、女性運動、女性の職場進出の増加、また私の教師および青年期男女のカウンセラーとしての経験、大半が白人男性という環境のなかにいる数少ない女性教授としての経験などを通して、私の意識は高められていった。

私は、自分が結婚かキャリアかといった二者択一の選択はしたくない、と思っていることを自覚していた。その二者択一は私の世代の多くの女性に示唆されていた選択であり、それを私の周りの女性教授のほとんどは受け入れていなかった。そのため、女子学生をまともに受け入れようとしない教授もおり、大学は女性教員にとってはあまり居心地の良い環境ではなかった。ジェンダー役割と社会化に関するさまざまな文献を深く読み進んでいくうちに、私自身が全体的な人間になる必要があるという意識が強まり、個人と専門職の間の強いつながり、特にジェンダーとキャリアの間の

強いつながりに関する私の確信は強まっていった。さらに力強い影響をもたらしたのは、私の子どもたちであった。1人の娘と1人の息子の母親として、私は2人が家に持ち帰ってくるジェンダー役割のステレオタイプを直接体験した（私と夫はそれを取り除くのに大変苦労した）。

このような高まりつつある意識のなかから——あるいはそれと共に——BORN FREEプログラムは生まれた。BORN FREEは、幼稚園から中等教育後、そして大学教育レベルの段階までの少女と少年、男性と女性の、人生上のキャリアの選択肢を拡大するために設計された研究およびトレーニングのプログラムである。それは拡張されたキャリアの定義に立脚したプログラムであり、両性に焦点を当てているという点であまり例を見ないものであった。BORN FREEは主に教育者と親に的を絞った間接的介入であり、その主な貢献は、3つの領域、すなわち、キャリア・ディベロプメント、ジェンダー役割の社会化、そして社会的および教育的な変化を関連づける最初のジェンダー平等プログラムの1つとして、存在し続けていることである。

BORN FREEには2つの意味がある。その用語は、文字通り、われわれ人間はステレオタイプから自由に生まれてくるが、その後の社会化という過程を通してそれを学習するため、それを脱学習しなければならないということを意味している。しかしその用語はまた、そのプログラムがいかなるものかを正確に表現した言葉の頭文字を合わせたものでもある。すなわち、to Build Options for both women and men（女性と男性の両方にとっての選択肢を構築する）、to Reassess the Norms through which we have all been socialized（社会化を通して身に付けてきた規範を再評価する）、to Free Roles of both men and women in work and family（仕事と家族における男性と女性の両方の役割を解放する）、to do this through Educational Equity（それを教育の平等を通じて行う）、すなわちあらゆる種類、レベルの教育機関における、気づきの促進とアクション・プランである（図2.2のBORN FREEのロゴを参照）。

BORN FREEの基盤となっているいくつかの前提は、男性と女性の人生および社会で生じている変化に基づいているが、それらは、本書のあらゆるところで強調されている。以下にそれを示す。

図 2.2. BORN FREE のロゴマーク

1. 女性も男性も、社会におけるジェンダー役割のステレオタイプが蔓延したことと社会化によって、キャリア・ディベロプメントが著しく制限されている。女性のステレオタイプがあるのと同様に、男性のステレオタイプもある（詳細については第 4 章で検討する）。

2. 発達に対するこのような障壁を、特定の個人や集団の責任とすることはできない。なぜなら、われわれは全員、われわれの社会化の産物であるからである。ほとんどの社会はこのようにして進化する。男性と女性はパートナーとして、キャリアに関係するジェンダー役割のステレオタイプの問題だけでなく、その他の社会的障壁の問題にも、協力して対応する必要がある。

3. 学生は教育課程のどの段階でも影響を受ける。教育者と親は、キャリア・ディベロプメントを支援する促進要因だけでなく、それを制限する家庭や学校における阻害要因についても認識する必要がある。

4. システム的な介入と、男性と女性の両方によって展開されるアクション・プランを通じて、教育者と親は、すべての教育レベルで男性と女性の両方の機会を広げるために、より人間的な学習環境を創造するように尽

力することができる。

　すでに述べたように、BORN FREE は、1つの**概念**、1つの**プロセス**、そして1つの**モデル**である。その概念は、キャリア・ディベロプメント、ジェンダー役割理論、教育と社会の変革の3つの実質的な領域に焦点を当てている。そのプロセスは、協働、コンサルテーション、そして、参加者へ変化の原理と組織の変化について訓練し教えることなどである。そのモデルは、どのようにして組織の変化が起こるか、そして、どうすればいま自分がいる組織のなかで、チェンジ・エージェントとなることができるかを示すものである。BORN FREE は、教育および社会を変革するという私自身のコミットメントから多くのものを受け継いでいる——その視点は、必ずしも自然科学および行動科学が求めている客観性とは相容れないかもしれない。

　私は、中西部の小さな町の低所得家庭に生まれ育った。その後、私は専門家としての人生の大半を通じて、カウンセラーは人間の発達に貢献するチェンジ・エージェントになるようにと教えてきた。そして私は今、人生の選択肢と人生すべての側面に影響を与えている社会的、政治的、経済的、その他の環境要因を非常に強く感じている。教育者と親たちに、チェンジ・エージェントになるように教えることに強く力点を置くことは、BORN FREE の他に例を見ない特長である。どんなに優れた考えやプログラムであっても、変化に抵抗する人々によって妨害されることがあり得るということを、われわれはみな知っている。組織の変革と変化のプロセスの原理が用いられたのは、抵抗に立ち向かうためだけではなく、BORN FREE 戦略と介入のためのシステム的な支援を得るためでもあった。

　BORN FREE の目標の1つは、波及効果を生むことである。つまり、トレーニングを受けた人々が所属する組織に帰り、今度はそこで他の人々をトレーニングし、それらの人々と共にわれわれの努力の最終的な受益者になることである。参加者に大きな影響を与えたことを示す多くの証拠がある。BORN FREE が提供したマルチメディア資料（音声、映像、文字を組み合わせた資料）の強さ、キャリア、ジェンダー役割そして社会変革を

結びつける概念の魅力、予期した通りの波及効果の達成などである。しかし 1990 年代半ばの現在、男性と女性の間だけでなく、あらゆる人種、民族、身体的障害を抱えた人々、その他のグループの間の平等を真の平等に近づけるためにしなければならないことは山積している。この目標に向かって、BORN FREE は現在「再構想（reenvisioned）」中であり、文化のより全体的な概念を強調するために更新中である。

　この 15 年間に、BORN FREE は、教師教育、カウンセラー教育、女性センター、メディア・プロジェクト、そして人間関係とジェンダーの平等のためのプログラムおよびプロジェクトを通じて広く波及し、その成果と参加者の態度についての評価がいくつか行われた。しかし多くの事実が、依然としてステレオタイプ化、偏見、差別の問題が存在していることを示している。1970 年代には、われわれは**性役割ステレオタイプ化**（sex-role stereotyping）という用語を使っていたが、現在はジェンダー役割のステレオタイプ化という用語を好んで使っている。本書では、男性または女性であることの生物学的状態については**性**（sex）という用語を使い、生後与えられた社会的な役割についてはジェンダー（gender）という用語を使うことにする。

## ■女性の発達理論

　ILP の背景にある考え方の多くが、女性の発達に関する新たに出版された文献、そして最近では「新しい男性（new male）」の発達に関する文献に端を発した。同様に重要なものが、今も広がりを見せている仕事と家族についての議論である（Hansen と Rapoza, 1978）。本書の性質上、それらすべての文献について検証することはできないが、男性と女性の、統合された、つながりのある、ジェンダー役割的な発達を支援する文献に注意を向けることが大切である。女性によって展開された理論と研究のいくつかを以下に紹介する。

　女性心理の理解に向けた新しいアプローチが、1970 年代半ばに紹介された（Miller, 1976）。真正性（authenticity）、支配と従属、自尊心、力と自己決定、葛藤、親和と愛着（アフィリエーションとアタッチメント）などの

問題に関する知見を検証するために、数人の女性の経験について研究が行われた。Millerの研究は、人種や階級に関する問題に意識的には触れていないが、すべての女性に影響を及ぼす力を識別した。この新しい、関係のなかの自己というアプローチは、女性の人生の概念化において画期的なものであった。

関係のなかの自己という概念は、過去20年間の女性に関する研究の大半を支配してきた。初期の関係のなかの自己理論の1つが、女性の声はケアの倫理の象徴であるという考え方を提示した。それはKohlbergの道徳性発達段階の女性への適用に一石を投じ、青春期および成人期の女性の人生に関する多くの量的および質的研究を生み出す引き金となった（Gilligan, 1982）。

ニューイングランドの大学およびコミュニティの女性を対象とした研究が行われ、女性の「自己、声、心（self, voice, and mind）」の発達を分析し、6つの「女性の知ることの方法（women's ways of knowing）」を類型化した。それらは、**受け入れられた知識（received knowledge）**すなわち、他者の声を聞くことによって得られた知識、自己の内なる声である**主観的知識（subjective knowledge）**、自己決定と修正された自己概念の探索としての**主観的知識（subjective knowledge）**、理性的で客観的な**手続き的知識（procedural knowledge）**、（男性に重ね合わされる）断片化された、および、（もう一方の女性に重ね合わされる）つながれた**手続き的知識（procedural knowledge）**、**構築された知識（constructed knowledge）**すなわち、女性の声を統合したもの、である。著者らは声と沈黙の比喩を用いて、最も真実である知識は、女性自身の体験と物語りを通して獲得された知識であることを示した（Belenky, Clinchy, GoldbergerとTarule, 1986）。

マサチューセッツ州ウェルズリーのストーン・センターの理論家たちは、関係のなかの自己概念をさらに発展させた。それらの人々は女性の自己概念は、達成よりも関係を重視し、自律よりも結びつきを重視すると主張し、女性の発達における関係のなかの自己理論を提案した（Jordanら、1991）。その理論は、Jean Baker Millerを含む何人かの研究者によって、女性の人生における以下のようなテーマに関して詳細に検討された。自己感覚、共感、相互性、母と娘、依存、力、抑うつ、禁忌とされている仕事、摂食パ

ターン、そしてセラピーへの影響。研究者の視点は、以下のように要約することができる。

> われわれの文化は、人生の自主的で、個人主義的で、競争的で、孤独な面を過度に強調してきた。そして、関係性の重視、ケアへの没頭、つながりへの要求が過小に評価されるなかで、女性はそれに耐えてきた。（中略）そしてもちろん、女性は自由を享受すべきであり、他者の利益のためだけでなく、自分自身の喜びのために、自らの創造的、知的能力および自己表現能力を発展させ、発揮するように鼓舞されるべきである。（中略）女性にとっては、自己表現と関係性の強化を両立することが特に重要である。というのは、われわれ自身に対する感覚の多くが、関係性という文脈のなかで形作られているからである。他者とつながり接触しているという感覚は、多くの場合われわれに、自己の存在意義と現実についての最も深遠な感覚をもたらすからである（Jordanら, 1991, p. 289）。

しかし、女性の人生を関係性のなかで定義する（あるいはすべき）ことに全員が同意しているわけではない。それを、「性差フェミニズム（difference feminism）」（すなわち、ジェンダー差理論の永続化）であるとして批判し、それは女性をエンパワーするどころか、現状維持の手段となり、女性の人生の最も重要な側面の1つ——経済力——を無視していると批判する理論家もいる（Pollitt, 1992）。

ポストモダンの視点から、ジェンダーの違いが強調されすぎてきたという立場をとる別のフェミニストの理論家もいる。彼女らは、ジェンダーは人間社会によって創造された現実世界のイデオロギー的構築物であり、それは構築されたものであるがゆえに、脱構築することもできると主張する（Hare-MustinとMaracek, 1990）。彼女らは2つの前提に基づいて、性、心理、個人差に関する伝統的な心理学的解釈を批判する。（1）男性と女性の間の差異は、大半が作られたものであり、ジェンダーは両性の間の本質的な差異を表す自然なカテゴリーではない。（2）われわれがジェンダーの違

いを定義する仕方が、すなわち、われわれがジェンダーをどのような意味に解釈するかが、真の差異を生み出している。著者らは次のように述べている。「われわれがジェンダーという言葉から思いつくもの、そしてわれわれが男性と女性を定義する仕方、それらが、人々が自分自身と世界を見る見方に大きな影響を及ぼす。ジェンダーの意味はまた、行動、社会的な取り決め、そして、仕事、生殖、育児、教育、家族などの極めて重要な社会システムにも影響する」(p. 5)。

Hare-MustinとMaracekは、心理学、ジェンダー、差異に対する新しいアプローチを提唱し、「フェミニスト構成主義を作り上げることは可能で、それは女性の生きた体験を中心に置くことができる」(1990, p. 195)と主張した。Belenkyらと同様に、彼女らは、知ることの唯一の方法としての古い論理実証主義的パラダイムを拒否し、主観的なものと客観的なものの両方を肯定し、人間の経験を解釈するための基礎と方法についての不確実性をより大きく認容したうえで、知識に対するより開かれたアプローチを探究する。これらの理論は、心理学本流から女性が排除されていること、女性の人生が主として男性との関連で説明されていること、そして理論を発展させる新しい方法だけでなく、ポストモダン時代の新しい包含的な心理学が必要であることを認めているという点で一致している。

## ■「新しい男性」の発達理論

心理学の分野は、主に男性の手によって、男性を研究対象として発展し、その後、他の集団、たとえば、女性や民族的マイノリティに適用されてきたとして厳しい批判を受けてきた。同様に、伝統的なヴォケーショナル／キャリア・ディベロプメント理論の大半が、男性に関する問題に焦点を当て、男性理論家によって執筆された（Anne Roeなどの少数の例外はあるが）。最近まで、ほとんどのキャリア・ディベロプメントの教科書が男性によって書かれた。ただ、最近の版では、女性やその他の「特別な集団」のために、別章あるいは別段落を設けているものもある。確かに、これとは対照的に、多様性に力点が置かれるようになったことは歓迎すべきことである。

以下この節では、ジェンダー役割システムと、今変容の初期段階にある男性の役割を考慮に入れながら、新しい男性についての視点と知見に焦点を当てて見ていきたい。とはいえ、男性に関する新しい文献が、白人の異性愛者によって書かれており、その文献の対象には他の人種または他の性的指向の男性は含まれていない、ということを留意しておくべきである。幸いなことに、このような状況は今変わりつつあり、あらゆる背景を持つ男性と女性が発言し始めている。ここで、女性と同様に男性にとっても、異性間の差異よりも同性間の差異の方が大きいということを記憶に留めておくことは重要である。

## □男性のステレオタイプ

　BORN FREE が指摘しているように、女性のステレオタイプと同様に、男性のステレオタイプも存在する。男性と男らしさに関係するステレオタイプ的特徴としては、攻撃性、独立心、感情に流されない、客観性、支配、野心的、世事にたけている、リーダーシップ、アサーティブネス、分析的、力強さ、性的魅力、知識吸収能力、身体的適応能力、数学および科学に対する適性などがあげられる。このように、男性のステレオタイプ的特徴は、女性のそれの裏返しである（Cook, 1985）。WilliamsとBest（1982）は、男性と女性のステレオタイプは、文化の違いを越えて一致すると結論付けている。

　女性と男性のステレオタイプの大きな違いは、男性のステレオタイプは、女性のそれよりも肯定的で、社会で重要視されていること、すなわち金銭、地位、権力によって報われるという点である。われわれは社会におけるステレオタイプが減少することを望んでいるが、ジェンダー、人種、民族、年齢、階級、性的指向などによるラベル付けと判断が、依然として多く残存していることを知っている。黒人やゲイの男性のステレオタイプは、白人男性のステレオタイプと同等か、それよりも少ないかもしれない。というのは、前者は「本物の男（real man）」はかくあるべきという規範に従っていないからである。カウンセリングと教育の重要な機能は、男性がステレオタイプを超えて進むのを支援し、彼らに対する社会化の力を理解し、男性の役割を脱学習し、再学習させることである。

## □男性のキャリア・ディベロプメント

　女性の人生が伝統的に家族によって規定されているように、男性の人生は仕事によって規定されている。男性心理学を基盤とするキャリア研究者のなかには、男性にとっては、「職業的成功イコール自尊心である」と指摘する人もいる。男性、特にアメリカの男性にとっては、職場での成功が人生全体の成功の主要な基準である（SkovholtとMorgan, 1981）。1990年代に入ると、これが強く意識されるようになった。というのは、企業の人員削減によって、一生働けると思っていた職を失った男性は、仕事がなくなったことによって、長い間彼らのアイデンティティの主要な源泉であったものを失ったことに気づいたからである。さらに彼らの多くにとって、同じ給料で同じ地位が与えられる別の職を見つけるという見込みは、ありそうにないことであった。

　男性が雇用機会構造の外に置かれたとき（多くの民族的マイノリティの男性にとってはまさに現実である）、自尊心が低くなり、怒り、暴力に取りつかれる危険性が極めて高くなる。合衆国においては、この観点は、1995年秋のO. J. シンプソン殺人事件の裁判の余波を受けて、そして1996年初めの百万人の男性大行進の最中に、何度も繰り返しメディアで取り上げられた。男性の人生におけるペイドワークの重要性に関しては、大衆紙と同様に、職業心理学の文献でも常に主題となってきた。教育と機会の均等から多くの有色男性が締め出されていることや、囚人数に占める彼らの割合の異常な高さは、解決しなければならない大きな問題として続いている。

　Joseph Pleck（1981）は、男性の人生を検証するための新しい理論的枠組を概念化した。彼は男性の性役割アイデンティティを分析し、「男らしさという神話」に挑み、男性の性役割から受ける重圧に関する新しいパラダイムを提示した。男性と男らしさに関する研究の新方向が、男性の人生の変化に関する別の1冊の本によって示された。その本は、男性役割の再公式化、男性と父親業、男性と女性の関係、性意識、人種、ジェンダーなどの問題を取り上げていた（Kimmel, 1987）。

　仕事についての男性の社会化と、その限定的な効果についての文献が、数人の著者によって著されている（O'Neil, 1981）。男性は、早い時期から、

硬直した男性の性役割の社会化を受けている間ずっと、そして、女性の役割の変化にどう対応すべきかを学ぶときに、ジェンダー役割から受ける重圧を体験する。個人および組織における性差別と性役割の葛藤および重圧から、男性のジェンダー役割葛藤の6つのパターンが浮かびあがっている。すなわち、(1) 社会化された、コントロール、パワー、競争の諸問題、(2) 性的および愛情表現的行動の制限、(3) 成果と成功への強迫観念、(4) 同性愛恐怖、(5) 情動性の制限、(6) 健康問題（図2.3参照）である。

## □新しい男性に関するその他の文献

何人かの心理学者、研究者、社会評論家が、男性の人生をいくつかの新しい切り口から考え始めた。そして職業的キャリアにとどまらず、仕事と家族における男性の役割、男性の社会化の結果、中年の転機と退職準備、男性と余暇、男性とその父親、父親としての男性、共稼ぎ家族における男性、男性と権力、男性と暴力などについて検証した。「新しい男性」について、初期のカウンセリングおよび心理学的分析のなかに、男性へのカウンセリングに関する特集をした2つの刊行物があった（Skovholt, Schauble と Davis, 1980; Scher, 1981）。それらは、男性の伝統的役割、仕事・家族・子育てにおける男性の発達、他の男性との関係に関する問題について、優れた知見を提示している。そして1980年代初めから、新しい男性についての研究が心理学の定期刊行物に多く掲載されるようになった。

特に若い男性に対するカウンセリングに焦点を当てながら、男性の社会化と性意識という重要な問題についてもまた取り組まれてきた（Coleman, 1981）。Samuel Osherson（1986）は、*Finding Our Fathers* において、「男たちの父親との未完の仕事（men's unfinished business with their fathers）」という問題に取り組んだ。彼は自分自身の人生のなかで、日記をつけ、危機を記録し、それを洞察し、またハーバードにおいて多くの中年男性の人生の縦断的研究を行った。その研究では、それらの男性とのインタビューを通して、彼らと父親との関係について、苦痛に満ちた深刻な結果や、欲求不満やかなえられない願望があるということを明らかにしている。以下の刺激的な引用にあるように、そのインタビューのなかで、彼の個人としての、また専門家としての見方が示されている。「われわれの時代の男性—

図2.3. O'Neil のジェンダー役割葛藤のパターン

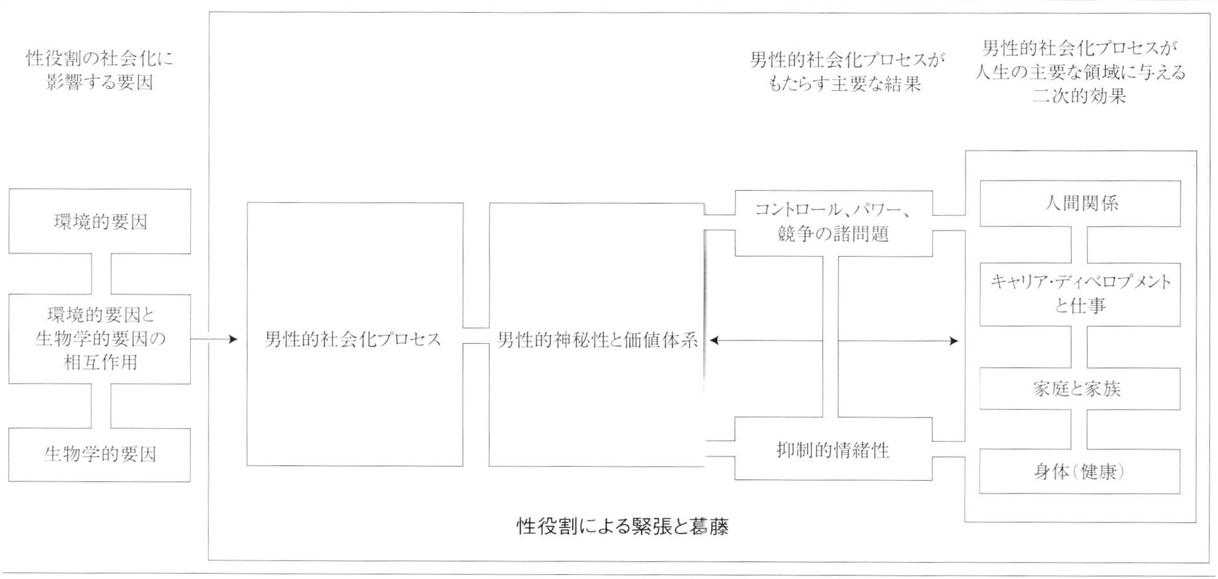

性役割の社会化に影響する要因

- 環境的要因
- 環境的要因と生物学的要因の相互作用
- 生物学的要因

男性的社会化プロセス

男性的神秘性と価値体系

男性的社会化プロセスがもたらす主要な結果

- コントロール、パワー、競争の諸問題
- 抑制的情緒性

男性的社会化プロセスが人生の主要な領域に与える二次的効果

- 人間関係
- キャリア・デイベロプメントと仕事
- 家庭と家族
- 身体（健康）

性役割による緊張と葛藤

第2章　ILPの学際的起源を辿る

## 性役割のパターンと葛藤およびそれらの影響
## 男性の性役割社会化の過程で生じる心理的パターンと葛藤

**情動性の制限**
- 女性を性の対象とし、自分よりも劣る存在として扱う
- 自己と他者を制限する社会化された競争性
- 自己と他者を制限する社会化された権力欲求
- 自己と他者を制限する社会化された優越性欲求
- 自己と他者を制限する社会化された支配性欲求

- 女性性への恐怖
- 弱さへの恐怖
- 脆弱への恐怖
- 失敗恐怖
- 低い自尊心
- 低い達成への執着
- 成功/達成へのストレスと緊張
- 仕事のストレス恐怖
- 同性愛恐怖
- 低い身体意識/官能性
- 限られた性的行動
- 限られたコミュニケーションのパターン

## 4つの人生領域において男性の性役割葛藤と緊張が及ぼす心理的影響

**家庭と家族**
- 役割の過剰負担
- 性的な機能不全・不満足
- 家庭内暴力（子どもおよび妻への虐待）
- 積極的・肯定的養育活動不全
- 女性と子どもの明白な、あるいは隠された従属化
- 失敗恐怖

**身体（健康）**
- 健康問題（潰瘍、高血圧、冠動脈性心疾患）
- 薬物、アルコール、食べ物依存症
- 若年死

**人間関係**
- 他の男性、女性、子どもに対する親密さの制限
- 夫婦間の葛藤
- 年をとることへの恐怖
- 引退への恐怖
- 異性への関心の喪失
- 自信の欠如

**キャリア・ディベロプメントと仕事**
- 過労
- 成功の縛り
- 昇進の階段への縛り
- 仕事のストレスと緊張
- タイプA行動
- 役割葛藤
- 稼ぎ手の縛り
- 失業恐怖
- 失敗恐怖

出典：J. O'Neil, "Male Sex Role Conflicts, Sexism, and Masculinity: Psychological Implications for Men, Women, and the Counseling Psychologist. *Counseling Psychologist*, 9 (2), 61-80. Copyright©1981. Reprinted by permission of Sage Publications.

女性間の諍いの多くが、その原因を辿れば、息子がその父親との間に持っている今も継続中の隠された葛藤へ、そして成長した息子が彼のキャリアと結婚のなかで、その関係を完結させようとするさまざまな方法へと行き着く。しかしその存在の重要性にもかかわらず、われわれが父親を理想化し、あるいは卑下し、あるいは無視したとしても、多くの男性にとっての父親は神秘に包まれたままである。そしてそうすることによって、いかにわれわれが父親とは別のものになろうとしても、最終的にはその父親を真似ているのである」(p. ix)。

カウンセリングおよび男性の発達という視点から、男性の諸問題が Dwight Moore と Fred Leafgren（1990）によって新たに提起された。そこには、黒人、ラテンアメリカ人、アジア人男性の発達に関する、それらの民族集団出身の男性による討論が含まれていた。問題領域が識別されたが、それよりも重要なことは、葛藤の渦中にある男性のための問題解決の戦略と介入が示されたことであった。

男性の性役割と、過去10〜20年の間に現れてきた男性運動についての記事や書物が急増している。それらの文献の多くが、いま男性は、硬直した男性の役割についての古くからの慣習による不利益と限界に気づき始めていることを示唆している。それらの文献のいくつかは、1970年代に現れた。The Liberated Man（1974）、Why Men Are the Way They Are（1986）を書いた政治学者 Warren Farrell、The Hazards of Being Male（1976）を書いた Herb Goldberg らが有名である。最近では、Robert Bly の Iron John（1990）や、Sam Keen の Fire in the Belly（1991）などの本があるが、それらは同種の他の本と共に、男性の性役割についての大衆の関心を喚起した。それらの書は、男性運動を目に見える形で表面化させたが、それにもかかわらず、その視点のすべてがフェミニストによって評価されているわけではない。

女性と男性についての新しい知見が、われわれが両性の発達と役割を見るときの方法に影響をもたらし始めている。ジェンダーに関する文献の多くが「女性の問題」として解釈されてきたが、ここに挙げた文献は、男性と女性の両方の人生が、今どのように変化しつつあるのかに関心が高まりつつあることを示している。それはILPの中心的な主題であり、第4章

でさらに詳しく検討したい。

## ■多文化理論と知見

　1960年代に高まった多文化問題への関心は、1980年代にはアメリカ人の意識からだいぶ遠のいていたが、人種問題に対する明らかに敵対する態度を強めながら再び表面に現れてきた。21世紀における生きることと働くことについての新しいアプローチが、一般人と専門家を多文化主義と多様性の観点から教育することを含める必要があるということは明らかなようである。そのような訓練においては、多様性における複数の次元が重視されなければならない。

### □ヨーロッパ中心（Eurocentric）の理論

　カウンセリングとキャリア・ディベロプメントの教科書の多くが、この分野の主要理論（ロジャーズ理論、精神力動理論、行動理論、実存主義理論、認知発達理論）を中心に書かれているが、それらの理論がもっぱら西洋的な伝統から生まれてきたものであるがゆえに、多くの限界を持っていることが指摘され始めた。それらの理論の多くが、白人男性を被験者とした研究に基づいているため、それを多様な集団に適用するのは不適切で不十分であるとして批判されている。多くの場合、著者らは、特別な集団についての、いくつかの章あるいは章の一部を割いてこの問題に対応しようとしている。それらは、人種的民族的マイノリティ、ゲイやレズビアン、女性、身体的障害のある人々、貧困層、高齢者などである。

　多文化理論を前面に押し出したカウンセリング理論に取り組んでいる数少ないテキストの1つが、Ivey, IveyとSimek-Morgan（1993）らによる、発達的カウンセリングと心理療法（Developmental Counseling and Therapy: DCT）に焦点を当てた1巻である。そこでは多文化的内容がこの本の中核部分と統合されて第1部を構成している。続いて第2部では、伝統的なカウンセリング理論が検討されている。これはすでに見た大半のテキストと極めて対照的で、新鮮な切り口を示している。何人かの著者たちが、特定の人種―民族グループ出身のリーダーによる理論を批判しながら、多

文化カウンセリングと心理療法（multicultural counseling and therapy: MCT）について詳しく説明している。その理論は、結びつき、スピリチュアリティ、全体性、土着のヒーラーに強く焦点を当てている（Sue, Ivey と Pedersen, 1996）。

## □多文化理論

すでに見てきたように、Sue, Ivey と Pedersen（1996）らが、今取り組み始めているのではあるが、多文化カウンセリングと発達に関する本格的な理論は、まだ存在しないというのがおそらく正確だろう。しかし有色人種へのカウンセリング、特に合衆国における、民族的マイノリティのなかでも人口数が上位にあるグループ、すなわちアフリカ系アメリカ人、アジア系アメリカ人、アメリカ・インディアン、ラテンアメリカ人へのカウンセリングに関しては、かなりの専門的知識体系が存在している。そして、人種—文化的なアイデンティティの発達について、数々の理論が今、現れつつある。それらは、Paul Pedersen（1991）が言うところの、カウンセリングおよび心理学における、「第4番目の勢力」の一部となっている（精神力動理論派、行動理論派、人間性理論派に次ぐ）。

多文化カウンセリングと多文化キャリア・ディベロプメントについて書いている著者の多くが、著者ら自身マイノリティ出身であるが、過去のヨーロッパ中心主義的知識基盤に重心を置くことから脱却し、多元的な知識基盤を含める方向へ向かうことを提唱している。それは、個人よりも地域社会や家族に、直線的ではなく統合された世界観に重点を置くもので、ヘルピングやヒーリングに対する全体的アプローチによって特徴付けられている。

**多文化主義**（multiculturalism）という用語には、1つの問題点がある。すなわち、それは人によってさまざまな方法で定義され、それが正確に何を意味するのかを知ることが難しいということである。初期の定義は、人種と民族を強調する傾向があり、初期の理論家および現在の理論家の一部は、定義をその2つの変数に限定するのを好む（Ponterotto, Casas, Suzuki と Alexander, 1995; Locke, 1992; Sue と Sue, 1990）。しかし多文化主義には、有色人種だけでなく、あらゆる種類の抑圧されている集団、すなわち、ジ

ェンダー、階級、宗教、身体的障害、言語、性的指向、年齢などの点で抑圧されている人々も含むべきだと主張する人々もいる（Arredondo, Psalti と Cella, 1993; Trickett, Watts と Birman, 1994; Pedersen, 1991）。

　多文化カウンセリングの指導者らは、集団を越えた共通性あるいは普遍的特質を強調し、そして包含的である**エティック**（etic）・アプローチを取るか、あるいは、特定の集団の特徴とその集団固有のカウンセリング・ニーズに焦点を当てて文化を特定するアプローチ、すなわち**エミック**（emic）・アプローチを取るかという議論に異議を唱えた。Atkinson, Morten と Sue（1989）らは、多文化カウンセリングは、カウンセラーとそのクライエントが異なった民族またはマイノリティに属している場合と、「カウンセラーとクライエントが人種的、民族的には似ているが、性別、性的指向、社会経済的な要因、年齢などの変数において異なった文化集団に属している」（p. 37）場合の2つがあると定義した。

　Fukuyama（1990）は、主流派である中産階級白人男性の文化とは異なる特定の集団と仕事をするための、特徴、価値観、技法について書かれている文献が増えていることを指摘しながら、普遍的な見方をとっている。そのような集団はまた、抑圧、差別、偏見、無視に苦しみ、そして多くの場合、アイデンティティの発達、自尊心、エンパワーメントなどの問題についての支援を必要としている。Fukuyamaは、このような包含的なアプローチを「異文化間（transcultural）」カウンセリングと呼ぶことができると述べている。

　これとは対照的に、Locke（1990）は、個人の特徴と、固有の文化集団のメンバーシップの両方を考慮した、焦点を狭く絞った見方を主張し、あまりにも包含的になりすぎると、問題に取り組む方法を「水で薄める」結果になってしまうと主張している。また、他にも狭い定義を支持する人たちがいるが、「群」へのアプローチではなく、ステレオタイプ、偏見、差別、人種差別、同化、文化的適応、文化などの概念に焦点を絞ることを提唱している（Vontress, 1991）。

## □人種的アイデンティティ

　多文化主義と多文化カウンセリングにおける最も重要な概念の1つに、

人種的アイデンティティがあり、それはWilliam Cross (1971)、Janet Helms (1984)、Atkinson, MortenとSue (1989)、SueとSue (1990) によって発展した。Janet Helms (1984) は、黒人と白人の両方についてアイデンティティの発達という概念を導入し、Atkinson, MortenとSue (1989) らは、マイノリティのアイデンティティ発達 (minority identity development: MID) という概念を導入し、SueとSue (1990) は、人種的―文化的アイデンティティの発達 (racial-cultural identity development: RCID) という概念を説明した。Helmsのモデルは、従来のカウンセリングの異人種間モデルの欠陥を認識するなかから生まれた。彼女はその欠陥について、マイノリティのクライエントがサービスの受益者であり、マジョリティの専門家がその提供者である、という点を過度に強調していると要約している。彼女は、従来の人種間カウンセリングは、マイノリティのクライエントは「（社会の基準から）とても逸脱しているので、カウンセラーがクライエントとの間に人種を越えた人間関係を築こうとするなら、ソロモンの知恵とヨブの忍耐を持たなければならない」という立場であり、また、「2つ（またはそれ以上）の文化的視点間の相互作用を説明するメカニズム、すなわちカウンセリングにおいてカウンセラーとクライエントが暗黙のうちに持つメカニズムを欠いている」と批判している (p. 153)。このように彼女は、カウンセラーとクライエントの組み合わせについて、両者が異人種の場合、同人種の場合など、さまざまな場合を想定し、その両者の相互作用を予測するモデルを開発した。そのモデルが基盤としているのは、人はすべて人種意識を発達させる過程を通過し、最終的には、人種を自分自身と他者の肯定的側面として受け入れるようになるという考え方である。

　Helmsは、人種的アイデンティティの態度における4つの類型について述べている（原型はCross, 1971によって提起されたものである）。それは、**遭遇前**（preencounter）、**遭遇**（encounter）、**沈入**（immersion）／**浮上**（emersion）、**内面化**（internalization）の4つである。黒人のアイデンティティのステージは、白人のそれとは異なっている。また人種間の違いと同様に、同一人種内での違いもある。黒人の人種的アイデンティティのステージは、自己中傷と自己否定から、多幸感、理想化、そして黒人であることの受容と同一化へと移行する。彼女はまた、白人の人種的アイデンティティは、

接触（黒人が存在することの意識化）から、非統合（白人が白人であることを意識する）、再統合（黒人に対して敵対的になり、白人に対してより肯定的になる）、擬似的自立（黒人と白人に対して知的に受容し、好奇心を抱く）、自律（「文化的多様性を価値あるものと思い、自己の人種的アイデンティティに確信を持っているため、異文化交流に参加する機会」を求める）の段階を経ると述べている（Helms, 1984, p. 156）。

## □多文化カウンセリングのジェンダー的側面

　有色人種にとっては、人種が最も突出した側面であると理解することは重要であるが、私はすべての文化においてジェンダーが中心的側面であり、決してそれを無視することはできないと強く主張したい。多文化カウンセリングに関する現代の文献の多くが男性によって書かれており、雑誌の論稿には女性の名前も多く現れるようになっているが、書籍の執筆者になっている女性はまだそれほど多くはない。多文化カウンセリングのリーダーらが、少数民族の女性に関する文献の不足、彼女らについての狭く限定された描写、そして多文化主義の教科書におけるステレオタイプ化された論評等を指摘し始めるにつれて、この状態は今少しずつ変わり始めている（Arredondo, Psalti と Cella, 1993）。女性のためのカウンセリングおよび精神療法における民族性とアイデンティティに関する問題を取り扱った教科書が、この溝を埋めようと多く書かれるようになっている（Comas-Diaz と Greene, 1994）。Hansen と Gama（1995）は、この問題をある程度深く掘り下げて——多くの文献でジェンダーに関する議論が避けられていること、ジェンダーが焦点となっているときに含めるべき重要な諸問題、伝統的な文化的価値観と普遍的な価値観が衝突しているときの異文化間ジレンマなどについて論議しながら——分析し、これらの問題に取り組んでいるカウンセラーを支援するための介入についても検討している。彼女らはまた、カウンセリングと研究のための戦略も提起している。

　本書では多文化カウンセリングという広い定義に当てはまるすべての問題群について十分に検討することは不可能であり、本書はまた「群」へのアプローチを提唱するものではない。本書は、人種、文化、ジェンダー、階級に焦点を絞る。他の次元に関する実例も挙げられるが、検討される主

要な次元は、これらの次元である。多文化問題については第6章でより詳細に検討するが、それは統合的ライフ・プランニングに関する私の考察にとって不可欠な構成部分である。

## ■スピリチュアリティ（精神性・魂・霊性）

先に述べたように、スピリチュアリティあるいはスピリチュアル・ディベロプメントは、ある種のカウンセリング理論の構成部分であるにもかかわらず、長い間キャリア・ディベロプメントの文献では無視され続けてきた。スピリチュアリティという用語は、時々人生の目的と意味と同義的に使われる。スピリチュアリティという用語が、キャリアにとってより中心に近い位置に立つようになってきたのは、ここ10年のことである。心理学、社会学、キャリア・ディベロプメント、カウンセリングの分野の多くの理論家や実践家が、自らの理論のなかにスピリチュアリティという側面を含めているにもかかわらず、今まで多くの場合、それが目に見える形で示されることはなかった。Carl Jung や Joseph Adler などのスピリチュアリティを主題にした著名な心理学者以外にも、そのような理論家としては、Abraham Maslow、Viktor Frankl、Carl Rogers、Lawrence Kohlberg、Carol Gilligan、Gordon Allport、Erik Erikson などの理論家がおり、また Janet Hagberg、Richard Leider、Richard Bolles などの実践家もいる。そのうちの何人かについては、第7章で検討する。私は、スピリチュアリティ、意味、目的を、ILP の最も重要な構成部分と考えている。

## ■ILP のその他のルーツ

その他の知識分野も、統合的ライフ・プランニングの基礎を提供している。仕事と家族、転換（期）理論、組織開発、未来主義などである。本章ではそれらについて検討はしないが、いくつかの章で触れており、またそれらを含む特定の章もある。たとえば、未来主義と未来学者については、本書を通してたびたび触れ、仕事と家族についての理論と問題は、第5章の中心テーマとなる。成人の転換（期）、組織変化、リーダーシップ

に関する文献は、第8章のなかに組み入れられている。

## ■結　論

　ILPについての私の考察とその発展に大きな影響を与えてきた専門的知識を概観してきたが、それが、カウンセリングとキャリアの専門家が自分自身に影響を与えている理論や実践を再検証し、考察と知見の新しい道を切り拓いていくことに役立つことを願っている。

　それでは統合的ライフ・プランニング・キルトの最初の主題、すなわち、キャリアの専門家がすぐにそのなかで仕事をすることになるローカルな文脈を読み解くための知見をもたらすグローバルな変化について見ていこう。

---

＊本章内の「ジェンダー役割システム」の節は、出版社のJossey-Bass社の許諾の下、Hansen（1984）を基にしている。

# 第3章
# 重要課題1
# 変化するグローバルな文脈のなかでなすべき仕事を見つける

～

統合的ライフ・プランニングは、私が私自身の人生のタペストリーを検証するための最も重要な概念です。これまで多くの場合、私は直感に基づき決断してきました。そのため、驚くことではありませんが、いかに、また、なぜ、そのように決断するに至ったかを人に説明するのが困難でした。ILPは、すべてがつながっており、いかなるものも他のすべてのものから影響を受けるという考え方を理解するための道具です。影響がどのように生じるかについては個別に定義され、生じた影響については普遍的に受け入れられます。私が知っている最も重要なことの1つは、希望を持つこと、それも、より良い未来が可能であるという希望を持つことです。それは、私たちの世界が、すべての人が尊敬され、大切にされながら共存する方向へ向かいつつあるという信念です。

——町の中心部にある公立中学の教師

本章では、統合的ライフ・プランニングの重要課題1を提示する。その第1の課題とは、われわれキャリアの専門家が仕事をしている外的文脈を理解することである。ILPは人間の成長の多様な側面に焦点を当て、カウンセラーやキャリアの専門家が、人間が置かれている状況を改善する真のチェンジ・エージェントになるべきであると提唱する。したがって第1の課題は、外的文脈を描き出すことである。というのは、それがキャリア・ディベロプメントに関する多くの専門的な文献で無視されてきたからである。

　われわれが、さまざまな環境に置かれているキャリア・クライエントをローカルな境界を越えて人生の可能性を広げられるように支援しようとするならば、そのクライエントはグローバルな文脈が変わりつつあるという感覚を獲得することが必要になる。世界的な会議に参加するたびに、私はこのような考えを何度も強めていった。たとえば、1995年の夏、私はスウェーデンのストックホルムの会議で講演を行ったが、その会議の中心テーマはキャリア・ガイダンスと社会的文脈であった。私を含めて参加者の多くが、キャリア・ガイダンス（この用語はヨーロッパでは、キャリア・カウンセリングとキャリア・ディベロプメントの両方を含む）を、国内環境だけでなく、グローバルな環境と関連付けようとしていた（別表3.1を参照）。

## ■グローバルにそしてローカルに、考えそして行動する

　20世紀の最も独創的で不朽のスローガンの1つが、1980年の世界未来学会で使われた、「グローバルに考え、ローカルに行動せよ」というものである。このスローガンは、今でも素晴らしい助言ではあるが、統合的ライフ・プランニングの視点からは次のように言い換えることができるだろう。「グローバルにそしてローカルに、考えそして行動せよ」と。というのは、もはやその両者を区別する必要はなく、またそうすることは望ましくないからである。

　今日のグローバル社会で生活しているわれわれは、たとえば、半導体によってもたらされた劇的な変化を知っている。それらは、たとえば、レーザー、コンピュータ・ネットワーク、衛星通信、多国籍間情報システムな

## 別表 3.1. 地球村の概観

　もし世界が、住民1000人の「地球村」だとしたら、どのように見えるだろうか？ Donella Meadows（1992）によれば、世界が住民1000人の「地球村」だとしたら、その住民の構成は、584人がアジア人、124人がアフリカ人、95人がヨーロッパ人、85人がラテン・アメリカ人、55人がロシア人、52人が北アメリカ人、6人がオーストラリア人とニュージーランド人である。165人が標準中国語を話し、以下86人が英語、83人がヒンディー／ウルドゥー語、64人がスペイン語、58人がロシア語、37人がアラビア語を話すので、住民同士のコミュニケーションはかなり難しい。これでもまだ住民の半分で、残りの半分の住民は、ベンガル語、ポルトガル語、インドネシア語、日本語、ドイツ語、フランス語、そしてそれ以外に200もの言語に分かれている。

　宗教は、キリスト教が329人（カトリック187人、プロテスタント84人、ギリシャ正教31人）と一番多く、以下イスラム教178人、ヒンドゥー教132人、仏教60人、ユダヤ教3人と続き、132人が特定の宗教を持たず、45人が無神論者で、残りの86人が他のさまざまな宗教を合わせた人数となる。

　1000人の住民のうち、上位200人が全収入の75％を占め、下位200人の収入は、全収入のたった2％でしかない。自家用車を持っているのは70人である（そのうちの何人かは2台以上所有している）。清潔な飲み水が入手できるのは、670人の成人の約3分の1で、成人の半数は読み書きができない。兵士が5人、教師が7人、医者が1人いるが、難民が3人おり、彼らが家を追われた主な理由は、干ばつと戦争である。村の総予算を300万ドルとすると、18万1000ドルが軍事費、15万9000ドルが教育費、13万2000ドルが医療費である。住民のうちの900人が、村の地下に埋められている核兵器に恐怖を抱いているが、それを所有しているのはそれ以外の100人である。

　世界の人口をこのような数字に直して見ると、世界を大局的に見ることが可能となり、なすべき仕事について新たな考えを持つことができるようになる。また、将来遂行されるべき重要課題の背景を図式的に把握することが容易になる。

出典：Adapted from Donella Meadows, "If the World Were a Village of 1,000 People..." In J. D. Hale Sr. (ed.), *The Old Farmer's Almanac*. Dublin, N.H.: Yankee, 1992. Reprinted with permission from Donella Meadows and *The Old Farmer's Almanac* © 1992, Yankee Publishing, Dublin, N.H.

どである。政治的経済的システムもまた、変化している。EUや、北米自由貿易協定（NAFTA）のような経済協定などの組織を通じて、新しい国際的同盟関係が形成されている。さらに、自然と人間の生態系についての認識が深まることによって、われわれは境界を越えたつながりにさらに気づくようになった。以前は国内問題であったものが、いまでは国際問題になる。

組織開発の視点から書かれたある挑発的な記事のなかで、人類が直面している1万233件の地球規模の課題が列挙された。それらは、**なすべき仕事**（the work that needs doing）と呼ぶことができるものである（Johnsonと Cooperrider, 1991）。著者らは、エンパワーメントのサービスとテクノロジーのための、人間中心のパラダイムに焦点を当てたグローバル社会変革機関（global social change organizations: GSCOs）を創設すべきだとしている。著者らは、古くからある障壁と、地球の管理責任および持続可能な発展との間に橋をかけるために、国境を越えた協力という革新的プロセスに従事すべきと提言する。著者らが示した大きな絵は、そのような組織の非常に理想的な姿を示す。GSCOs は、より健全で持続可能な世界のために、チェンジ・エージェントとしての役目を果たすことに全力で取り組もうとしている。すなわち、従来の制限された境界を越えた人間らしい協力を実現するため、革新的社会組織機構を創設すること、その使命を達成し、エンパワーメント、平等主義、人間中心の社会活動という価値観の普及を促進すること、各国政府に忠誠を誓ったり、それと同一化したり、それに依存することなく、2カ国以上の国境をまたいで機能することである。Hazel Henderson（1995, 1996）や Matthew Fox（1994）などの著作家も、同様のテーマについて提言している。

　本章では、ILP の文脈を構成する10のグローバルでローカルなニーズを検証する。その10のニーズとは、(1) テクノロジーを建設的に利用すること、(2) 環境を保全すること、(3) 職場における変化を理解すること、(4) 家族における変化を理解すること、(5) 暴力を減らすこと、(6) 人権を擁護すること、(7) 変化しているジェンダー役割を受け入れること、(8) 人間の多様性に価値を置くこと、(9) スピリチュアリティと人生の意味および目的を探究すること、(10) 知ることの新しい方法を発見すること、である。

　これらのニーズは、われわれの人生と、キャリア・カウンセリングおよびキャリア・ディベロプメントの領域における専門的な実践に影響する。私はこれらのニーズを、地球全体でなすべき仕事と見なす。この大きな絵を見ることは、統合的ライフ・プランニングの目的にとって必須である。社会における重大な変化と厄介な問題の多くは、われわれに新しい方法で、

第3章　重要課題1：変化するグローバルな文脈のなかでなすべき仕事を見つける

われわれの人生全般——仕事、家族、教育、国家、急速にわれわれのコミュニティになりつつある地球村——について考察することを要求する。われわれは現実をそれぞれの異なったレンズで眺め、最も重要なニーズについての合意は得られないかもしれないが、もし、われわれがローカルでグローバルなコミュニティのチェンジ・エージェントになることにコミットするならば、そこにいるキャリアの専門家が支援できることで世界に共通することがいくつかある。

　キャリアの専門家というとき、私は、他者が人生の選択や意思決定をすることを支援することに関わるすべての人を意味している。そのなかには、カウンセラー、人材開発の担当者、キャリアの専門家、組織開発専門家、管理者、社会人教育に携わる者、行政機関職員、大学の学生指導係、補助専門職などが含まれる。しかし本書では、私は主に、**キャリア・カウンセラー、キャリアの専門家、キャリアの専門職、ライフ・プランニングの専門家**などの用語を使うことにする。

## ■変化するグローバルな文脈を理解する

　ILPの10のニーズを検証する前に、キャリア・ディベロプメントに向かう新しいアプローチを必要とするグローバルで社会的な、そして個人的な変化を検証することが重要である。私は、私が中西部のほとんど白人で占められている小さな町で育っていた頃、私の先祖がノルウェー人であることを自覚したときや、国連や北大西洋条約機構、そして当時既に重大な問題であった人種問題について知りたくなったとき以外は、グローバルに考えることなどほとんどなかったということを認めなければならない。しかし私は、多くの国際的で異文化間の体験を通じて、世界をより広角なレンズで見るという思いがけない機会を得た。

　カウンセリングやキャリアの専門家として人々を支援するとき、われわれは通常、グローバルな問題を導入することから話を始めたりはしない。より大きな、組織的あるいはシステム的な問題に焦点を当てたトレーニングやワークショップを行うとき以外は、われわれは通常個人的な問題から始める。しかし、われわれのグローバル・コミュニティの性質が変化

していることが、変化する境界、そしてより広い人間の文脈の認識をわれわれに要求するということを私は主張する。それはまさに、われわれの視点が多少島国的で特異的であったが——地域的に、そして合衆国全体として——ゆえに、われわれは世界をもっと広範に見る必要があるということを言っている。さまざまなクライエントが人生を選択し、意思決定するのを支援することに関係するグローバルな問題がいくつかあると私は考える。読者も自分自身のリストを持っているかもしれない。本章で私が議論する問題は、限定を意味するものではなく、変容する自分自身の仕事の文脈について考えるように読者を刺激すること、すなわち、自分の学生やクライエントや被雇用者を、21世紀に備えてグローバルにそしてローカルに考え、そして行動させるために、自分自身の最も重要なニーズのリストを確認することである。

　1960年代から、世界は大きく変化した。1990年代半ばの地球村は、60年代のものとはまったく異なっている。人口統計学者、未来学者、社会評論家、政治学者、経済学者、経営コンサルタント、教育者、その他の分野の専門家によって多くのグローバルな問題が明らかになってきた。われわれが選択する問題は、多くの場合、われわれが世界を眺めるときの規範や、われわれ自身の価値観に依存しており、その結果、ある問題には他よりもより大きな関心を向けることになる。

　私が世界を眺めるときのレンズは、学際的なものであり、そこには、心理学、社会学、教育学、キャリア・ディベロプメント理論、成人発達理論、多文化主義、未来学などの多くの視点が含まれている。またノルウェー系アメリカ人2世という文化的背景もある。30年以上もアカデミックな環境で過ごし、その間、平等なパートナーシップで結ばれた結婚生活をしてきた女性としての経験もある。さらには、予期していなかったが、ヨーロッパと発展途上国で国際的な研究と講義をしてきたという有利性にも恵まれた。そして、社会正義と人権問題に対する生涯にわたるコミットメントがある。これから検討するグローバルな問題のなかには、多くの未来学者（たとえば、Robert Theobald, 1987; Rushworth Kidder, 1987; Peter Drucker, 1989; John Naisbitt と Patricia Aburdene, 1990; Hazel Henderson, 1995）が提起してきた問題が含まれているが、それ以外は私独自の視点から選んだも

のである。ここでの要点は、私の個人的なキルトは多くの知識の源泉から持ってきた一片一片によって作られており、またわれわれが支援しようとする人々のキルトも同様であるということ、それゆえ社会を断片的に還元主義的に見る見方から離れ、統合的に考え活動するように努力しなければならないということである。

われわれが生活する文脈が変化していることを示す劇的な証拠が、政治的、社会的、経済的場面で毎日のように起こっている。その代表的な例が、1989年11月9日のベルリンの壁の崩壊であり、それに続く東欧諸国の急激な変化である。ソ連邦の崩壊は、世界中の人々をテレビの前にくぎ付けにした。国境が動き、閉鎖された市場が自由市場経済へと変わり、全体主義が民主主義に変わる困難さを世界は目撃し、そして「世界は同時に集合し離散する」(O'Hara, 1992) という言葉が真実であることを認識した。世界のある地域での民族紛争、環境汚染、部族対立は、他の地域の地域的国家的同盟関係によって相殺されている。国際的な出来事を観ているキャリアの専門家として、われわれとわれわれが支援する人々がグローバルな問題から影響を受け、またわれわれがそれらの問題に取り組むなかで、ある役割を演じているという事実を無視することはできない。

統合的ライフ・プランニングのグローバル・キルトを作るために、私は、カウンセリング、キャリアそして人間の発達の専門家に関係するいくつかのマクロな問題やニーズ、すなわち、なすべき仕事において、主要な問題を包含すると私が考えるニーズを特定した。それぞれの問題のなかで、私はわれわれのクライエントに影響するグローバルな問題とローカルな問題のつながりを説明する、ミクロ・レベルの実例を挙げる予定である。最初の重要課題は、グローバルな境界線を越えてなすべき仕事を特定することである。

## □テクノロジーの建設的な利用を促進する

コンピュータと通信衛星の出現により、すべての世界市民がテクノロジーに精通する必要性、すなわち新しいテクノロジーを利用し理解するだけでなく、その可能性と限界を評価する必要性がより強く意識されるようになった。情報化時代のなかで(そしてキャリアの分野でも)、**ネットワー**

クが最も重要な言葉の1つになった。コンピュータ・ネットワーク、チーム・ネットワーク、個人および大学のネットワーク、あらゆる種類の求職ネットワークなどである。援助の専門家の多くはハイテクな仕事に従事しているわけではないが、われわれの多くが仕事や日常生活においてテクノロジーの影響を受けている。

　将来われわれは、ほとんどすべてのサービス業務において、コンピュータとテレビに頼らなければならなくなるであろう。どのような経済活動に従事しようとも、それを完結させるためにはコンピュータ技術に影響を受けるであろう。プレゼンテーションは優れたソフトウェアを使って行われ、授業と学習はより活発に行われるようになっている。講義資料やカリキュラム、学位論文はすべてディスクに収められ、学位証明書は電子メールで受け取ることができる。サテライト教室、双方向テレビ会議、遠隔教育、プレゼンテーション・ソフトウェア、インターネットなどが、授業、学習、通信の新しい形態をもたらしている。事実この本を書いている最中も、多くの教授たちと同様に、私は自宅の事務所からの業務連絡を電子メールやボイス・メール、コンピュータ、ファックスを使って行うことが増えている。

　ロボット技術はかなり以前から存在しているが、われわれは今ロボットが、産業や宇宙研究に及ぼす肯定的および否定的影響を理解し始めている。未来学者のなかには、ある種の宇宙環境——たとえば、木星や金星など——は、人を寄せつけない場所であるため、ロボットが宇宙開拓を担う有力な候補になるだろうという人もいる（Cornish, 1994）。同様に遺伝子技術と遺伝子工学は、人間の可能性を開く（DNA配列の解明、体外受精、閉経後出産、長寿など）と同時に、倫理的問題も惹起している。情報技術社会——遠隔通信とネットワークによるコンピュータでつながった社会——は、2010年には仕事と労働者に大きな影響をもたらしているだろうと予測されている（Hines, 1994）。多くのハイテク革新には、人々にとって、そしてカウンセリングと人間の発達の専門家にとっての「人間的なふれあい（high-touch）」という意味合いがあり、それは雇用、失業、家族、キャリアにとっての意味合いも含む。

　Jeremy Rifkin,（1995）は、*The End of Work*（邦訳『大失業時代』松浦雅之

訳、阪急コミュニケーションズ出版、1996 年）のなかで、テクノロジー（特にコンピュータ化）が職に置き換わり、多くの人々が、われわれが今知っているような仕事に就くことができなくなると予測している。彼は、世界経済のなかで仕事について、そして世界の労働者がテクノロジーの影響を感じ、多くの伝統的な職業が存在しなくなったとき何が起こるかについて、再考することが必要であると示唆している。彼は、週間労働時間の短縮、新しい社会契約、彼の言うところの第三セクター、または社会経済、非営利コミュニティに奉仕するボランティア部門でなされる仕事などがさらに強調されることを予見している。

　テクノロジーに対するいくつかの否定的影響が、たとえば、Neil Postman（1992）など社会評論家によって指摘されてきた。彼は、テクノロジーへの文化の降伏、「テクノポリー」（Technopoly）について書いている（Technopoly：邦訳『ハイテク社会の危険』GS 研究会訳、新樹社、1994 年）。Postman は、テクノポリーとは自己永続的で自己正当化するシステムで、そこではテクノロジーが社会組織や国民の生活に対する支配力を与えられている、と言う。彼は技術革新を、「重荷でもあり恩恵でもある（a burden and a blessing）」（p. 5）と表現している。彼は、テクノロジーは進歩を象徴するが、われわれを大切な伝統的概念から遠ざけると懸念している。彼は、人間に対する機械の専横に警告を発したが、同時に、テクノロジーがより大きな人間の目標と価値観の文脈のなかに位置付けられるならば、それは特別価値の高い道具になり得るとも示唆する。テクノロジーの専横に対抗するために Postman は、「愛情ある抵抗戦士（loving resistance fighter）」のイメージを提示した。その戦士は、テクノロジーの影響に対して健全な懐疑心を抱き、「人間性の向上（the ascent of humanity）」に基づく理念中心で（idea-centered）人間の結束中心の（cohesion-centered）新しいカリキュラムを支援し、一方でテクノロジーを称賛するが他方でそれを人間の成果の最高の現れとは見なさない（p. 185）。要するに、科学技術リテラシー（technological literacy）は、懐疑主義を称賛することと、テクノロジーがわれわれの人生と文化をどのように形作っているかについての警戒、この 2 つを合わせたものでなければならない。

## □環境を保護する

　地球という惑星を保護するための新しいパラダイムに基づく考え方が、神学者 Matthew Fox や経済学者 Hazel Henderson、そしてデンマークのキャリア・ガイダンスのリーダー Peter Plant らによって明確に示されている。Fox は彼の論文 *The Reinvention of Work*（1994）のなかで、宇宙を、そして同様にわれわれのからだとこころを、ニュートン主義的な機械に喩えることを批判する。彼は、宇宙と地球がわれわれの仕事の中心に位置することを見る必要があり、世界の正義と慈悲という車輪に貢献する善き仕事をする必要があることを理解しなければならない、と提案した。生きとし生けるものを尊敬し、すべての人が地球とあらゆる生命体を守るという、「偉大な仕事（great work）」に従事することが最も大切なことである。将来、仕事は重要な新しい特徴を持つであろう。それは、環境に対して優しく、相互依存的（競合的ではなく）なものであろう。それは、個人主義や国家主義ではなく、地球規模の世界観を広めることを促進し、環境をコントロールするのではなく、環境と調和することを目的とするであろう。そしてそれは経済決定論を受け入れず、テクノロジー偏重を越えた創造性と価値観を重視するであろう。

　人間の発達、経済、そして環境についての関心は、環境保護主義者であり、経済学者、未来学者でもある Hazel Henderson（1995）によって関連付けられてきた。彼女は、伝統的な経済学と、西欧諸国が国民総生産（GNP）や国内総生産（GDP）を世界全体のあるいは国家的な成長、または健全度を測る中心的な方法としていることに特に批判的である。彼女は、環境と人間に対する影響を考慮したアセスメントを行うことを呼びかける。そしてそのために、「社会の目標に向けた進歩を測る他の指標」を反映させた国家未来指標と彼女が呼ぶより広い基盤を持つ尺度を開発した。彼女が光の時代（the Age of Light）と名付ける新しい世界秩序を提唱するなかで、彼女は、人と環境の問題を見事に統合した。

　デンマークと EU のキャリア・ガイダンスの指導者である Peter Plant は、キャリア・カウンセリングに、国際的な「グリーン」という視点を導入した。1995 年のストックホルムで彼は、カウンセリングとキャリアの専

門家のための生態学的モデルである「グリーン・ガイダンス」の概念を導入した（ヨーロッパでは、「キャリア・ガイダンス」は、キャリア・ディベロプメントとキャリア・カウンセリングを傘下に収める用語として使われている）。Plant は、キャリア・ガイダンスがこの 1 世紀の間に通過してきた 4 回の「ウェーブ（波）」を識別することによって、彼のモデルに到達した。

最初に心理測定時代が到来し、それは「適正な」人を選択し「適正な」職に付けることを重視した。2 番目は人間中心のアプローチで、キャリアの専門家は各個人の可能性を探り、ジェンダー、人種、文化などの違いに関心を向け、各人に経済的可能性への道を教えた。3 番目は、キャリア・ガイダンスがクライエントと雇用主の間で市場の仲介役となり、訓練を受けるための支援さえも提供した。Plant は、これらの波は一次元的すぎると述べている。さらに、それらのアプローチは、変化を促進するどころか、現状を永続化させようとするものであると指摘する。グリーン・ガイダンスは、経済ではなく、環境の幅広い側面に焦点を当てた多次元的なアプローチとして考えられたものである。

Plant（1995）は、グリーン・ガイダンスの課題は、倫理的な方法で、人間と環境の生態学を提供することであると言う。このアプローチを下から支える原理には、クライエントに職業選択が及ぼす環境への影響を考えさせること、働きたいと思っている組織や環境を評価するための倫理会計学（ethical accounting）の原則を用いること、そして自分の選択の結果をふり返るための文化的反射性を用いること、などが含まれる。

環境保護の動きはずいぶん前からあったが、環境劣化の問題に対する真摯な関心は、今ようやく前面に現れてきたところである。合衆国では、副大統領アル・ゴアのような環境保護の大物や、シエラ・クラブ、その他無数の環境保護団体が、絶滅危惧種、汚染および核廃棄物処理問題、動物の権利、酸性雨の抑制、森林破壊の中止、オゾン・ホール、地球温暖化、資源枯渇、その他母なる地球を保護するために取り組まなければならない問題についてのキャンペーンを展開している。

環境主義者は、生物の多様性と持続可能な開発の必要性について著し、経済成長は環境保護、人間と天然資源への配慮、地球上の野生生物の保護などとバランスをとる必要があることを確認した。それらの論客のなかで

最も説得力のある1人であるHarlan Cleveland（1993）は、地球環境を分離した部分の寄せ集めとしてではなく、統合された「地球公共財（global commons）」の一部として描いている。彼は、世界中のすべての人がその公共財の健康に責任を負っている、なぜなら、環境の健康が、われわれの健康にとって最も大切なことであるからである、と主張する。Clevelandは問題の深刻さを以下のように強調している。「貧しい人々も豊かな人々も——やり方は異なっているが互いに補強し合う形で——われわれが共有している環境を破壊することに協力しあっている。地球環境に対する広汎な脅威を生み出しているのは1人ひとりの活動である。問題はまさしく、汚染に課税することを望まない無知な投票者であり、木材を伐採する無知な農民であり、生産的で健康に育てることができないほどの子どもを産む無知な夫婦であり、政府の規制と企業の責任は『われわれのような一般大衆』とは関係ないと考える無知な市民である」（pp. 9-10）。

## □職場における変化を理解する

人々は今、文化を問わず、20年前には思いもつかなかったような変化に直面している。低い失業率、職の安定、職の保障、生涯雇用という甘い期待は、高い失業率、職の不安定、仕事と職場の革命的変化に取って代わられている。

### ★仕事における変化

われわれは今、仕事の性質や仕事に就く可能性、雇用と失業のパターン、仕事と家族の関係において劇的な変化が起こっているのを目撃している。イギリス、デンマーク、ハンガリー、合衆国、その他の国々の指導者たちは、仕事の未来がこれほど不確実なときに、いかにして若者や成人を仕事に向けて準備させるかという問いに対する答えを探っている。経済不況、仕事数の減少、組織再編の結果として、若者や成人の失業や潜在失業が増えていることが深刻な問題になってきている。国際労働機関（ILO）の推計によれば、世界中で8億7000万人が失業中で、それは世界人口の約3分の1に該当するという（Reichling, 1995）。

伝統的な働き方のパターンが変化している。生涯を通じて1つの仕事

に従事するという古い仕事のパターンは、1人の個人が生涯を通じて多くの職業に就くというように変わりつつある。ある職を選び、そこで足場を固め、やがて引退するという従来のパターンは少なくなりつつある。職場は主に白人男性からなる一枚岩的なものではなくなり、女性、民族的マイノリティ、障害を持った人を多く含む、多文化的事業体へと変容しつつある。

多くの著作家が、未来の不確実性と、われわれが我慢して受け入れなくてはならない仕事の性質の変化を同定した。イギリスでは、社会学者のAnthony Giddens（1991）が、人生の選択とライフ・プランニングに取り組むときに、個人のアイデンティティに影響するグローバルな要因とローカルな要因について書いている。彼は、現代世界はカオスによって特徴づけられ、コントロールを失いつつあると言う。対照的に19世紀の初めは、人々は自分と世界についてより多く学べば学ぶほど、それらの力をコントロールできるようになるだろうと信じていた。彼は、「リスク社会」を描き、そこでの重要な3つの潮流は、グローバリゼーション、脱伝統化（すなわち、世界中で伝統が変わりつつある）、社会的反応性（すなわち1人ひとりは、多くの異なる情報源を取り扱い、それらを処理し、それを自分の人生に適用する——人生を構築するために情報を使う——ことを強いられるため、異なった種類の世界体験を持つようになる）であるとした。彼は、「反応性」によって、人々が自分自身の伝記——自分自身の物語り——を書き、より大きな不確実性を受け入れることが可能になると考える。

もう1人のイギリスの理論家によれば、キャリア・ディベロプメントは公共政策とより密接に結びつくべきであり、キャリアの実務家と公的機関および民間機関の協力体制を強化すべきだと提唱している（Watts, 1995）。Wattsは、仕事における革命的変化もその大きな理由の1つであるが、今キャリアの新しい定義が必要になっており、将来のキャリア・プランニングは、今よりもはるかに大きな役割を担うようになること、そして、社会と個人が変化し続けるため、人生全体におけるキャリア・ディベロプメントという考え方が重要になってくることを強調している。彼はまた、頻繁な転職によって再訓練と生涯学習が要求されるために、職業教育の古いモデルはもはや役に立たなくなるだろうと指摘する。

仕事の性質の変化と、それが女性と子どもに及ぼす影響について、フェミニストによる別の視点が、Agneta Stark によってもたらされている。ストックホルム大学のビジネス・スクールの教授である Agneta Stark (1995) は、育児、高齢者介護、養育的仕事などの「介護的仕事（caring work）」にもっと目を向け、そのような仕事により高い地位を与えるべきだと強く主張する。Stark は、女性が有給で働こうが家事をしようが、社会は彼女らを「サステナー（sustainers）」（資源を生産する者）というよりはむしろ「ドレイナー（drainers）」（資源を消費する者）と見なしている、と皮肉を込めて指摘している。Hazel Henderson と同様に Stark は、国家発展の評価から介護的仕事を除外していることに批判的である。

　合衆国では、多くのキャリア・ディベロプメントと組織開発の指導者たちが、仕事と仕事のパターンを再定義している。今労働者は、**臨時雇用労働者**（contingent workers）、**契約労働者**（contract workers）、**ポートフォリオ・パーソン**（portfolio persons）などに分類されている。その他、**職から外された労働者**（dislocated workers）、**ホワイトカラーの失業者**（white-collar unemployed）、**永久的臨時労働者**（permanent temps）、最悪のものとしては、**使い捨て労働者**（throwaway workers）というのもある（Figler, 1992）。経営コンサルタントの William Bridges は、*Job Shift*（邦訳『ジョブシフト――正社員はもういらない』岡本豊訳、徳間書店、1995 年）のなかで、そして 1993 年の「職はどこへ行ってしまった？　21 世紀のためのキャリア・プランニング」と称する全国規模のテレカンファレンスのなかで、アメリカにおける脱職務化（de-jobbing）について述べた。明日の職場についての彼の予想は、社会における大規模な変質を意味しているようだ。基本的に、彼は以下のように示唆している。

1. 21 世紀の仕事組織は、職務にはあまり重点を置かず、組織内の任務と割り当てにより大きな重点を置くようになる。
2. 労働者は任務を果たすが、任務（たとえば、プロジェクト）を創造することも求められる。誰もが起業家になる。
3. 仕事の場所が変わる。労働者は自宅で、機中で、ホテルの一室で、その他の環境で仕事をするようになる（これはもうすでに起きている）。

4. 誰もが臨時労働者である。人々は数回仕事を変える。仕事の性質そのものも頻繁な転換（期）を含み、契約とコンサルタント業が標準になる。あまりにも多くの変化を受け入れざるを得ないことに伴う不安定さと否定的な結果のために、多くの人がストレスを体験する。
 5. われわれは皆、従来の職から離れ、なすべき仕事を探すようになる。われわれは皆、「行商精神を持つ（vendor-minded）」（自分自身を売り込む）ようになり、満たされないニーズ——新しいテクノロジー、新しいインターフェースなど——を探し、変化を創造する。

Bridges は、他の多くのキャリアおよび組織のコンサルタントと同様に、柔軟性、適応性、生涯学習の重要性を強調している。彼は、いくつかの重要な問題を提起する（1993, 1994a, 1994b）。人々は脱職務化した社会の不安定さにいかに対応するか？　職務の消滅によって、どのような社会的副作用が発生するか？　脱職務化した仕事人生に備えるために、子どもたちをどのように育てるか？　そして人々は脱職務化した仕事人生への移行にどう対応するか？

Bridges のこのような見方は、経営者の立場からの見方であり、労働者や労働組合に与える影響、あるいは企業の責任という観点が欠如していると批判する評論家もいる。そしてまた、大半の労働者、とりわけ技能のない、あるいは臨時の労働者は、起業家になるように訓練されておらず、それゆえ Bridges が予測するような自主的で不確実な仕事の世界で成功するためには、訓練がなされなければならないだろうと示唆している。

## ★ HRD（人的資源開発）の新しい役割

　HRD（人的資源開発）プログラムの多くが、今現在はリストラによるアウトプレースメント（会社都合によるリストラの対象になった人の再就職）や管理者と役員の業績評価に重点を置いているが、肯定的な面として、より高い生産性は、人間的欲求に関心が向けられ、より満足して仕事をする労働者と関係することを認めたことである。当初は、フレックスタイム制、カフェテリア的な福利厚生、ジョブ・シェアリング、奨学制度、キャリア・プランニング・ワークショップ、ワーク・ファミリー・タスクフ

ォース、非中央集権的意思決定、トータル・クォリティ・マネジメント（TQM）、総合的経営資源活用、ハイパフォーマンス・ワーク・チームなどの職場の取り組みに重点が置かれていた。HRDプログラムは、労働者のニーズと組織のニーズを満たそうと模索し、1人ひとりが組織において最も幸福で、最も生産的であるような人間的な活用法を追求している。新しい仕事の構造――たとえば労働者を3種類（専門家、契約労働者、臨時雇用労働者）に区分する「シャムロック」[1]型の組織（Handy, 1996）、相互関係的なキャリア（MirvisとHall, 1994）、個人主導的キャリア（Hall, 1996）、多様性に価値を置くプログラム（Walker, 1996）など――はまた、人的資源の専門家に対する新しい役割と訓練をもたらす。会社のためのアウトプレースメントや業績評価といった一部のHRDプログラムとは異なり、将来のHRDは、もともとの人的資源開発の焦点であった人間的なニーズと同様に、Hallが挙げた新しい関係論的な目標に集中するようになるであろう。

### ★新しい心理的契約

　職の保障の欠如は、雇用者と被雇用者の間の関係に大きな変化を引き起こした。両者の間の古い形の契約――「あなたが私のために一生懸命働いてくれるなら、私はそれにふさわしい賃金を支払い、安心と福利を提供しよう」――はもはや存在しないと信じる人もいる。実際に、福利、後継者の序列、出世の階段――特に管理者のための――を伴う生涯にわたる仕事は、もはや多くの組織で存在しない。そのような契約は、新しい働き方のパターン、新しい働き方の倫理に置き換えられている（Goman, 1991）。

　David Noerは *Healing the Wounds* (1993)のなかで、人員削減された企業で生き残った労働者の苦悩について書いている。彼は、そのような労働者が失職に対処する難しさと職の保障を失うことへの不安と同様に、活性化されエンパワーする組織のなかで新たな意味と方向を見つけ出すことの難しさを記録にとどめている。

### □家族における変化を理解する

　多くの西欧諸国で、多元的な家族形態が存在することがますます明確に

認識されるようになっている。女性の労働力へのすさまじい流入が家族構造変化の唯一の理由であるとは言えないが、それは、20世紀の劇的な潮流の1つとなっている。おそらく、この変化が最も重大なのは合衆国で、さまざまなタイプの家族があることは極めて当たり前であるが、それらが、特に俗に言う「伝統的な家族の価値観」を信奉する人々に、常に受け入れられているわけではない。

## ★ひとり親家族

ひとり親家族の増加にともない、アメリカ社会にはかぎっ子に対する当然の心配がある。母子家庭の多くは貧困のなかに暮らし、賃金のために働くか子どものために家にいるかという選択もないほど厳しい現実である。米国労働省は、1992年から2005年までの女性参画の伸びは、それ以前の10年間ほど急速ではないだろうが、2005年までに女性が全労働力の47％を占めるようになると示唆している（U. S. Department of Labor, 1993）。重要なことは、最も増加している女性労働者が、主たる妊娠可能時期にあたる25歳から34歳の年齢層であることである。

## ★共稼ぎ家族

労働力市場推計には、家族形態の変化に関するデータは含まれていないが、その変化については、他の文献（BrowningとTaliaferro, 1990; Hage, GrantとImpoco, 1993など）、特に家族に関する文献で報告されている。それによると、細かな数値は異なっているが、伝統的な「核」家族——父親が雇用され、母親は家にいて、子どもが2人いる——は減り続け、すべての家族形態の10〜15％を占めるにすぎなくなっている。

そのような家族が主要な形態となり、全家族の50％を占めた1980年が「転換点」となった（Bernard, 1981）。しかし、すべての共稼ぎ家族で平等なパートナーシップが実現されているというわけではない。Bernardは、農業時代の主要な家族形態は、夫と妻が共に農場で働くというものであったと指摘する。工業化が進むにつれて、男性が都市の工場に働きに出て稼ぎ始めた。この形態は、実際はたったの150年間存在したにすぎない。おそらく、国勢調査局が調査用紙から「世帯主」という表示を外した

ときに、良き扶養者という役割は弔鐘が鳴らされ、共稼ぎ家族が主要な形態になった。

★その他の家族形態

　子どものいない単身も、1つの家族形態である。また、幾世代もの家族が一緒に住み、収入を共有し、子どもを育て、家計費を分担する拡大家族もある。この形態は、民族的マイノリティの家族でよく見られる。また、一般的なものが混合家族である。そこでは、離婚したり、配偶者と死別したりした者同士が再婚し、それぞれの家族を「混合」する。このような家族は、「再構築された（restructured）家族」「ステップファミリー」などと呼ばれることもある。

　またゲイやレズビアンの家族もある。稼ぎ手が1人の場合もあれば、2人とも稼いでいる場合もあり、また子どものいる家族もそうでない家族もある。また生活保護に頼っている家族も含めて、1人も働いていない家族もある。また夫が家事をし、妻が賃金収入を得ている役割逆転家族もある。まだこのタイプの家族がめずらしかった頃は、それはよく新聞の見出しを飾り、「主夫」が本のテーマになった。しかし1990年代半ばには、特に40代から50代のホワイトカラーの男性の多くが企業のダウンサイジングの犠牲者になり、仕事を持たずに在宅し、以前と同じ賃金や地位の職を見つけることができず、不本意なキャリアの転換（期）が始まり、それが臨時雇用、パート契約、そして相談と続くこの現象はさらに一般的なものとなっている。さらに、別の形態として、祖父母が孫を育てるという家族もある。100万以上の家族が、祖父母のうちのどちらかが世帯主になり、330万人の孫を育てている。その平均年収は、1万8000ドルである（Schlossberg, 1995）。図3-1は合衆国のさまざまな形態の家族を示したものである。

★勤労者世帯

　勤労者世帯は現代アメリカのありふれた光景であり、家族の構造が変化したとしても、今後も長く続いていくであろう。女性を家庭へ、そして1950年代の伝統的役割へ戻そうという保守的な団体の呼びかけにもか

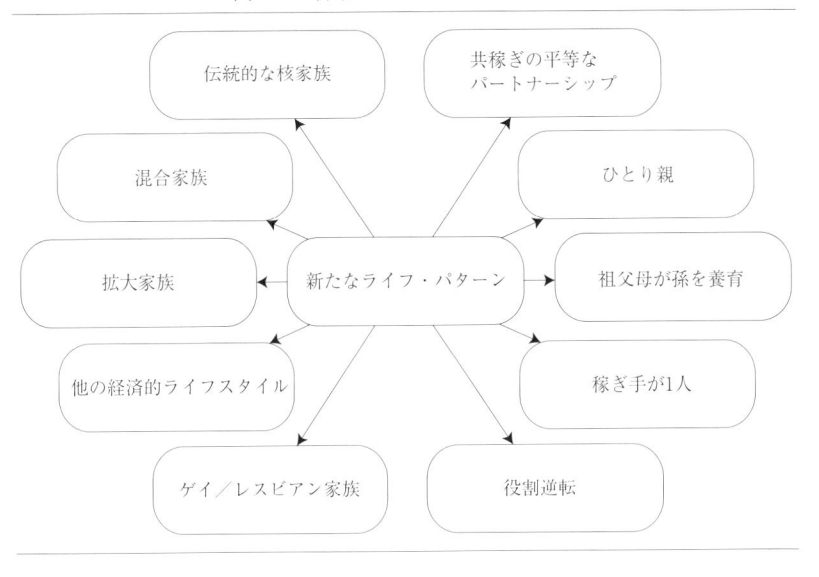

## 図3.1. 合衆国における家族のタイプ

- 伝統的な核家族
- 共稼ぎの平等なパートナーシップ
- 混合家族
- ひとり親
- 拡大家族
- 新たなライフ・パターン
- 祖父母が孫を養育
- 他の経済的ライフスタイル
- 稼ぎ手が1人
- ゲイ／レスビアン家族
- 役割逆転

かわらず、家族形態における古い「交換理論（exchange theory）」——妻は、家事というサービスを、夫の扶養者としてのサービスと交換した——は衰退し、仕事と家族の新しい形態が主流になってきた。今大きな関心が、新しい家族が直面している問題に向けられている。すなわち、子どもの養育、ストレス、キャリア・ディベロプメント、役割葛藤、家族発達、メンタルヘルス、家族と医療休職、調和と過剰負担、公共政策などである。

## ★仕事と家族を理解する

Rosabeth Moss Kanter（1977b）は、仕事と家族の分離という問題について最初に提起した1人であり、それを「不自然（unnatural）」と呼んだ。これは、男性が扶養する役割を「所有し」女性が養育する役割を「所有する」という、かつての役割の分離を伴っていた。1980年代に、仕事と家族のつながりを理解しようとする動きが始まったが、しばらくして、これらいくつかの問題点に向けられた公の関心は小さくなった。1993年に「家族・医療休職法（Family and Medical Leave）」が成立したが、その法律は合

衆国を、そのような福利厚生を家族にもたらす方向に向けてほんの少し前進させただけだった。われわれはこの点で他の先進諸国から遅れを取っており、人間と家族のニーズに優先的に関心を向けるにはまだ長い道のりがある。

　何年も前に、フルブライト奨学生としてノルウェーにいたとき、私はノルウェー人とアメリカ人の家族と仕事に対する考え方の違いを痛感するようになった。この国では「仕事」が中心であったが、ノルウェーでは「家族」が中心であった。合衆国では、人々はいつも仕事について語り合い、休暇は最小限で済ましているようだ。ノルウェー——ここでは誰もが5週間の休暇を取る——では、仕事よりも休暇について話すのがより一般的である。実際、「キャリア」は容認できる言葉ではない。というのは、その言葉には他人を押しのけて高く昇るという意味が含まれており、平等主義的な文化では受け入れ難い概念だからである。ノルウェー人は勤勉に働くが、労働時間は短く、休暇は長く、スポーツやレクリエーション、そして家族のために多くの時間を使う（これは1994年のリレハンメル冬季オリンピックの間に、ややはっきりと現れていた）。

　注目すべきは、ノルウェーはスウェーデンと同様に修正社会主義経済で、民主主義が深く浸透し、合衆国よりもはるかに平等に富が分配されている点である。他のスカンジナビア諸国同様に、ノルウェーでは、家庭の外で働く女性の割合、離婚率、そして共稼ぎ家族が増えている。ノルウェーのシングル・マザーには、合衆国に比べはるかに多くの給付がある。

　多元的な家族を受け入れるという社会的ニーズは、民主主義社会においては当然のことである。家族生活の様式は、強制されるものではなく、選択されるべきものである。したがって、この領域でなされる仕事は、人々が望ましい様式を選べるように出産の慣行と社会化のメッセージを変えることである。

## □暴力を減らす

　暴力の究極の形態は戦争である。そして戦争のアンチテーゼは平和である。暴力は、先進国、発展途上国を問わず、文化を超えて最も重要な問題であり、北京での国連世界女性会議の主要議題であった。1990年代の国

境線を巡る民族紛争と、そこでの非人道的行為の増加によって、われわれが共通して持っている良心が侵害された。女性に対する暴力（そして同様に男性に対する暴力も）は、文化を問わず存在しているが、それが他の文化よりも顕著に見られる文化がいくつかある。たとえば、中国における幼児殺害、インドの花嫁持参金殺人、中央アフリカの特定の国々における性器切除など、弁解の余地のない伝統がいまも存在する。合衆国で家庭内暴力が公の問題となった後、いくつかの諸国がこの国にならって、虐待を受けた女性のためのシェルターを作り、家庭内暴力に関する法律を制定した。1993年に開催された、Anita Hill が Clarence Thomas に対して起こしたセクシャル・ハラスメント訴訟に関する上院公聴会は、セクシャル・ハラスメントに対する全米の意識を目覚めさせた。そして1995年のO. J. シンプソン事件は、再び社会の関心を、虐待と家庭内暴力（そしてそれが、いかにしばしば矮小化されているか）に集中させた。

　ことばによる暴力に始まり、性的虐待、性的暴行、レイプ、殺人に至るあらゆる種類の暴力が、程度の差こそあれ、世界中で見逃されている。国連女性差別撤廃条約（CEDAW）は、女性に対するあらゆる種類の暴力を非難する（United Nations, 1983）。特に南アジアとアフリカ諸国では、その条約が法律制度の下で検証されたが、まだその結果は出ていない。条約の履行を監視するために、ミネソタ大学の Hubert Humphrey 研究所に、国際女性の権利監視協会が設立された。クリントン政権の支援の下、合衆国はその条約を批准する可能性について考慮し始めたが、連邦議会で反国連派が多数を占め、議会の右傾化が進むなかで、その批准の見通しはかすんだ。しかし女性のためのカウンセラーたちは、さまざまな形態の暴力が、女性を身体的に、また情緒的に傷つけ、女性のキャリア・ディベロプメントを妨げていることを知っている。

　合衆国では、銃砲が入手しやすくなるにつれて、子どもに対する暴力がますます日常的に起こるようになってきた。子ども——特に黒人の若年男子——が、学校や路上で殺害されることがあまりにも頻繁な現象になった。職場（郵便局、ファーストフード・レストラン、妊娠中絶医院、オフィス）や教育機関（短期留学生が5人の学生を射殺したフロリダ大学での事件など）で、高速道路や地下鉄で、無差別暴力が起こっている。1995年4月19日

のオクラホマ・シティ連邦政府ビル爆破事件は、無実の子どもと大人を犠牲にしたが、それは合衆国への1つの警鐘であった。というのは、それを通してわれわれが、テロが外国人だけでなく暴力的なアメリカ人によっても起こされることを認識したからである。信じられない思いの想起に加え、このような出来事は、暴力がわれわれの職場でも起こり得るということを自覚させる。

　ここまで、私はアフリカやボスニア−ヘルツェゴヴィナでの子どもに対する暴力には触れなかった。私は、性的虐待の犠牲となった子どもたち、ゲイやレズビアンに対する暴力などについては述べなかった。男性はまた、戦争やギャング同士の抗争事件の犠牲者である。ここまでで、キャリア・カウンセラーや他の援助者が、なぜ、あらゆる種類の暴力に気づき、その犠牲者を手当できるようになっていなければならないかは明らかなはずである。そのような犠牲者は保護プログラムの最前列に位置付けられる必要がある。肯定的なライフ・プランニングのなかで人々を支援するキャリア・カウンセラーは、暴力という選択を減らす支援ができるシステムの不可欠な要素である。確かに、この領域で多くの仕事がグローバルに、そしてローカルになされる必要がある。

## □人権を擁護する

　暴力と人権問題は、明らかに文化の違いを越えた問題である。それは、ローカルな問題でもあり、グローバルな問題でもある。合衆国の社会における殺人事件などの凶悪事件の発生件数の上昇率を見ると、それがいかに身近なものであるかがわかる。ボスニア、ソマリア、ルワンダの民族浄化は、グローバルな規模における例である。アムネスティ・インターナショナルに保管されている永久隔離政治犯のリストや、北京などの都市での国連人権会議への度重なる妨害行為も、またその一例である。

　人権は、人間の発達とその促進に関わるすべての者にとって、核心的問題である。合衆国では、人間の発達を阻害する障壁に対して、これまでかなり大きな関心が向けられてきたが、人権のいくつかの領域で、われわれの道のりは遠い。実際、1995年に連邦議会は、われわれのなかで最も弱い立場にある人々を傷つける法律を通過させようとし、アファーマテ

ィブ・アクション(2)などの運動を通じて実現した機会の均等における前進を元に戻そうとした。憲法上の保護、大統領行政命令、その他の通過法案は、特殊な集団の権利を守るために大きな役割を果たしてきた。1964年の公民権法、1972年の女性教育均等法、機会均等法、1990年のアメリカ障害者法、1991年の高齢者法などは、そのごく一部である。

つい最近の1996年、イギリスは軍隊でのゲイやレズビアンの容認を規制した。中東諸国のなかには、同性愛の存在すら認めることを拒む国家もあり、実際ゲイの人々の権利は認められていない。合衆国には、独自の同性愛恐怖がある。ゲイやレズビアンの人々の平等の権利に関していくらかの前進が見られているが、軍隊でゲイの人々が経験している「二歩前進一歩後退」という状況は、平等な処遇を確保し始めるだけでも、長い道のりがあることを示している。性的指向を理由に、ゲイの人々の住宅、教育、雇用に関する基本的人権を否定する法律を通過させようと試みた州政府がいくつかあったが、最高裁はそのような法律は憲法違反だと宣言した。ドメスティック・パートナーシップ条例を制定し、ゲイやレズビアンのカップルのための機会の扉を開き始めている州もいくつかあるが、これらの人々は今も、雇用、住宅、市民生活、軍隊における平等の機会を求めて闘い続けている。おそらく最も大きな対立は、同性愛結婚を認める法律の制定に向けた運動と結婚防衛法（Defense of Marriage Act）の対立であろう。明らかに、この領域でなすべきことはまだ多く存在している。

文化を横断して、身体的障害と社会階級に基づく多くの差別が存在する。そのような問題について議論することさえ拒否しようとする文化もあれば、さまざまな障害を持つ人々のための特別な施設を建築することから、学校で障害児を「普通のクラスに組み入れる」ための法律を通過させようとしている文化もある。貧困な生活を強いられている人々もまた、経済的な機会の枠の外側に置かれている。ある人が人種、ジェンダー、階級という問題を調べているとき、接近手段と機会において、問題となる重要な決定要因は、その人の社会経済的な状態であるという形跡がある。最近発行された人種、階級、ジェンダーの交差を扱った1冊の書物がこれらの問題に対する優れた統合的知見を提供してくれる（Rothenberg, 1995）。

長い間沈黙し無視されたもう1つのグループは高齢者世代で、この国

で今、最も急速に増加している集団である。しかし、1991年の高齢者法（Older Americans Act）の制定以降、高齢者たちは権利を強く主張し、米国退職者協会（American Association of Retired Persons:AARP）やグレイ・パンサーズ（Gray Panthers）などの高齢者のためのロビー・グループが、その力を社会に感づかせようとしてきた。しかし、1990年代の企業のダウンサイジングによって、最も悪影響が及んだのは高齢の労働者である。

　人権に関するいくつかの分野で合衆国はリーダーシップを発揮していると認められてきたが、なすべきことは多く残っている。それを最も端的に思い起させるのが、ほとんどの西欧諸国が、政府の要職における女性の数でわれわれよりも上位にあるということである（たとえば、スカンジナビア諸国の多くが、国会議員の40%以上を女性が占めている。ノルウェーの女性首相 Gro Harlem Bruntland は、閣僚のポスト20のうちの8つに女性を指名した）。

　発展途上国でも女性の首相や大統領を選出した。バングラデシュの Khaleda Zia 首相や、スリランカの Chandrika Bandaranaike Kumaratungh 大統領とその母の Sirimavo Bandaranaike 首相、パキスタンの Benazir Bhutto 首相、トルコの前首相 Tansu Giller などである。女性と他の少数グループと共に働くキャリア・カウンセリングと人間発達の専門家は、人間の発達と人権を促進しようとするとき、このような政治的な遅滞が依然として続いていることを自覚する必要がある。権利の制限や偏見、差別を含む多くの人権問題もまた、人のキャリアに影響を与えているということは今や明白である。これは種をまく肥沃な土地である。

## ★経済的機会を促進する

　経済的機会の問題は、まさにグローバルである。多くの民主主義的な文化が、すべての国民が人間としての適切な生活水準、あるいは人生の質（QOL）を得る権利を唱っているが、多くの国家が、この目標から遠いところにいる。ホームレス、空腹にある人々、貧困のなかで生活する人々が増大していることは、民主主義社会の目標を達成し、すべての国民の適切な生活水準を護るに至るには、どこまで進まなければならないかをわれわれに思い起こさせる。

　多くの人が、合衆国は、持てる者と持たざる者に分かれたより一層の階

級社会になりつつあると主張している。教育における機会均等を推進し、さまざまな雇用差別を減らす法律を通じて前進が図られてきたが、1990年代半ばの現在は、生活保護を受けている人々、大学生、高齢者に対する支援を削減する法律を通過させることによって、最も脆弱な層が影響を受けるという非難されるべき政治情勢をもたらしたように見える。これらの人々の将来がますます厳しくなる一方で、企業の最高経営責任者（CEO）や、行政組織の責任者、プロのスポーツ選手、テレビ芸能人などが、社会の富の不当に大きな分配を得続けていることは見過ごされていない。何千人という従業員をレイオフしているにもかかわらず、すでに数十万ドルある年収の増額を享受した大企業のCEOたちの写真が、とりわけ挑戦的で皮肉な調子の記事として『ニューズウィーク』誌に載った。その記事は、「企業の殺し屋」が大量に労働者を解雇し自分自身と株主の利益を増大させ、一般市民の反感を招いたことを引き合いに出した（Sloan, 1996）。

多くの人々が合衆国におけるより公平な富の配分について主張してきたが、改善措置はほとんど出ていない。この点に関してバランスを達成したように見える国の1つがノルウェーである。そこではほとんどの人が中流階級に属し、富の分布の両極に位置する人はほとんどいない。高率な租税構造は、全員が利用できる社会的なセーフティネットと引き合う。北海油田の発見のほかにも、人口の90％以上が中流階級という現象のもう1つの理由は、社会のすべての側面におけるノルウェーの平等主義哲学——人権の基本的な側面——である。

われわれキャリアの専門家は、経済問題を「解決」することはできないが、これらの問題について、グローバルとローカル両方のレベルで——そして、それが、われわれが共に仕事をする人々に与える影響の仕方——に気づいていることが不可欠である。

## ★世界人口問題に取り組む

世界人口問題は、人権上の重大な懸念事項である。世界中で多くの女性が、自分自身の身体について意思決定する権利を否定されている。合衆国と多くの発展途上国で、子どもを産む子ども、そしてその結果として適切な世話、栄養、育児、あるいは、肯定的な未来へのビジョンのない世界へ

生まれる新生児について強い懸念がある。国務省の人口問題担当官であるTimothy Wirth によれば、その結果は、飢餓であり、環境問題であり、政治的不安定である。彼は、人々は妊娠中絶問題と人口抑制問題を混同していると指摘する。彼は家族計画を、世界の人口増加を抑制し、世界的人口危機を避ける1つの方法として見ている（Sternberg, 1994）。妊娠および生殖の自由、自分自身の人生と未来をコントロールするための女性の能力という問題は、文化を越えた多くのニーズのなかにある問題である。カウンセリング、キャリア、人間の発達におけるそれらの重要性は、いくら強調してもし過ぎることはない。

## □変化するジェンダー役割を受け入れる

世界中で女性と男性の役割が、両者の関係性と同様に変化しつつある。どのくらい変化したかは、さまざまな要因——ある文化における男性と女性の歴史的地位、その文化において宗教が占める位置づけと宗教のジェンダー役割への影響、社会的政治的風土、政治制度への女性の参加度、女性の教育（と基本的な読み書き）、医療状態（特に避妊具の入手しやすさと性教育）、そして結婚と財産に関する法律など——に依存している。

仮に、変化を直線で表すこととしその線上に国々を置いたとすると、女性の権利に関するかぎり、検討する項目あるいは状況によって、各国はそれぞれ違うところに位置づけられるだろう。人口危機会議（1988）は、結婚と子ども、教育、健康、社会的平等、雇用を含む多くの評価基準について、世界99カ国の女性の地位を比較し、多くの評価基準でそれぞれ異なる国が上位に入っていることを見出した。総合で上位に入った国は、フィンランド、スウェーデン、ソ連邦、ノルウェー、合衆国であった。合衆国は教育の面で最高位だったが、全体では25点満点中22点で、ノルウェーと同点の4位であった。

こうした上位の国々と、最下位に属するバングラデシュ、サウジアラビア、エジプト、シリア、ナイジェリアなどの発展途上国との間には大きな開きがあり、それらの諸国の得点は、5.5点から8.5点までであった。その他の南アジアやアフリカ諸国も、政治的で法的な問題、経済的な問題、家族内の平等の問題によって最下位群に位置づけられた。

ロシアと東欧諸国（チェコスロヴァキア、ポーランドなど）の女性の地位に関する最近の多くの報告は、女性が、平等の追求におけるこれまでの地歩を失ったことを明らかにしている。

　欧州評議会主催のジェンダー役割に関する重要な会議である「変化するヨーロッパにおける女性と男性の平等に関する会議（The Conference on Equality Between Women and Men in a Changing Europe)」が、1992年3月にポーランドのワルシャワで開催された。参加者は、民主主義の進展のためには、女性と男性の間に平等な地位がなければならないということに賛同した。大会は以下の提言を採択して閉幕した（Estor, 1994)。

1. 男女間の平等は、民主主義と人権の実現にとって最重要課題である。
2. ヨーロッパの政治的変動や、権力の平等な分配を求めて女性がこれまで築いてきた地歩を失ったという事実によって、平等を促進するための挑戦は多大である。
3. 社会と経済の変化は、労働力への参入、訓練、仕事と家族、および労働報酬における男女間のより平等へと方向づけられなければならない。
4. 自分たちの関係と家族設計を決定する自由と責任に関する女性と男性の人権は、強化されなければならない（この問題は頻繁に起こるため、これについて多くの議論が交わされた）。
5. ヨーロッパ評議会とその参加国は、男性と女性にとっての平等の権利を、それらが後援するいかなる協同的で専門的な支援プログラムのなかへも、十分に統合しなければならない。評議会は、平等を促進するための法律的文書（たとえば、欧州人権条約に含めること）、情報と認知およびその他の平等へ向けた戦略と仕組みを活用すべきである。

　これは、世界がジェンダー問題に取り組み、男女間の役割を変えようとしている動きの一部分であり、一例である。スカンジナビア諸国はまた、何年も前から**リーケスティーリング**（likestilling：男女の地位の平等）の問題に取り組んできた。そしてそれらの諸国は、その問題に女性の視点

のみからではなく、男性と女性の両方の視点からアプローチする。いくつかの国々は、仕事と家族のつながりに気づいている。日本が1987年に男女雇用機会均等法を成立させたとき、日本政府は、「仕事と家族の調和（Harmonizing Work and the Family）」について検討した文書を作成した。このテーマは、過去10年間の合衆国における多くの研究と議論を刺激した（この主題については、第5章でさらに詳しく検討する）。

第2章で指摘したように、新しく起こっている男性の運動や、いくつかの西欧諸国で「新しい男性」に関する文献が増えていることなどが、ジェンダー問題への関心に拍車をかけた。キャリア・ディベロプメントと、仕事・家族・社会における女性と男性の両方の役割変化——統合的ライフ・プランニングの中心テーマ——という問題は、キャリアの専門家がしっかりと基礎を置くべき主題である。

われわれが生活している家父長制的社会制度は、歴史を通じて何世代も受け継がれてきている。しかしそれにもかかわらず、男女間の関係は、常に支配／従属の関係にあったわけではない。初期の社会においては、両性の間の関係は、時に母系中心あるいは平等的な関係であった。実際、家父長制度は人が創りだしたものであるがゆえに、それらはまた変えることができる。平等な関係を創った男性と女性が証言するにつれて、そのような女性と男性の関係性のために、揺るぎない主張がなされるようになるだろう（Eiser, 1987; Lerner, 1986）。しかし社会化を通じて受け継がれてきた態度の変化は緩やかである。この分野でなすべき仕事は、今後幾世代にもわたって受け継がれてゆくべきものである。

## □人間の多様性に価値を置く

いかなる国の国民であれ、自分の文化が特別なもので、不変なものであると考えるのはたやすい。ボスニア－ヘルツェゴヴィナの紛争は、自民族中心主義が極端に走ると、どのようなことが起こるかについて痛ましい例を提供している。われわれはアメリカを、西洋世界において最も豊かで最も強大な国であると考えているがゆえに、アメリカ人が世界を見るとき、多くの場合、島国的な、あるいは偏狭な視点で見てしまうことはめずらしいことではない。そのような感情は、選挙期間中に候補者の一部が見せる

態度にあまりにも顕著に現れている。講義で私はよく地球村の数字を引き合いに出すが、それは学生たちに、われわれ西洋人がほんの一部を構成しているにすぎない、より大きな地球という枠組みを思い起こさせるためである（p. 87 参照）。

## ★合衆国における多様性を慶祝する

　文化的枠組みの内外における多様性を祝福する必要性は、おそらく他の何よりも大きなものであろう。これまでの生涯を通した公民権への関心は、私の人生の多くの領域に影響を与えてきた。私がカウンセリングと発達のための全米学会（AACD: 現在の全米カウンセリング学会［ACA］）の会長をしていた1990年前後に、最も重要な出来事の１つが起きた。私がその組織のために選んだスローガンは、「グローバルなビジョン：多様性を慶祝しコミュニティを創造しよう」（Global Visions: Celebrating Diversity, Creating Community）であったが、そのスローガンは、多くの支部や地区で、その年のうちに実行に移された。その取り組みは氷山のほんの一角に触れただけだったが、いくつかの活動と団結を生み出した。会員はこれまで以上に多文化主義のすべての次元——人種、文化、ジェンダー、階級、信仰、さまざまな障害、性的指向、年齢、民族——を自覚するよう喚起された。会員はまた、これらの問題がどのようにカウンセリングと人間の発達に影響しているかを理解するように、そしてわれわれの組織にもっと多くの被差別グループの参加者を増やすように、さらにはわれわれの違いを慶祝しながら独自性を大切にし、機会構造の外にいる人たちに対するより大きな包含性へ向けて働くように促された。また暴力をなくすことを通じてジェンダーの平等に向けて働くように、そして男性と女性がパートナーとして一体となって、個人的および社会的問題に取り組み、解決ができるように働くことを求められた。こうして会員はすべて、それぞれが置かれている環境のなかで、主体的なチェンジ・エージェントとなるために、専門家として果たすべき役割を検証するよう求められた。そのとき以来の広範な努力を通じて、多様性は、われわれの組織と約６万人の会員の中心課題となっていった。

　1990年代に起きたグローバルな出来事は、教育、経営、そしてとりわ

けカウンセリングにおいて、多元主義と多文化主義がいかに重要であるかについての認識を一段と高めた。違いにいかに対応し多様性をマネジするかを学ぶことが、世界中の企業組織や教育機関の中心的な目標になっていった。長い間、カウンセリング技法は、万人に適用可能なものと信じられてきた（たいていは白人男性の目を通して見るとき）が、1990年代、多文化的問題に取り組むことが、カウンセリングとキャリア・カウンセリングの非主流から本流となってきた。実際、専門的なカウンセリングや、心理学やキャリア・ディベロプメントなどの諸学会の勧奨により、現在、キャリア・カウンセラーの資格を得るためには、多文化カウンセリングと特定の集団――および特殊でない集団――に関する講義を受講しなければならないことになっている。

　われわれの世界、国家、地域の状態は、われわれの地球を豊かにしわれわれの専門性に挑む、多様な人種、文化、民族集団についてもっと深く知ることを要求している。1人ひとりの違いがカウンセリングと心理の専門職の要石であったが、われわれを分類する違いや、われわれを統一する人間性について、常に対処できてきたというわけではなかった。

　専門的なカウンセラーとキャリアの専門家もまた、多様な集団である。われわれの独自性を受け入れ多様性を慶祝することの学習が、継続的な努力を生みだす。それはまた、われわれ自身のバイアスと偏見について、そして、それがどのようにキャリア・カウンセリングとヒューマン・サービス業務のなかで現れるかについて自覚することを意味する。

### ★世界の多様性を慶祝する

　現在多くの社会で、難民と移民の新たな大量流入が大きな問題となっている。移民の民族性は、それぞれ異なっている。たとえば、ノルウェーでは、パキスタン人とバングラデシュ人が多く流入し、その大部分が最初は輸送業や飲食業などの部門で働く。ドイツではトルコ人が多く流入しているが、必ずしも快く受け入れられているわけではない。合衆国では、移民の民族性は国の地域によって異なる。南西部では、メキシコ人労働者やその他のラテンアメリカ人がより良い生活を探して流入し、フロリダ半島ではキューバ人やその他のカリブ人が難民や移民となっている。カリフォル

ニアでは、ラテン系とアジア系アメリカ人が主流で、中西部では、ラオス、カンボジア、そしてベトナム人の難民が多数を占めている。

　Carolyn Williams と John Berry（1991）は、われわれが難民と移民について理解するのを支援した心理学者たちである。2人は、移民が新しい文化のなかで生活を確立しようとするときに体験する「文化的適応（acculturation）」によるストレスについて述べている。2人は、難民は地位や家族や祖国の喪失感覚を持っているようだと指摘する。文化的に適応することを求められながらも受け入れられていないとき、それらの人たちは、メンタルヘルスの問題につながる大きなストレスを感じるようである。

　Williams と Berry は、新しい文化への反応は、そのグループが移住した理由（自発的なものか、それとも仕方なしのものか）、優勢な文化がマイノリティの文化をどう見ているか、難民自身が自分たちの文化についてどのような態度をとっているか、そして優勢なグループに対してどのような関係を築きたいと思っているか、などいくつかの事柄によって決まると指摘している。これらの問題が、ローカルな、そして、グローバルなコミュニティにおいて、それらの人々にどのような影響を与えているのか、カウンセリングとキャリアの専門家が理解しなければならないのは明らかであろう。このように、移民や難民が心地よい環境を見出し、生活賃金のために働けるように支援することは、確かに、われわれのなすべき仕事の一部である。

## □スピリチュアリティと人生の目的を探索する

　世界中の人々が、その人生のなかで、意味と目的の新しい感覚を探し求めているという多くの兆候がある。さらに、必ずしも公的な宗教を通じてスピリチュアリティを探し求めているわけではないが、多くが宗教を通じて自らのスピリチュアリティを表現している。人は、自分の外側に存在している何か、人生の目的と意味の感覚を与える自分よりも大きな何かを探している。長い間無視され、あるいは最小限に抑えられてきた仕事とスピリチュアリティというテーマが、ようやく認められつつある。

　Richard Leider の著書 *The Power of Purpose*（1985）は、なぜ人は朝に目覚め、その日一日なすべきことをするのかを熟考するのに役立つ多くのアイディアと活動を提供している。つい最近、Leider と Shapiro（1995）

が、中年以降の人生の目的と意味について詳しく述べた。彼らは、われわれが良い人生を送るのを妨げる「死ぬほど怖い4つの恐怖（four deadly fears）」を識別している。それらは、(1) 意味のない人生を送る恐怖、(2) ひとりになる恐怖、(3) 迷子になる恐怖、(4) 死の恐怖、である。次に彼らは、1番目は仕事によって、2番目は愛によって、3番目はコミュニティとのつながりを作ることによって、4番目は目的を持って生きるためのモチベーションによって緩和されると述べている。彼らはまた、目的のある豊かな人生のための公式を提示した。それは、自分自身の才能から始め、それに情熱と環境を加え、それらにビジョンを掛け合わせると、自らが望む未来を組み立てるための自分なりの方法が得られるというものである。

　多くの読者は、人生の意味と目的に関する初期の書物の1つ、すなわち Victor Frankl がアウシュヴィッツにおける彼の経験をつづったもの、についてなじみがあるはずだ。*Ein Psychologe erlebt das Konzentrationslager*（邦訳『夜と霧』霜山徳爾訳、みすず書房、1985年）彼は、妻そして2人の関係を「想像すること」に携わる能力と、学生に向けて行った講義を思い浮かべる能力が、どれほど彼に収容所の恐怖を生き延びる助けになったかについて語った。それはまた、人の体験のなかに意味を見出すロゴセラピーと呼ばれる心理療法の新しい学派の基礎として役立った。

　スピリチュアリティと仕事との関係は、カウンセリングとキャリア・ディベロプメントの分野では、比較的最近の関心事である。全米カウンセリング学会（ACA）の専門部会として数年間続いていた「カウンセリングにおける宗教的な価値のための学会（The Association for Religious Values in Counseling: ARVIC）」は、最近、「カウンセリングにおけるスピリチュアルな、倫理的な、宗教的な価値についての学会（The Association for Spiritual, Ethical, and Religious Values in Counseling: ASERVIC）」と名称を変更した。同様に全米キャリア・ディベロプメント学会（National Career Development Association: NCDA）は、数年前にスピリチュアリティについての特別部会（Special Interest Group）を発足させた。そして、カウンセラーがスピリチュアリティと目的についての問題にいかに取り組むかを学ぼうとするにつれて、部会のメンバー数が増えてきた。1980年代半ばに、ミネソタ州の

2人のキャリア・ディベロプメントの指導者 Janet Hagberg と Betty Olson が、スピリチュアリティが彼女ら自身のキャリアの旅にどのように影響したかを述べる専門的なプログラムを提示し、より大きな関心を呼び起こした。このような主題は、今のところまだカウンセリングとキャリア・ディベロプメントの文献の主流にはなっていないが（多くの多文化カウンセラーや宗教、あるいは心理学とあわせた両方の環境で働くカウンセラーを除き）、それは多くの人々にとって極めて重要である。この問題は、より大きなものの探求とスピリチュアルな道すじが常に人生の中心的部分であった女性および民族的マイノリティにとって特に重要であると思われる。心理学やカウンセリングのような分野では、何よりも測定が優先されるのに対し、スピリチュアリティが軽視されてきたのは、たぶんそれが測定できないからであろう。しかし、統合的ライフ・プランニングにおいては、発達のこの側面に大きな注意が払われる。人々をスピリチュアリティに関していかに支援していくかについてのロードマップはほとんど存在しないが、いくつかのモデルと戦略は既にある。

## □知ることの新しい方法を発見する

われわれが何を知っており、どのようにしてそれを知るのかという問題は、現在多くの研究者、特にフェミニスト心理学者、多文化の指導者、女性学の教員、さらには心理学以外の学問分野の教員の心の中心にある。「知ることの新しい方法（new ways of knowing）」は、たとえば、月面を歩いているときに、宇宙の本質を理解する深遠な体験をした宇宙飛行士 Edgar Mitchell などの人たちによって、明確に述べられている。その後、彼は「理性科学研究所（the Institute for Noctic Sciences）」（noetics とは新しい知識の研究）を設立し、「この研究所では、多くの分野の女性と男性が、人間の心と知ることの方法についての新開地を探索している」と、研究所の最初の会報のなかで述べた。「私は、われわれの知覚、動機、価値観、行動が、幼児期の体験とわれわれの文化から得た無意識の信念によって形成される度合いの驚くべき広がりに悩まされた」と彼は続けて説明した。

多くの分野において、われわれは新しい知識のパラダイムがあることを認識している。それぞれの分野における指導者には、経営コンサルタン

トの Peter Drucker（1989, 1996）、倫理学の Rushworth Kidder（1987）、人類学の Mary Catherine Bateson（1989）、心理学の Oliva Espin（1994）、心理療法の Lillian Comas-Diaz と Berverly Greene（1994）、そして未来学の Robert Theobald（1987）らがいる。多くの学問分野の文献が、中立的で客観的な方法から離れ、コミットメントと主観性の方向へ向かう動き、そして、社会科学や行動科学の分野では科学的方法が真実へ至る唯一の道ではないという認識を明らかにしている。

　心理学とカウンセリングの分野で長い間、量的研究方法に偏っていたものが、教育心理学のいくつかの分野でさえ、知ることの新しい方法である質的研究方法に対する関心が起こっている。これらの方法は、現場主義的で、主観的であり、仮説検証ではなく、むしろ仮説の発見であり、研究者が研究している集団に関与すること、あるいはその一部となることを許容するものであると言えるだろう。Elizabeth Gama（1992）は、カウンセラーが質的研究を用いることがいかに自然なことであるかを指摘するだけでなく、研究テーマに応じた質的研究と量的研究の両方の有効性を強調している。質的研究は、かなり以前から人類学や家族社会科学などの分野で用いられてきたが、心理学では主流としてまだ十分に認められていない。ますます多くの学生、女性、そして特に民族的マイノリティが、ジェンダーや異文化間研究における大規模な現場環境の問題に答えるのに役立つ訓練を要求している。

　すでに述べたように、いくつかの大学やコミュニティで女性を対象とした研究を行ったのは、ニューイングランド地方の研究者たちである。Women's Ways of Knowing において、Belenky、Clinchy、Goldberger、そして Tarule（1986）は、女性が現実を知覚する6つの方法を定義している。これらの研究者は、Jean Baker Miller（1976）と Carol Gilligan（1982）の伝統を受け継ぎながら、革新的方法を用いて女性の真実の声を明確にしている。援助専門職（たとえば、カウンセラー教育者、家族療法家、ソーシャルワーカー）の多くの指導者が、経験主義的方法以外の方法を採用しているという事実は、変化を促進する助けになるかもしれない。たとえば、心理学（そしてキャリアの心理学およびカウンセリング）における、研究の合理的な形態としてのナラティブやストーリー・テリングの使用について現

在行われている概念化は、カウンセリングと心理学の手段と方法を拡大するのに役立つであろう（たとえば、Cochran, 1990; Jepsen, 1992; CochranとLaub, 1994）。

いくつかの雑誌では質的研究を受け入れ始めたが、依然として量的なものへの偏りがある。全米教育学会（American Educational Research Association）の主要な指導者らが、ある種の研究のための質的研究を支持するようになったという事実にもかかわらず、依然としてその使用に対する少なからぬ抵抗が存在する。雑誌 *International Journal of Qualitative Studies in Education* と、書籍 *Qualitative Methods in Family Research*（Gilgun, Daly、そしてHandel, 1992）は、従来とは違う知ることの方法、および、この成長しつつある分野で使われる方法を学ぶことに興味がある研究者や実践家にとって、非常に優れた情報源である。Gama（1992）はまた、カウンセリング心理学における質的研究の使用について、説得力のある議論を示している。

もちろん、本書を読んでいるカウンセリングとキャリアの専門家の多くにとって、研究方法は主要な関心事ではないかもしれないということを私は理解している。それにもかかわらず、もしも、実践を導くために理論的、概念的視点を用いるならば、この議論を知っておくこと、そして自分が引用している知識の起源と種類を確認できることが重要である。知識の生産者と使用者の両方によって、この領域でなすべき仕事が多く存在する。このテーマは、統合的ライフ・プランニングのなかで簡単に触れるだけだが、ILPが基盤としている、前提認識と概念自体、このテーマと一致しているのである。

## ■結　論

本章で述べたグローバルなニーズと課題は、あなたのローカル・コミュニティのニーズと共通点があるだろうか？　それらは、あなたのクライエントのニーズと共通点があるだろうか？　本書の範囲からして、このような広範なテーマを網羅的に取り上げることは不可能であり、同様にキャリアの専門家が、それぞれの支援集団と仕事をするなかで、これらのニーズ

のすべてに取り組むことも不可能である。明らかに優先順位が検討されなければならないであろうし、クライエントの個人的ニーズと文脈、同時にコミュニティのニーズを合わせて、それは決められなければならないであろう。私は、グローバルな課題が将来のカウンセリングと人間の発達の戦略にどのように影響するかについて考えることを刺激するために、これらの課題について言及した（読者は、社会正義というニーズに明らかに重点が置かれていることに気づくだろう）。その範囲が包括的であることは、ローカルに、そしてグローバルに、多くのなすべき仕事が確かにある証拠である。国々は、これらの問題に取り組むに当たってさまざまな段階にある。これまでの議論から明らかなように、これら課題は、カウンセリングとキャリア、そして人間の発達の専門家だけでなく、あらゆる分野の一般人と専門家によっても取り組まれるべき人類普遍の課題である。それらは考え活動することを要求するグローバルなニーズであると同時に、ローカルに適用すべきものでもある。それらは潜在的変化というグローバル・キルトである。

◆訳　注
（1）アイルランドの国章である三つ葉の植物。
（2）黒人・女性・少数民族などの不利な立場に置かれている人々に対する差別是正措置の総称。

# 第4章
# 重要課題 2
# 人生を意味ある全体のなかに織り込む

女性と男性の役割の変化から得られたものは、失ったものをはるかに上回っていると思います。私は自分の才能と能力を生かすことができるようになり、全体性の感覚を感じるようになりました。私は自分が自立していると感じており、そのうえ、ある事柄では夫に頼り、また別の事柄では相互に頼り合うということが完全に自由にできるようになったと感じています。私は経済的に自立していると感じ、自分が平等なパートナーであると感じられる結婚生活を送っています。

――再び大学に通い始めた 49 歳の女性

統合的ライフ・プランニングの2番目の重要課題は、人生の全体的発達を促進するということである。本章の目的は、キャリアとカウンセリングの専門家に、クライエント、被雇用者、学生をこのプロセスのなかで支援するための知識基盤を提供することである。ここでは、ILPが具体化している全体性のいくつかの分野について検討していく。そのなかには、労働・愛・学習・余暇という人生の役割、キャリアの社会化と女性および男性の発達に影響を与えるいくつかの要因、そしてキャリアの専門家が男性と女性の全体的発達を理解しようとするとき、実際に使える枠組みとしての自己充足と結びつきの概念などが含まれる。

　本章で縫い合わされているILPキルトの各片は、1人ひとりの全人格と、各人が自己の多元的なアイデンティティ、潜在能力、人生のさまざまな次元に正面から取り組むときの方法と関係がある。キャリアの専門家は、男性と女性の両方が、伝統的なステレオタイプとジェンダー役割の社会化を乗り越え、平等な関係を築き、人間としてより完全な発達へ進むことを支援することができる。

## ■全体的な発達

　全体的発達は人によっては現実的な目標とは思えないかもしれない。社会のなんと多くの部分が、仕事以外の人生の諸側面を無視して人々を職務に当てはめようとすることに重点を置き、ステレオタイプ化された男性的および女性的な行動様式に縛りつけようとしていることか。全体的ライフ・プランニング――キャリアと共に、からだとこころとスピリットの発達を包含する――が実現可能であると主張するのは、甘い考えのように見えるかもしれない。確かに**全体的**（Holistic）という言葉は、伝統的なアカデミズムの世界では、これまでずっと受け入れられる言葉ではなかった。

　それにもかかわらず、全体的な発達という概念は、統合的ライフ・プランニングの中核をなす概念である。ILPは、どのようにすればカウンセラーや教育者が、本来全体的であるライフ・プランニングのプロセスを、若者や成人が学ぶのを支援することができるかを明確にしようとする。ILPは、カウンセラーが、全体的発達におけるこれら主要領域への認識度

を高め、それによって、クライエントや学生がつながりに目を向け、どのようなときに、人生のある領域が無視されバランスが失われているか、あるいはどのようなときに修復する必要があるのかを理解するのを支援できるようにする。

　長い間、仕事がほとんどの人々の人生の焦点であったが、統合的ライフ・プランニングは、文脈の変化、キャリア・ディベロプメント、人生の転換（期）、ジェンダー役割の社会化、文化的多様性、そして社会変化を、統合された枠組みのなかに組み込む。それはまた、スピリチュアリティ、言い換えれば人生の意味と目的の感覚が、どのようにそれ以外のものと調和するかについて問う。

　ILP は、主としてキャリア・カウンセラーやその他のキャリアの専門家が、クライエントが人生上の意思決定を支援する手助けとして創られているが、その他のヘルパーが自分自身の人生のさまざまな側面を検証し、それを意味ある全体のなかに統合するために使うことができるモデルでもある。他者のキャリア上の意思決定を支援する者は、自分自身のキャリア・ディベロプメントについて、十分に振り返っておく必要があるというのが、私の基本的な前提認識の１つである。すべての人々が自分自身のあらゆる潜在能力を十分に発達させ、人生の多くの分野で満足を感じる権利を持つべきであるが、Maslow（1962）の欲求段階説が示しているように、生理的欲求段階にある人々は、より高い次元の欲求を満たす前に、おそらくある程度の経済的自立を獲得しておかなければならないであろう。しかし、ILP が中流以上の人々にしか適用できない理論であると考えるのは、実に不幸なことである。私の学生の１人は、ILP を低所得家庭出身の女子学生に適用し、大きな成功を収めた。彼女らはそれぞれのサークル・オブ・ライフ（人生の環）を描いて（第９章を参照）自らの経験を描写し、全体的なライフ・プランニングを理解したこと、そしてそれが必要であることをはっきりと表明した。

## ■統合的ライフ・プランニングにおける全体的概念

　統合的なアプローチにとっては、伝統的な職業指導のやり方は明らかに

不十分である。なぜならそれは、人は変化せず、社会も変化しない、職業選択は職業指導の結果である、人生を通して1つの職業を全うする、意思決定は論理的で合理的であるべきだ、といういくつかの前提に立脚しているからである。従って、その焦点はプロセスではなく選択に置かれる。これに対してILPは、職業だけでなく人生の他の部分にも注目する。統合的ライフ・プランニングにおいて、**統合的**という言葉は、人間の発達のさまざまな領域——社会的（social）、知的（intellectual）、身体的（physical）、スピリチュアル（spiritual）、情緒的（emotional）、キャリア／職業的（career/vocational）すなわちSIPSEC——を重要視しているということを表している。それらは、人間のウエルネスの6つの領域と呼ばれる。図4.1は、ウエルネスの車輪を図式化したものである。

　**統合的**という言葉はまた、こころ、からだ、スピット、ジェンダー、時間（すなわち、われわれの過去、現在、未来）の統合を意味している。それは、われわれは世間から隔絶して職業や家族を選択するのではないということを表している。統合するということは、各片を、個人にとって意味ある方法でまとめるということである。第1章で述べたように、**人生**とは4つの基本的役割——愛（love）、学習（learning）、労働（labor）、余暇

図4.1．ウエルネスの車輪

**全体性を選択する**
・社会的・スピリチュアル・
・知的・職業的・
・身体的・情緒的・

出典：ミネソタ・スクールカウンセラー学会：再録許諾済

(leisure)、すなわち4つのL──を内包する包含的な言葉である。

　パターンということばは、すべてが望んだ結果を生み出すとは限らない、相互に関連する役割、決定、選択の非線形な連続を示唆する。私はパターンという言葉を、**プランニング**の代わりになるものとして使っているが、プランニングは、パターンということばと比べると、もっと直線的で、合理的なプロセスを想起させる。しかし多くの人が、さまざまな理由で、何らかの確信を持って、パートナーや人生上のキャリアの選択を、論理的に計画することができなくなっている。これは、以前にくらべ、現在ますます真実になっているように思える。H. B. Gelatt (1989) は、キャリアの決断には、彼が積極的（肯定的）不確実性と名付けたもの、理性と直感、そして選択と同様にプロセスが重要であると述べている。**ライフ・プラン**を創り出すことと、**人生を計画する**ということは違う。そこには計画があり、それと同時に人が計画することのできないランダムな要因がある。そしてそれらは、人々の人生のなかで、予期した通りの結果とそうでない結果を生み出しながら代わる代わる現れる。それにもかかわらず、計画することは重要である。なぜなら、人はそのことによって、自分自身の人生をコントロールしているという感覚を得ることができ、それこそが人々をメンタルヘルスの健康へと導くエンパワーメントの感覚なのである。同時に人生には転換（期）がある。それは自発的であることもあれば、不本意なこともあり、人々の人生と生活、情緒的・経済的・社会的満足感、仕事・家族・余暇のパターンに影響する。ILPは、人々が、自分たちの人生、社会におけるより大きな変化、そして、自らを変化させ、それらを集めた才能とエネルギーを、地域的、国家的、そして世界的なコミュニティの問題の解決に向けて役立てる方法、これらについてのパターンを理解することができるように支援することを目的としている（グローバルなニーズについては、第3章を参照）。

　**全体的発達**（Holistic development）とは、人間の半分ではなく、全人的に在ることへのわれわれのニーズを示している。また全体的発達とは、個人としてのわれわれ自身の内部における、そしてわれわれの発達のすべての側面における、統合を意味している。それはまた、われわれが引き受ける役割、あるいはあえて選択はしない役割における全体性、われわれを狭

く限定する社会化されたジェンダー役割から離れ、男性として、女性として全面的に発達するなかでの全体性、そして、時間に関してより望ましい視点を持つ能力における全体性、すなわち、過去の記憶、現在の経験、未来の希望と夢、これらの間のつながりを見る能力における全体性を意味している。

## □アイデンティティの諸次元

　図4.2は、**アイデンティティ**（identity）、**発達**（development）、**役割**（roles）、そして**文脈**（contexts）の諸次元を図式化したものである。

　**アイデンティティの諸次元**とは、すべての人が持っている多元的なアイデンティティ、すなわち人種、民族、ジェンダー、社会階級、年齢、能力、性的指向、宗教などである。これまでアイデンティティの諸次元にはほとんど注意が向けられてこなかったが、多文化主義的運動や女性の運動が、人々の目をそれに向けさせた。いまカウンセラーに強く求められているのは、人生のさまざまな時点でこれらの要因がいかに重要になってくるか、そしてそれがライフ・プランニングにどのように影響するかについてクライエントが熟考するのを支援することである。

　すべての人が多元的なアイデンティティを持っており、それが人生のさまざまな時点でさまざまな優先順位を持って現れるということは、あまり深く認識されていない。ある種の抑圧を経験したことのある人なら、その経験が、人生における1つのアイデンティティの次元を他の次元よりも重要なものにさせるということを感じたことがあるだろう。たとえば、ゲイであることは、ゲイの人それぞれにとって異なった意味を持っているだろう。政治家である白人男性がゲイで、ゲイであることを隠しているが、自分自身に満足しているなら、彼の性的指向は彼のアイデンティティにとって最も重要な要因ではないかもしれない。しかしゲイであることを公表している別の男性が、嫌がらせを受け、かなりの苦痛を感じた経験がある場合、彼は自分のアイデンティティを強化するために、ゲイ・リソース・センターに支援を求めるかもしれない。また別の実例を挙げると、私の講義を受けていたある白人女性が民族性を問われたとき、彼女は、私はアメリカ人で、アイルランド人の祖先については一度も考えたことがないと答え

図 4.2. アイデンティティ、発達、役割、文脈の統合

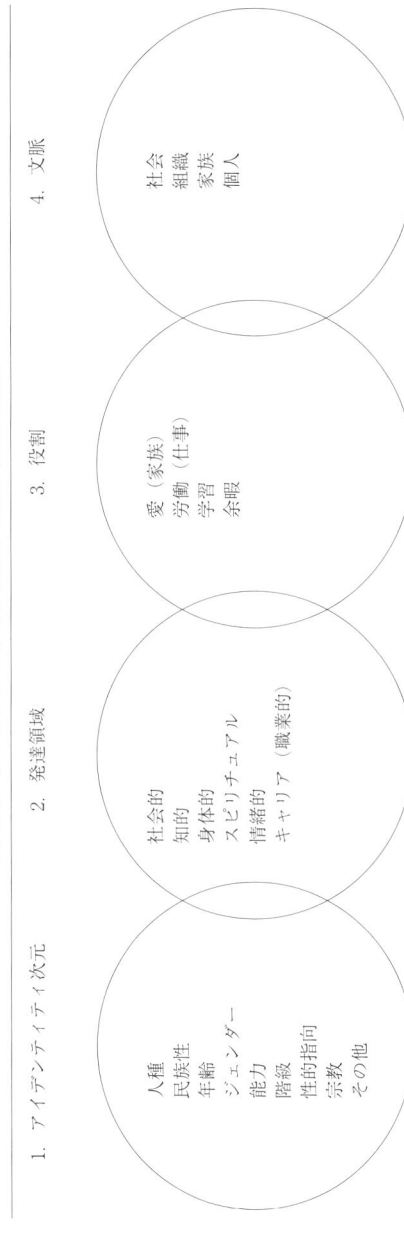

| 1. アイデンティティ次元 | 2. 発達領域 | 3. 役割 | 4. 文脈 |

アイデンティティ次元:
人種
民族性
年齢
ジェンダー
能力
階級
性的指向
宗教
その他

発達領域:
社会的
知的
身体的
スピリチュアル
情緒的
キャリア（職業的）

役割:
愛（家族）
労働（仕事）
学習
余暇

文脈:
社会
組織
家族
個人

考察すべき内容
・人生役割に関連した価値観の変化
・人間発達のアイデンティティの次元、発達領域、役割、文脈
・愛、労働、学習、余暇の優先順位
・社会的、組織的、家族的、個人的目標と価値観
・異なったライフ・ステージにおける発達課題と優先順位
・個人、カップル、家族、コミュニティのなかで、アイデンティティの次元、発達領域、役割はいかに統合されるか

た。これとは対照的に、あるアメリカ先住民の学生は、「インディアンであることが私のアイデンティティだ」と答えた。ここでの要点は、直線的な思考に価値を置く社会においては、多元的なアイデンティティを持っていることが強みであり尊重されるべきことであると認めるよりは、むしろ人々は、ある単一の特性という観点から思考する傾向がある、ということである。自分のアイデンティティのさまざまな次元をどう見ているかが、われわれの全体的な発達の広がりに影響を与えている。

## □発達領域

　発達領域（developmental domains）は、取り組むのが難しい分野である。われわれの学校や大学では、知的発達が最も重要視され、ある種の学校では、身体的発達がほぼそれと同等に重要視される。ここ数年、健康指向が強まり、ますます多くの女性と男性が、ジョギング、ウォーキング、クロスカントリースキー、ゴルフ、テニス、エアロビクス、水泳、ボーリングなどのスポーツを通して、健康な身体を維持することの大切さを意識するようになった。

　社会的および情緒的発達は、家庭とより広い社会で起きるものであると見なされている。学校は、情緒的スキルよりも認知的スキルを重視し、多くの場合情緒的発達に関しては、最低限のことしかしない。特に、1980年代から1990年代にかけての「基本に戻ろう」教育改革運動で、この傾向は一層強まった。このようなより保守的になった政治的風潮のなかでは、暴力、セクシャル・ハラスメント、人種差別、性差別、その他の個人的発達に対する障害などを含むある種の問題に対して、学校が取り組むのをやめさせようとする試みさえ生まれてきた。

　さらに、個人の発達における、キャリアおよびスピリチュアルな側面も、依然として無視され続けている。体系立てられたキャリア・ディベロプメント・プログラムを、学校に導入する試みは今のところあまり成功しておらず、ほとんどの学校や大学で、そのためのプログラムは断片的であり、主に職務についての説明、就職情報、就職斡旋などに重点が置かれている。一方公立の学校は、スピリチュアル（spiritual）という言葉を恐れている。その理由の1つは、それが宗教と混同されているからであろう。しかし

成人の間では、魂と仕事の意味に対していままで以上に大きな関心が向けられ、ますます多くの成人が、人生の意味と目的を見出すための支援を求めている。

## □人生役割

　統合的ライフ・プランニングの大きな枠組みのなかには、われわれの**人生役割**（the roles）と**文脈**（contexts）についての検証も含まれている。人生役割は４つのLによって構成されている。愛（Love；家族と育児）、労働（Labor；仕事）、学習（Learning；公式および非公式な教育）、余暇（Leisure；仕事から離れて従事する活動）である。

　人生役割の概念は、第２章で説明したように、その多くをドナルド・スーパー（1980）の理論から引用している。すでに述べたように、愛と仕事が人生の２つの主要な領域と考えられているが、特に、成人教育と生涯学習がより一般的なものになるにつれて、学習がますます重要になってきている。とはいえ、経済的安定やある程度の生活を保証する賃労働が確保されてはじめて、他の役割が十分に満たされるようになるということは、多くの人が認めている。

　学習は――学習する組織、学習する社会、継続学習、その他に見られるように――われわれの組織においても重要な概念になってきており、本書を通してたびたび言及されるので、この節ではこれ以上深く検討しない。

## ★仕事役割

　スーパーとはまったく違った方法で仕事役割を概念化している人々もいる。Fox（1994）は、仕事をコミュニティと関連付け、仕事を自己自身に関係する内面的仕事と、社会に関係する外面的仕事に区分し、後者は彼の言う、宇宙の「偉大な仕事（"Great Work"）」に通じるとする。彼は仕事の再発明を提唱したが、そこには、人々が自分自身を重要であると感じることができるような形で仕事の構造を再組織化するために、女性と男性の両方が積極的に深く関与していくべきであるという主張も含まれている。彼はまた、仕事は、より大きな人生の意味、あるいは目的に基礎づけられ、つまり、単に職務をこなすだけでなく、自己の独自の才能を社会およびコ

ミュニティに還元することによって、よりスピリチュアルなものになるべきであると提唱した。彼はまた、他の理論家と同様に、環境を保護するための新しい種類の仕事を創造する必要があると提唱している。

いま消滅の途上にあるかもしれない職務（job）と、もし今までとは異なった形で定義されるならばこれからもずっと潤沢にあるような仕事（work）とを区別することが重要である。そして仕事の再定義のなかには、家族やコミュニティにおける無給の仕事も含まれるべきである。Fox は次のように述べている。「仕事は人の内面から生じ、外側へ向かう。仕事は自己の魂、自己の内なる存在の表現である。それは人それぞれにとって独自のものである。それは創造的である……それはわれわれを他者と触れ合わせるものである……対人的な相互作用というレベルにとどまらず、コミュニティにおけるサービスというレベルにおいて」（p. 5）。

われわれの仕事に尊厳が失われているとき、われわれの尊厳もまた失われる。われわれが無職のとき、「失業（unemployment）」は新しい意味を持ち、「過少完全雇用（underemployment）」も、今までとは異なった形で眺められるであろう。仕事役割についての Fox のビジョンは、仕事役割は「人間全体を称賛する人生経験の調和のなか」で、思考、心、健康が一体となるところである、というものである（p. 2）。この問題の別の側面に、ワーカホリックがある。仕事におけるこの危機に対する Fox の解決策は、仕事において目的を扱うこと、すなわち、仕事の定義の仕方、代価の与え方、仕事のつくり方、仕事の手放し方、そして仕事への遊びの注入方法を見直すことである。仕事に対するこのような幅の広い定義は、第 3 章で検討したなすべき仕事によく合致する。

## ★余暇の役割

ここでは余暇の役割について検討するが、この主題に関して書かれている膨大な量の文献を全面的に検証することは、本書の目的を超えている。

行動科学、社会科学、カウンセリング、キャリア・ディベロプメントの分野で余暇に関する文献が多く出されているが、余暇をいかに定義し、どのように研究するかについては、今なお論議が続いている。Howard と Diane Tinsley（1986）は、さまざまな余暇の経験は、人の身体的および

精神的健康に良い影響を及ぼし、欲求を満足させる重要な源泉であることを理論化した。また、たとえば、女性、移民、パートタイム労働者などが多く参入することによって生じた労働力における変化が、仕事と余暇に影響を与えていることに言及する学者もいる（KanungoとMisra, 1984）。全仕事量を計測する尺度を用いたストックホルム大学の最近の研究によれば、子どもを持つ女性は、有給無給の仕事を合わせて、平均して週90時間働いているが、男性はわずか60時間しか働いていないことが示された。そのうえ、女性は男性にくらべて、家庭でゆっくりくつろぐことが難しいと感じ、その結果、ストレスに対処することだけでも女性にとって大きな負担となっている（Clay, 1995）。

予想通り、スーパー（1986）は、余暇を、人生役割と自己実現に関連づけて考察した。McDaniels（1989）は、キャリアは余暇を含まなければならない——すなわち、キャリアとは仕事プラス余暇である——と主張し、その3つの概念（キャリア、仕事、余暇）によって、より全体的な枠組みが提示されると主張した。彼は仕事の定義のなかに、新しいボランティア主義を含めているが、彼の考えには家族は含まれていない。余暇カウンセリングが、カウンセリングの専門分野として登場したが、変化する仕事と職場の性質は、余暇カウンセリングの本質だけでなく、将来的な余暇研究の焦点についても影響するであろう。

余暇をジェンダー役割と関連づけることについては、まだほとんど何も明らかにされていないことを指摘しておくことは重要である。しかし、余暇の役割は、他の役割によって決定されている場合が多い。たとえば、過大な負荷をこなす「スーパーママ（supermoms）」は、余暇活動を自由に楽しむ時間があまり持てないであろうし、ワーカホリックの男性——彼らにとっては仕事こそが人生である——は、家族や余暇についてあれこれ考えることはないであろう。なぜなら彼らは、職場を離れた時間も、スポーツやその他のイベントを通じて人脈を広げ、それを仕事に役立てようとするからである（それが彼らの余暇活動かもしれない）。

女性と戸外でのレクリエーションに焦点を当てた研究で、Loeffler（1995）は、余暇を3つに定義した。(1) 職務から離れた「自由時間」であり、（仕事と反対の）人生のメンテナンス。(2) リラクゼーション、気

分転換、自己改革、社会参加のために個人の自由意思によって選ばれた活動。(3) 経験あるいは活動、全体的な視点、そして対立物とは捉えられていない仕事と余暇、これらから得られた意味を伴う存在の状態など。彼女はまた、余暇に関する「人生文脈上の制約 (life context constraints)」と「ジェンダーに基づいた制約 (gender-based constraints)」を定義した。彼女の研究は女性とスポーツに焦点を当てたものだったが、その方法は、女性のキャリア・ディベロプメントと人生役割にも適用可能である。正社員で子どもがあり、家でも「二交代制」をこなす女性は、それがどのように定義されようとも、余暇活動を行うための時間などほとんど残ってないのが実情である。

明らかに余暇と仕事には強い関係がある。仕事の倫理が非常に強く、仕事がすべての中心と考えられている社会においては、余暇は優先順位のなかには含まれてこなかった。人々は賃金労働から離れた時間をどのように過ごすのか？ この点について人々は選択肢を持っているのか？ 人々は優先順位をどのようにつけているのか？ 変化する職場と働き方が、将来、仕事と余暇の関係にどのような影響を及ぼすのだろうか？

余暇時間の過ごし方は、その人の価値観、仕事と家族のパターン、そして持っている時間とお金に依存している。あまり金銭に余裕のない人は、夕日を眺めたり、自然のなかをハイキングするなど、お金のかからない活動で余暇時間を過ごすことが多いだろう。また子どもの教育費用やその他の目的で貯金する必要があると考えている人は、レクリエーション活動にあまりお金をかけないようにするだろう。また有り余るほどのお金を持っている人は、日常生活も余暇時間も贅沢に過ごし派手な買い物をする消費者であるかもしれない。実際われわれの物質主義的社会では、宣伝広告（欲しいものは必要なものであると思わせる）や個人の社会化を通じて、人は仕事をし、それで得たお金を消費することを学習する。たとえば、われわれは、最新のテクノロジーを満載した機器——コンピュータ、ビデオ、CDなど——を買い、そして余暇の時間を「ネット・サーフィン」で過ごすように圧力をかけられている。

合衆国の余暇時間が増えているのか減っているのかについては、相反する報告がなされている。1970年代初期にくらべると、余暇時間が約3

分の1に減っているという報告がある（Schor, 1991）。それとは対照的に、最近3年間をかけて行われた、35歳から49歳までの、2人の子どもがあり、年収が4万ドル以上の3000カップルを対象にした調査では、以前よりも多くの余暇時間を楽しみ、仕事関係の活動は減っているという結果が報告された（Hamlin, 1995）。その報告によれば、平均的なアメリカ人は、歳をとるにつれて、労働時間が減り娯楽時間が増えているということであった。しかしその研究は、余暇時間の活動におけるジェンダーの差異については考察しなかった。すなわち、男性が料理、ガーデニング、買い物などの家事を多く負担するようになった世帯——私の世帯のように——について検証することも、女性が依然として家事の大半を担っているとする多くの研究について議論することもしなかった。

　さまざまな人生役割のバランスをとるということは多くの人が熱望することであるが、達成している人はほとんどいない。実はそのバランスは、これまで女性だけが求めてきたものであるが、最近ではそれを求める男性も増えている。ノースカロライナ州グリーンズボロの「創造的リーダーシップ・センター」が、Larry Grantというマネジャー職にある人について語ったところによれば、彼は、よりバランスのとれた人生を追い求め、「男性は、愛か仕事かという二者択一をしなければならないのか」という疑問を投げかけていたとのことであった。人員削減が行われた企業における、労働者、社員、臨時労働者の間の新しい心理的契約に伴い、Larryのような男性が人生役割のバランスを求める時間を、より多く持てるようになっているのかもしれない（Kofodimos, 1986）。

　バランスという点に関しては、私は自分が有罪であることを認めなければならない——常にバランスが取れていたわけではないので。私自身の個人的なキルトにおいて、長い間、余暇は小さな断片にすぎなかった。平等主義的な結婚のおかげで、私は多くの役割を夫と分担する機会——実際この30年間実に多くのものを分担することができた——に恵まれたが、教授としての生活は、私に多くの余暇の時間を許さず、ほとんど毎晩、家に仕事を持ち返っていた。子育ての間、私が何とかすることのできたことと言えば、仕事と家族のバランスを取ることぐらいであった。私たち家族4人は、全員がスポーツ好きで、スキー旅行などの休暇をなんとかやりくり

して作りだしたが、私の仕事が優先されることがあまりにも多かった。幸い夫と私はスケジュールに関して多少の柔軟性（彼はセールス・エンジニアであり、私は教授として）があったが、往々にして私の仕事が、私たちの人生の他の領域にあふれだした。最も多く侵害された領域が、友情であった。親、妻、教授としての役割を果たしてしまうと、友人としての役割に残された時間はほとんどなく、それを私は深く後悔している。われわれの「カップル社会（couples society）」では、社会生活の大半が、カップル同士の交友という形を取っていた。子どもたちが成人し大学を卒業し働き始めたので、私は友達と過ごす時間をいくらか見つけることができるようになったが、古い友人の多くは、夫やパートナー、家族、そして他の友人との社会生活のパターンを確立しており、かつてのように私と付き合えるわけではなかった。仕事の構造とわれわれ自身の強迫的な動機は、人生で最も大切なこれらの事柄に優先権を与えることから、時に女性も男性も等しく遠ざけているのである。

　バランスは、定義することが難しい一方で、今日多くの人々が求めている価値の1つであり、仕事と家族の構造が変化していくなかで、それは将来より実現可能なものとなっていくだろう。

## □人生の文脈

　ILPは、人間は、私がSOFIと呼ぶ個人、家族、組織としての、そしてより大きな社会のなかでの、人生の文脈を意識する必要があると提案する。人間としてのわれわれの課題の1つは、4つのLと、さらにより大きな文脈のなかで優先順位を決めることである。要するに、ILPは、カウンセリングと人材開発の専門家が、クライエントがさまざまな問題を熟考することができるように支援することを奨励する。1人ひとりが以下の問題を考えるとき、その時々の人生段階における自分自身の状況、そして家族とコミュニティに関して、最も関係の深いものを認識することによって、統合的ライフ・プランニングのプロセスを開始することができるはずである。

- 異なるライフ・ステージにおける人生役割についての変化する価値観
- 仕事、家族、学習、余暇の関係

第4章　重要課題2：人生を意味ある全体のなかに織り込む

- 家族と仕事の間の潜在的な対立点と交差点
- 愛、労働、学習、余暇の間の優先順位、時間の経過による変化の様態
- 個人、家族、組織、社会の目標に関する価値観と優先順位
- キャリアとライフ・プランニングにおけるジェンダーの重要性
- 発達領域、アイデンティティの諸次元、さまざまなライフ・ステージにおける優先順位
- アイデンティティ、役割、文脈、領域を、個人、カップル、家族、コミュニティのために統合する方法

## ■女性と男性の全体的キャリア・ディベロプメント

　それでは、キャリア・ディベロプメントとライフ・プランニングにおけるジェンダー要因に目を向けることにしよう。ジェンダー役割の葛藤は、社会的差別の一部を構成し、いまなお続く性差別の一因となっている。われわれは、ジェンダー役割の社会化が男性に及ぼす悪影響について、まさに認め始めたところである。

　Hare-MustinとMaracek（1990）と同様に、私は、今求められていることは、ジェンダーの違いをあまり強調することなくジェンダーを脱構築することである、と考える。しかし、現実には、男性と女性とでは、キャリアの社会化は異なったままである。男性も女性も共にステレオタイプ化されているが、男性のステレオタイプの方が価値の高いものと見なされ、社会からの報酬も多くなる傾向がある。女性の人生が、家族役割に対する期待によって制約を受けてきたように、男性の人生も、仕事役割に重点が置かれることによって、同様に狭い枠のなかに制限されてきた。もしも両者がより全体的な人生を送りたいと望むならば、両方の人生役割、すなわち自己充足（たいていは仕事を通じて得られる）と結びつき（たいていは家族を通じて表現される）を達成する機会が必要である。

　キャリア・ディベロプメントの全体的な観点に進むために、両方の性がキャリア・ディベロプメントにどのように影響しているかを理解する必要がある。以下の節で、男性と女性の変化しつつある人生パターンと、それぞれの異なったキャリアの社会化の側面をいくつか選んで検証していくこ

とにする。

## □男性のキャリア・ディベロプメント

　男性のキャリア・ディベロプメントについて全体的な観点から論じるのは、いくつかの点で異例のことである。男性のキャリアは、自律と分離に焦点が置かれた直線的なものと考えられてきたため、キャリアを職業以上のものと考え、それに他の人生役割を含めることは奇妙に感じられるかもしれない。しかし男性のキャリアとライフ・プランニングについての新しい方向性を検証することは、ILPの重要な構成部分である。

　男性に焦点を当てたキャリア・ディベロプメントのこれまでの文献は、ここでの主要な考察対象ではない。従来のキャリア・ディベロプメントに関する教科書は、ほとんど例外なく、男性のキャリアについて、男性によって書かれたものである。とはいえ、最近の版では、女性やその他の「特別な集団」のための章やパラグラフを含めるものが多くなっている。この節では、「新しい男性」についての新しい視点と知見に焦点を当てて検討していく。しかしながら、そのような新しい文献でさえ、その多くが白人男性によって、白人男性のために書かれており、それ以外の人に目を向けていないようだ。

　「新しい男性」に関する文献については、すでに第2章で述べた。男性の動向に関する研究者の仕事を通じて、われわれは、これまでとは違う現代の男性像を見ることができ、なぜ彼らはそうなのかということだけでなく、どのように彼らが変わりつつあるのか、あるいはどう変わるのかをもっとよく理解することができる。

## □ライフ・プランニングへの影響

　以前は、男性のステレオタイプよりも女性のステレオタイプに多くの関心が向けられてきた。しかし、BORN FREEプログラムが主張してきたように、女性も男性も等しくジェンダー・ステレオタイプによって制限を受けている。両性とも否定的な形で影響を受けているのだから、共に手を携えて、キャリア・ディベロプメントの阻害要因を減らし、促進要因を増やすために働かなければならない。

## ★社会化とステレオタイプ化

O'Neil (1981) が指摘したように、男性は、ステレオタイプのため、ジェンダー役割による緊張と葛藤を経験した（ここでも第2章図2.3を参照）。O'Neil によると、男性の人生パターンは、「男性的神秘性（masculine mystique）」と呼ぶものから生じているが、それは男性にとって非常に破壊的で、しばしば健康を損ない、寿命を縮めるものである。

O'Neil は、男性をカウンセリングする専門家に向けて以下4つの提言を行った。(1) ジェンダー役割葛藤が、彼らの情緒的、人間関係的、身体的生活を制限している度合いを調査すること。(2) 男性の社会化による制限的影響についての情報を得ながら、ジェンダー役割葛藤を経験している男性を支援するための教育的、予防的プログラムを開発すること。(3) 彼らが、「女性的特性」や、ジェンダー役割葛藤のパターンを表現することに対して持っている恐怖心を探究するための、自己発見の体験の場を用意すること。(4) 女性と男性双方にとってのジェンダー役割の社会化の抑圧的かつ破壊的影響について、国民を啓蒙すること。

## ★男性役割の葛藤

この節は、男性の発達に影響を与える諸要因についての私の考察に多くの示唆を与えてくれた同僚の Tom Skovholt に負うところが多い。

Skovholt (1993) は、葛藤を生み出す男性の社会化の別の側面を定義した。すなわち180度の役割葛藤である。それは以下の通りである。男性は、幼い頃から攻撃的になることを学習し、暴力と戦争を信じるように社会化される。しかし同時に、親密なパートナー、配偶者、父親になるように、すなわち扶養者的能力を身につけるように要求される。Skovholt は、このことが、男性の人生における基本的な不適合を生み出すと指摘している。少年の頃の戦士になるようにという初期の社会化に関して、Skovholt は次のように述べている。「戦闘は若い男性に、多くの複雑で困難な課題をこなすことができるようになることを要求する。トラウマで性格が弱められることがないように根性を鍛えること、身体能力を最大限に発揮できるように鍛錬すること、どんなに怖い命令を出されてもそれに従うことができる精神力を持つこと、他の人間に肉体的危害を加えることも辞さない

ようになること、である。しかしこのアプローチには、多くの代償もある。というのは、これらの特質や能力は、親密で対等な一生涯のパートナーシップとして定義される現代の結婚生活のなかに、女性側がしばしば求めているものの対極にあるからである」(p. 3)。

　このような現象についてのSkovholtの深い洞察によって、男性の社会化による代償と、それが男性と女性の双方にもたらす結果について、われわれはより認識を深めることができる。男性がもっと全体的な人生を発達させることができるようにと期待するならば、われわれは、男性の社会化と、家庭や教育機関や大きな社会が、男性に向けている期待と男性の社会化において、大きな変化を引き起こす必要があるだろう。

### ★職業的成功と達成

　私はすでに、男性の発達における職業的成功という要因についてある程度触れてきた。男性は早い時期から、キャリアと職業役割に向けて社会化される。その後の男性としての成功は、労働者としてまた扶養者として達成できたものによって判断される。男性の規範は、自律していること、強いこと、分析的であることである。このような期待は、そうした鋳型に合わない少年や成人男性に、とてつもない重荷を負わせる。とりわけ現在では、仕事と家族の新しい関係における平等主義的なパートナーになるようにという期待もあるなかで、Skovholtはこれを、男性が直面しているもう1つのジレンマと呼んだ。職場で変化が続いているなかで、おそらく男性は、仕事の成功イコール自尊という重荷から解放されるであろう。そして役割を分担することを通して、家族と過ごす時間を多く持つことで、より大きな尊敬を得たり、家族から多くの満足を得ることができるようになるだろう。

　私の夫が、平等なパートナー同士の結婚において彼の役割を果たそうと努力していたときに学んだことは、仕事という伝統的な場で伝統的でない男性として存在することは難しいということであった。彼は子どもを歯科医やかかりつけの医師のところへ連れて行き、料理や掃除、洗濯も分担した。私が出張で何度も外国へ出かけているときも、彼は子どもたちの面倒を見てくれた。彼が働く建築業界の顧客のなかには、彼がどうしたら「妻

を自由に働かせられる」のか、あるいはたびたび外出させられるのかを理解できない人がいた。私の夫は信念の強い(そしてユーモアのセンスのある)人間で、われわれの平等主義的な関係にコミットしていたので、彼らの揶揄や嘲笑に耐えることができた。彼はよく、教授の妻と2つの収入を持ったことは素晴らしいことであったが、一緒に仕事をしている仲間の間では、それは確かに普通ではなかったと言っていた。

## ★学校の規範と構造の影響

われわれが学校で何をどのように教えるかが、少年のジェンダー役割に向けた態度に大きく影響している。少年は少女よりも教師からより多くの関心を引き、発言を求められ、全般により積極的に強化されるということを示す調査結果(SadkerとSadker, 1994)がある一方で、少年の方がより規律上の問題や読みの問題をかかえており、カウンセラーや心理学者に多く相談が寄せられているという調査もある。高校では、少年たちはスポーツ活動でより攻撃的になることを奨励され、野蛮な行為や無謀運転、その他の「マッチョ」な行動を通して、その攻撃性を態度で示すようになることが多い(Skovholt, 1978)。こうして少年は、「安楽な時を過ごす(have it so good)」ことができないのである。

## ★制限された感情

多くの著者が、少年や成人男性の限られた感情表現力について注意を喚起している。大衆の面前で感情を表出する男性のリーダーが出始めるにつれて、状況は幾分変わりつつあるようにも見えるが、社会は依然として少年たちに、たとえ葬式の場であれ、男の子は泣いたり、感情——たぶん怒りをのぞいて——を表に出したりしないものだという強いメッセージを送っている。男の子は、子ども時代や青年期に、感情を表に出すことを制限されているため、成人になってからも、とりわけ親密な関係のパートナーの前でさえ、感情をうまく表現することができないことが多い。実際、離婚した女性は、収入とライフスタイルの喪失を経験するが、離婚した男性は、感情を率直に伝えることができる数少ない人間のうちの1人を失うということを経験する。

ここで再び私の個人的なキルトについて言うと、私は、自分の感情を率直に表現できる人と結婚することができて、幸運だったと感じている。私の夫はノルウェー（禁欲主義な国民性で有名な国）で生まれ育ち、ノルウェーの軍隊で兵役の義務を果たし、エンジニア（たぶん最も口数の少ない人々で構成された集団だろう）としての教育を受けたにもかかわらず、私がこれまで会った人のなかで、最も開けっぴろげで、表情の豊かな男性で、テレビ番組や映画を見ていても平気で涙を流すような人である。

## ★女性の運動
　男性のなかには、女性の運動にどう対応していいのかわからない人がいるのは疑いのないことだろう。1970年代以降に著された多くの文献が、支配的な男性─従属的な女性という伝統的な関係を批判した。またフェミニストによって書かれた多くの本が、家父長制、男性の特権、性的暴力、女性蔑視、性差別を非難した。比較的最近始まった合衆国の男性の運動に、プロミス・キーパーズ（Promise Keepers）と呼ばれる運動がある。それは宗教を基盤とした運動で、男性に対して、男性同士が絆を深め、妻や家族を守るべきだという聖書の教えを遵守するように説く。この運動に対して、男性がより率直に感情を表現する機会が増えたと、それを称賛する人もいれば、その隠された目的は、女性を従属的な役割に留めおくことだという懸念を表明する人もいる。
　第2章でふれたいくつかの本は、男性の運動から生まれたもので、ある意味で女性の運動に関する文献に呼応するものということもできる。男性が、女性的特性を持つことに対する恐れ、女性が権力を握ることに対する恐れ、これまで男性が占めていた役割を女性に奪われるのではないかという恐れ、そして支配的な立場を失う恐れを抱いていようといまいと、女性と男性の間にある二分法や葛藤が消えない限り、男性はより広いライフ・プランニングの道を歩み始めることはできない。

## ★職場の変化
　男性は仕事人として成功しなければならないという期待は、依然として広く社会に根付いている。しかし、変化しつつある職場環境がそれを許さ

なくなっているということも理解されるようになってきた。企業の人員削減とレイオフは、中年の、特に40代後半から50代にかけての労働者を直撃している。この年代の男性労働者の多くが職を失い、同等の地位を新たに見つけることができないため、「何はさておき仕事（work before all）」という古いキャリア・パターンは永続しそうにない。ここにはある種のパラドックスがある。一方で男性は、厳しい求人市場と失業によって以前よりも小さくなったように見えるパイを求めて競争しなければならないことから不安にさらされている。他方では、男性と女性の両方の成人が、できればより多くの時間を家族と過ごしたいと思っているという一致した証拠によって、男性は、危機を脱出する機会を見出すように触発され、自らの家族的価値観に基づき行動することによって、この新しい状態を逆に前向きに利用するように促されるかもしれない。もちろん、これは、男性が普通の生活水準と収入を維持することができるという前提があって、初めて許されることである。

## □女性のキャリア・ディベロプメント

　私が合衆国で最初に女性のキャリア・ディベロプメントに関する文章を書いたのは、今から30年以上も前のことである。当時は、この問題に関する教科書はまったくなく、キャリア・ディベロプメントに関する研究は、男性の人生を基礎にしたものだった。

　当時私は、ある大学付属高校のカウンセラーをしていたが、生徒の大半が高い学力を持っていた。私は徐々に、その10代の少女たちの態度と、より広い社会にいる女性たちの人生の現実との間に、ギャップのようなものがあることが心配になってきた。その少女たちは、中学校の間はまだ、仕事で成功を収めたいという強い願望を持っているが、高校に入学する頃にはその目標のいくつかは消えてしまうという、いくつかの文献が示唆していることをそのまま体現していた。生徒の多くが大学については語るが、それをキャリアと結びつけて考えようとはしていなかった。私は自分自身の成長の経験を通じて、教育というものに大きな価値を置いていたので、女子学生たちに、前もって選択肢を放棄して欲しくはなかった。私の世代の規範──すなわち、21歳までに結婚し、子どもを持ち、専業主

婦になる——に従わなかった 1 人の女性として、私は、伝統的なキャリアか家族かという二者択一を拒否する一方で、多くの同年輩の女性よりも成果指向主義的であった。

## □女性の人生における変化

時代の推移と共に、私がカウンセリングをしていた女子高校生の人生、私自身の人生、そして女性と男性の役割にも大きな変化が起こっている。変化はまた、キャリア・ディベロプメントとカウンセリングの分野、すなわち、私たちが知っていること、知っていると考えていること、知ることの方法においても起こった。私は大学の教授になるとすぐに、女性のキャリア・ディベロプメントとカウンセリングに関する革新的な講座を開講し、利用できる教科書がなかったので、私自身の手で教科書（Hansen と Rapoza, 1978）も作成しなければならなかった。

現在は、1970 年代当時と比べると、女性の心理学と女性のキャリア・ディベロプメントに関する文献は非常に多く存在している。今では、若者から高齢者までのあらゆる年代の女性の、あらゆる発達の側面について、伝統主義者からフェミニストに至るあらゆる視点によって書かれた広範囲な理論や研究の文献が入手可能である。

少し前の研究には、働く母親が子どもに与える影響といった問題を取り扱ったものがあり、自己概念、自尊心、コントロールの所在、成功と失敗の原因、達成動機、そして期待と野心などの要因が検証された。初期の研究にはまた、女性のキャリア・ディベロプメントにおけるギャップに焦点を当て、女性には、仕事指向、役割モデル、自己効力感、数学と科学の成績、経済的自立、そして経営能力が欠如している、ということを示そうとするものがあった。それらの研究の多くが、女性の選択肢を狭め、貢献度を低く評価し、彼女らの発達を阻害し、世界的な仕事を成し遂げる潜在能力を活用する機会から遠ざけるような方法で、女性を描き出す傾向があった。

## □女性、雇用、役割分担

女性と雇用に関する最近の合衆国の統計には、良いニュースと悪いニ

ュースの両方が含まれている。貧困によって最もダメージを受けているのは女性である。女性は、彼女らが中間管理職からさらに上へ昇進するのを阻んでいたガラスの天井を壊したが、最高経営層ではまだほんの2％を占めているにすぎない。医療、金融、経営、会計、法律に携わる女性の数は目立って増えており、歯科医や獣医の数も増えている。しかし科学の分野、特に物理学などのハードサイエンスの領域では、女性はまだ4％を占めているにすぎない。エンジニアリングの分野でも男女格差は狭まりつつあるが（Friedman, 1989）、それでも活躍している女性は限られた人数でしかない。また行政や政治の分野でも、女性は地方や州のレベルではかなり進出しているが、合衆国全体としては、政府高官に占める女性の割合は依然として低く、多くの西洋諸国に遅れを取っている。さまざまな国で、さまざまな度合いで、平等に向けた前進が図られているにもかかわらず、依然として性差別は、文化を越えて共通に見られる現象である。

　雇用に関しては、正社員として企業の本流で働いている女性も、男性の正社員同様に、「人員削減」の危険にさらされている。一方、心理学の文献では、女性の描き方に肯定的変化が見られるようだ。女性は今まで以上に目に見える存在として具体的に描かれ、ジェンダーの平等に向けた運動も起こっている。職場でも女性は多くのものを獲得しているが、ビジネス、産業、行政、そして高技能―高賃金の業界、工芸、通商などの分野で、女性が評価に値する地位に就く平等な機会を獲得するには、まだまだ長い道のりがありそうだ。

## □ライフ・プランニングへの影響

　最近、女性の心理学と発達に関する文献が多く出版されるようになった。ここからは、労働者、母親、パートナーとしての役割を果たしながら、女性がより全体的な人生を生きるための機会に影響を及ぼすいくつかの最も重要な要因に焦点を当てることにする。それらの要因のなかには、時代の流れとともに変化しているものもある一方で、1990年代の今も、1970年代と変わらないように見えるものもある。

## ★経済と貧困

　経済問題は、依然として人の幸福において最も重要な問題の1つである。貧困生活を送っている人々のなかで、子どもを持つ未婚の女性の割合が圧倒的に高いことがよく知られている。1985年に出版されたある研究論文によれば、離婚後の経済に限ってみると、男性の生活の質は上昇しているが、女性の生活の質はかなり低下している（Weitzman, 1985）。

　離婚は両パートナーに否定的な影響を与えるが、社会的および経済的に最も大きな影響を受けるのが、それまで家の外で働いたことがなく、技能も経験もほとんど持っていない女性である。両親が揃っている家族も含めて、子どもの5人に1人が人生のどこかの時期で貧困を経験していると推計されている。ロサンゼルスの中流家庭出身のある女性が、彼女自身が長期障害者になり、夫の事業が失敗したため、標準的な生活から貧困ライン以下の生活へ転落したときの様子を語っている。彼女らは生存できる最低水準の生活をし、子どもたちは飢えで泣き続け、健康保険もなかった。最後の手段として、自己破産を申請した。この女性の苦しみは、以下の引用に象徴されている。「お金を持たなければ人はまったく意味のない存在になってしまう、ということを周囲の状況によって思い知らされ、私の心は茫然とした驚きといったものに変わった。（中略）そのことについては、私は十分に知識を持っていると思っていたが、貧困による道徳心の低下の結果としての暴力に私はまったく準備できていなかった。家のなかに食べるものがないということ、食べ物を買いに行く車を動かすガソリンがないということ、ガソリンを買うお金がないということ、お金を得る見込みがないこと、それが一体どんな感じなのか、そして私たちが大きな世界にとってまったく無意味な存在であること、私の賢くて可愛らしい子どもたちもまたまったく無意味な存在であることを思い知らされたとき、それが一体どんな感じなのか、私は考えてもみなかった」（「Without Money」1991, p. 27A）。

　私自身も労働者階級の家庭で育ち、18歳まで、狭い通りに面したアパートで暮らした。しかし私は、一度も飢えを感じたことはなかった。現在、飢えを感じているホームレスや仕事のない家庭が多く存在し、その数の増大は、ブルーカラーの家族だけでなく、ホワイトカラー、そして専門

職の家族にも大きな影響を与えている。われわれ専門家は経済に関しては
あまり大したことはできないが（投票することをのぞいて）、人々がただ生
き残るだけでなく充実した生活が送れるように支援する専門家として、主
要な経済問題については認識しておく必要がある。われわれはまた、教育
は次の2つの目標を達成することができるということを忘れてはならない。
すなわち、経済的に不利な状況にある人がまず仕事を見つけ、そして、貧
困から抜け出せるように支援することである。

## ★社会化とステレオタイプ化

　社会化の力と、社会に蔓延し、いまなお根強く残っているステレオタイ
プ化については、すでに述べた。女性は、一般に、情緒的で、感じやすく、
感情を表に出し、慈悲深く、如才なく、やさしく、安全指向で、静かで、
養育的で、思いやりがあり、協力的で、人を楽しませるのが好きで、依存
心が強く、共感的で、人の役に立ちたいと思い、心が温かく、虚栄心が強
く、直感的で、家族的で、官能的で、美的で、文学的であるといった言葉
で表現される。要するに、それらは男らしさの裏返しを体現したものであ
る（Cook, 1993）。

　社会はこれらのステレオタイプの広がりを減らそうとはしているが、そ
れらはいまだ根強く存在している。われわれは、女性が進出を果した伝統
的男性の領域を（そしてその反対も）すべて挙げることができる。しかし、
1980年代と1990年代初めに行われたいくつかの研究によって、依然
として青年期の男女の多くが、就きたい職業とジェンダー役割の両方で、
ステレオタイプ的な態度を保有していることが明らかになっている（Hansen
とBiernat, 1992）。

## ★自尊心と自己効力感

　Smith（1939）の初期の研究で、年齢が上がるにつれて少女の自尊心が
低下することが示された。研究結果はそれが行われた時代で異なっている
が（Bower, 1991）、青年期の男女に関する最近の研究では、確かに少女の
自尊心は少年よりも低いが、その少年の自尊心も、年齢が上がるにつれ
て低下していることが示された（American Association of University Women,

1990)。その AAUW の研究ではまた、アフリカ系アメリカ人の女性は、白人の仲間にくらべより肯定的な自己概念を持っていることが示された。その理由として、彼女らが役割モデルとしての強い母親を持ち、その母親は娘に、自分たちに間違っているところは何もなく、社会がどこか間違っていると教えているからではないかという仮説が立てられた。Epperson (1988) によるものなど、その他の研究によれば、高校の卒業式で総代を務めた女子高校生でさえ、自分自身をあまり肯定的に考えておらず、大学に通う過程で、徐々に自信をなくしていくということが示された。Epperson の研究はまた、学校における微妙な性的偏見が、後の仕事人生にも影響を与えているということを示した。うつ病の治療やカウンセリングを求めている中年女性を対象とした事例研究でも、自尊心に関する問題があることが示された。

ここ 15 年で急速に拡大した研究領域に、自己概念のもう 1 つの側面である自己効力感がある。自己効力感とは、ある行動をうまくやり遂げることができるという期待または信念を指す。Hackett と Betz (1981)、その他の人々の研究によって、キャリアに対する願望やキャリアの達成において、ジェンダーの違いがあることが明らかにされた。彼らは、自己効力感に対する低いまたは弱い期待が、女性のキャリアの達成への内なる障壁になっているのではないかと仮定している。女性は家事や子育てなどに専念すべきといった社会化の経験、女性の役割モデルに触れる機会の少なさ、高レベルの不安、伝統的に女性があまり活躍しない分野(数学、科学、エンジニアリングなど)での勇気づけの欠如、あるいは自信を失わせる実際の体験、これらの要因が少女や成人女性に否定的な影響を与え、自己効力感を低くさせているのではないかと、彼らは示唆している。

### ★女性のアイデンティティとワーク・モチベーション

現在、アメリカの女性の多く(約 60%)が有給の仕事に就いており、残りは家庭で無給の仕事をしている。働く女性の多くが、ほとんどの男性と同じく、経済的必要性から仕事をしている。しかし女性が仕事に就くとき、その動機は人によって異なっていることがわかっている。家にいて家族のために働く方が好きだが、扶養者としてまたは共同扶養者として仕事

に就いている女性もいれば、家計の収入の大半を稼ぐ役割逆転家族の女性もいる。また、自己実現のために仕事をする人もいれば、社会的ニーズを感じて仕事をしている女性もいる。第二次世界大戦中、男性が戦地に出向いている間、女性は戦争に協力するために工場に働きに出た。そして戦争が終わると、ほとんどの女性は、それが義務であるかのように家庭に戻った。私の母もそのような女性の1人だった。私にとって最も違和感があったことの1つに、伝統的で、被扶養者の主婦であり、結婚前に短期間だけ美容師をやっていた母が、戦時中溶接工として働きに出たことであった。彼女は、戦争が終わると、そうすることが愛国的だと考えてその仕事を辞めたが、後で私にぽつんと洩らしたことがある。「毎週給料支払小切手をもらうのが楽しみだったのに、それがなくなって本当にさびしい」と。

女性も男性と同じく、野心も期待も持っているにもかかわらず、過去においては多くの女性が、家事や子育てをするものだというステレオタイプ化された役割を引き受けてきた。しかし、それとは違ったビジョンを持ち、複数の役割を果たし家庭の内外で成功を収めたいと考える女性もいた。また、自らの性的指向に従いレスビアンの関係をつくり、仕事と親密性の独自のパターンを築いた女性もいた（Dupuy, 1993）。SwissとWalker（1993）は、女性の人生のさまざまなパターン、すなわち、出世コースを突き進むスーパーウーマン、パートタイムや臨時社員、危険な職業に就く者、起業家、専業主婦などについて述べている。

家の外で仕事をしたい、あるいはある種の人生パターンを貫きたいと強く望む女性たちはまた、長年にわたり彼女らに投影されてきた理想的な性役割の影響を受けてきた。Lindberg（1989）は、ミシガン州女性音楽祭にボランティアとして働いていた77名の女性と、第2グループとして大きな大学で人間関係の講座を取っている女子学生を対象に、女性の自尊心とアイデンティティに関する質的研究を行った。彼女は、女性のアイデンティティ発達とは、「女性が自分を女性自身として自覚し価値づけていくプロセスであり、そしてそのプロセスが、文化や社会が女性というジェンダーをどのように捉えているのかという社会心理学的文脈にどのように影響されているか」（p.1）であると定義した。

Lindbergは、心理的健康につながると考えられている自己概念が、こ

の数十年で大きく変化していることを見出した。1930年代には、理想的なメンタルヘルスは、男性は男らしさのアイデンティティを、女性は女らしさのアイデンティティを獲得するパターンにあるということで一致していた。さらにその場合の理想的なジェンダー役割は、男女の性的区別をことさらに強調するような性質のものであった。1940年代になると、同様の性的区別が広く行きわたってはいたが、性による区別は有害なものであると考えられるようになってきた。こうして、性的区別を強調する考え方は以前ほど根強いものではなくなっていった。1960年代から1970年代にかけては、両性具有が注目されるようになり、男らしさと女らしさの両方を兼ね備えた人が高い自尊心を持っているようだということが示唆された（Bem, 1974）。これに対してLindbergは、社会は女性らしさの価値を両性具有概念の半分に切り下げたと述べた。1980年代には、研究は一周して元の位置に戻り、再び、社会にとって役に立つ男らしい人間が、自尊心とメンタルヘルスに最も密接に関係する特質を持っているということになった（Lindberg, 1989）。Lindbergが引用している1つの重大な疑問をここでも引用したい。「女性がこのようであればと想い描く世界を創造しつつあるのに、この世のなかは男性が既に定義してしまっている。いったい、女性はどのように生きていけばよいのか？」（Raymond, 1985）。

## ★教育的―職業的構造

　高等教育の場面では、大きな変化——入学資格、試験、奨学金、柔軟性、時間割、支援体制、女性やマイノリティの割合の増加など——が起こっているが、変化は容易には進まず、依然として不平等が残存している。合衆国の単科大学および総合大学の、大学生と大学院生の総数に占める女性の割合が半数を超えているというのは事実である。また彼女らは、学位を取得したり、スポーツ・クラブに参加したりすることによって、あるいは女性学プログラムや、多くの学問分野で女性に関する主題が多くなってきていることによって、より目に見える存在となる機会が増えている。助教授レベルでは、女性の割合は増えているが、教授レベルではまだ限られている。

　セクシャル・ハラスメント廃絶の方針を打ち出している高等教育機関の

なかには、苦情処理会議が処理できないほどの苦情を抱えているところもある。アカデミズムの階段を昇るために努力している女性たちが語るのは、偏見やハラスメント、差別についての話である。集団訴訟によって多くの肯定的な結果が出ているが、高等教育機関においては平等への模索が続いている。Bernice Sandler（1986）と「教育と女性の地位に関する教育センター全米評議会（American Council on Education Center on the Education and Status of Women）」が行った研究は、単科大学も総合大学も、女性にとっては冷淡な環境になっているところが多いということを再確認している。

同様に職場の構造も、いくつかの面では変化が起こっているが、依然として女性の参加と昇進を阻む障壁は維持されている。非専門的な仕事（事務や文書処理など）では女性の姿が多く見られるが、伝統的に男性の職業と見なされてきた分野では、女性の割合はまだ非常に低い。また賃金格差が依然として残っており、同一労働でも、女性は平均して男性の70％しか賃金を得ていない。このような不平等は、障害者やマイノリティの女性の場合は、さらにひどくなる。

女性と職場に関する多くの著作が、最近の職場における女性の実情について、さまざまな事例報告や量的研究を提供している。HardestyとJacobs（1986）が描くのは、上昇するようにと駆り立てられるが、結局は昇進の壁にぶつかるだけでかえって幻滅を増やすような隠された力で満ちているビジネス社会での女性の体験である。著者は、女性が職場に持ちこむ誤った通念を一掃し、なぜ女性の多くが企業の構造から脱落し、起業家になる道を選ぶのか、その理由を明らかにしている。

さらに、SwissとWalker（1993）も、女性が今なお職場で直面している困難についての追加的な文献を提供している。その研究のなかで、ハーバード大学の経営、法律、医学の各大学院を卒業した女性902人が、キャリアと家族をうまくつなげようと努力するときに直面したジレンマについて報告した。それによると、彼女らのキャリアを制限し、職場における敵意と偏見を抱かせる行動を生み出す引き金となる第1の要因は、彼女らが妊娠したという発表であると報告した。職場は、女性、子ども、家族のニーズについてほとんど気づかない。著者らはこの現象を、ローマ神

話の女神ダイアナの話から、「ダイアナ・ペナルティ」と呼んだ。これは、才能に恵まれた現代のダイアナたちが、ジェンダーゆえに、そして特にキャリアの達成と母親としての役割の両方を満たしたいと願うがゆえに、職場における矛盾と障壁に直面するということを表している。このように、彼女らの前には、ガラスの天井だけでなく、「母親の壁（maternal wall）」も存在することが明らかにされた。その壁は、この研究に参加した女性の多くの前に立ちはだかり、失職、職業的責任における予期しない変化、産休を取ることそして産休明けに仕事に戻ることの困難、仕事上の人間関係の悪化、他の専門職からの妬みあるいはあからさまな敵意などの結果を生み出している。この研究結果は、女性のキャリア・ディベロプメントにおける最大の障壁は、女性は母親とキャリアの両方の役割を同時に果たすことはできないという思い込みであるというBetzとFitzgerald（1987）の研究結果とも一致するようだ。

### ★健康、年齢、タイミング

　結婚しているかどうか、子どもがいるかいないか、健康かどうか、これらのことがすべて、女性の人生の役割を得る機会に影響する。ここで、職場に入る女性のなかで最も大きな割合を占めているのが24歳から34歳までの出産適齢期の女性であり、また、18歳以下の子どもを持つ女性の60％以上が外に働きに出ているという事実を確認しておくことが重要である。この数字は、2000年には70％に達するだろうと予測されている。このような現実にもかかわらず、依然として、特に白色人種の間で、女性は子どもを持った後は仕事に就くべきではないという声が多く聞かれる。私の世代では、大卒の女性も他の女性と同じく、子どもがまだ幼いときは、まして2人以上いるときは、家にいるべきだと考えられていた。そのうえ私は、母親と父親の圧力にも耐えなければならなかった。2人はそれぞれ、8年間（中学2年生）と高校までの教育しか受けていなかったが、28歳にもなる私がなぜ、人生の「重要な仕事（serious business）」に落ち着かないのかが理解できないようだった。2人の目には、（30歳過ぎで）私が結婚して初めて私が「行き着いた」と映ったようだ。そして、（38歳で）第1子を、（40歳で）第2子を持ったときにはなおさらであった。このような

遅い出産は、当時は今ほど日常的なことではなかった！　遅く結婚し、遅く子どもを持つことにはいくつかの有利な点があった。特に夫と私は、2人とも健康に恵まれ、子どもたちも比較的健康で、普通の子どもがかかる病気にかかっただけだった。

## ★女性に対する暴力

　女性のライフ・プランニングに影響を与える諸要因についてのこの概要は、少なくとも女性が日常的に直面する暴力について言及しなければ完結しないだろう。暴力は、あるときは人種差別、性差別、年齢差別などの形を取って現れる。また、セクシャル・ハラスメント、性的虐待、身体的虐待、レイプ、そして時には殺人という形でさえも現れる。暴力の問題についてここでは十分に検討することはできないが、暴力が女性を無力化し、自分の人生をコントロールすることができないと感じさせることによって女性の発達を妨げる、ということに疑いをさしはさむ余地はない。自分の人生は自分で切り拓くというエージェンシーの感覚と内的統制の感覚は、すべての人間のエンパワーメントの感覚にとって重要である。キャリアの専門家とカウンセラーは、自分が行うトレーニングと能力の範囲内で、暴力がどのようにして女性のキャリア・ディベロプメントを妨げているのか女性自身が理解するのを支援し、彼女らがそれを乗り越えて前へ進むことができるように手助けする責任がある。

## ★その他の要因

　これ以外にも、女性のライフ・キャリア・プランニングに影響を与える要因が多くある。すなわち、身体的健康と摂食障害、うつ病や嗜癖などのメンタルヘルス、権力とジェンダーの問題などである。ここまでそれぞれの問題についてあまり深く検討することはできなかったが、援助の専門職に対して、女性がその潜在能力を十分に発揮し、充実した全体的な人生を送ろうとするときにそれを妨げるさまざまな要因について注意を促すことができたと思う。

## ■ジェンダー役割におけるエージェンシー（Agency）とコミュニオン（Communion）

　全体性とILPキルトにとっての1つの重要な観点が、私が自己充足と結びつき（self-sufficiency and connectedness）と呼ぶものである。私は、女性と男性の関係が支配／従属の関係から平等なパートナーシップの関係へと変わっていくにつれて、そして専門家が、男性と女性のキャリア・ディベロプメントと人生の役割により多く注目するようになるにつれて、新しい統合的な枠組みによって、自己充足と結びつき両方の全体的な発達が促進できるようになると考える。

　David Bakanは1966年に、人間は2つの方法で自分自身の実在を秩序づけていると述べた。エージェンシーとコミュニオンである。彼は、agentic（自主的）という言葉で、合理的、分析的、自律的、論理的、競争的、自主的であることを表し、communal（共同的）という言葉で、表出的、従属的、情緒的、養育的、協力的、統合的であることを表した。Bakanは、自主的を男性に、共同的を女性に結びつけ、男性と女性両方にとっての主要な発達課題は、人生のなかでこの両方のタイプの特徴を統合していくことであると述べた最初の研究者の1人である。

　Bakanの定式化は、過去30年の間に、女性と男性の発達と人生パターンに関する多くの研究を促した。Jeanne Block（1973）は、性役割の概念に関する異文化間および縦断的方法による研究において、自主的な行動と共同的な行動のバランスが取れていることが最適な状態であると述べた。彼女は、性的アイデンティティの発達に対する社会化の影響を検証するなかで、男性および女性に対する伝統的な社会化は、伝統的な性役割を強化する傾向があると述べた。彼女は、「集団的にも個人的にも、われわれの社会的目標がエージェンシーとコミュニオンを統合したものになるなら、男性と女性の行動および体験の選択肢はより広く豊かになり、われわれはより真実に近い全体性を獲得し、より真実の人間に近づくことができる」（p. 526）と主張する。

　もう1人の研究者は、大学で遂行される実証的研究は自主的スタイルの典型のようなもので、それは断片、孤立、客観、合理によって特徴づけ

られるということを指摘した（Carlson, 1972）。これとは対照的に、共同的スタイルの研究は、研究者自身が研究対象となっている場合があり、主観的となることもあり、質的なパターン化を含み、そして統合的である。彼女はまた、女性の人生を実証的方法だけを用いて研究することは不十分であると述べ、本質的に共同的である女性に関する研究を奨励した。

コミュニオンのなかのエージェンシーという考え方について考察した他の文献に、Jean Baker Miller の *Toward a New Psychology of Women*（1976）（邦訳『Yes, But…フェミニズム心理学を目指して』河野貴代美監訳、新宿書房、1989 年）や、関係のなかの自己に関するウェルズリー・ストーン・センターでの最近の研究の成果である Jordan ら（1991）による *Women's Growth in Connection* がある。彼女らはすべて、女性の人生に関する研究は、関係性の文脈のなかで研究するときに最も効果的であると考えている。

私の博士課程の学生の 1 人である Pamela Aasen は、女性のライフ・プランニングに関する学位論文において、ストーン・センターの関係のなかの自己について検証した。Aasen はそのテーマを、女性の人生に影響を与える数多くの変数を検証することによって研究した。Chekola（1975）によれば、ライフ・プランニングとは、欲求と意図を一連の人生目標のなかに統合するプロセスである。その一連の人生目標あるいはライフ・プランが、人の行動を動機付け、方向性を指し示す。Aasen は「人生の満足と幸福は、その人のライフ・プランの追求と実現化にかかっている。ライフ・プランニングは、仕事、関係性、およびライフ・スタイルの目標を、確立し、追求し、そして達成することを通じて、意味のある、満足できる、充実感のある人生を生きるために、個人が携わる能動的な現に進行しているプロセスのことである」と述べている（p. 5）。

Aasen は、彼女のパス解析因果モデルのなかで、ライフ・プランニングのための関係性支援、自己支援（自らのライフ・プランに対する障壁を克服する能力）、抵抗（重要な関係性からの）、自己効力感、自尊心、過去と現在のプランニング、仕事、関係性およびライフ・スタイルのプランの過去と現在の統合、目標達成度、そして最後に人生の満足度、これらの間の相互関係を探究している。Aasen の研究は、女性が仕事、家族、ライフ・スタイルを結合するために自分の人生を関係的、非直線的なやり方で考えるの

を支援する優れたモデルを提供している。

## □ジェンダー役割の諸次元

　過去の心理学の文献には、男性と女性を正反対のものとして考える傾向が見られた。男性と女性のそれぞれのジェンダー役割の諸次元について述べるとき、多くの似通った語句が使われてきた。この二分法的思考を存続させたいと思っているわけではないが、問題を鮮明にするために、別表4.1に伝統的なジェンダー役割の諸次元を対比させた。要は、この表にあるような二分法から離れ、統合的ライフ・パターンにおける平等なパートナーとしての女性と男性のモデルへと移行することが重要である。

　ジェンダー役割の諸次元という問題は、教育、キャリア・カウンセリング、あるいは今新しく現れつつある未来学の分野においても、中心的な問題となったことがない。しかし、われわれは、自分たちの世界を、お互い同士を分離する階層構造と専門性を通じて秩序づけているので、統合的な視点を維持することができないのである。アメリカ社会では、表の男性側（左）の方により高い価値が置かれてきたが、ただ陰と陽については互い

別表4.1．伝統的なジェンダー役割の次元

| 自主的（Agentic）（男性） | 共同的（Communal）（女性） |
| --- | --- |
| 仕事 | 家族 |
| 道具的である | 表現に富む |
| 扶養者である | 養育者である |
| 権利の倫理を持つ | 思いやりの倫理を持つ |
| 達成する | 関わる |
| 自律的である | 関係のなかで自己を見る |
| 単独の扶養者である | 共稼ぎをする |
| 性役割システム | 性役割を超える |
| 支配する | 従属的である |
| 別々の役割を追求する | 統合された役割を追求する |
| 陽を表現する | 陰を表現する |
| 仕事─家族の分離した生活をする | 仕事─家族の統合された生活をする |
| 断片化された人生を送る | 全体的人生を送る |

に補完し合うものと見なされてきた。男性と女性がパートナーとなるための1つの目標は、ジェンダー役割の二分法を超えて先に進むことである。

　1984年に私は講演で日本を訪れる機会に恵まれたが、そこでの経験によって、このようなパートナーシップの概念がどのようなものなのかをうまく説明することができる。キャリア・ガイダンスの講演で招待を受け訪日したとき、大学関係の主催者の多くが、私が女性と男性の両方にとってのキャリアの選択肢を広げるために設計したBORN FREEプログラムについて、本心から聞きたがっていることを知って驚いた。私はすぐに講演のための下書きを書き直し、日本側の主催者はまだ受け入れる準備ができていないだろうと思っていた部分、特に男性と女性のパートナーシップに関する項目を付け加えた。ところでその旅行に私は夫を同伴していた——これは、ほとんどの日本の男性がしそうもないようなことであった——が、夫は、彼の仕事で取引関係のあった2つの企業の工場を訪問することにしていた。私は、職場とそこで働いている人に興味があったため、私も彼と一緒に招待された——しかし、それは後からわかったことであるが、一般に女性はその資格がないと見なされていた。私たちを案内してくれたビジネスマンのなかのたった1人の女性として、私は、彼らと一緒に「かかあ天下の街（the city of strong women）」——ウェイトレスが私に教えてくれた——のレストランで昼食を取り、夜は、ほとんどが日本人のビジネスマンとその男性招待客でにぎわう劇場レストランで接待を受けた。

　その2週間後の大会の閉会式晩餐会で、主催者が私に、日本についての感想を尋ねた。私はそれに対して、好意的な答えを返した。私の短い感想を受けて、今度は主催者の教授が、「ハンセン博士、私たちはあなたがたがパートナーシップを大切にしていることをよく存じています。そこで次は、ご主人にも感想を聞かせてもらいたいと思いますが……」と言った。私の夫はその申し出に快く応じ、参加者を落胆させることはなかった。その後、ミネソタ大学で私の下で勉強していた大学院の日本人留学生の1人で、私の日本訪問と同時期にたまたま帰国していた学生が、そのとき私たち夫婦が手本を示したパートナーシップは、私が語った他のなによりも深い印象を聴衆に残したと私に教えてくれた。私はまたこのとき、日本の多くの若者カップルが平等主義的な関係を発展させていること、そして伝

統的な主婦の多くが、夫の画一的な仕事のパターンにうんざりしていることも知った。最近の報告は、日本における仕事と家族の関係の様相が大きく変化しつつあることを明らかにしている。

　二分法的な役割から脱却するためには、男性と女性の両方の結びつきと自己充足についての新しい理解の方法が必要となる。経済学者、環境保護主義者、未来学者である執筆家の Hazel Henderson は、著書 *Paradigms in Progress*（1995）（邦訳『地球市民の条件——人類再生のためのパラダイム』尾形敬次訳、新評論、1999 年）のなかで、新しい「愛の生態学（ecology of love)」について検討し、人間は、ケアリングの拡張された定義を含めて、関係性の新たな地平と愛の新しい定義について探究する必要があると主張した。彼女は人間が経験する 3 つの「ゾーン」で起こっている変化について述べている。

1. **崩壊ゾーン**（The Breakdown Zone）：文化的混乱のなかで、国家的規模で再構築が行われている。
2. **分岐ゾーン**（The Bifurcation Zone）：個人、家族、コミュニティが、キャリアの選択と価値観を再構成しようと努力している。
3. **躍進ゾーン**（The Breakthrough Zone）：「調整がうまく行われ、古い観念が、新しい社会的傾向、新しい目標、成功の新しい基準に道を譲っている」(p. 143)。

　Henderson は、ロマンチックな 2 人の愛という 14 世紀に流行し始めた概念は寿命を迎えたと言う。彼女は、伝統的な一夫一婦制の結婚は、狭い地平と崩壊した関係（パートナーがそれぞれ進化しようとするときによく起こる）を導き、近親相姦や虐待、育児放棄の温床になっていると主張する。彼女は、人類という家族のための新しい前提と、新しい地球規模でのケアリングの感覚が必要だと提唱する。すでに述べたように、彼女の提唱する解決法の 1 つは、無給のケアリング・ワークを認め、それを名誉ある仕事として認識するということである。

　Henderson は、社会のすべての側面で、とりわけ経済において、いま現に起こりつつあり、必要とされている変化を見ることのできる洞察力のあ

る人の1人である。彼女の立脚点を詳しく述べるためには、「両性間の戦いを越えて（Beyond the Battle of the Sexes）」という表題の1章を設けなければならないだろう。女性と男性の間における関係性についての彼女の観点は、エージェンシーとコミュニオンというパラダイムと特に密接な関係がある。

## ■自己充足と結びつき

ジェンダー役割の諸次元から離れ、エージェンシーとコミュニオンの喩えとしての自己充足と結びつきの問題に移っていきたい。

### □エクセルシオール・モデル

1990年に開かれた全米キャリア・ディベロップメント学会（NCDA）の女性部会で、私を含む女性グループは、エージェンシーとコミュニオンのモデルを新しいバージョンに改良した（Andersonら、1990）。われわれはそれを、**エクセルシオール・モデル**と名付けた。それは**エクセルシオール**が、「最高のレベル」を表すことばであると同時に、われわれがそれを概念化した場所が、ミズーリ州のエクセルシオール・スプリングスだったからである。そのモデルは、女性参加者の各グループがそれぞれのテーマを決めて行った2日間の自由討論のなかで生み出されたものであった。われわれ5名のグループは、多元的社会におけるジェンダーを理解し尊重するためのより良いモデルの必要性について関心を持っていた。われわれの熟考のなかから進化してきたそのエクセルシオール・モデルのことを、われわれは「発達の統合的モデル（integrative model of development）」と呼んだ。

われわれはBakan（1966）の現実に関する自主的で共同的な秩序づけと、Millerとウェルズリー・ストーン・グループのより最近の仕事について検討した。われわれは、この社会における成熟した女性（あるいは男性、人間一般）とは、どのようなものかという質問を提起した。われわれは、社会は今なお、自主的を男性と、共同的を女性と結びつけて考える傾向があることを認めつつ、前者を示すものとして「**自己充足**（self-sufficiency）」

を、後者を示すものとして「**結びつき（connectedness）**」という用語を使うことに決めた。われわれは、女性と男性にとっての自己充足と結びつきを概念化し図4.3のように図示した。

　長方形は男性および女性の人生を見る方法を表している。すなわち、そのなかには、伝統的女性と伝統的男性（それぞれの内に自己充足と結びつきを統合させた）、理想的な男性と女性、そして権利を奪われた男性と女性（ホームレス、貧困に苦しむ人々、恵まれない人々）という概念がある。自主的な男性は高度な自己充足感を持つ傾向があり、多くの場合扶養者としての役割を通じて表現される。一方、共同的な女性は高度の結びつきを持つ傾向があり、多くの場合関係性役割を通じて表現される。ふたり親家族では、両者は自己充足と関係性の両方で理想的な役割を実現するために、絶え間ない譲り合いのプロセスを歩んでいる。

図 4.3. 女性と男性にとっての自己充足と結びつき

| 結びつき | 伝統的女性 | | 理想 |
|---|---|---|---|
| | | 絶え間ない譲り合い | |
| | 奪われた | | 伝統的男性 |

自己充足

目標：（1）高い自己充足
　　　（2）高い結びつき

戦略：（1）直接的：高度の結びつきを伴った自己充足強化のための取り組みをクライエントと共に行う
　　　（2）間接的：女性と男性の双方が結びつきと自己充足を実現できる環境をつくりだす

出典：P. Andersen, L. S. Hansen, J. Lewis, L. Vetter, and P. Wickwire. National Career Development Association Women's Conference, Excelsior Springs, Mo., Oct. 1990.

キャリア・カウンセリングの目的は、男性と女性が、この2つの次元のなかで両者の居場所を確かめ、システムズ・アプローチを通して、両者が高い自己充足と結びつきを実現できるように支援することである。これらの目的は、直接的には、クライエントと共に高度な結びつきを伴った自己充足強化のための取り組みを行い、間接的には、女性と男性の双方が結びつきと自己充足を実現できる環境をつくりだすことによって達成することができる（Andersenら、1990）。外的すなわち環境的な阻害要因と促進要因は、人々が自己充足と結びつきを達成するのを妨げたり促進したりする。男性と女性の両方をエンパワーメントしながら、関係性と達成の価値を高める環境を創造するための戦略を開発することは可能である。

## □システムズ・アプローチ

ジェンダー問題に対しては、私は常にシステムズ・アプローチを用いてきた。女性も男性も、孤立して生活しているわけではなく、文脈のなかで生活している。人間の発達のための全体的枠組み—— ILPのような——は、初期のジェンダーの違いによる「あれかこれか（either-or）」的な説明や、男性および女性役割のステレオタイプから脱却し、より統合されたものへと移行するのを助ける。

## □自己充足の阻害要因

自己充足に対する環境的阻害要因には以下のものがある。

1. 両親、学校、宗教的機関、仕事、同僚、メディアによるキャリアの社会化。それは、ステレオタイプや差別、そして偏見を助長してきた。
2. OBのネットワークを含む階層的で閉鎖的な団体。それは、女性がガラスの天井を越えて上昇するのを妨げ、セクシャル・ハラスメント、閉鎖的システム、ステレオタイプ、昇進に対する障壁、昔ながらの仕事文化、新しい仕事と家族のパターンに対する支援がほとんどないことなどの障壁を通じて、敵意に満ちた仕事環境を生み出す。役割を分担し、父親の育児休暇やフレックスタイム制などの福利制度を活用したいと望む男性は、仕事第一主義ではない変わり者と見なされ、仲間外れにされたり、時には罰せられたりもする。

3. 不況。それは職場における人員削減を通じて、男性と女性に影響を及ぼす。一般に、最も新しく採用された人が、最も早く解雇される。今日、男性女性を問わず非常に多くの人が職を失ったことに影響を受けている。それは、結びつきと自主性を感じる能力に影響を与えるような喪失感である。仕事を見つけられず、多くの若者が家にいるか「一度空になった巣（empty nest）」に戻り、卒業のときに描いた夢を実現できず、やる気を失っている。

4. 社会における支配／従属型の組織。それは依然として最も根源的な外的障壁の１つである。法律家で作家の Riane Eisler は、*Chalice and the Blade*（邦訳『聖杯と剣：われらの歴史、われらの未来』野島秀勝訳、法政大学出版局、1991年）のなかで、先史時代の文明の研究から、人類史において、かつて思いやりに満ち、平和的で、平等主義的な文明が存在していたことを明らかにした。彼女は、現在必要とされているものは、人生のあらゆる領域で女性と男性が平等である「パートナーシップ社会（partnership society）」を創造することであると強く主張している。彼女は、競争ではなく協力を、序列付けではなく連携を、分離ではなく結びつきを、支配・被支配ではなくパートナーシップを優位に置くことを提言した。

私が、1987年にフィンランドで Eisler に会ったのは、ちょうど彼女の本が出版されたときであった。私は同国のクオピオで BORN FREE について講演し、野心的なジェンダー平等プログラムについて彼女に語った。彼女はすでに何年も前から、その概念を具体化しようと運動を続けており、それについて私に語ってくれた。そのとき以来、彼女と夫の David Loye は、パートナーシップ・センターを設立し、実践的な書物 *The Partnership Way*（Eisler と Loye, 1990）を書いた。

## □結びつきとコミュニティを定義する

結びつきの阻害要因について記述する前に、ここでもう一度、結びつきとは何かを定義しておく必要がある。女性の視点は、男性の視点とは異なった焦点を持っているように見える。たとえば、結びつきを検証した女性心理学者のなかで、Chodorow（1978）と Gilligan（1982）の視点は特

に重要に思える。Chodorow は、アタッチメント（愛着）の持つ、持続的で、流動的で、柔軟性があり、適応性の高い性質について述べている。一方 Gilligan は、アイデンティティを、関係性、ケアの倫理に支えられたアタッチメント、そしてアイデンティティと親密性の融合で定義されると見ている。Jordan ら（1991）もまた、関係性（結びつき）における女性について述べるが、同時にエージェンシーの必要性についても言及している。Henderson（1995, 1996）は、世界観の視点から、結びつきについて述べている。

さまざまな種類の結びつきについて、直接的あるいは間接的に考察した男性の学者もいる。Pleck（1981）は、仕事と家族の結びつきについて、Capra（1982）は、新しい物理学による世界観パラダイムのなかにおける結びつきについて、Harman（1988）は、地球規模で起こっている心の変化について、Peck（1987）は、コミュニティとしてのスピリチュアリティについて、Fox（1994）は、すべての生き物と宇宙との結びつきについて、そして Etzioni（1993）は、権利および責任と共同体主義（communitaria-nism）の必要性について論じている。

私にとって、結びつきとは、意味の探求であり、コミュニティとつながっている存在という感覚である。それは、孤立した存在としてではなく、コミュニティのなかに存在しているわれわれとは誰かを探求することから始まる。われわれ自身とわれわれの世界観にとって重要な意味を持つコミュニティとは、以下のようなものである。

- 女性と男性、われわれの関係性、そして、それらの関係性やコミュニケーションおよびパターンにある問題を解決しようと格闘し続けているコミュニティ。
- 多様な民族と文化のグループによって構成され、われわれ自身の独自性を大切にしながら、人種、民族、信条、外見、性的指向、身体的精神的状態、年齢、そして社会経済的地位に関係なく他者の多様性を尊重するコミュニティ。
- われわれの家族、源家族（血のつながりのある家族）、そして選択された家族（血のつながりのない家族）など、あらゆる形態、あらゆる大きさ

の家族からなるコミュニティ。
- われわれがスピリチュアリティを実践しているコミュニティ。

## □結びつきの阻害要因

　結びつきを阻害する第1の要因は、われわれの世界を何世紀にもわたって支配してきた古いパラダイム——還元主義、断片化、分離、特殊化、階層序列、合理性——である。社会は、そしてアカデミズムの世界でさえ、ついに古い方法を放棄し始め、協働、協力、協同学習を重視し、多様性を尊重し、学習に対する学際的で異文化交流的な取り組みを始めている。未来学者や物理学者ら（Capra, 1982; Harman, 1988; Ferguson, 1980; Theobald, 1987; Henderson, 1995, 1996）は、われわれが変化していくことを支援しているが、動きはまだ遅い。

　外的阻害要因が、意味と全体性の探究を依然として妨げている。失業、貧困、薬物依存、差別、犯罪、暴力などである。これらの社会的問題が、女性と男性が結びつきと自己充足を実現するのを妨げている。

　新しいライフ・プランニング・モデルを実践しようとしているキャリアの専門家は、これらの問題に取り組む必要がある。なぜならそれらの問題は、結びつきに対するアンチテーゼであるからである。男性も女性も、これらの阻害要因を廃絶するために、職場、教育機関、宗教機関、行政機関、コミュニティ、専門職団体などにおけるチェンジ・エージェントとして、力を合わせて運動を繰り広げなければならない。同時に、男性に特有な結びつきの阻害要因を明確にし、それを除去しなければならない。

## □自己充足と結びつきの促進要因

　エクセルシオール・モデル・グループが提起したもう1つの疑問が、この社会における環境と成熟した人間の関係性はどのようなものかというものである。図4.4は、自己充足と結びつきの外的阻害要因と促進要因を示しながら、その関係性を図示したものである。

　自己充足と結びつきという双子の目標を達成するために、阻害要因を減らし、促進要因を増やすには、キャリア・カウンセラーをはじめとする支

第 4 章　重要課題 2：人生を意味ある全体のなかに織り込む

### 図 4.4.　自己充足と結びつきの阻害要因と促進要因

この社会における環境と個人（女性および男性）の関係はどのようになっているか？

**阻害要因**
ステレオタイプ、「閉鎖的」な機関、
現在の文化規範、支配者の文化など

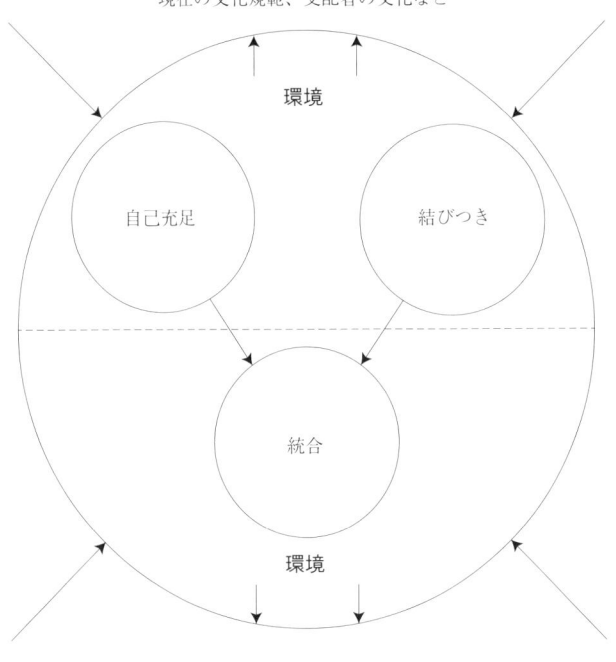

環境

自己充足　　　結びつき

統合

環境

**促進要因**

平等主義的な学校や職場。パートナーシップ文化。選択の自由、アファーマティブ・アクション、平等主義的関係を支援する公共政策および法制化。人権政策に向けたパワーとリーダーシップ。ジェンダー意識のある教師、親、カウンセラー。仕事と家族の統合に向けた役割モデル。

出典：P. Andersen, L. S. Hansen, J. Lewis, L. Vetter, and P. Wickwire. National Career Development Association Women's Conference, Excelsior Springs, Mo., Oct. 1990.

援者はどのように介入することができるか？　個人と社会の両方を変えるために、すなわち、ステレオタイプを減らし、性役割の規範を変え、人生を通した全体的発達と社会化に影響を及ぼし、機関や組織をより開かれたものへと発展させ、文化的規範を変容させ、支配／従属の社会から平等なパートナーシップの社会へと移行していくために、われわれはどのように介入することができるか？　以下の段落で、カウンセラーをはじめとする専門的な支援者が、さまざまな状況で取ることができるいくつかの戦略を検討する。

1. **学校および大学**　われわれは、階層的でない、より平等主義的な学校、大学、プログラムを目指して活動する必要がある。これは、少女と少年、男性と女性のどちらもが、自己充足と結びつきの両方を経験することを通じて最大限に発達することができるシステムの強みについて、教師、親、学生、管理者などを教育することを意味する。1970年代に、ジェンダー、人種、障害の有無に影響されない公平な教育に向けた数多くの教育プログラムが開発されたが、それは氷山の一角をほんの少し触っただけのものだった。1990年代半ばの現在、そのようなプログラムに対する興味が再度高まっている。

　多文化主義とジェンダーの平等に関する継続的なプログラムの策定が最重要の課題である。それは特に、非伝統的な選択肢（たとえば、ハードサイエンスや数学）の枠を広げるために、そして性役割のステレオタイプを取り除くために必要である。子ども、若者、そして成人が、自分自身の満足だけでなく、社会とコミュニティの利益になるような潜在能力を発達させることができる発達的カリキュラムが作成されなければならない。そのようなプログラムの例としては、将来の夢・教育・家族・仕事・ライフスタイルの全分野を統合させた「I'll Take Charge（私が引き受ける）」という名前の国民的4-Hプログラム（Walker, 1989）や、教育者や親が自らステレオタイプを脱学習し、人間的な仕事と学習の環境を創造することができるようにするための訓練を提供するBORN FREEプログラム（Hansen, 1979）などがある。さらに、「The Kid's Guide to Social Action（社会活動へ向けた児童のための指針、Lewis, 1991）」のなかで記述されてい

るプログラムもある。その著書のなかで Lewis は、コミュニティ全体に協力を呼びかけながら、学校近辺の危険なごみが散乱している場所の清掃を行うアクションラーニングに参加した 6 年生の児童の活動を紹介している。Lewis はそこで、奉仕する能力とそうしたいという欲求に刺激を与えることが、コミュニティと児童の両方にとっていかに有益であるかを指摘している。サーチ・インスティチュート（The Search Institute）によって開発された「Developmental Assets」プログラム（邦訳「青少年育成に役立つ 40 の要素」文部省スポーツ・青少年局健全育成担当参事官室訳）は、コミュニティ全体に、若者の健全育成のための基本要素を増やすことができるように支援することを呼びかけるものである（Benson, 1996）。その他、障害のある学生と、それら学生と共に活動する教授陣や職員のためのミネソタ大学キャリア・コネクション・プログラムのような、大学を基盤とした支援活動や介入プログラムも多く実践されている。Keierleber と Hansen（1992）は、大学環境において成人女性と男性が直面する諸問題と障壁について記述している。

**2．職場と組織**　これまでの各章で指摘してきたように、今職場は変わりつつある。そしてそのような状況のなかで、労働者が直面するであろうさまざまな種類の労働環境や労働倫理に向けて準備させることは、カウンセリングとキャリア・ディベロップメントの専門家の重要課題の 1 つになるだろう。雇用形態が生涯雇用から契約雇用へと変化していくなかで、男性も女性も等しく、人生における仕事の位置付けを再評価し、最適バランスを達成し、より容易に複数の役割を果たすことができるようになるであろう（Hall, 1990）。学生は引き続き、体験労働をし、さまざまな技能を身につけ、就職先を探す方法に習熟することが必要であるが、職場における変化しつつある労働倫理、関係性、コミュニケーション・パターン、作業チームやリーダーシップ・スタイルなどについてあらかじめ認識しておくことが必要である。学生はまた、契約書の作成方法、コンサルティング業務の仕方、変化対応の仕方などの起業家的スキルを学ぶ必要がある。

Kiechel（1994）は、最近発表した文章のなかで、新しい経済環境の下で経営者と労働者は、パワーとは何か、そしてそれはいかに使われている

か（もしくは乱用されているか）を理解する必要があること、そして職務の内と外で労働者のニーズに関心を向けるような、より人間的な職場環境を創造するスキルを獲得する必要があることを説いている。経営者と労働者が共に、自分自身のシステムのなかで意思決定者となりチェンジ・エージェントとなる必要があるだろう。

このような特徴を備えている組織は、被雇用者の内に結びつきの感覚を植え付けることができるであろう。人々により大きなコミュニティと一体になる感覚を与え、その才能をコミュニティの改善のために役立てることができるようにすることは、女性にとっても男性にとっても、自己充足と結びつき全体の一環である。

## ■結　論

統合的ライフ・プランニングにおけるこのキルトの1片で、われわれは、男性と女性の双方にとって全体的な人間になるとはどういうことかについて考察し、統合的ライフ・プランニングにとって重要な意味を持つ人生役割の諸側面を検証し、女性と男性のキャリアに対するさまざまな影響がどのように人生パターンを形作るのかを検討し、両性のすべての成員にとっての統合された人生の2つの中心的な目標である自己充足と結びつきについて考察した。全体的発達——われわれの人生を意味ある全体のなかに織り込む——は大きな課題であり、理想主義的な目標であるが、たとえ一生かかろうとも、それは取り組む価値のある目標である。

# 第5章
# 重要課題3
# 家族と仕事をつなぐ

∽

　ILPでは、自己充足と達成そして関係性を統合することを、ライフ・プランニングの重要な目標と見ています。それは簡単なことではありません。私の年齢で大学院に入学することはとても勇気のいることでしたし、自分自身の「わがまま」に少し気がとがめていました。子どもや母、友達、妹と過ごす時間はあまりとれなくなるだろうと思っていました。しかし、夫が私の最大の応援者になってくれていることを幸運に思っています。彼が大学を卒業するのを私が助けたように、今度は彼がいろいろな形で私を助けてくれています。特に試験期間中など、彼は買い物から料理までやってくれます。スーパーのライフ・スパン理論とハンセンの統合的ライフ・プランニングを適用しながら、私は、状況、機会、家族のニーズ、そして私のニーズに応じて、さまざまな役割の間を行き来しながら、私の人生を再生し続けています。
　　　　　――カウンセリング講座に再入学した成人女性

統合的ライフ・プランニングの第3の重要課題は、クライエントが家族と仕事をつなぐ支援をすることである。男性・女性の人生の役割とパターンの変化は、新しい定義と説明を必要としているというのが、統合的ライフ・プランニングの前提認識である。個人の発達理論のなかには、女性と男性の互いの行動を十分に説明できていないものがある。これまでの章で検討してきた多元的な変化——労働力となる女性の劇的な増加、共稼ぎ世帯の増加、労働の構造と倫理の進化——は、古い規範に合わない新しいパターンを生み出している。仕事と家族の変化が、合衆国だけでなく他の西欧諸国も含めて、古い社会化のパターンとステレオタイプに異議を申し立てている。新しい家族のパターンは、キャリアと家族の両方における成功に高い期待をかけている。それはまた、コミュニケーションにおける新たなスキルと、役割についての定義を要求している。
　家族と仕事をつなぐというILPキルトのこの1片は、とりわけ重要である。なぜならその1片は、現在の社会ではすでに一般的になっているがまだ十分に理解されていない家族パターンを表現（象徴）しているからである。1970年代以降、家族と仕事のつながりについて洞察する文献が増えている。労働力になる女性の動きと家族におけるより能動的な役割をとろうとする男性の動きの緩慢さを伴って、このつながりがより顕著になってきた。それは、労働者のニーズに対応するためのさまざまな人的資源開発の取り組みによって映し出されてきた。仕事と家族のつながりは、職場と家族における役割を調整しようとするときに直面する特有の問題を持つ女性と男性を支援しようとするキャリアの専門家にとって、重要である。
　この章では、家族と仕事の場で起こっているさまざまな変化、その両者の相互関係についての理論と研究、両者の関係が統合的ライフ・プランニングにおいて持つ意味、そして最後に、クライエント、学生、被雇用者がもっと効果的にそれらの変化に対応することができるように支援していくときにILPの専門家が使うことができるいくつかの手法について検討していく。家族の問題と仕事の問題を分離して考察することは不可能であるので、私はそれらを同時に検討し、それらがどのように相互作用しているかを見ていくことにする。

第5章　重要課題3：家族と仕事をつなぐ

## ■家族と仕事における変化

　第3章で、現在のアメリカにある多くの家族形態について見てきた。本章では主に、共稼ぎ家族に焦点を当てるが、これは他のタイプの家族が重要ではないことを意味するものではない。共稼ぎ家族の役割と関係性の問題は、実は私に最もなじみの深いものであり、私の個人的なキルトの一部を構成している。しかし、人は生涯を通じて1つのパターンに留まらず、仕事と家族の状況は、それを取り巻く生活環境や、予想したあるいは予想しなかった出来事により変化するだろう。いま共稼ぎではなくても、将来そうなる可能性があり、過去そうであったかもしれない家族は多い。それゆえ本章の主題は、一見した以上に幅広い読者と関係のあるものである。

### □ひとり親家族のパターン

　ひとり親世帯の数は、ここ20年で顕著な増加を見せている。1990年代初め、ひとり親家族は全家族の28％と予測されていた。ひとり親世帯の多くが、子どもを持つ女性の家族で、その多くが貧困生活を送っている。パートナーがいないとき、仕事と家族の喜びや負担を共有する者が誰もいない。最近提案された「勤労福祉（workfare）」プログラムは、生活保護を受けている人々の保護からの離脱をねらったもので、これらの人々のライフ・スタイルの複雑さを考慮していないものが多い。実際、ひとり親（父親だけの家族も含めて）は、有給の仕事と家族の両方に役割と関係性をもち、その多くが1人で子どもを育てることに成功している。

　サーチ・インスティチュートの最近の調査（BensonとRoehlkepartain, 1993）によれば、18歳以下の子どもの4人に1人が、ひとり親家族で生活しているということである。概してこのような家族の若者は、ふたり親家族の若者にくらべ、喫煙、飲酒、薬物乱用、窃盗に手を染める割合が高く、セックスに積極的である。そのような若者はまた、公共物破壊や不登校、抑うつ、さらには自殺の危険性が高い。こうした報告は、若者には、彼らの人生のなかに明瞭な成人の役割モデル──男性の役割モデルも含めて──が存在することが必要であることを浮き彫りにしている。しかしな

がら報告はまた、健全なひとり親家族もあること、「家族構造は運命を決めるものではない」（p.1）ことも示している。職場の状況ならびに子どもの養育に向けた公共政策を改善することは、2人の親がいる家族と同様に、あるいはそれ以上に、ひとり親家族にとって重要である。

## □共稼ぎ家族

共稼ぎ家族（dual-income or two-earner families）は、1980年に合衆国の全世帯中に占める割合が50％を越えた転換点以来、主要な家族パターンとなっている。その年はまた、米国国勢調査局が調査表から世帯主の項目を外した年でもあった（Bernard, 1981）。

**共稼ぎ家族**は、文字通り夫婦2人とも収入のある家族で、夫の仕事が主で、妻の仕事が従である場合、あるいは両配偶者ともキャリアに深くコミットし平等な扶養者になっている場合などがある。**デュアル・キャリアの家族**（dual career families）というのは、共稼ぎ家族の一種で、両パートナーが共に仕事との強い一体感を持ち、通常はその仕事のために入念な準備を怠らず、それに深くコミットし上昇志向が強い。共稼ぎ家族の約20％がデュアル・キャリアの家族で、多くの文献がこの家族に焦点を当てている。労働力市場調査では家族のパターンの変化についてのデータは示されていないが、他の資料で十分立証されている（BrowningとTaliaferro, 1990; Hage, GrantとImpoco, 1993など）。

## □変化している家族構成

仕事と家族における男性および女性の地位についての人口動態報告書は、家族のパターンを再評価し、変化しつつあるニーズに合わせて職場を再構築する必要があることを示す重要な論拠を提供している。高い離婚率が、現在進行中の変化を示す1つの指標である。アメリカの離婚率はほぼ横ばいを続けているが、1970年には1000組の夫婦のうち3.5組が離婚、1988年には同4.8組が離婚した。女性の職場参入は劇的に増大したが、家族の大きさは過去20年間あまり大きな変化はなく、アメリカの家族は平均して1.9人の子どもを持っている。しかし、家族の大きさは民族によって大きな違いがある。合衆国全体で平均すると、白人家族の子ど

もの数は 1.7 人、アフリカ系アメリカ人家族が 2.4 人、メキシコ系アメリカ人家族が 2.9 人である。東南アジア系アメリカ人家族のなかでは、ベトナム人が 3.4 人、ラオス人が 4.6 人、カンボジア人が 7.4 人である。フモン族は 11.9 人である (Atkinson, Morten と Sue, 1993)。アジア人の多くが、人生の豊かさは子どもの数によってもたらされると考えている。言うまでもなく子どもの数は、家の外で働く母親に影響を与える。男性と女性の役割に対する文化的規範や因習も、男性と女性の仕事と家族への関与の性質と度合いを決める重要な要因である。

1988 年に 40 歳以上で出産した女性の割合は 2％しかなかったが、ますます多くの女性が労働力として加わるにつれて、女性は高齢で子どもを持つようになっている。合衆国の統計によれば、新生児や 6 歳未満の子どもを持つより多くの女性が労働力となっている。

平均寿命が、女性が約 78 歳、男性が約 71 歳に延びたことによって、仕事と家族を長いライフ・スパンのなかで考えることが新たな意味を持つようになった。2010 年には、女性の平均寿命 81 歳、男性は 74 歳に延びると予測されている。女性は引き続き、男性よりも数年間長生きするようだ。急速な割合で増えている 80 歳以上の世代で女性は男性の人数を上回っている。

女性のなかで、労働力となっている人の割合が最も高い年齢層が、40〜44 歳で、この年齢層の女性の 78％が雇用されている (Commission on the Economic Status of Women, 1991)。

1988 年には、結婚して子どものある女性の 57％が労働力となっていたが、1970 年には 30％にすぎなかった。既婚か否かにかかわらず、ほとんどの女性がフルタイムで働いている。統計によれば、女性は相変わらず事務職や保育、小売業などの低賃金職業に集中している。受けた教育の程度にかかわらず、男女の賃金格差は残っているが、結婚しているカップルの家族が、あらゆるタイプの家族のなかで最も収入が高い。

よく知られていることであるが、女性（と子ども）の方が、男性よりも貧困状態にあり、高齢の女性は高齢の男性よりも貧しいことが多い (Commission on the Economic Status of Women, 1991)。全米キャリア・ディベロプメント学会 (1990) のために実施されたギャラップ調査によれば、あ

らゆる年齢層の成人（女性も男性も）の圧倒的多数が、家族の方が仕事よりも大切と答えている。しかし社会の規範、仕事と家族の構造は、男性と女性がその価値観に従って行動することを許さない。また同じギャラップ調査によれば、回答者の3分の1以上が、仕事と家族の間で葛藤を感じていると答えている。

## □変化している職場

　職場で起きている多くの変化もまた、女性と男性が仕事と家族で役割を果たせるような方法をもたらしている。人間的ニーズに対する企業の関心は、比較的最近の現象である。1970年代と1980年代に起こった人的資源開発プログラムの創造と拡大は、仕事の内と外での被雇用者のニーズに対する企業の対応の1つである。おそらく、前例のない数の女性の職場進出によって促されたのであろうが、企業の経営者たちは、仕事は家族に影響し、家族は仕事に影響すること、満足している労働者は生産性も高いこと、そしてこれらすべてのことが最終的な収益に影響することを認識するようになった（NaisbittとAburdene, 1990）。

　西欧文化圏に住む女性の大半が、かなり以前から家族と仕事のつながりをわかっていたが、この関係を男性もまた理解する必要がある。その筋書きは、第二次世界大戦中に女性が仕事に就くようになってから少しずつ変化してきた。多くの女性が戦後も職場にそのままとどまり、1950年代以降、働きに出る女性の数はさらに増えた。1990年代には、失業する男性の数が年ごとに増え、家族と過ごしたり、子育てやその他の家事に従事する時間が増えることによって、状況はさらに変化した。Rosabeth Moss Kanter（1977b）は、いくつかの重要な問いを発している。なぜ仕事は時に家族と相容れないのか？　なぜいつも家族が仕事に合わせなければならないのか？　雇用者、経営者、そして組織が多様な家族のタイプにおける男性、女性、子どものニーズを認識するようになるにつれて、これらの質問に対する回答が出始めている。

　これらの問題に取り組むことを難しくしている要因の1つは、多くのカウンセリング、カウンセリング理論、カウンセラー養成、キャリア・ディベロプメントが、依然として1人ひとりの職業選択や就職先探しの支

援に焦点を置いていることである。仕事と環境の適合に関する多くの知見が存在し、人々が仕事のなかで幸せを感じるために、ある程度の一致が必要であるとは言え、本章で提起しているキャリア・ディベロプメントに関するより大きな問題にも取り組む必要がある。広い人生役割を基盤としたキャリアの概念でさえ、その最終的な成果を職業選択とし、大半の職業検査のツールや手段が、狭いマッチング・モデルを基盤にしている。私は、キャリアの専門家の重要な課題は、仕事と家族の相互作用と、男性と女性にとって、両方の役割はどのように統合できるのかを理解することであると思う。

　仕事と家族についての研究は、心理学、カウンセリング、キャリア・ディベロプメントはもちろん、社会学、家族社会学、組織ダイナミクス、家政学の分野で行われてきた。そのなかにはジェンダー役割に関連する文献があり、1973年以来 Joseph Pleck が行ってきた、男性の性役割、男らしさや女らしさ、仕事と家族についての大規模で洞察力に満ちた研究もある (Pleck, 1976, 1977a, 1981; Richardson, 1981; Zedeck, 1992; そして Voydanoff, 1989 など)。

## ■家族と仕事に関する重要な理論と研究

　クライエントや被雇用者が、人生の2つの役割のつながりを理解するように支援することは、単一の役割に対応することより格段に難しいことである。また、1人ひとりが職業を選択するのを支援することは、カップルが共に2人の人生を設計するのを支援することにくらべれば、はるかに簡単である。なぜなら後者の場合、カップルは共に、それぞれのキャリア・ニーズ、家族のニーズ、職場のニーズと要求、子どものニーズ、高齢の両親や他の親類のニーズ、関係性のニーズ、より大きなコミュニティのニーズなど、非常に多くの要素を考慮しなければならないからである。以下の節では、キャリア・カウンセラーをはじめとするキャリアの専門家が実践の場で直面する個人的、家族的、そして組織的諸問題のいくつかについて検討する。Kanter (1977b) の家族と仕事に関する研究と政策立案を訴える受賞作の出版以来、仕事が家族に及ぼす影響、そして家族が仕事に

及ぼす影響についての文献がかなり多く出されている。

## □仕事と家族についての統合的思考

仕事役割と家族役割の相補性について意識することは、重要な課題とされてきた（Richardson, 1981）。役割（role）という言葉は何を意味しているのであろうか？　要求、期待、責任、そして他者がわれわれに押しつける圧力、その役割を果たすためにしなければならないと思うことについてのわれわれ自身の自覚と行動様式、すなわち意識的であれ無意識的であれその役割のなかでいかにわれわれが行動するかなどがあるだろう。仕事役割と家族役割の相補性は、相互の影響、相互の因果関係、相互作用の観点から考察する必要がある。私は数年前、家族のなかでの役割が劇的に変わったことに注目した。われわれは（扶養者と養育者の）「役割を所有している（owned roles）」のではなく、多くの場合、「役割を分かち合っている（shared roles）」のである（Hansen, 1984）。

仕事と家族の役割における相互の影響の仕方は、多くの要因に基づいている。重要な要因としては、両配偶者の仕事の性質、2 人の現在の職業的キャリアのステージ、職業的キャリアにおけるそのときの願望、子どもの年齢と成長段階、育児に対する態度と満足感、夫婦関係の質、保育施設の質と利用しやすさなどの社会的要因、そして民族的、社会階級的要因があげられる。同様に、関係の本質（平等的か、それとも支配的／従属的か）、および家族内の人間関係の数が重要である（Richardson, 1981）。

家族にいろいろなタイプがあるように、家族—仕事の問題についての異なった見方が、西欧文化圏からだけでなく、他の文化圏からも示されている。特に重要なことは、収入、ライフ・スタイル、職業、キャリアのステージなど大幅に異なる家族の問題が存在することである。つまり、家族—仕事の問題は、家族の種類や大きさに関係なく、すべての家族に存在するのである。Goldsmith（1989）は、家族と仕事の相互作用についての新しいモデルを提起している。そのなかでカウンセラーとキャリアの専門家が注目すべき項目は、結婚満足度、育児、自尊心、子どもをめぐる心配、職務への関与、ストレス、葛藤、社会的支援、長期欠勤、時間管理などである。

初期の研究では、男性は仕事と家族生活の間に関連を認めず、母親の雇用は子どもに否定的な影響を与えると考えられていたことが示されていた（Voydanoff, 1989）。経済的資源と報酬についての調査研究もいくつかあったが、家族と仕事の経済的側面については無視されていた。最近の文献は、仕事役割、仕事―家族の葛藤、子育て、そして家族生活の質――すべてライフ・プランニングに大きく影響する問題――についての構造的、心理的特徴に焦点を当てている。

　大方の意見とは反対に、女性が労働者、配偶者、親としての多重役割を果たすことは、女性の身体的、精神的健康に肯定的な（否定的というよりは）影響を与えるという研究が多い。しかしながら、重要なことは、1人ひとりが一生を通して、どのように仕事と家族の役割責任を調整するかということである。キャリアのステージと家族のステージが同時に進行する場合もあれば、順次に進行する場合もある。明らかに、同時進行する場合、個人は成人としての人生全体を通して仕事と家族の両方の役割を果たし、順次に進行する場合、仕事役割と家族役割に関与する度合が変わり、その度合は、家族と仕事のキャリアのステージを越えて移行していく（Voydanoff, 1989）。

　Voydanoffは、仕事と家族の研究は、役割負担・役割拡張理論（すなわち過重役割や役割の変化の影響）についての研究を除き、統合された理論的根拠を欠いていると述べている。仕事と家族に対する広範で有益な概念化によって、経済における労働者の役割と家族内の稼ぎ手としての役割と同様、経済と労働力の構造が強調されている。Voydanoffはまた、家族とコミュニティのなかで女性によって担われている無給の仕事に焦点を当てる必要性を強調している。彼女はまた、子どもと高齢の家族成員の両方の世話をしなければならない「サンドイッチ世代（sandwich generation）」の家族に注意を促している。その機能は、しばしば中年の女性によって遂行される。キャリアの専門家が、仕事をしている家族がバランスをとり、役割を分かち合い、葛藤を解決し、人生の質を高める支援をしようとするならば、Voydanoffのような統合的思考が不可欠である。

　仕事―家族に関する文献の多くが、ジェンダーに関する議論を避けていると指摘する著者がいる。それらの著者は、職業上の性差別、男女の賃金

格差、家族構造の変化などの問題を含めて、ジェンダー問題を分析することを呼びかけている（Voydanoff, 1989）。伝統的なモデルでは、仕事は男性が所有する物であり（家族の責任を持つ人と見なされない）、家族は女性の管轄区域とされてきた（有給の仕事は往々にして単なる補助的なものと見なされる）。また、パートタイムの仕事や育児休暇は女性の領分と見ている。これらはすべて、現代社会の状況と合致しない見方である。

　Pleck（1976）は、男性と女性の異なった役割を見るときの非常に便利な方法を創りだした。「誰が扶養者か？」（図5.1を参照）と尋ねながら、Pleckは、伝統的な女性の役割（養育者）と伝統的な男性の役割（扶養者）の両方があり、また、仕事上と家族内の両任務（課題）と仕事と家族との関係性の両方があることに着目している。女性の多くが仕事役割を担うようになるにつれて、養育者と扶養者の両方になり、女性の役割は変化している。家族における男性の重要性も増し（その歩みはかなりゆっくりだが）、男性も今や、扶養者と養育者の両方になってきた。これらの変化と共に、解決する必要のある役割葛藤が生じている。

　Voydanoffの仕事と家族のつながりに関する拡張された概念は、広範な経済的活動という文脈のなかで仕事と家族のつながりに焦点を当て、家族およびコミュニティにおける無給の仕事についての分析を組み込み、家族にとっての家族構造の変化の重要性を認識するために、さらなる研究が必要であると示唆している。彼女はまた、政策研究はジェンダーと関連づけたものになる傾向はあるものの、家族指向の人事方針が家族と雇用者に与える影響については分析されていないと指摘している。Walker, Rozee-KokerとWallston（1987）も公共政策について同様の指摘をしている。すなわち、それは古い家族構造を基礎にする傾向があり、合衆国の家族の変化に対応できていないということである。

## □組織的観点から見た仕事と家族

　産業／組織心理学的観点からの仕事と家族の関係についての検証も、さらなる重要な問題を提起している。これらの問題は、イスラエル、イギリス、カナダ、フィリピン、ブラジルなど、国境を越えて存在し（Zedeck, 1992; Goldsmith, 1989）、私自身も、スウェーデン、ノルウェー、日本でそ

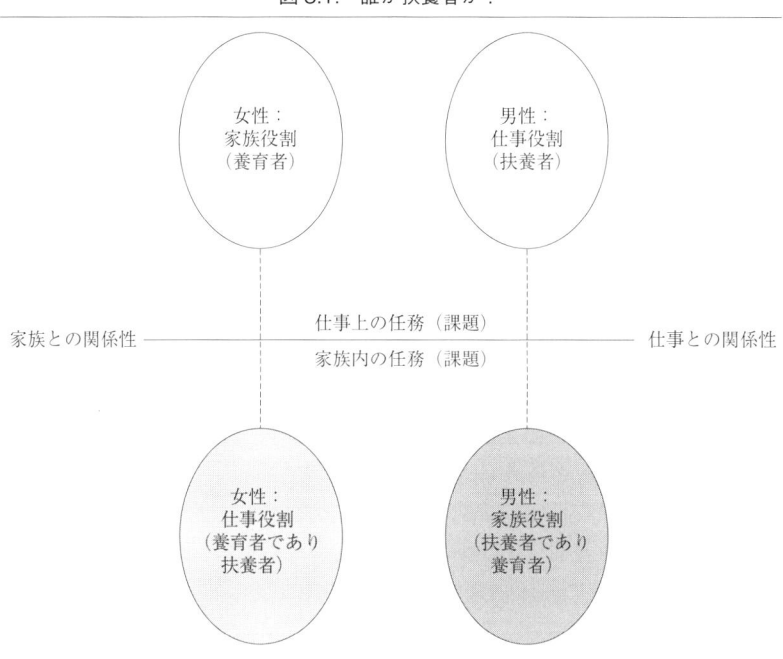

第5章　重要課題3：家族と仕事をつなぐ

図 5.1.　誰が扶養者か？

```
        女性：              男性：
       家族役割            仕事役割
       （養育者）          （扶養者）

                  仕事上の任務（課題）
家族との関係性 ─────────────────── 仕事との関係性
                  家族内の任務（課題）

        女性：              男性：
       仕事役割            家族役割
      （養育者であり      （扶養者であり
        扶養者）            養育者）
```

出典：J. H. Pleck, "The Work-Family Role System," *Social Problems*, 1977, *24*(4), 417-427. Copyright © 1976 by the Society for the Study of Social Problems. Reprinted by permission.

の問題に遭遇した。

　産業／組織心理学者は、これまで以上に自ら仕事―家族の領域に関心を向ける必要があり、さらに研究者は、家族、余暇、健康、個人的成長、コミュニティなど、労働者の人生に考慮しなければならない他の部分があることを認識する必要がある。長い間、仕事と家族は別々の領域であると考えられてきたが、今や、組織と家族の間には疑う余地のない関係があるという前提に立つことが重要である。女性の雇用の増大、ジェンダー、育児そして仕事へのアイデンティティについての新しい概念、離婚率の増加、男性と女性の役割の変化、人生の質についての新たな関心、そして成功についての新しい尺度などすべての社会的発展が、仕事―家族の関係につい

ての新たな関心を喚起している（Zedeck, 1992）。確かに、仕事組織の側におけるこのような意識の高まりは、家族にとっても、そしてわれわれキャリアの専門家の仕事の成功にとっても良い兆候である。

家族に対する仕事の影響（これまで最も注目されてきた主題である）も、仕事に対する家族の影響も、どちらの研究も重要である。文献の多くが、仕事は家族に否定的な影響を与えるが、家族は仕事に良い影響（たとえば、「ショックアブソーバー」）を与える場合もあれば否定的影響（長期欠勤、生産性の低下、遅刻などの原因となる）を与える場合もあると述べている。仕事—家族の相互作用を説明する多くのモデルが創られてきた。仕事側に立って研究する側面と、家族側に立って研究する側面は、まったく異なっていた。後者は、夫婦間の緊張、家族—家庭満足感、そして子育ておよび家事など、感情の側面が中心となっている（Zedeck, 1992）。

Voydanoffと同じくZedeckは、有給の仕事（職場での）だけでなく、無給の仕事（家庭での）も重視されるべきだと提案する。それは責任感、自己決定、自律性、意思決定などを学ぶ機会を提供する。仕事の求心性を含めて、プロセス（ストレス、役割葛藤、社会化など）、ならびに、有給の仕事、無給の仕事における仕事の意味と仕事の価値に対しても注意が向けられるべきである。

## □企業の対応

家族と仕事研究所（The Families and Work Institute）は、仕事と家族は経営にとって妥当な関心事であると指摘している（FriedmanとGalinsky, 1992）。労働組合もまた、仕事と家族のつながりに関心を持ち、それを組合加入の勧誘に利用している。大企業が仕事—家族の問題に取り組む理由としては、生産性の向上の必要性（そして満足している労働者は生産性が高いという信念）、女性従業員の増加、雇用されている妻を持つ男性従業員の増加、労働組合からの圧力、価値観の変化、昇進を妨げるガラスの天井を壊す試み、メディアの注意喚起、扶養家族のケアの必要性などが挙げられる。

経営の緊張や抵抗がいくらかあるにもかかわらず、企業は多様な形態の育児支援、高齢者ケア、柔軟なスケジュール（フレックスタイム制、パート

タイム労働、在宅勤務、育児休暇）などで、この問題に対処してきた。概して大企業ほど家族のニーズに良く対応し、事業所内保育施設を開設したり、保育に関する情報を提供したり、そのための手当てを支払うなどしている。1990年には、雇用主が資金を出して設立した事業所内、あるいはその近辺の保育施設が、合衆国全体で1400施設あった。

　雇用する側の組織はさまざまなプログラムを創りだしてきたが、そのプログラム戦略は、仕事―家族問題に取り組むには極めてお粗末なものである（FriedmanとGalinsky, 1992）。むしろ、企業組織には、仕事―家族の問題を全体のシステムのなかに組み込み、仕事―家族の施策を他の諸施策と統合し、企業文化をより全般的に家族に友好的なものに作り変えるといった統合的なシステムズ・アプローチが求められている。企業による革新的な解決策の例に、ハネウェル・コーポレーションの「6歳までの成功（Success by Six）」プログラムがある。これは子どもがより大きな成功の可能性を持って小学校に入学することができるようにするコミュニティ・レベルのプログラムである。ジョンソン＆ジョンソンは、保育プログラムが認可されるのを支援するために補助金を提供している。アメリカン・エクスプレス、リーバイ・ストラウス、マーヴィンズは、法制化を通じて保育施設が改善されるように支援運動を続けている。またAT&Tは、ファミリー・ケア・ディベロプメント基金を設立した。ジェンダーの平等、家族と仕事生活に焦点を当て、これらを一体となって改善しようと試みている企業もいくつかある（FriedmanとGalinsky, 1992）。他の先進工業国にくらべれば小さな一歩かもしれないが、1993年の家族と医療休暇法（Family and Medical Leave Act in 1993）の通過は、仕事と家族のつながりに注目を集めていくであろう。

　以下はこの研究で明らかにされている知見の要約である。

- 仕事と家族に関する研究が多元的なレベルで行われる必要性がある。たとえば、家族、個人、ジェンダーと文化の関係、家族の異なるタイプと関係の力動が検証されなければならない。
- 家族への関与に時間をかけることが労働への関与の低下を招くことはない。

- ジェンダー、家族の重要性、機会均等はキャリアの進展の遅い子どもを持つ女性管理者と男性管理者と密接に結びついている（HallとParker, 1993）。
- さまざまな形態のカップルが、両者のキャリアの進展を最大化するために、異なった戦略を採っている。**調整者たち**（accommodators）は共同戦略を、**同盟者たち**（allies）は協力的戦略を持ち、いずれも、仕事あるいは家族役割のどちらかを強調することはない。**敵対者たち**（adversaries）は高いキャリア指向を持ち、相手が家庭の役割を果たすことを望む。**曲芸師たち**（acrobats）は、両者とも「すべてかなえる（have it all）こと」を望んでいる（HallとHall, 1979）。

## □仕事と家族に関する文献に対する批判

　これらの概念化は、仕事と家族のつながりを明確にする上で極めて有益なものであったが、多様な家族のタイプ（混合家族、ひとり親家族、単身者、同性愛家族、結婚していないパートナーなど）、家族内のサブシステム、仕事役割と家庭役割のバランスに加えて心理内のバランス、そして家族中心の研究などに十分焦点を当てていなかった。さらに、これまでの仕事と家族に関する文献は、デュアル・キャリアの家族に重点を置きすぎており、キャリアという用語を高いレベルでの仕事へのコミットメントとキャリアの進展という伝統的な意味で用いている（Sekaran, 1986）。

　役割の特徴（salience）に関する重要な研究者であるGreenhaus（1989）は、伝統的なキャリアの定義は多くの人を排除しすぎており、またデュアル・キャリア家族の高いレベルで仕事に関与する専門職の人たちに焦点を当てることを重視し過ぎていると考えている。彼は、複数の次元で広範囲のさまざまなカップルについて研究するためには、あらゆる分類学的区別を破棄すべきであると提言している。そうすれば、研究成果は、人口のより広い部分に適用可能である。彼が提案する将来の研究領域には、仕事―家族の葛藤、日常的な仕事役割と家族役割の転換、キャリア指向性に伴う役割（あるいは各パートナーのキャリアの特徴）、2人のキャリアの地位とキャリア目標の達成との関係、組織におけるキャリアの発達にとっての仕事―家族の相互作用の意味、などがある。

# 第5章　重要課題3：家族と仕事をつなぐ

## ■家族と仕事、その役割と関係

　カウンセリングやキャリア・ディベロプメントの文献のなかでは、共稼ぎ家族に影響するさまざまな問題も取りあげられている。その他のタイプの家族も、異なった形でライフ・プランニング、とりわけ統合的ライフ・プランニングに関係の深いくつかの問題に、直面している。共稼ぎ家族のパターンは私と夫の30年の結婚生活の形であり、私が最もよく知っている家族のパターンであるので、そこから実例を紹介する。ILPカウンセラーが認識すべき葛藤や問題には、どのようなものがあるのだろうか？

### □ジェンダー役割の問題

　キャリア・ディベロプメントとカウンセリングに関する豊富な文献には、いまだに多くのジェンダー障壁が存在していることが記されており、それは仕事と家族の役割と関係性のなかに、時には微妙に、そしてまたある時にはあからさまな形で残っている。ライフ・スタイルは明らかに変わってきたが、ジェンダー役割に対する態度は、急速に変わることができない。社会化と、常に存在してきた男性と女性のステレオタイプ化は、男性と女性が新しい役割を実行に移し、古い役割を分担することを困難にしている。これらの問題が、共稼ぎ家族のなかで多様な形を取って現れている。

　ジェンダー役割の問題は、稼ぎ手、労働者、養育者、扶養者が、典型的な家族の任務（課題）のなかで発生する。夫と私は、扶養者役割を分担してきた（企業の方が大学よりも多くの給与を支払うので、われわれの収入は同じではなかったが）。われわれはまた、2人とも平等主義的な価値観を持ち、伝統的なジェンダー役割に縛られていなかったため、養育役割と家事役割も分担してきた。しかし、当時としては標準的ではなかったパターンを追求していたことによってもたらされたさまざまなジレンマに、いまだに直面している。

### □ジェンダー役割ジレンマ

　ジェンダー役割ジレンマは、個人のなかでも、そしてカップルと社会の

間にも起こり得る。すでに 1969 年に、Rapoport と Rapoport は、共稼ぎ家族が直面する 5 つのジレンマを明示したが、それは今日のジレンマとあまり変わらない（そしてその多くが、私自身の家族における緊張と合致している）。そのジレンマとは、以下の 5 つである。(1) とりわけ有給の仕事と家族の仕事を二重シフトで担っている女性によって体験される身体的および精神的**過重負担**、(2) 家族自身とその役割に対する期待が社会的規範と異なることに家族が気づくときの個人と社会の規範の**不一致**、(3) 両パートナーが、自分たちで決めた家族と仕事の重要性に従って、以前は相手の性に帰属していた役割をとろうとして、自分自身の男性性や女性性に関わるときに味わう**アイデンティティ・ジレンマ**、(4) カップルが、自分たちと似たライフスタイル、期待、規範を持っている友人を選ぼうとするときに存在する**社会的ネットワーク**、(5) そして**役割循環**、つまり、パートナーのキャリアと家族のステージ、そしてそれらが家族役割と仕事役割にどう影響するかに関する問題である。

　ジレンマは、人々が伝統的なジェンダー役割から離脱しようとするときに起こる。たとえば、女性が家の外で業績をあげ、保育施設を使い、そして家事を男性と分け合うとき、あるいは、男性が積極的な父親になり、家事を分担し、妻の個人的発達およびキャリア・ディベロプメントを支援するときなどに起こる。このような家族では、女性はもはや主婦役割を独占的に「所有」せず、男性ももはや独占的に扶養者役割を「所有」しない（O'Neil, Fishman と Kinsella-Shaw, 1987）。

## □男性／女性役割

　性役割についての男性と女性の概念は、両者の行動と自己評価に影響を与える。配偶者それぞれが、たとえば、「遠距離にありながら親密な関係をいかにして維持するか？　自分のキャリア・ゴールと夢をすべて達成しながら、有能で思いやりのある親でいられるだろうか？」というアイデンティティの問題に直面する。またカップルが、期待された役割から離れ、理想と現実の自己概念の不一致を経験し、他者により制限されたり、低く評価されたと感じるとき、あるいは個人的に自分自身を制限したり、低く評価するときにも、別のジレンマが起きる。O'Neil, Fishman と Kinsella-

Shaw(1987)は、このジレンマを克服するための2つのプロセスを提示した。すなわち男性であること、あるいは女性であることが何を意味するのかを再検討すること、そして、特にジェンダー役割のステレオタイプの限界を認識しながら、男らしさや女らしさの新しい考え方を統合すること(BORN FREEプログラムが行っているように)である。

社会の伝統的な期待は、いまなお、役割を分担し、公平な意思決定を行い、平等な関係を構築しようとしているカップルに、さまざまな障壁を築いている。公平性とジェンダー役割のイデオロギーに関するより大きな社会的問題が、平等なカップルの結びつきに向けた動きを遅らせている(GilbertとRachlin, 1987)。

## □共稼ぎ家族のジレンマ

共稼ぎ家族は、これ以外にも多くのジレンマに直面するが、その多くが相互に関連している。それらのジレンマには、基本的な保育・育児・そして親としての仕事、業績とキャリアに対する態度、仕事分担・時間管理・そして分業、役割変化が男性キャリアに及ぼす影響、結婚満足度、入手可能な社会的支援、資源管理、パワーと意思決定、ストレスと葛藤管理などがある。これらの問題について、以下に簡単に検討する。

### ★子どもの保育、子どもの養育、そして子どもの世話

多くのカップルにとって、子どもを持つか否か、何人持つか、そしていつ持つかは重要な問題である。赤ん坊を産むのは女性なので、女性はより大きなキャリアの不連続性を体験し、家族の目標をキャリア・プランニングのなかに組み込もうとする。すでに指摘したように、BetzとFitzgerald(1987)によれば、女性のキャリア・ディベロプメントに対する最大の障壁は、女性はキャリアと家族の両方を持つことはできないという社会の態度にある。子どもの成長と発達に主要な影響を与えたいと望む女性は、家で幼児と過ごすことを選ぶが、この問題に関して選択の余地がまったくない女性もいる。また、仕事と家族のバランスを取ろうと努力して、他の方法を探す女性もいる。

父親と母親の両方が同意できるような、適切で、手ごろな子どもの保育

を探すことは難しい。幸いに夫と私は、祖母のようなタイプの人に13年間子育てと家事を手伝ってもらった。われわれ夫婦の関係は、完全に平等というわけではなかった。というのは、夫は芝刈り、窓の交換、庭仕事の大半を引き受けてくれたからである——それは私が交通事故で背中を痛めていたことと、私の方が自宅で夜、仕事をすることが多かったという理由からである。われわれは、役割を分担することに同意していたが、それはすべての仕事を均等に分けるという意味ではなかった。より重要なことは、ほとんどの親と同じように、子どもたちが質の高い家庭生活を送れるように深く関与するということであったが、必ずしもたやすいことではなかった。私の世代や私の両親の世代には、小さな子どものいる母親が家庭の外で働くことはなかったので、私はこの問題にはかなり大きな罪悪感を感じていた。

　誰もが普段認識しているわけではないもう1つの子どもの世話に関連する問題は、子どもの態度が親に与える影響である。子どもたちは、両親の役割に対する子どもたちの期待に大きく影響するジェンダー役割とキャリアのステレオタイプを家庭に持ち帰る。娘も息子も私は他の母親と違うと言い、——そしてそれは必ずしも良い意味ばかりではなかったことを鮮明に覚えている。子どもたちは成長するにつれて、われわれから平等なジェンダーメッセージを受け取り、教科書の絵や文章のなかに潜んでいるバイアスに気づき始め、男性がすること、女性がすることについて多くの質問をしてくるようになった。われわれは、女性も男性も多くのことをすることができ、固定された役割に縛られる必要のないことを子どもたちが理解するように、役割分担のモデルを示そうとした。

　私を悩ませた問題の1つに、子どもたちが学校から帰って来たとき、私がめったに家にいなかったことがある（お手伝いさんはいつも家にいたが）。息子が10歳の頃、彼に、私が家にいないと困るか尋ねたことがある。息子はそうだと答えたので、私はなぜ？　とさらに尋ねた——結局、彼はいつも牛乳を飲み、お菓子を食べて、すぐさま外へ駆け出していったのだった。彼は、「お母さんが家にいたら、玄関から入れるのに、お母さんがいないときは、裏口から入らなければならないから」と答えてくれた。この答えは、どうにかしなければならないほどの理由には思えなかったの

で、少なくとも私の罪悪感をいくらかやわらげてくれた。

## ★目標達成に対する態度

共稼ぎ家族にとって、目標達成は、家庭でも職場でも問題である。私は第4章で、男女共に目標を達成し、関係性を築くことが必要であると述べた。しかし、社会の構造とステレオタイプは、両者が家族と職場の両方で、十分に機能する人間になることを妨げている。さまざまな障壁が、男性と女性が自己充足と結びつきの両方を達成することを妨げており、キャリアの専門家は、そのような障壁に気づいている必要がある。

女性と男性が仕事と家族で満足感を達成するために、キャリア・カウンセラーは、両者の内的な障壁と外的な障壁を検証する支援をしなければならないだろう。そのときわれわれは、以下のような質問を投げかけるだろう。男性は成功をどのように定義しているか？　女性は成功をどのように定義しているか？　男性と女性はどのようにして、自分の人生役割、業績、成果、そして活動に対する期待を実現するのか？　女性と男性は家族からどのような満足感を得るのか？　仕事と子どもの世話からどのような満足感を得るのか？　家族と仕事は、それぞれにとってどれほど重要か？　異なるライフステージで、どちらのキャリアの方が重要か？　それぞれにとっての家族の内と外での満足感とは何か？　女性は家族関係と自分自身の人生をどのように調整しているか？　男性はどのようにして仕事人生と家族への関与を調整しているか？　男性の動機、態度、期待は、家族と仕事の現実と調和するようどのように変わることができるか？　パートナー双方がスーパーママとスーパーパパになろうとするとき、お互いに過重負担にならないようにするためには、仕事と家庭の課題をどのように公平に分ければ良いのか？

## ★家事の分担

家事労働の分担の問題については、特に西欧文化圏から多くの報告がなされている。私がフィンランドにいた1987年当時、同国では90％以上の女性が有給労働に就いていたが、女性の問題に関する会議で最も多く聞かれた不満は、男性が家事を分担しないということであった（Haavio-

Mannila, 1989 のフィンランドにおける役割分担の不公平さについての記述を参照のこと)。

　デュアル・キャリア の家族の数が増え続けるなかで、多くの家族が、家事の分担について創造的な解決策を案出している。たとえば、いろいろな家事労働を週や月単位で家族全員で交代して受け持つようにする、家族成員それぞれが、それぞれのニーズに合った家事労働を選び、公平さを保つためにウエイト付けをする、あるいは、家事労働の重要性、その作業に必要な時間などによって、それぞれの労働にポイントをつけるなどなど。2人が専門職のキャリアを持つ私の友人のなかには、子どもたちが10代になったとき、かなり手の込んだポイント制を工夫した家族があった。家族全員が交代制で家事をしながら、みんながあまりしたがらない仕事には高いポイントをつけ、それぞれがしたい仕事（あるいはあまりしたくない仕事）を選びながら、毎週ポイントの合計がほぼ同じになるように調整するというものである。そのシステムはとてもうまく機能しているようだった。子どもたちは、現在2人とも結婚し就職しているが、両親からしっかりと家族役割についての平等主義的な態度を学び得ている。

## ★男性キャリアへの影響

　子どものいるデュアル・キャリアの家族では、男性も女性も、キャリアの進展が遅いと感じるかもしれない。最近、ある新聞記事がデュアル・キャリアの家族の男性は、単身で家族を扶養している同僚よりも、収入が少ないと伝えていた（「Two Studies of Married Dads」、1994）。その正確な理由は明らかではない。彼らの価値観が変わったからか、彼らの仕事への献身度が下がったからか、雇用主が差別しているのか、それともその他の理由のせいか？　おそらく男性たちは、女性が昔から仕事に対して100％献身してこなかったのと同じ理由で、現在、ペナルティを課されつつあるのであろう。

　デュアル・キャリアのカップルの男性の役割に関するある研究が、男性の3つの類型を示している。役割分担をする男性：子育てや家事の責任を完全に公平に分担する。伝統的な男性：家事と子育ては女性の仕事と見なしている。参加型の男性：子どもの世話は分担するが、家事は女性の責

任と思っている。伝統的な男性は、夫のキャリアを優先するのは当然であるとして結婚時、学校に通っていたことに注目してほしい。役割分担している男性は、妻は自分たちよりも高いキャリアに対する抱負を抱いていると思っていた。伝統的な男性は妻よりもかなり多い収入を得ており、子どもが彼らのキャリアに悪影響を与えると思っている者はほとんどいなかったが、役割分担をしている男性の40%は、子供の世話は彼らのキャリアに悪影響を及ぼしたと考えていた。役割分担をする男性と参加型の男性は、強いストレスを感じてはいるが、自分自身のライフ・スタイルに対して肯定的な気持ちを持っていた（Gilbert, 1987）。

　妻の方がより高い教育を受け、かなりの収入を得ている場合は、その配偶者はより多くの家事を分担する傾向がある。Baruch, Biener と Barnett（1987）は、妻が性役割に対して非伝統的な態度を持っているとき、そして夫婦の関係の質が高いとき、男性は家族のニーズに対してより深く対応するということを見出した。

　家族における役割からは離れるわけではないが、最後に一言触れておきたい。職場が不断に変化し、多くの男性が職を失っている1990年代においては、男性がより多くの時間を家族と過ごし、父親の役割を果たすことができるという恩恵を体験することが可能である。また、仕事の構造が、家族と両パートナーのニーズにより合致したものになる可能性（時間はかかるだろうが）もある。

## ★役割葛藤

　共稼ぎ家族ではさまざまな形で役割葛藤が起こる。出産、保育、育児、家事などの基本的な家族のニーズが、キャリアの要件、仕事スケジュール、業績、成功などに関する伝統的な考え方と衝突するだろう。葛藤に影響するその他の要因としては、経済状態、職業のレベルと野心、両パートナーの教育水準、ジェンダー役割指向とイデオロギー、家族の大きさと子どもの年齢、職場の反応性などがある。最近の研究によれば、女性と男性とでは、これらの問題の受け取り方が大きく異なっているようだ。

　Greenhaus（1989）は、デュアル・キャリアの家族における「時間に基づく葛藤（time-based conflict）」と「緊張に基づく葛藤（strain-based conflict）」

について述べている。彼はそれに「行動に基づく葛藤 (behavior-based conflict)」を加えているが、それはある役割における行動が他の役割における行動と矛盾するときに起こる葛藤である。

Greenhaus は、仕事―家族の葛藤を生み出す仕事ストレッサーと、同様の葛藤を生み出す家族ストレッサーを分けている。彼は、女性と男性は同レベルの緊張、あるいはストレスに基づく葛藤を有していることを発見した。基本的な問題は、デュアル・キャリアのカップルがいかにして家族のニーズに合わせて仕事を再構築するか、そして仕事のニーズに合わせて家族を再構築するか、ということである（Brett と Yogev, 1988）。

★結婚満足度

デュアル・キャリアの家族においても、その他の大半の家族においても、結婚満足度は重要な問題である。結婚満足度のより高い女性は、高度な教育を受け、比較的家計総収入の多い妻である。Sekaran（1986）は、人生（生活）満足度を予測するのに役立つ 5 つの因子を明示している。多重役割ストレッサーの数、その具現化プロセス、家族役割と仕事役割の統合、自尊心、そして使用人の雇用である。いくつかの研究によれば、夫婦関係の絆の強さは、パートナー間の親密さと、結婚と仕事のシステムをいかに調整するかについての共通理解に関係していることがわかった。パートナーが 2 人とも、キャリアに対してすべてを費やしてもかまわないという態度を持っていたり、片方がワーカホリックであったりすると、結婚満足度は低くなるだろう。

結婚満足度はまた、パートナー同士の家事や子育てなどの日課の分担に影響されるだろう。多くの問題が、保育や子育ての実際（誰が子どもを医者や歯医者に連れて行くか、だれが子どもの試合、演劇、発表会を見に行くかなど）と、両親が公平さをどのように受け止めるかをめぐって回っている。すべての仕事を均等に割り振る必要はないが、子どもが成長していく過程で、子どもを含めて家事をどのようにやっていくかについて、互いに納得できる方法を編みだす必要がある。確かに、仕事と家族における新しい役割をどのように遂行していくかについての唯一の正しい方法はない。

Diane Henze（1984）は、均等であることを結婚満足度の重要な側面

の1つとしているが、それはすべてのことがらを均等に分けることだけではないと指摘している。むしろそれは「感じられた公平さ（perceived fairness）」と呼べるものであった。Stoltz-Loike（1992）は、デュアル・キャリアの家族にとって重要な5種類の公平さを紹介している。家族の公平さ、カップルの公平さ、キャリアの公平さ、家庭生活の公平さ、そしてジェンダーの公平さである。彼女は、家族の公平さとキャリアの公平さはそれぞれのカップルで異なることを示し、この種の公平さは、男性のキャリアに肯定的な影響をもたらすことができると述べている。

★社会的支援

　もう1つの問題は、両パートナーが家庭と職場における葛藤をいかに解決するか、そして両者が持っている支援の種類、とりわけパートナーからの支援の種類である。Lois Hoffman（1989）の研究によると、昔ながらの「働く母親を非難する」態度は減少傾向にある。彼女は、葛藤の解消に際して働いている母親が抱える問題は、両パートナーの態度、女性が雇用されている時間、入手可能な社会的支援、子どものジェンダーに依存していることを見出した。家事を任された娘は、母親が働きに出ていることに不満を感じるかもしれないが、働きに出ている母親を持つ子どもは、概して、自分が恵まれていないとは思っていなかった。(HoffmanとNye, 1974)。就業者の母親を持つ成人した娘は、より独立心が強く、母親を役割モデルとして見、母親を最も見習いたい人物として挙げていた（BetzとFitzgerald, 1987）。これらの女性たちの娘はまた、大人の女性全体を有能と見なし、成人の性役割についてより平等主義的な考えを持っていた（SorensenとMortimer, 1988）。

★パワー

　共稼ぎ家族が意思決定をどのように行うかも重要な問題である。伝統的な私の源家族では、父親は、自分が一家の稼ぎ手なのですべての決定を下す権利を持っていると信じていた。研究報告によれば、女性は他の人に対してパワーを行使することよりも、他者と共に持つパワー、あるいは内的なパワーに関心があるようだ（Madsen, 1984）。*Real Power*（1984）のなか

でJanet Hagbergは、パワーを検証し、パワーのレベルあるいは段階を識別するのに役に立つ概念を提起している。

家族関係のなかで、どのようにパワーが獲得され、行使され、そして失われるかは重要な問題である。多くの場合、パワーのバランスは、家族の団結にとって価値の高い資源、たとえば、より多くの収入をもたらす配偶者に有利に傾く。女性が家の外で働くようになると、女性のパワーは増す。こうして女性は、平等主義的な役割分担を要求できる。パワーを獲得したり失ったりすることは、両パートナーに重要な影響を与える。

クライエントがパワー・ダイナミクスを査定し、問題解決や葛藤解消、交渉などの方法を学ぶように支援することは、ILPカウンセラーの重要な仕事の1つである。Stoltz-Loike（1992）は、デュアル・キャリアのカップルが、コミュニケーションをうまく取り、交渉していく能力を身につけるための1つの重要な枠組みと技法を提案している。

## ★同時性（synchronism）と非同時性（asynchronism）

SekaranとHall（1989）は、同時性と非同時性の概念を示し、それをキャリアと家族の段階間の葛藤の度合を分析するために用いた。彼らは**非同時性**を、「個人またはカップルの経験が、ある種の発達の『予定表』との関係で、予定表通りにいかない状況」（p.164）と定義した。発達の予定表とは、結婚、家族、キャリア、キャリアの段階などの社会の時間割、または規範のことである。著者らは、デュアル・キャリアのカップルの同時性（葛藤がない）と非同時性（葛藤が存在する）を、家族の発達段階との関係で論じている。家族の発達段階には、結婚前、若い夫婦、子どものいないカップル、若い両親、成熟した両親、空の巣などの段階がある。彼らは、キャリアの連続するパターンと、キャリアの（バランスに向かう）同時的概念を、再概念化することの必要性を強調し、今後のキャリア・ディベロプメントと昇進の機会が女性と男性の両方に対して、用意されるべきだと主張する。基本的に、2つのキャリア、関係性、そして家族のバランスを取る1つの方法は、時間をかけながら行うことだ、と彼らは言う。

結婚の決断と職業的決断の間の同時性の欠如についても検討する必要がある。なぜなら一般に、われわれはパートナーと職業を同時に選ぶことは

ないからである。パートナーの1人が変化したとき——たとえば、妻が大学に戻ったり、夫が職を失ったとき——何が起こるだろうか、そして家族パターンは動揺するだろうか？

　非同時性は、今日、特に重要な問題となっている。というのは、中年カップルは夫は退職に備えたり、あるいは企業の人員削減によって退職を余儀なくされたりしており、一方で妻は専門的訓練を終えてキャリアを確立しようとしている、といった問題に直面しているからである。このような問題は、自分のキャリア・プランが夫のそれと同時進行していない私の受け持つ多くの博士課程成人女子学生によって突きつけられてきた。これはまた私が直面している問題でもある。というのも、夫は引退の準備を始めているが（完全退職ではないが）、私はそうでないからである。彼は家事労働の多くを引き受けてくれているが、彼が好きな余暇活動を自由にやっているように見えるとき、私は過重負担を感じている。今のところ、われわれがいつ同時性に入れるか確かではなく、それがある種の緊張を生み出している。

## ★キャリアと家族の重要性

　もう1つの問題が、両パートナーにとってのキャリアと家族の重要性である。誰のキャリアの方がより重要か、そして両パートナーにとって家族はどれほど重要か？　伝統的な役割から離れるとき、そして片方がその準備ができていないとき、葛藤が起こり得る。たとえば、子どもと共に家に居た妻が仕事や学校に戻ることを決断したとき、何が起こるか？　両パートナーにとって、それぞれの職業における目標はどれほど重要なのか？　2人はどのような家族のライフ・スタイルを望んでいるのか？　2人が結婚生活に入ったとき、2人はお互いにどのような役割期待を持っていたか？　家族役割は、両パートナーのキャリアの進展にどのような影響を及ぼすのか？　それぞれの仕事役割は、2人が、子ども、夫婦間の親密さ、余暇、友人、自分自身に費やす時間とエネルギーの量にどのように影響しているか？　これらの問題に対する答えは、優先順位と関係があり、他のすべてのものに影響を及ぼすだろう。

## ★ストレスに対処する

　キャリアの専門家は、共稼ぎカップルが遭遇するかもしれないストレスをはじめとするさまざまな問題を理解し、それに対処するように支援する必要がある。その場合特に、いまだに平等主義的な役割ではなく支配／従属的役割を基礎にしている社会で、共稼ぎカップルがうまくやっていくためにはどうすればよいかという点に重点が置かれる必要がある。どうすれば男性に、もっと自己開示し、感情を抑えなくなるように教えることができるだろうか？　どうすれば女性に、伝統的な役割から離れ、複数の役割を持つことに対する罪悪感を取り除くよう教えることができるだろうか？子どもの誕生時期、成人教育、転居、昇進（そして降格）、さらにはキャリアと家族の段階などの要因は個人と家族にどのような影響を及ぼすのか？

　共稼ぎ家族のパターンは、多大な柔軟性と適応性を必要とする。葛藤を少なくするために、働いているパートナーたちは、家族のニーズによりよく対応できるように仕事への関与を減らすことを決断しなければならないだろう。あるいはその反対もあるかもしれない。また時には、男性あるいは女性は、仕事ばかりに集中するのではなく、役割間のバランスを取ることを決断しなければならないだろう。一部の女性は、特に子どもたちが就学前には、家庭で子どもと過ごすために仕事から離れることを選択する。パワーの問題もまた出てくるかもしれない。

　現在の傾向が続くならば、ほとんどの共働きカップルは、共稼ぎ家族やデュアル・キャリアの家族のパターンを受け入れてはいるが、伝統的なジェンダー役割システムを変えるという点ではほとんど何もなされていない社会的文脈のなかで、人生選択をすることになるだろう。ILPの専門家は準備しておく必要がある。キャリア・カウンセラーは、もっと家族カウンセリングの能力を身につける必要があり、家族カウンセラーは、もっとキャリア・カウンセリングの能力を身につける必要がある。また人的資源の専門家は、両方の分野についてもっと多くの能力を身につける必要がある。おそらく最終的には、これらの専門家のための教育は統合されるだろう！

　David Olson（1992）は、個人、あるいは組織が活用できる「ストレス対応評価表（Coping and Stress Profiles）」を開発したが、これは、個人が日常生活や職場において、主要なストレッサーを同定するときに役立て

ることができる。その表のユニークなところは、Olson が**個人的対応資源**（personal coping resource）と呼ぶ人生のいくつかの側面を統合していることである。その資源には、自尊心、熟達した技能、スピリチュアルな信念、運動、栄養、社会的支援などが含まれ、それ以外にも、問題解決スキルやコミュニケーション・スキル、親密さ、柔軟性などの**関係性対応資源**（relationship coping resources）が含まれる。その評価表を使うと、人生における主要なストレッサーを識別することができ、別の対応法を見出すことができる。それは人生の4つの側面——個人の親密さ、仕事の親密さ、カップルの親密さ、家族の親密さ——に関して、信じられないくらいに多くの情報をもたらしてくれる。Olson の評価表は、人生のさまざまな側面を統合しており、共働き家族を支援する統合的ライフ・プランニング・アプローチと非常によく合致している。

## ■組織における仕事—家族の問題

組織におけるキャリア・ディベロプメントに関する文献は多くあり、キャリアの専門家はそれらの文献から、職場が家族や個人に与える影響について考察することができる。しかし、組織におけるキャリアに関する理論の多くが、どちらかといえば直線的で、仕事組織における個人に焦点を合わせ、個人の「他の（other）」人生についてはほとんど触れていない。組織におけるキャリア・ディベロプメントの理論家たちは、組織が個人のためにキャリアを決定することはできないが、個人は、ますます組織内で自分のキャリアを開発する責任を取らなければならないと示唆している（Hall, 1996; Kummerow, 1991; Schein, 1990）。

仕事組織のなかでは、男性と女性にとっての多くの問題が存在し続けている。Swiss と Walker（1993）は、組織の頂点に立ちたいと願っている女性の上には、依然としてガラスの天井があると述べている。それは、彼女らが妊娠していることや、家族を持つ計画があることが知られると、はっきりと見えるようになる。Kanter（1977a）は、女性やマイノリティが仕事組織を体験する様子、それも特に、孤立感を感じるときの様子を極めて鮮明に描き出している。彼女は、*Tale of O*（ビデオと指導書がある。邦訳『O

の物語』三井マリ子訳、レターボックス社、1989年）のなかで、「Xs」（通常は白人男性）の世界で「O」（異なっていること——女性またはマイノリティ）であることの心理学的影響について説明している。

MITの経営学の教授であるLotte Bailynは、仕事—家族の問題に取り組む新しいアプローチ：仕事を仕事—家族のレンズを通して見ることを開発した。ゼロックス社などの企業における事例研究から導き出された彼女の革新的な戦略は、職場における特定のストレスと葛藤を診断し、それを変える方法を示すものである。彼女の報告は1997年秋に出版される予定である（Cummins, 1996）。

## □お母さんの路線とお父さんの路線

Douglas T. Hall（1990）は、女性と男性が人生におけるバランスを達成するために、仕事組織から支援を得るのに役立つ実践的な枠組みを提示している。主に、Felice Schwartz（1989）の論議を呼んだ記事に応えて、Hallは、企業はキャリアと家族をつなぎたいと望んでいる女性のために、もっと柔軟性のある従業員対策（誤って「お母さんの路線（Mommy Track）」と命名されている）を講じるべきだと主張しつつ、現在家族とキャリアをうまく調整しようとする男性が増えているなかで、お父さんの路線（Daddy Track）は存在するのか、と問いかけている。彼は男性たちが、自分たちを「献身的なキャリア論者（dedicated careerists）」（p. 8）と見られたがっているため、仕事と家族のバランスについて話し合うことがなく、それゆえ父親コースなどは見当たらないと言う。彼は、確かに父親の育児休暇を認めている企業はあるが、それを利用する男性社員はほとんどいないという、しばしば引用される事実を繰り返している。このように男性は、最速のコースに留まろうとしながら、そのうえで家族のケアの責任を果たす時間を捻出している。

## □仕事と家族のバランスを達成する

Hall（1990）は、挑発的な姿勢を取りながら、組織が仕事と家族のバランスを取るために実践すべき「柔軟性のより硬直的でない形態（less rigid forms of flexibility）」と呼ぶものを含む一連の全体的な活動を提示している。

1. 再構築を通じて、より柔軟な就労形態を創造する。
2. 最速のコースを走っている多くの女性は、男性と同じく、私的なキャリアの調整をするが、(男性の先輩たちの受け取り方によって問題にも直面する)ことを認識する。
3. 企業の柔軟性を公式の型で選びたい女性は、さまざまな形でのキャリアからの「一時中断」を考えているかもしれないということを理解する(これはキャリア上のコストになる可能性もあるが)。
4. もっと家庭でできる仕事を活用する。特にテクニカルな分野でそれに適する仕事の場合。
5. 個人の、仕事—家族の選択の問題を、1回限りのキャリアの決断と見なさないこと。なぜなら、家族指向と仕事指向は、時間経過のなかで変化するからである。複数のコース、複数の入口と出口が必要である。

Hall (1990) はまた、仕事と家族のバランスに関する問題を解決するために、組織が取ることのできるいくつかの段階を提言している。

1. 組織の変化のプロセスに関する方針と価値を確立する。
2. 組織全体にわたる診断を実施し、仕事—家族のニーズと資源のためのタスクフォースを設置する。
3. 被雇用者が仕事—家族ストレスに対処することができるように、変化を推進し、仕事と家庭の境界線を決める。すなわち、夜と週末は家族のための時間と見なし、遅くまで残業している社員をたいへんなやり手と見なすのではなく、時間管理がうまくできない者と見なす。

ここでの要点は、施策、福利、仕事の再構築、管理職訓練、キャリア・パス、仕事—家庭の境界、扶養家族の世話などの分野におけるニーズを識別し、厳しい行動を起こすことである。ここでは、経営者やリーダーシップを取る者が、前提認識と価値を再評価し、変化をもたらすパートナーとなるべきことが強調されている。

以上、組織の観点から仕事と家族のバランスに関係する問題をいくつか抽出し、その解決案を提示した。

## ■ライフ・プランニングへの介入

カップルが家族と仕事のつながりを理解するのを支援するための多くの介入が提案されている。以下キャリア・ディベロプメントとカウンセリングの専門家が活用することのできる介入方法について、より具体的に見ていくことにする。

### □個人のキャリア展望

個人のキャリアについて検討する場合、各パートナーの年齢、キャリアの段階、キャリアの特徴、家族の特徴、好みのライフ・スタイル、仕事の要請の柔軟性と硬直性、そして人生の目標と価値などについて熟考することが大切である。たとえば、カップルが高校を卒業したばかりで結婚した場合、それぞれがさらに望む教育と、それを実現するために必要な犠牲が重要な問題になる。過去には、夫を学校に行かせるために働きに出ていた女性が、夫が学業を修了するまでに2人の関係が悪化し、終わってしまうことがよくあった。これとは対照的に、30代で結婚し、共に高いレベルの教育を受けている場合、両者とも一定の正式な学位を修め、好みのライフ・スタイルを確立し、子どもを持つか持たないかという願望の段階を共有し、同じようなキャリアの段階にあるという場合もあるだろう。

もう1つの熟考しなければならない問題は、関わりをもっているそれぞれにとってのキャリアの重要性である。片方が他方よりも強いキャリア指向と動機を有している場合、それはライフ・プランニングのなかで考慮しなければならない問題である。両人のキャリアにとってどれだけの時間とエネルギーが必要か？　妻の方が夫よりも地位が高く、収入も多い場合、結果はどうなるか？　文献は、夫がジェンダー役割を狭く定義している場合に限って、これが問題になるということを示している（HillerとPhilliber, 1983）。

当人または個人にとっての家族の重要性も考慮する必要がある。パート

ナーのそれぞれにとって、家族と子どもたちはどれほど重要か？ そしてそれぞれは子どもたちのためにどのような種類の犠牲を喜んで引き受ける用意があるか？ この場合、子どもたちと過ごす時間、家族全体で過ごす時間、パートナー2人で過ごす時間の質が問題になることは言うまでもない。女性が複数の役割を遂行するためには、配偶者の支援が重要であることを示す多くの研究がある（Baruch, Barnett と Rivers, 1983; Scarr, Phillips と McCartney, 1989）。Bird, Bird と Scruggs（1984）は、ジェンダー役割について非伝統的な考え方を持っている夫は、以前は家族のなかで女性のやるべき仕事と見なされていた仕事でも喜んで引き受ける傾向があることを明らかにした。

おそらく最も重要な考慮すべき問題は、それぞれの人生目標と価値観であろう。お互いが人生のなかで何を達成したいと思っているか、社会への貢献欲求、望み得るあるいは達成し得る生活水準、子どもの数、スピリチュアルな成長のための時間、友人と過ごす時間、余暇のための時間――全体としての人生に関わるすべての事柄――について、カップルが同意していることが重要である。もちろんこのように言うとき、カップルに選択する余裕があり、その生活が、生存し得るぎりぎりのレベルではないということが前提である。

## □仕事と家族の展望

女性と男性の両方が、より人間的な仕事と家族の環境のなかで、より幅広い役割を通して、尊厳とバランス、そして達成感を獲得するには、これまで以上に社会的規範が変わる必要があることは明らかである。子どもたちが学童期の初期に、このような仕事と家族の新しいパターンについて学習し、高等教育までそれを続けることができるようになったら、おそらく離婚は減少するだろう。Gilbert（1988）らの研究によれば、今日、家の外で働いている女性の多くが家族と母親であることの両方を優先しており、また、ますます多くの男性が家族を優先し、父親としての役割をある程度重視している。しかし、われわれは、異なったタイプの家族が、子育ての実践、価値観、日々の生活パターンを通して、子どもたちの発達に影響を与えていることを、もっと深く理解する必要がある。

## □有効な介入

「感じられた公平さ（perceived fairness）」――共稼ぎ家族においては、役割は同一あるいは均等ではなく、双方が公平だと感じられること――という概念は、互いに満足できる関係性を築く上で有益である。Henze（1984）の研究では、パートナーに変化を起こす要因には、妻の仕事責任の増大、社会の意識とメディアの変化、アサーション訓練、結婚カウンセリングなどがあることが示された。

価値観分析の方法は、家族が公共政策の影響を測定し、仕事―家族のジレンマの家族内および家族外の側面について考える助けをするために開発された。このようなツールによって、経済的、社会的要因が、ふたり親家族にも、ひとり親家族にも等しく障壁を作りだしていることがわかる（Walker, Rozee-Koker と Wallston, 1987）。著者らは、伝統的価値観――家族の自律性、最小限の政府の介入、仕事と家族の分離、労働の性による区分――の4つの領域が、現在の共働きとは相容れないと分析している。われわれは、Kanter（1977b）が20年前に提唱した社会的施策、すなわち、常に家族を仕事に合わせるのではなく、仕事を家族に合わせるための方法を見出す必要がある。すべてのタイプの家族がより効果的に機能するように支援するには、変化と社会的支援が必要である。

## □配偶者の支援

配偶者からの支援（特に夫から妻への）が、共稼ぎ家族がうまく機能するための重要な鍵であることが明らかにされている。その支援には、配偶者の能力と業績を誇りに思うこと、共感的に耳を傾けること、情緒的な支援を与えること、育て合うような気持ちを持つこと、などが含まれている。パートナーの支援戦略としては、認知の再構成、役割行動を増やす（課題の追加）、役割の構造的、個人的再定義、などがある。これらは、夫婦関係の向上、ストレス・マネジメント、価値観の明確化などの技法を通して達成することができ、夫婦関係とメンタルヘルスを改善する貴重な方法である（Gilbert と Rachlin, 1987）。残念ながら、これらは、予防戦略というよりは治療であり、社会の態度、社会化のパターン、子育ての実践、職場

の方針などのより大きな問題に対応するものではない。

## □男性の態度を変える

　仕事―家族のつながりをより有効なものにするために必要とされているもう1つの介入は、男性の態度を変え、男性の感情に関わるスキルを高めることである。職場は伝統的に、男性の業績欲求を充たす場所である。しかし、職場における彼らの位置は絶えず変化し、以前は自分の仕事と思っていた仕事を他の人がしていることに腹を立てている男性もいる。彼らは、生涯の仕事と思っていたものを、中年になって失うことに気づく。

　男性の動きは遅々としているが、多くの男性が、関係性とパーソナリティの養育的側面の発達を通じて、より大きな満足感を見出している。Dwight Moore（1984）が指摘しているように、われわれは、男性に対して、感情を表現することの価値やスキルをめったに教えない。Mooreは彼の研究を通して、男性は感情をもっと効果的に表現する方法を学ぶことができることを示した。課題の1つは、平等主義的な家族パターンは、女性だけでなく男性にとっても有益であることを男性に認識させることである。

　職場における変化は、一部の男性に大きな苦痛をもたらしている（少なくとも最初は）が、逆にそれによって、唯一の扶養者、生涯一職業、仕事を人生の中心とする見方などの期待から解放されたと感じている男性もいる。「仕事イコール自尊心」という古い方程式は、男性が、子育てをし、役割を分担し、家族と共に過ごす時間を多く作ることによって、より全体的でバランスのとれた人生のための機会を獲得することに置き換えられつつある。

## □仕事―家族役割モデル

　仕事―家族の関係をうまく調整した男性と女性の役割モデルが、現在の合衆国に幾組か存在するかどうか、議論の余地あるところと言えるだろう。たとえば、新聞に連載されている漫画『サリー・フォース』（*Sally Forth*）は、働きに出ている若い母親サリーと働きに出ている夫のテッド、そして娘ヒラリーについての話で、この共働き家族に起こる楽しい、あるいはあ

まり楽しくない日常的な物語が描かれている。ある見出しはこうだ。「サリー・フォースは、働く女性、妻、そして母親として幸せを見つけることができるか？」(とはいえ、この同じ質問が夫のテッドに向けられたかどうかを私は覚えていない)。

　おそらくキャリア・カウンセラーは、新しい役割と関係性を築こうと努力してきた実在の役割モデルを幾組か挙げることができるだろう。よりパワーのある有名人としては、テッド・ターナーとジェーン・フォンダ、ビル・クリントンとヒラリー・クリントン、ボブとエリザベス・ドール夫妻、ジミーとロザリン・カーター夫妻などが挙げられるだろう。しかし、エリザベス・ドールとヒラリー・クリントンは、どちらも夫の政治的キャリアを支えるために自分たちのキャリアを中断した。トップに立つ指導者もまだ、夫の脇役を務めるのが妻の仕事というメッセージを送っている。家でクッキーを焼く女性としてヒラリー・クリントンを描き出した1992年の馬鹿げたキャンペーンを思い出してほしい。あるいは、彼女が医療保険制度改革を実行する主要な役割を与えられたとき、どれほどの中傷が公然と彼女に向けられたことか。ホワイト・ハウスに新しいタイプの共働き家族——専門家として、かつ平等なパートナーである妻と大統領——が生まれる大きな機会が失われた。1995年にヒラリー・クリントンは、子どもと家族に関する重要な問題に精力的に取り組んだが、それは伝統的にファースト・レディーがする仕事の領域と見なされていた。

　もう少し普通の人々に目を向けた方がいいだろう。たとえば、ジーンとジムの若いカップル(1)はどうだろう？　2人は、新しい家族のルールと、平等なパートナーとしてお互いに接する新たなスタイルを独創的に発展させ、子どもたちに学んでほしいと思う行動様式のモデルとなった。あるいは、ベティーとビルはどうだろう？　2人は伝統的な家族を持ち、ベティーは一度も家の外に働きに出たことはないが、自らを家庭の統治者——彼女が持つことのできる最も重要な仕事——と見なし、夫と同等の関係を築いていると信じている。あるいは、ジェニファーはどうだろう。　彼女はシングルマザーとして世間から中傷されていたが、単身で4人の子どもを育て上げ、全員を大学まで行かせ、今は幸せな祖母になっているのではないか？

第5章　重要課題3：家族と仕事をつなぐ

## □キャリア・ディベロプメント・プログラムの目標

　Miller（1994）は、キャリア・カウンセラーをはじめとする援助者が家族―仕事関係を強化するために用いることができるキャリア・ディベロプメント・プログラムのための7つの目標を提示した。

1. 家族―キャリア関係の変化を示す人口動態情報と現在の動向に対する認識を深める。
2. 個人のキャリア・ディベロプメントと家族の発達の両段階についての理解を深める。
3. 個々の家族成員に特別に重い役割を要求する重複した家族―キャリアの発達段階を明らかにする。
4. 家族―キャリアの役割葛藤に対処し、それを減らすため家族の全員が参加することのできる戦略を提示する。
5. 家族―キャリア関係を阻む障壁を明らかにし、個人、家族、雇用主、コミュニティがその障壁を減ずるために取り得る戦略についてわかるようにする。
6. 家族―キャリア役割を効果的につなぐことによって生まれる、女性と男性との両方にとっての利益を明らかにする。
7. 家族―キャリア計画を立てる。

　これらの目標は、統合的ライフ・プランニングのための枠組みとして、特に、家族と仕事との関係で、非常に有益である。Miller（1994）はこの他にも、共稼ぎ家族を支援するキャリア・カウンセラーのための多くの戦略を提示している。

- 仕事と家族の動向に関する資料を集める。
- キャリア役割と家族役割を成功裏に調整した女性および男性の役割モデルを提供する。
- ロール・プレイや事例研究、シミュレーションなどの活動を活用し、男性と女性が社会の動向を自分のものとし、さまざまな役割選択肢を

試すことができるように支援する。
- 両親が、いま新しく生まれつつあるキャリアと家族の役割選択肢とそれらについての気持ちを理解するための気づきの体験を提供する。
- 結婚しているカップルおよび結婚を考えているカップルのために合同の家族—キャリア・カウンセリングを行い、ジェンダー役割期待を検証し、役割を調整し、役割葛藤に対処するための協力的戦略を開発する支援をする。

仕事と家族が効果的につながり、男性と女性が共通の計画と統合的ライフ・プランニングに取り組む必要が出てきたら、両者はお互いに対して、またそれぞれのキャリアと家族に対して現実的な期待を持ち、仕事と家族の両方を「うまくやっていく（work）」ことに積極的に関与し、交渉し妥協点を見つける意思を持つ必要がある。女性と男性はさらに、ストレスにうまく対処し（支援グループ、カウンセリング、セミナーを含む）、生涯にわたって転換を図るパターンを開発するための支援を探す必要もあるだろう（O'Neil, Fishman と Kinsella-Shaw, 1987）。

## □家族とキャリアの段階

パートナーそれぞれのキャリアの段階に気づいているだけでなく、家族が辿っている段階に気づいていることも重要である。すなわち、2人は関係を築きつつあるのか、最初の子どもは生まれたか、学齢期、青年期、それとも成人している子どもに対処しているのか、空の巣住まいか、孫育てか、高齢の両親と孫の世話をしているか等々。ここでも個人の場合と同様に、Maslow（1962）の欲求段階説を家族に適用することができる。家族は最低限度の生存のための欲求（衣食住）が満たされてはじめて、自己実現、ライフスタイル、意味あるキャリアの選択について心配することができるようになる。家族はまた、子どもの送り迎え（学校行事や医者など）や仕事のスケジュールの調整、夫婦間のストレスの回避や対処、そしてジェンダー役割に対する態度の変化などに関わっていくことになる。キャリア・パターンは家族の段階に影響を受ける。

これらは、仕事役割と家族役割に影響し、職業上のキャリア・プランニ

ングだけでなくライフ・プランニングについても考える必要のある要因である。収入のレベルが全体的な生活水準に影響し、共稼ぎ家族（その平均的な収入は、他のタイプの家族よりも多い）がこの点でいくらか有利であることは否めない。しかし、キャリア・プランニングと家族の意思決定のための新しいアプローチが活用されなければ、ストレスと葛藤は避けられないだろう。家族が、パートナーそれぞれの欲求、関係性、子ども、職場、さらにはコミュニティを考慮した共通のプランを持つことが不可欠である。統合的ライフ・プランニングは家族がこれを行うための支援を行う。

## ■ライフ・プランニングの展望

仕事―家族役割と関係性を変えるために多くの提案をすることができる。統合的ライフ・プランニングは、ライフ・プランニングについて考えるために以下の戦略を提案する。

- 仕事のためだけに計画を立てることから人生の役割のために計画を立てることへと移行し、それらが相互にどのように関係しているかを学習する。
- 未来に順応することから未来を創造することへと向かう。
- 役割分割から柔軟な役割分担へと移行する。
- 業績（自己充足）だけに焦点を合わせることから女性と男性の両方にとっての達成と関係性（結びつき）に焦点を合わせることに変化する。
- 支配／従属の関係から、平等なパートナーシップへと向かう。
- 合理的な意思決定のみに頼ることから直感とスピリチュアリティも取り入れるようにする。
- 安定を期待するのではなく、むしろ個人および家族と仕事における変化と転換（期）を予測し、対応する。
- 断片化から全体性へと向かう。

仕事と家族の統合を促進するためには、女性と男性にとって必要な新しい知識、態度、スキルを明確にする必要もある。キャリアの専門家は、女

性と男性が以下のことができるように支援しなければならない。

- ライフ・プランニングに影響を与える可能性のある、自分自身の発達、ジェンダー役割の社会化、ステレオタイプについて理解する。
- 将来のライフ・プランニングに影響する可能性のある人口動態傾向と環境要因に精通する。
- 仕事と家族に関する自分自身の人生役割の価値と、優先順位を明確にし、それを実行に移すための行動計画を策定する。
- 分担した役割、役割の柔軟性、役割の交換可能性をいかに達成するかについて、統合的に、創造的に考える。
- 仕事と家族の異なった段階で直面するかもしれない、転換（期）、ジレンマ、葛藤の各領域を理解し予測する。
- 新しい仕事―家族のパターンに対する内的および外的障壁に気づき、自分自身、家族、仕事組織（そして社会）のなかで、それを減らすように努力する。
- ライフ・プランを統合する際のスピリチュアリティのありよう（目的、意味、そして希望）について気づくようになる。

## ■結　論

　家族と仕事をつなぐことは、多くの側面を持つ重要な課題である。そこには、異なった家族のタイプ、役割と関係性、そして個人、仕事、家族、コミュニティの諸問題が含まれている。これまでキャリア・ディベロプメントの支援の実践では、家族―仕事関係は往々にして見過ごされてきたので、今こそ、それを舞台の中心に据えるときである。われわれはもはや、人々を仕事に当てはめること、仕事と学習、仕事と教育、仕事と余暇のつながりばかりに目を向けることは許されない。キャリアの専門家にとっての重要な課題は、クライエント、学生、被雇用者が、家族と仕事についての選択の関係性を理解するのを支援し、その選択と決断を、自分自身、家族、そしてそれぞれのコミュニティにとって最大の利益になるように実行

に移す支援をすることである。
　家族と仕事をつなぐことは、キャリア・ディベロプメントとプランニングのキルトにおける欠けた1片であった。キャリアの専門家は、その2つのつながりをより一層意識させ、クライエントや被雇用者自身がそのつながりを創り出すように支援する必要があるだろう。キャリアの専門家はまた、異なる文化における家族のパターンの多様性を認識し、教育、訓練、カウンセリングを通じて、より効果的な葛藤解決、バランスとパートナーシップの実現に向けて建設的な変化をもたらす支援をする必要があるだろう。

◆訳　注
（1）1960年代に活躍したフォーク・デュオ。

# 第 6 章
# 重要課題 4
# 多元性と包含性に価値を置く

ゲイやレスビアンの多くの人にとっては、自分の性的指向とうまく折り合いをつけていかなければならないということが、キャリア・ディベロプメントの大きな阻害要因になっているのではないかと思います。たとえば、ゲイやレスビアンの人の多くが、青年期や早期成人期の頃、自分がゲイやレスビアンであるということが何を意味するのか、それとどう向き合っていくか、それを告白すべきか否か、告白するとすれば誰に、あるいは他のゲイやレスビアンの人とどのようにつながっていくかなどなどについて悩み、そのことに多大な精神的エネルギーを使わなければなりません。そうして悩んでいるうちに、いつの間にかキャリアに集中できなくなってしまうのです。同性愛恐怖や異性愛主義という現実と戦わずにすんでいたら、私はもっと早くから、そしてもっと多くのエネルギーを、キャリア・ディベロプメントに集中することができたのではないかと思います。

——ゲイのアジア系アメリカ人

21世紀に生きる人々が取り組まなければならないもう1つの重要課題が、違いに対して建設的に対処できるようになることである。地球は、ますます多様な文化で成り立つようになり、合衆国はまさにそのような世界の縮図となっている。それらの多様な文化は、すべて等しく理解され、尊敬されるべきものであり、その文化を担う人々もまた、等しく民主主義社会の恩恵を受け、それを享受する権利が与えられるべきである。統合的ライフ・プランニングは、多様性を理解するための媒介である。しかしこの多様性という概念は、人生とキャリア・プランニングについて考えるとき、そのなかに組み込むのが最も難しい概念の1つかもしれない。

## ■多様性に価値を置く

有効な対人関係スキルを身につけることは、仕事の上でも、それ以外の面でも、常に重要である。もちろん、レイオフはいろいろな理由（現在最もありそうな理由は企業のダウンサイジング）で行われる。しかし一般に失職は、個人の業務遂行能力の欠如が原因というよりは、人間関係の諸問題が原因となって生じているようだ。多様性に価値を置くことを学ぶことは、統合的ライフ・プランニングというキルトにとって欠くことのできない重要な1片である。実は、人間の多様性そのものがキルトのようなものだと言える。それは人の見方に応じて変化するモザイクであり、万華鏡である。企業、官公庁、学校、大学あるいは政府機関等どのような職場であれ、クライエントが有効な決断と選択をしようとするとき、1人ひとりが多様性の進化を理解し、よく適応できるように支援することは、キャリアの専門家の重要な課題の1つである。

### □多様性に価値を置く理由

この章には、4つの主要目的がある。まず、キャリアの専門家が多様性の意味と示唆についてより深く理解することができるように、今新しく生まれつつあるさまざまな用語および概念についての再検証を支援すること。次に、キャリアの専門家が文化的に多様な人々、とりわけ社会的な機会から不公平に除外されてきた人たちの支援者として機能することができるよ

うな世界観の発展を支援すること。さらに、キャリアの専門家が多文化キャリア・カウンセリングのジェンダー的側面を理解するのを支援すること。そして最後に、文化的な感受性を持つキャリアの専門家が、教育現場や組織の内部で多様な文化的背景を持つクライアント、学生、そして勤労者を支援するために、その知識を有効に活用できるように支援することである。

　文化（culture）ということばを、ここでは幅広く、人種、ジェンダー、階級、身体的障害、性的指向、年齢、信条、地域性を示す概念として用いる。キャリアの専門家は、さまざまな文化集団の間の、共通点と相違点についての知識を持ち、それについて理解することが大切である。特にそれがキャリア・プランニングと関係する場合はなおさらである。キャリアの専門家はまた、人々の、特に有色人種や女性を阻害する法律的、社会的、政治的、経済的障壁について理解し、教育や仕事の場で、それらの障壁を除去し、人々の選択肢を拡大する介入方法について理解しておく必要がある。

## □伝統的なキャリア・ディベロプメントの前提認識

　統合的ライフ・プランニングは、文化的に異なるさまざまなグループと関係があるが、それにはいくつかの理由がある。第1の理由は、ILPはキャリアとキャリア・ディベロプメントに関する古くからの前提認識に挑戦しているということである。たとえば、伝統的なキャリア・プランニングの考え方では、人々にはいくつかの選択肢があるということを前提としているが、われわれは、マイノリティ・グループや低所得者グループにとって、それは真実ではないことが多いということを知っている。第2の理由は、従来のキャリア理論では、人々は自分の人生をコントロールできる、すなわちわれわれが「エージェンシーの感覚」と呼ぶものを持つことができるということを前提にしているが、これもまた、個人的あるいは制度的偏見、人種差別および性差別の被害者となっている多くの人々にとっては、真実ではないということである。第3の理由は、多くの有色人種は、ヨーロッパ中心主義とは異なった世界観を持っており、そこでは個人よりも集団、家族、コミュニティに重点が置かれるということである。従来のキャリア・カウンセリングでは自己実現が1つのゴールであるが、それらの

人々にとって自己実現ははそれほど重要ではなく、キャリア上の意思決定は家族のなかで家族と一緒になされているようだ。第4の理由は、民族的マイノリティが教育的あるいは職業的機会を得ようとするときに直面せざるを得ない無数の障壁があるが、従来のキャリア・カウンセリングはそのことを無視している場合が多いということである。そして最後の理由は、これは私が本書を通じて一貫して述べていることであるが、キャリア・ディベロプメントに関する従来の方法は、職業選択のみを重視し、人生のさまざまな側面——スピリチュアリティ、ジェンダー、人種などの次元、そして家族およびコミュニティ内部におけるその他の人生役割など——を無視しているということである。民族的マイノリティと女性はキャリアに対する全体的（holistic）なアプローチに共感し、そして統合的ライフ・プランニングはそのアプローチの1つを提供しているということが、ここしばらくの間認識されるようになってきた。

## □ ILPとの関係

　統合的ライフ・プランニングは、以下の概念を重要な意味を持つものとして用いる。**統合的**（integrative）という用語は、多文化カウンセリングおよび民族的カウンセリングの文献で広く用いられている（SueとSue, 1990; Comas-DiazとGreene, 1994; Arredondo, PsaltiとCella, 1993; Atkinson, MortenとSue, 1993; およびBennett, 1993）。

　**統合する**（to integrate）という概念は、さまざまな部分を合体させることによって、あるものを再生し、全体を創り上げるということを意味する。この章の内容に即して言うならば、その部分とは、異なったいろいろな文化を意味する。統合するという概念はまた、さまざまに異なった人種集団の人々を、自由で平等な交流のなかに引き入れるということを意味する。また個人レベルで言えば、さまざまな特性、感情、態度が、1つのパーソナリティとして統合されているという意味で使うこともできるであろう。最終的には統合するという概念は、法律的かつ社会的障壁を除去するということを意味するであろう。障壁の存在が無視され、キャリアの専門家の取り組みも見られなかった状況のなかで、そのような障壁を除去することは、より大きな社会にとって、人生とキャリア・プランニングに関わる使

命でもあるだろう。

　偶然の一致であるが、私が本章を書き始めた1994年5月9日月曜日は、ネルソン・マンデラが正式に南アフリカ大統領に選ばれた日であった。その出来事によって私は再び人間の尊厳と民主主義の本当の意味を想起した。ネルソン・マンデラが27年間の獄中生活の後、白人と黒人の新しい団結のための大統領として選出されたという事実は、南アフリカの人々が、アパルトヘイトの抑圧をはねのけ自由を獲得する戦いにおいて勝利したということを象徴した。また本書にはもう1つの偶然がある。私が本書の校正を終えた1996年1月15日は、マーティン・ルーサー・キング牧師を偲ぶ記念日の週末とも重なった。

　私は本書を通して、あらゆる種類の多様性について考察するように努力しているが、特に、人種、ジェンダー、民族性への言及が最も多くなった。このことはけっして、それ以外の文化的グループの重要性を軽んじているということを意味するものではない。本書の性質上、文化的に異なったグループのすべてに対して十分に言及することが不可能であるという単純な理由からである。

## ■多様性に関わる

　ILPキルトとキャリアの専門家としてわれわれの仕事のなかに多様性を包含するためには、いくつかの概念と用語の意味を正しく理解する必要がある。われわれの意識のなかに尊厳、違い、多様性という重要な問題を組み込むことの必要性について、そしてそれらがライフ・プランニングにどう影響するかについて語ろうとするとき、私が本当に言いたいことを十分に伝えるのは難しい。ILPキルトでは、多くの用語が使われているが、ここでそのうちのいくつかについて説明しておく。

　**多元主義**（pluralism）とは、一般に多くの文化が存在している状態のことを指すが、それは、自国の文化と国際的文化（移民者および難民の）の両方を含むと同時に、民族性、ジェンダー、身体的障害、性的指向、年齢などなど、文化の多くの次元を含むことを意味している。**多文化主義**（multiculturalism）とは、主に教育とカウンセリングの現場で使われる用

語である。この用語は元来、主に、合衆国の4つの主要なマイノリティ民族集団（アフリカ系アメリカ人、アジア系アメリカ人、アメリカ・インディアン、ラテン系アメリカ人）について語るときに使われてきた用語で、文化的違いを研究する「グループ・アプローチ」（エミック［emic］・アプローチともいう）と、文化の類似性を強調する研究である「ユニバーサル・アプローチ」（エティック［etic］・アプローチともいう）の両方で使われる。しかし最近では、多文化主義の概念はより広い意味を包含するものになりつつある。**多様性をマネジする**（managing diversity）とは、経営や産業の分野で、勤労者に対するあらゆるレベルでの違いを重視する訓練の試みを指す表現である。このように、キャリアの専門家が多様なクライエントを認知していることを示す用語は数多くあるが、私としては、**多元主義**（pluralism）ということばが最も適切であるように思える。

### ■多元主義（pluralism）

あらゆる種類の違い――人種、民族、宗教、性的指向など――について鋭敏になることは、キャリアの専門家として交流する人々を理解し、将来そこで働き、役割を果たすことになる環境を理解するために不可欠である。私に多元主義という概念を紹介してくれたのは、当時博士課程の大学院生で、数年前、私の多文化カウンセリング講座にゲスト講演をしてくれた Mario Rivas である。

多元主義という概念は、いく通りかに定義されている。ある辞書によると、それは、「複数の異なる性質（quality）または状態（condition）。もしくは2つ以上の異なった部分（part）または形状（form）から成る状態。民族的起源、文化的様式、および宗教等々が著しく異なるいくつかのグループによって構成されている国家や社会に存在すること。ある種の国家および社会の内部におけるそのようなグループの存在を維持し支持する政策。あるいは、究極的な現実というものは、一面的な真実では説明することができないとする理論」となっている。このように、多元主義は、違いの価値を強調し、数多くの部分・グループ・経験・真実が存在することを認識し、多様性に価値を置く文脈を強化しているように見える。

カウンセリングの分野では、多元主義は、「多様な民族的、人種的、宗教的、社会的グループの各成員が、そのグループへの参画、それぞれのグループの伝統と独自の関心を維持し、それを発展させながら、国家的統一にとって必要な相互依存に向かって協力的に働いている社会」を意味する（England, 1992）。

多元主義はまた、すべての人にとって最善の人間的発達を実現するための手段であるとも言われるが、多文化社会にとってはそれを達成することは難しい（Berry, 1990）。多元主義は、2つのグループが継続的に接触しているときに起こる変化を表す概念である。同化（assimilation）と文化的適応（acculturation）は、多元主義という概念の不可欠の部分である。

## □同化 (assimilation)

同化とは、大きな文化的母体のなかに少数派グループが吸収されることをいう。多元的社会においては、個人は、自分が属している文化的グループによって異なった答えの出し方をする。グループは、文化的アイデンティティと特徴を維持することに価値を置くか？　グループは、他のグループとの関係を維持することに価値を置くか？　これらの問題にいかに答えるかによって、その個人は、疎外化（marginalization）、分離（separation：すなわち強い民族的アイデンティティを持ち続ける）、同化（assimilation：すなわち自身の文化を失い、より大きな文化に参加する）、あるいは統合（integration：すなわち自己の文化を維持しながらより大きな文化に参加する）のいずれかを選ぶことになる。最後の選択が、心理的に最も健全であると考えられている（Berry, 1990）。

## □文化的適応 (acculturation)

合衆国では、移民および難民の数が引き続き劇的に増加しているため、われわれの社会の新たな成員が、どの程度同化したがっているかを理解することが重要である。**文化的適応**とは、あるコミュニティにおいて、自分とは文化的に異なった人々との関係をうまく調整していくことを指す。それはまた、異文化への適応の過程を指す。人々はこの文化的適応の諸段階を通過するうちに、態度、行動、民族的アイデンティティを変化させてい

く。Berry（1990）が「心理的文化的適応」と呼ぶものに対処する各グループの方法は、接触が自発的なものか非自発的なものかによって、また該当する民族グループの範疇（移住者、移民、短期滞在者、あるいは難民であるか）によって異なる。個々人によっても──1つの家族のなかでも──、それぞれが有する文化的適応の体験は異なる。

## □文化的適応に伴うストレス

　文化的適応に伴うストレスは、自殺、アルコール依存症、薬物乱用などの結果を招きかねない。多文化主義に対して開放的な社会では、自分が変化しなければならないというプレッシャーや偏見が少なく、差別も少ないことから、あまり大きなストレスはないだろう。またそのような社会では、社会的ネットワークや支援グループが用意されている可能性も高い。

　個人の文化的適応の体験に対する「認知制御（cognitive control）」は非常に重要である。たとえば、移民や難民は、下船したり、飛行機から降りたり、国境を越えたりするときに、コントロール感を持つかもしれない。入国前の願望が入国後、その新しい文化においてどれほど実現できるのか？　これらの発想は、メンタルヘルスとキャリア・ディベロプメントにとって重要であり、また移民や難民の文化的適応がうまく進むように国家機関の方針の変化を確保するためにも重要なことである。

　文化的適応という概念は、キャリアの専門家が文化的適応と多元主義の間の関係を認識し、支援者としての仕事のなかで多様性に注意を向けることがいかに重要であるかを認識させるのを助けるという点において、有益な視点を提供する（WilliamsとBerry, 1991）。それはわれわれが、キャリアおよびライフ・プランニングに関する問題で移民や難民を支援するときに、特に有用になる。

　私にとっての多元主義、文化的適応、多様性の最初の導入は、アカデミックなものではなかった。ミネソタ州南部で、労働者階級のノルウェー出身の移民の父とノルウェー系アメリカ人の母を両親に持つ労働者階級の娘として育った私は、路地を少し下ったところに住むメキシコ人一家の子どもと遊んでいて、ほとんど違いには気づいてなかった。しかし中学校と高校で、学校新聞の編集者として、ジャーナリズムクラスの子どもたちと

友達になってから、多元主義に気づくようになった。その多くが、当然のように大学に行こうとしていた。それとは対照的に伝統派の私の両親は、「結婚するまでの職を得るために」私が秘書養成の専門学校に行くことを期待していた。そしてある日、高校の校長が私に言った。「サニー、あなたは大学に行くべきだ」と。彼は、その年の卒業生総代（valedictorian）が受け取らない奨学金——その女生徒は卒業後すぐに結婚したから——を私に得させるために、私に卒業式の開会の式辞を述べる役（salutatorian）を用意してくれた。このように私の隣人は多文化的な隣人であったが、当時の私が最も強く自覚した違いは、社会経済的な格差であった。

　文化的適応と同化という問題も顕在化した。私の両親はどちらもノルウェー語を話し、家のなかでもノルウェー的な伝統をいくつか守っていた。しかし私の父は、当時「人種のるつぼ」と呼ばれているものの一部になることを決心していた。彼はアメリカ文化のなかに吸収されること、アメリカ人市民となることを望んでいた。しかしノルウェー系ルター派教徒とアイルランド系カトリック教徒が大多数を占めるこの町で、私はその2つの宗教の間に根深い偏見があることにも驚かされた。

## □人間関係の構築

　肯定的な人間関係を発展させることは、常にキャリアとライフ・プランニングという広い概念の重要な構成部分である。職場において多元主義が広まっていることを受け入れ、価値を置くことは、確かにライフ・プランニングの新しいパラダイムの一部である。そうした多元主義の問題は、少なくとも1960年代と1970年代には、公民権法、Title IX、アファーマティブ・アクションなどの運動や、その他の機会均等法や大統領行政命令などによって問題として取り上げられてきたが、それらの問題についての議論は、人種差別、性差別、年齢差別等々の枠組みのなかで行われる傾向があった。

　今日、これらの問題が続いているという現実を見逃すつもりはないが、今求められていることは、より前向きなアプローチをとることである。すなわち、われわれは今、多様性を受け入れ、尊重し、称賛するようになっている。しかし1990年代に、一歩後退があった。アメリカ人のなかには、

民族的マイノリティ、女性、そしてその他の「特別なグループ」が、とりわけアファーマティブ・アクションを通じて、特別待遇を受けすぎており、報道で「怒れる白人」と呼ばれた人々から職を奪っていると考える者が出てきた。われわれが支配／従属の世界観や文化を持ち続ける限り、このような態度が平等な社会の前進を阻む障壁となり続けるであろう。また、多数派とは違うと見なされる人々の、キャリア・ディベロップメントとライフ・プランニングの選択肢を狭め続けるであろう。

## ■多文化カウンセリング

　多文化的という用語が持つ１つの問題点は、さまざまな人々がさまざまな方法でこの用語を定義しているため、その用語が何を意味するのかを知ることが難しいことである。初期の定義は人種と民族性を強調していたし、今でもこの２つの意味に限定することを好む理論家がいる。しかし多文化主義という概念は、多元主義と同様に、違いによって抑圧されているすべての人を含むべきだと主張する理論家もいる。多文化カウンセラーの対面する問題はそれ以外にもいくつかある。Gama（1991）は、多文化主義はすべての心理学体系のなかに統合されるべきであるということを論証し、次のように述べている。「多文化主義は、メタ理論である。それは、理論であれ、応用であれ、心理学のすべての分野の根底となる基本的な前提認識である。換言すれば、多文化主義はカウンセリングにとって汎用的なものであるだけでなく、人間の行動を正しく理解し説明するための基本的な前提条件である。すべての心理学およびすべてのカウンセリングは、多文化的でなければならない」（pp. 3-4）。

### □多文化アセスメント

　多文化カウンセリングにおける１つの重要な問題は、クライエントと文化をどのように評価するかである。標準化されたテストの多くが、多文化集団に適用しようとすると、限界を生ずることが広く認識されている。しかしながら、多様性のいくつかの側面に関するトレーニングのなかで、カウンセラーの能力と態度を計測するための多くの方法が開発さ

れている。その1つに、Multicultural Awareness-Knowledge-Skills Survey（MAKSS）がある。これはトレーナーに対する事前アセスメントと、大学院生に対する多文化トレーニングの効果測定の両方に役立つものである（D'Andrea, Daniels と Heck, 1991）。これはリッカート尺度用紙を用いるもので、カウンセラー研修生に、あらゆる種類の多様性に関する文章について知識と賛否を問うものである。その他の多くの多文化アセスメント・ツールについては、別の文献で詳細に紹介されている（Ponterotto, Rieger, Barrett と Sparks, 1994; および Ponterotto, Casas, Suzuki と Alexander, 1995 を参照）。Fouad（1993）らは、多文化のクライエントを評価するときの落とし穴について指摘している。

## □人種的―文化的アイデンティティの発達

　一般的なカウンセラーにとって、特にキャリア・カウンセラーにとって、人種的―文化的アイデンティティの発達（racial-cultural identity development : RCID）という概念を理解することは重要である。多文化主義の理論家たちは、カウンセラー研修生がクライエントをより理解しやすくなるように、またカウンセリングの専門家が自分自身と他者の文化的アイデンティティの発達段階を認識しやすくなるように、さまざまな種類の発達段階の理論を開発してきた。Cross（1971）と Helms（1984）による人種的アイデンティティの発達に関する創造的な仕事に加え、Atkinson, Morten と Sue（1993）らは、個人がどのようにして、自分自身を見、同じマイノリティ・グループの他の成員を見、そして他のマイノリティ・グループ内の他の成員を見て、さらに多数派民族グループ内の成員を見るかの段階へと移行していくかを記述した。

　カウンセリングで、クライエントとカウンセラーの両方がそれぞれどの段階に位置しているかの自覚が、その支援関係とカウンセリングの結果に影響する場合がある。RCID は、多文化カウンセリングにおける探究のための大きな分野になりつつあり、それはまたライフ・プランニングにとっても重要である。RCID は、学生やクライエントが、自分自身の偏見、価値観、そして人間の行動と自分自身の世界観についての前提認識を文化的に自覚するようになるのに役立ち、抑圧を見る目を養うのに有効である。

それはまた優れたアセスメント・ツールでもある（SueとSue, 1990）。

## □「白人の特権」

　白人の学生やクライエントに、そしてキャリアの専門家にも、自分が白人であることの意味、あるいは自身の人種的アイデンティティの理解に役立つもう1つの考え方が、Peggy McIntosh（1988）の「白人の特権および男性の特権：女性学の仕事を通してわかった対応（Correspondences）に関する個人的な説明」という論文で、示されている。彼女の力強く洞察に満ちた個人的な陳述のなかで、McIntoshは、彼女が属する人種のおかげで、仕事の構築と仕事の領域で、労せずしてアフリカ系アメリカ人よりも有利な立場を得ていることがわかったプロセスを描いている。彼女は、自覚のないままに享受していると教えられた46の場面、状況を列挙している。以下にその一部を抜粋する（pp. 5-9）。

　　私が望むなら、たいていの場合、私と同じ人種の人々の集まりのなかにいることができる。
　　私は、信用しないように躾けられた人たち、あるいは逆に、私と仲間を信用しないように教わった人たちと、一緒の時間を過ごさないようにすることができる。
　　私はたいていの場合、つきまとわれたり、嫌がらせを受ける心配をほとんどしないで、1人で買い物に行くことができる。
　　テレビをつけたり、新聞の1面を広げたりすると、そこに私と同じ人種の人たちが大きくとりあげられているのを見ることができる。
　　子どもたちに与えられる教材は子どもたちの人種の証明となることについて、安心していられる。
　　ほぼいつでも、子どもたちを快く思わない怖れのある人たちから子どもたちを保護する手配をすることができる。
　　私が私の人種グループの全員を代弁して話をするように求められることはない。
　　世界の大半を有色の人達が占めているが、その言語や習慣をこと

さら意識しないでいられるし、そのように自分の文化のなかでは気に留めないでいられることに対して何の罰も受けなくてよい。

交通警官が私の車を路肩に寄せたり、あるいは国税庁が私の納税申告書を査察したとしても、人種を理由に私が選ばれたことはない。

私は、同僚から人種のせいでその職に就くことができたのでないかと疑いの目で見られずに、アファーマティブ・アクションに協力している会社に就職できる。

私は、同じ人種の人はだれも入ってこないのではないかと心配する必要もなく、またその場所で嫌がらせを受けないかと心配する必要もなく、公共の施設を利用できる。

法律的あるいは医療的援助が必要なとき、私の人種が私に不利に作用することはないと確信できる。

　これらは、46のなかのほんの12例にすぎないが、累積してみると、それらは示唆に富み、労せずして得た利益や与えられた優越性を映し出している。ここで興味深いことは、McIntoshが、彼女自身の白人としての特権的地位についての理解ができたのは、白人男性が彼ら自身の特権を認めたがらない、あるいは認める能力がないことを認識したことによると言っていることである。彼女は、男性の特権および白人の特権を否定する何層かの原因に気づき、このような有利性がいかにわれわれの日常生活に影響を与えているかに、もっと大きな関心を向けるように呼びかけている。McIntoshが言うように、問われるべき質問は、「白人の特権について記述したとしても、それをなくすために私は何をするか？」ということである。白人の学生、クライエント、あるいは被雇用者に、それぞれのリストを作らせ、一方で、有色人種の学生やクライエントに「白人の特権」と考えるものを列挙させ、それらを2人1組、あるいは少人数で討論させるならば、それはとても有益なワークショップ、授業、トレーニング経験になるだろう。

　これらの概念の多くは、多文化カウンセリングの文脈のなかで提示され

ているが、それらは多文化キャリア・カウンセリングにとっても有効である。なぜならそれらの概念のほとんどが、キャリア・ディベロップメントと人生の選択に影響する重要な人間の発達の諸側面——2～3例を挙げると、願望、偏見、差別、アセスメント、アイデンティティ——に影響するからである。

## ■多文化キャリア・カウンセリング

　ILPで使われているキャリアの広義の定義においては、一般的な多文化カウンセリングと、多文化キャリア・カウンセリングの間にはあまり多くの違いはないと思う人がいるかもしれない。しかし、少ないながら、多文化キャリア・カウンセリングに焦点を絞った文献がでてきた。最近出版された *Career Development Quarterly*（Leong, 1993）のなかに、このテーマについての特集が組まれていた。いくつかの論文が、評価の問題、特に興味の測定とテストのバイアスについて指摘している（Fouad, 1993）。すなわち、異なるマイノリティ民族の特性に合わせた介入戦略をとる必要があること、文化的に適切なカウンセリング・プロセスを用いること（特にアジア系アメリカ人について論じられている）、そしてプログラム上と個人のトレーニング上の両方の介入を含めることが指摘されている。

### □キャリアに関係する民族的マイノリティの特性

　民族的マイノリティにはそれぞれ固有の文化特性があるので、伝統的なキャリア・カウンセリングは適切ではない。固有な文化の特性には、以下のようなものがある。個人よりも家族を重視する傾向、個人主義や競争よりも協力に価値を置くこと、道具主義（instrumentalism）や自己実現という目標は家族とコミュニティの目標とは両立しないこと、キャリア・カウンセラーがもつバイアスの発見、直接視線を合わせる・顔を向き合わせる・身体的な距離間隔などの技法に対する不快感、女性と男性の役割に関して持つ前提認識、断片化した世界観よりも包括的な世界観を好むこと、グループ内の成員は類似しているといった前提認識に対する怒り、などなど。

　ひとたびわれわれが文化的違い——われわれ自身と他者の——に敏感に

なれば、より良いキャリア・カウンセラーになることができると言えるだろう。西洋と東洋の文化の対照的な価値観についての知識—— Kluckhohn と Strodtbeck（1961）の作成した表にあるように——は、カウンセリングとキャリア・カウンセリングの両方にとって1つの文脈を提供する。

別表 6.1 は、Kluckhohn と Strodtbeck の *Value Orientations Model* を改編したものであるが（Carter, 1991）、人の自己認識、世界における個人の役割、個人の選択肢、人生における家族と組織と個人の目的に影響する文化的価値における相違について示している。これらはすべて、キャリア・ディベロプメントとライフ・プランニングに関係がある。

## □多文化キャリア・カウンセリングの批判

評論家は、「見た目ですぐにわかる人種／民族グループ（visible racial/ethnic group people）」のための多文化キャリア・カウンセリングの限界について述べている。この表現は、しばしばVR/EGsと短縮されるが、それはアフリカ系アメリカ人、アメリカ先住民、ラテン系アメリカ人、アジア系アメリカ人を含めて示すために造られた用語で、現在では、**マイノリティ**という用語よりも好ましいと考えられている。この用語は、「見た目ですぐにわかる人種／民族グループのキャリア・パスを理解するための文化的に妥当な視点」（Carter と Cook, 1992, p. 192）を提示しているが、この用語をくりかえし使うと、煩わしく感じられる場合がある。好ましい用語の使い方の詳細については、Atkinson, Morten と Sue（1993）を参照のこと。

多文化集団に対する伝統的なキャリア理論の有効性には限界がある理由は以下の通りである（Carter と Cook, 1992）。

- その理論は、白人中産階級の男性を対象とした研究を基礎にしている。
- そのモデルは、ヨーロッパ系アメリカ人の文化的な前提認識に基づいている。
- それらの理論家とそのモデルは、多文化グループの社会政治的および心理的現実を無視している。
- それらの理論家は、VR/EG の人々の多くに影響を与える経済的および

別表 6.1. Kluckhohn と Strodtbeck の値指向モデル選択肢

| 指向 | 選択肢 | | |
|---|---|---|---|
| 人間の本性 | 性悪：人は本来悪である。性悪な行動のコントロールが唯一の望みである。 | 混合：人は生まれた時は性善でもあり性悪でもある。 | 性善：人は本来善である。 |
| 人・自然 | 自然への服従：人は自然の力に対してほとんど無力である。自然が人の人生を導く。 | 自然との調和：人は自然と一体である。自然は人生における人のパートナーである。 | 自然の征服：人は自然の力を克服し、それを人の目的のために利用することが期待される。 |
| 時間感覚 | 過去：伝統的慣習が重要性の中核である。 | 現在：過去と未来はほとんど無意味。今ここでの出来事が最も大切。 | 未来：さしあたっての焦点は、将来起こり得る出来事に向けて変化を計画することである。 |
| 活動 | 存在すること (being)：重要なことは、感情、願望あるいは衝動の自発的な自己表現という行動である。 | なろうと存在すること (being-in-becoming)：重要なことは、コントロールを通じてパーソナリティの統合に向けた自己表現である。 | 行うこと (doing)：重要なことは、それは行動を指向する自己表現で、それは行動する個人に対する外的基準（たとえば達成）により測定が可能である。 |
| 社会的関係 | 直系的：権限系統は明確に定まっており、従属関係を支配している。 | 傍系的：個人の目標は集団の目標に従属する（集合的意思決定）。 | 個人主義：人々は集団の中で自律している。個人の目標の方が集団の目標よりも重要である。 |

出典：Carter, R. T. "Cultural Values: A Review of Empirical Research and Implications for Counseling." *Journal of Counseling and Development*, 1991. 70 (1). 164-173.

社会的状況を無視している。
- それらの理論家は、支配的な文化では認められない、職業的に優れた才能を持つ人たちのための「社会的平衡装置（social equalizers）」として役立つ可能性のある文化的機関を無視している。

## □システムという見方の必要性

　これらの多文化グループを研究する場合、システムという見方――システムを組織された全体と見なし、そのシステムの各構成部分を他の要素と相互に依存しあうものと見る見方――が適切な方法である。Barbara Okun（1984）による成人のキャリア・ディベロプメントの包括的な概念モデルは、個人、家族、そしてキャリア・ライフサイクルを統合することができる明確な一例である。ヨーロッパ系アメリカ人がVR/EGsの役割と機能を制限する人種的かつ文化的イデオロギーを展開させてきたため、VR/EGsのキャリアの選択肢は、社会的、経済的、教育的、政治的、文化的な限界と制限の下に置かれている。そのキャリア・パスは、歴史的文化的背景と社会文化的環境によって形作られており、個人ではなく家族から始められることが多い。公民権運動の高まりのなかで雇用の機会均等が約束されたにもかかわらず、無数の心理的、経済的、社会政治的障害が、これらのグループのキャリアの機会を制限し続けている（CarterとCook, 1992）。

　民族的マイノリティの女性は、ジェンダー役割に関する歪められたイメージと否定的なステレオタイプ――特に人種差別と性差別の「二重の重荷」に苦しんでいるアフリカ系アメリカ人とアメリカ先住民の女性――に、そして仕事の世界での他の形態のジェンダーに関連する偏見と差別に苦しんでいる。これらのグループにキャリア・カウンセリングを提供する専門家は、さまざまな民族的背景を持つ人々のスキル・興味・能力がどのような形で表現され、体験され、価値づけられているかについて、自分自身の根底に潜む前提認識を検証し、グループ内部での違いに常に留意することが要求されている。さらに、キャリアの専門家の課題は、VR/EGsの1人ひとりを、彼ら／彼女らのキャリア・パスに影響する多くの変数、システム、プロセスと併せて、新たな挑戦として認識することである（Carterと

Cook, 1992）。

## □ 1つの社会学的視点

　HotchkissとBorow（1996）は、民族的マイノリティと女性のキャリア・ディベロプメントにおける社会学的問題について検討している。彼らは、新しい構造主義（職場の構造の変化の仕方）、人種およびジェンダーの影響、仕事に対するモチベーション、地位の獲得（親の地位が子どもの地位に及ぼす影響の仕方）などの問題について検証した。若者は、とりわけ教育的および職業的な機会の狭さ、あるいはその欠如によって影響を受けている。マイノリティの若者に対しては、学業を完了させるための機会を最適化すること、仕事に関連する態度・情報・スキルを強化すること、関連するコミュニティ資源を活用することなどを通して、それぞれのキャリア・プランニングを支援することができる。擁護者としてのキャリアの専門家の役割が強調されるところである。

　L. Alvin Leung（1995）は、キャリア・カウンセリングに多元的な視点を導入することを提唱し、研究者、学者、学生、教師その他の援助者が、現在仕事で用いている理論、手法、戦略の妥当性を検証し直すことを要請している。彼は、キャリア・カウンセリングの現在のモデルは、マイノリティ1人ひとりのキャリア行動を制限する社会的、経済的な障壁の影響を考慮していないと批判している。その障壁は、実際的にも、また意識的にも、可能なキャリアの選択肢に制約を与えている。彼はまた、民族的マイノリティの人々がある一定の限度までしか自分で自分の人生をコントロールすることができないでいる現実は、その多くが不利な社会経済的環境からの出身者であることを挙げている。

　Leungは、3つの介入モードと、結果として生まれた2つの結果に基づいたキャリア介入のための1つの有用なモデルを提示している。3つの介入モードとは、個人、グループ、システムであり、2つの結果とは、キャリアに関係するものと、教育に関係するものである。彼は、ほとんどのキャリア・カウンセリングが1対1で行われるものであることを認めながら、システム介入の必要性を強く主張している。その主張とは、介入の全体を通して、介入が単一的な戦略にとどまることがないように、システムのす

べての参加者（教師、カウンセラー、マネジャー、コンサルタントなど）が協働して行うことである。

## ■組織における多文化的キャリア介入

職場における多様な人々に対するキャリア・プランニング、コーチング、カウンセリングは、もう1つの注目すべき分野である。Wigglesworth (1991) は、キャリア・ディベロプメントと人的資源の専門家は、クライエントに対して敬意を払い、わかり易く知識を伝え、共感を示し、裁定的でない姿勢を保ち、役割を柔軟に進め、相互に関心を示し合い、この分野における曖昧性に対する寛容さを身につけることなどが重要であると強調している。管理職も一般社員も、職場環境のなかで、マイノリティの人々に影響を与えている文化的に固有の特性について知っておく必要がある。すなわち、認識の仕方、人と人の間の物理的距離と空間についての好み、時間に対する指向性、ボディ・ランゲージ、リスニングと発音、高および低コンテキストというコミュニケーション・パターン、葛藤解決のスタイルにおける文化的な違いである。

## □人種間の関係とキャリア・ダイナミクス

もう1つの重要な問題が、人種間の関係がどのようにキャリア・ダイナミクスに影響するかという問題である（ThomasとAlderfer, 1989）。そのなかでも最も重要な問題が、人種的マイノリティの二文化的人生構造——とりわけブラック・アメリカンが、優勢な組織文化に適応しようとするときに生じる——である。人種的アイデンティティとキャリア・ディベロプメントの間のつながりは強力である。また人種的マイノリティとそのメンターやスポンサーとの間の関係も強固である。一般的に職場においては、社会科学研究の多くの分野と同様に、ジェンダーの問題は人種問題の下位に置かれてきた。

職場におけるマイノリティのキャリアに関する研究には、以下のような理由から潜在的な緊張感が存在している。（1）ブルーカラー労働者よりも、専門家や管理職に重点が置かれている。（2）黒人以外の多様なマイノリテ

ィの経験についての記述が不足している。(3) マイノリティの女性の特殊な立場がしばしば見落とされている。(4) 白人とマイノリティを対象とした比較研究とグループ内についての研究の両方が必要である。(5) これまでの研究は主に、白人対マイノリティという対比的なシステムで行われてきた。(6) マイノリティが部下の場合と上司の場合の両方について研究する必要がある (ThomasとAlderfer, 1989)。職場におけるキャリア・ディベロプメントの研究をさらに深く追求していこうとしている人々にとって、これらの指摘はその出発点となることができる。

## □職場における柔軟性

組織におけるキャリア・ディベロプメントとマネジメントの分野では、職場の柔軟性を高めるための改革と、そのための新たな前提認識の確立を進める支援を含めて、職場の多様性と仕事—家族問題の両方に取り組むことを支援するいくつかの新しい考え方が現れてきた。

企業は、「ダイバーシティ・マネジメント」や「ワーク・アンド・ファミリー」といったプログラムを、単に個人を支援するためのものと考えるのではなく、企業の戦略的優位性をもたらす原動力と見なすべきだと主張する人々がいる。HallとParker (1993) は、「職場の柔軟性 (workplace-flexibility)」という理論を提唱したが、それは「従業員の人生の『全体』に関心を向け (ワーク—ライフの問題と、違いの問題も含めて)、従業員とその仕事役割との間の適合感 (fit) を高める創造的な方法を探究する」というものである (p. 6)。彼らはこの理論を、従業員が自分たちのアイデンティティ (女性として、ラテン系アメリカ人として、などなど) と職場以外での役割 (子どもや病気の両親の世話、ボランティア、などなど) を、表現することができるようにするための1つの戦略と考えている。HallとParkerは、職場における柔軟性が高まれば、結果として欠勤率が低くなり、モラールが高まり、離職率が減少し、生産性が向上することを見出した。多様な従業員が自らの意思を自由に表明できるようになることは、知力を活用し、仕事集団のなかでの創造性と協力度を高める機会と同様に、コストカットをももたらした。

人的資源統括の担当役員400人を対象とした調査によれば、職場の柔

軟性という考え方が合衆国の企業のなかに広く浸透してきた。その施策には、通常の期間を超える無給の産前・産後休暇（調査した企業の85％が実施していた）、時間給従業員や一般従業員（nonexempt）のためのパートタイムの仕事（85％が実施）、フレックスタイム制（77％）、親族介護のための無給の家族休暇（75％）、男性と女性の両方に対する無給の育児休暇（53％）、フレックス職場、すなわち職場以外の自宅やその他の場所で仕事をすることを認める制度（29％）、特別研究休暇やキャリアの中断の認可（24％）、段階的な引退（22％）などがある（HallとParker, 1993, p. 10）。

調査はまた、「職場の柔軟性」を有する企業には、ある共通の特徴があることを明らかにした。大企業であること（従業員数が1万人を超え、売上高が10億ドルを超える）、女性の労働者および30歳以下の従業員の割合が高いこと、公営の企業で臨時雇用従業員の割合が高いこと、卓越したマネジメント哲学を有していること、などである。調査した企業の4分の3が、柔軟な職場環境は、「非常によい」、または「よい」と答えている。

HallとParker（1993）は、仕事組織とその福利厚生の仕組みのなかに、職場の柔軟性が組み込まれるべきだと主張する。ワーク—ライフ・プログラムやダイバーシティ・プログラムは、全体的システムの一部となり、すべての組織機能のなかに注入されるべきである。こうすることによって、従業員の処遇をより公平なものにし、ある種の労働者（女性や民族的マイノリティなど）が他の労働者よりも多くの福利厚生の恩恵に預かるという懸念も少なくなる。そうした進展による大きな利益の1つとして、企業が人間存在を組織機構に機械的に当てはめるといった古い形のマネジメント哲学から脱却し、個人の違い、全体的人間、そして、多様な文化だけではなく多様な家族タイプの必要性などに目を向ける哲学へと向かう動きにつながるという点が挙げられる。さらに、このように職場の柔軟性を強調することによって、企業の利益も企業イメージも大いに向上する可能性がある。

このような種類の柔軟性に向かった企業に、ニューヨークのコーニング社とジェネラル・エレクトリック社がある。コーニング社の柔軟性プログラムには、人種とジェンダーに対する意識を新たにするためのトレーニン

グ、子育て支援サービスと家族介護休暇の拡充、アフリカ系アメリカ人に好評なコミュニティ指向プロジェクト、すべての従業員を対象にしたキャリア・プランニング・システム、職場の柔軟性と直結したマネジメントの実績評価、従業員のさまざまな学習および労働スタイルへの注目などがある。キャリアの専門家は、このような職場について知っておく必要がある。それは、そのような職場が、現在の労働者の仕事—家族のパターンの多様性に影響を与えるからである。

## □違いを尊重してキャリアを開発する

いくつかの組織では、労働者の自己主導性や自己信頼性を高め、仕事を達成するための協力的な問題解決に積極的に関与させ、違いに価値を置いて、従業員が自分自身のキャリアを開発することができるように教えている。「違いに価値を置くということは、意図的に違いに焦点を合わせて仕事をするということである。それによって従業員は、自分自身の個人的成長と企業の生産性の向上のための、重要な資産としての違いを十分に生かせるようになる」(Walker, 1996, p.1)。この方法においては、違いそのものが、学習、自己発見、そして職場における生産性の高い関係構築のための、重要な動因となる。

この戦略を通じて、個人は新しいキャリア・パスを探索し、進路を決めることができる。これらのトレーニングの指導者が努めていることは、開かれた安全な環境を創造し、そこで参加者がコミュニケーションを学び、自分自身に正直になり、違いについて学び、新しい考え方を身につけ、「先の見通しをつける」ことについて学ぶこと、すなわち他者の将来に対する見方、展望のありようを理解できるようになることである。その場合、ストーリー・テリング（物語り）の技法を使う。すなわち、それによって1人ひとりが、それぞれの物語りを他者と共有することができるようになる。7～9人の小グループ討論を通じて、参加者は4つの異なった課題に取り組む。(1) ステレオタイプを消去する。(2) 他者の前提認識における違いを探る。(3) 誰も犠牲になることなく、自分のエンパワーメント・レベルを上げる。(4) 自分とは違って見える人たちとの間に本物の友好関係を創り上げていく。このようにして、グループのメンバーは、自分の弱み

を見せることを怖れず、リスクをとり、新たな関係を構築するようになる。それぞれはまた、人生のジレンマ、変化、複雑さ、曖昧さを理解するようになる。

　これ以外に、従業員がキャリア・ディベロプメントに対する考え方の変化を促す活動としては、お互いに有利な（win-win）葛藤解決のためのトレーニング、自己効力を高めるプログラム、エンパワーメントに関するワークショップ、メンタリングやコーチングのプログラム、違いを尊重するイベントの開催、そして異文化間コミュニケーション・プログラムなどがある。これらの活動の底流となる前提認識の1つは、従業員が安心感を得ることができ、関係性を通して学ぶことができるような新たな方法の開発が必要とされることである。なぜなら、従業員はこれまで享受してきた保障と安定をもはや保有していないからである。このような活動はまた、従業員が、その人生と仕事のなかに、意味、つながり、コミュニティを見出すことを支援するための手段と考えることができる。これらの原則やプログラムが、キャリアの専門家やILPと密接な関係があるのは明らかである。

## □違いに価値を置く実例：ディジタル・イクイップメント社

　いかにもできすぎで、本当だろうかと思ってしまうような、違いに価値を置くプログラムがディジタル・イクイップメント社で実施されている。この会社は、1957年にマサチューセッツ州に設立された世界規模のコンピュータとネットワーク・プロバイダーの会社である。従業員は、社内に違いがあることを避けるのではなく、その違いに対する心地よさを高め、違いは会社にとっての重要な資産であると認識し、それを有効に活用するように奨励される。その根底にある哲学は、「職場における違いのスペクトルが広がれば広がるほど、従業員間のシナジー効果が高まり、組織のパフォーマンスがより優れたものになる」というものである（WalkerとHanson, 1992, p.120）。

　ディジタル・イクイップメント社のプログラムには、前に述べたようなものと類似の活動が幅広く取り入れられている。それらは、気づきとそれを活かすスキル・トレーニング、リーダーシップ開発のグループや、サ

ポート・グループなどのグループ・ワーク、違い尊重のイベント、そして最も重要な、コア・グループ（レイオフ実施後に会社に残った従業員のグループ）のグループ・ダイアローグ（対話集会）などである。最後に挙げたグループ・ダイアローグとは、コア・グループの従業員が、以前はタブーと考えられていたテーマについてオープンで率直な対話集会を行うもので、テーマには、人種やジェンダー問題も含まれている。集中的な2日間のワークショップを通じて、従業員は自らの偏見と率直に取り組むことができるようになり、企業社会ではタブーとされていたテーマ、たとえば、社員間の特別なつながり、親密性、恋愛などについてもオープンなやりとりをするようになる。この目的は、違いに価値を置くことによって、すべての従業員をエンパワーすることである。

　ディジタル・イクイップメント社のゴールは、非常に多様な文化から来ている従業員を統合するための戦略を開発することである。**多様性**という言葉が、3種類の仕事に言及するために使われている。それらは、(1)アファーマティブ・アクションと雇用の機会均等、(2)多文化的な仕事、そして(3)価値観とエンパワーメントの仕事である。これらの仕事は、最近のダウンサイジングによって影響を受けているかもしれない。

　ディジタル・イクイップメント社のアプローチの根底にあるコンセプトは、以下の通りである。

- 対話は個人的成長と自己改革の核となるものである。
- 対話が進むためには、安心感が前提になる。
- 時間に勝る投資はない。
- 違いを認識することが自分の成長のための機会だとわかれば、人は違いについて学ぶ気になる。
- 軸となる活動は、個人的エンパワーメントである。

　ディジタル・イクイップメント社は、そのプログラムへの評価を行い、具体的に得られたいくつかの利益を報告している。

- 働くのに最適な場所という名声

- 他の従業員をエンパワーする管理者やリーダーのエンパワーメント
- 企業革新の拡大
- 従業員の生産性の向上
- 競争力の強いグローバル企業としての役割

　データのなかには逸話的なものも見られるが、このプログラムは、階層序列を置きかえるためにネットワークを活用すること、参加型マネジメントを達成すること、組織の判断や意思決定に全員を加えること、シナジー効果、相互依存、そしてエンパワーされた人間関係を通して生産性を上げることを試みている企業に、非常に大きな肯定的影響をもたらしているように思える。いろいろなタイプの組織で仕事をしているキャリアの専門家は、この企業で用いられているような変化のための戦略から多くのことを学ぶことができる。

## ■多文化キャリア・カウンセリングにおけるジェンダー要因

　ジェンダー要因は、一般的な多文化カウンセリングの一部として検討することも可能であるが、われわれの目的のためには、主にキャリア・カウンセリングとの関係で検討することになる。というのは、キャリア・カウンセリングとジェンダー要因は密接な関係があるからである。ILPの枠組みを活用するキャリア・カウンセラーは、多文化カウンセリングにおけるジェンダー要因についても認識しておく必要がある。特に、従来の多文化カウンセリングではジェンダー要因がしばしば無視されてきたからである。女性と男性の世界を、それぞれが特殊な役割定義、基準、価値観を持つ独自の文化として見ることができるか否かという点については、多少の論議があるが、多文化カウンセリングの文献を見ると、ジェンダーにはほとんど注意が払われていない。さらに、文化を特に人種や民族性と同一視しているテキストでは、ジェンダーの違いやジェンダーの社会化についての検討はほとんど行われていない。また、ジェンダーが認識されている場合でも、それがステレオタイプ化されている場合が多く、ある種の問題が、ある特定の文化的背景を持つ女性に特有なものと見なされる傾向がある。た

とえば、黒人女性にアルコール依存症が多く自殺傾向が強いとか、ラテン系アメリカ人の女性は服従的であるとか、アジアの女性は無口だ、等々である。また、アフリカ系アメリカ人の男性についての注目に値する重要な文献が多数あるにもかかわらず、そこで取り扱われている主題は、通常ジェンダーというよりは人種という観点から検討されている。

## □教科書の内容の限界

多文化カウンセリングの文献、特に、民族的マイノリティの女性についてステレオタイプ的で、誤った見方を提示し、カウンセラーがそれらのクライエントを民族性との関係からしか見ないようにし向けているモデルやテキストにおける限界がいくつかあげられてきた。Arredondo, Psalti と Cella（1993）によれば、「そのような一面的なアプローチは、民族的マイノリティの女性が人生のさまざまな体験のなかでどのように考え、感じているかなど、女性の体験の全体性を無視している」（p. 6）。さまざまな文化では、娘は息子にくらべ自由があまりなく、低い価値しか与えられておらず、また女性は男性に従属することが期待されていると記述されている。ただ、Arredondo, Psalti と Cella は、これらの特徴は、より大きな社会への文化的適応の度合に応じて変わるだろうと指摘している。著者らは、「(1) 文化グループ内外にわたる女性個々の違い、(2) 文化的社会化とジェンダーの社会化の相互作用、(3) 性差別・人種差別・同性愛恐怖の力とそれらがアイデンティティ・自尊心・エンパワーメントに及ぼす影響、そして (4) 多文化カウンセリングの文献における女性の描写に注意を向ける必要がある」（p. 5）と述べている。

## □ジェンダーと文化に関する文献の登場

有色人種にとって、人種が最も突出した問題であることを理解するのは大切なことであるが、すべての文化において間違いなく中心的な問題となっているのはジェンダーである。キャリアの専門家はそのことをしっかりと認識しておく必要がある。長年、有色人種の女性の多くは、ジェンダーよりも人種の方が重要な要素だと考え、白人のフェミニスト運動に対しては特に批判的であった。しかし最近では、黒人男性やその他の民族的に多

様なグループに関連した固有の問題が認識されるようになるにつれて、女性に特有な問題も検証されるようになった。

　文化における1要素としてのジェンダー問題に取り組んでいる理論家には、Oliva Espin（1985）、Lillian Comas-Diaz（1991）、Patricia Arredondo（1992）、Farah Ibrahim（1991）、Elizabeth Gama（1992）、Johnnetta Cole（1986）がいる。Comas-DiasとGreene（1994）は、有色人種の女性のカウンセリングとセラピーにおける民族性とジェンダー問題について力強く論じている。HansenとGama（1995）は、カウンセリング、システム的な介入、研究のための歴史的、社会政治的な観点からの議論と示唆を提示し、多文化カウンセリングにおけるジェンダー要因について広範な分析を提供している。

　Myers（1986；Myersら, 1991）は、「アイデンティティ発達の最適理論（Optimal Theory of Identity Development）」を構築した。この理論によれば、自己の見方が狭い定義から、広い定義、すなわち全体的な世界観を伴う包括的なものへと変化している。たとえば、高齢のアフリカ系アメリカ人女性が、自己認識のための機会として、アフリカ系アメリカ人としてのアイデンティティ、女性としてのアイデンティティ、高齢者としてのアイデンティティ、あるいはそれらを組み合わせたアイデンティティを用いることが可能である。

## □ジェンダーと民族性

　ジェンダーと民族性の関係を検証することは重要である。DavenportとYurich（1991）は、特にメキシコ系アメリカ人とアフリカ系アメリカ人の女性に焦点を絞って、民族文化の社会化の影響を、ジェンダー発達における関係のなかの自己理論と関連付けて論じている。Epstein（1973）を引用しながら、2人はジェンダーと民族性が他の状態を決める「優位な状態（dominant statuses）」にある2つであるとして、その両方を研究することの重要性を指摘している（DavenportとYurich, 1991, p. 70）。

　中国系アメリカ人女性もまた、カウンセリングにおいて対処しなければならない特有の問題を抱えている。中国の伝統的な男性支配システムは、伝統と権威を尊重し維持することを中心とした「過去指向（past orientation)」を強要する。中国系アメリカ人女性が、非伝統的なキャリアの分野を目指しているとか、家族の責任のバランスを変えることに関心がある、といったことを表明するならば、文化的あるいは社会的孤立に直面することになるだろう。多くの伝統、価値観、主義・信条が、中国系アメリカ人女性が男性との平等な関係を築くことを極めて困難にしている。Yang (1991) は、中国系アメリカ人女性が置かれている不利な立場を「三重の危機 (triple jeopardy)」と呼ぶ。すなわち、(1) 家父長制的な考え方による文化的障壁、(2) 人種および性の違いによる問題、(3) 文化的アイデンティティの喪失と、2つの文化の狭間で生きていくことによって生じるストレスと緊張である。そして中国系アメリカ人女性は、混乱無きキャリアに成功している「模範的なマイノリティ (model minority)」と見なされているがゆえに、キャリアの専門家も、彼女らのグループのなかにある個々のメンバーの相違を見逃すことが多い。中国系アメリカ人女性のためのカウンセラーは、「助けを求める行動パターン、利用可能な支援システム、ジェンダー役割と仕事役割の態度」を含めて、クライエントの背後にある伝統がもたらす個人的、職業的影響を検証する必要がある。

## □複数のアイデンティティ

　人種、宗教、民族性などの理由で抑圧されてきた人々は、アイデンティティを自分にとって最も大切なものと考えているに違いない。しかし、ここで重要なことは、人々は人生のさまざまな段階で、新しい認識、新しい役割、新しい経験によって、あるアイデンティティを他のものよりことさらに強調しがちになるということである。この点では、私自身の経験が1つの例となる。高校での社会科学習を通じて、私は社会正義に対する強い感覚を身につけ、たとえば、偏見などについて、その日強く感じた問題についての論説を書くようになった。私は社会階級による差別は感じていたが、民族性のために抑圧されていると感じたことは一度もなかった。ノルウェー系アメリカ人というアイデンティティは、私にとっては常に重要であり、その重要性は、私が大学時代に参加することができたSPAN (Student Project for Amity among Nations) という素晴らしい留学プログラムを通じてさらに強められた。そのプログラムによって、私は自分のルー

ツを辿ることができた。私のジェンダー・アイデンティティがさらに重要になってきたのは、20代半ばに博士課程へ進むことを考え始めた頃だった。私はそこで初めて、私の意識のなかで高等教育におけるジェンダー・バイアスを経験した。キャリアについて人々を支援しようとする者は、人のアイデンティティのさまざまな要素は、年齢や状況に応じてある時は重要性を増し、またある時は重要性が弱まるということを意識することが大切である。

## □定義と介入

　Arredondo, Psalti と Cella（1993）は、ジェンダーを包含する多文化カウンセリングの定義を提唱した。それは、包括的であり、ある文化に属していること、歴史的現象、社会政治的な力、文化的背景を含む個人のアイデンティティのさまざまな次元を網羅する。「多文化カウンセリングとは、自己認識、文化的アイデンティティ形成についての知識、1人ひとりの違いと力のダイナミクスなどに基づいて構築された1つのプロセスであり、1人ひとりを、そこに存在し、そして／または、そこで社会化された環境のなかにある全体的な実在者と考える。さらに多文化カウンセリングは、個人の文化には、ジェンダー、宗教、性的指向、人種および社会階級を含むさまざまなアイデンティティの次元が包含されていることを尊重する」(p. 12)。1970年代以降、専門学会は、多文化カウンセリングの能力を定義し、そのための基準を定めることに着手した（Sue, Arredondo と McDavis, 1992）。

　文化とジェンダーの両方を見据えた講座の開設も、別のタイプの介入である。たとえば、「アジア系アメリカ人女性：アイデンティティの発達課題」という講座は、人種的および文化的アイデンティティの発達課題を、ジェンダー・アイデンティティの発達と統合している（Ibrahim, 1992）。

　Ibrahim と Kahn（1984）は、「世界観測定尺度（Scale to Assess World Views: SAWV）」を開発したが、それは個人が持っている信条、価値観、前提認識を、元々は Kluckhohn と Strodtbeck（1961）の価値指向グリッドで示された5つの変数に基づいて測定するツールである。それは研究者と、キャリアおよびカウンセリングの専門家が、文化的世界観の概念を

理解するのに役立つツールである（p.222 参照；また Ibrahim, 1991 も参照）。

## □伝統と道徳性

　最後に、どの文化においても女性に影響を及ぼす1つの問題について言及する必要がある。それは、すべての文化には固有の習慣、価値観、信条、行動、伝統があり、それは神聖にして侵すべからずで、カウンセラーはそれらを尊重しなければならないとする傾向の存在である。ブラジルの心理学者 Gama（1991）は、この問題に正面から取り組み、次のように述べている。「ある文化グループのなかでは伝統的で常識的とされていても、道徳的には誤っているある種の行動と、それに関連する価値観、信条、態度がある。道徳的原則は普遍的で、文化の境界を越えて適用可能である。具体的に言うと、アラブ世界や多くのラテン諸国、そしてアジア文化のなかで、女性がさらされているさまざまな形態の虐待のことである。そのような虐待の根底には、女性は男性よりも劣り、決断ができず、自己の人生を送ることができず、情緒不安定で、またそのセクシュアリティはよこしまであるなどの前提認識がある。明らかに、そのような前提認識は女性の自己認識に破壊的な影響を与える恐れがある」（p. 4）。

　Gama はさらに、このような状況のなかで、支配グループは、それ以外のグループを虐待し、人間の自由と尊厳に対する尊敬の念の欠如を隠そうともしないと指摘する。たとえば、大方のラテン文化で、男性優位（妻への虐待を含む）が存在し、合衆国では家庭内暴力があり、多くのアラブ諸国では女性の自由が制限され、インドではカースト制度の最下層民に対する酷い扱いが存続し、フモン族文化では花嫁の売買が行われ、またアフリカやアラブの一部の文化では女性性器切除の伝統が残存している。

　ある行為がその文化によって受け入れられているからといって、その前提認識、伝統、あるいは行動が必ずしも正しいとは限らない。カウンセラーは、そのような状況の根底にあるイデオロギー的な前提認識と、それがクライエントにとって社会心理学的にどのような意味を持っているのかを認識しなければならない。特にそのクライエントが、そのような伝統に立ち向かおうとしているときにはなおさらである。そして、カウンセラーはたとえそれらの道徳的に誤っている文化的伝統、価値観、信条が歴史的

に形成されてきたことを理解している場合であっても、伝統や文化の独自性を理由にして、クライエントがそれを受け入れたり、従ったりすることを奨めるべきでない。しかしながら、根深く受け入れられている伝統に挑戦するときには、そのクライエントとのコミュニケーションが断絶しないように注意することが大切である（Gama, 1991）。これらの問題については、HansenとGama（1995）によってさらに深く検討されている。

## □エンパワーメント

カウンセラーが多文化の女性クライエントを支援するのを手助けするためのカウンセリング文献が、エンパワーメントの主題の下に多く書かれている。Judith Lewisは、Patricia Arredondoが行ったように、女性のためのエンパワーメント・ワークショップを多く開催している。Arredondoの論文「Promoting the Empowerment of Women Through Counseling Interventions（カウンセリング介入を通した女性のエンパワーメントの推進）」（1992）のなかには、彼女の女性クライエントの一部が、ワークショップのなかで、どのように自らのエンパワーメントを定義するかが述べられている。

カウンセリング関連の文献にはエンパワーメントの意味についての異論が見られるが、今多くの研究者がその定義の検討を進めている。McWhirter（1994）は、カウンセリング全般は言うまでもなく、多文化カウンセリング、そして女性と男性の両方を対象とした多文化キャリア・カウンセリングのなかでも用いることのできるエンパワーメントの定義を提示している。「エンパワーメントとは、無力な、あるいは社会から取り残された人々、組織、グループが、(a) 自分たちの人生における職場のパワー・ダイナミクスを認識するようになり、(b) 自分たちの人生をある程度コントロールできるためのスキルと能力を開発し、(c) それを実際に行使し、(d) 他者の権利を侵害することなく、(e) 同時に、自分たちのコミュニティにおいて、他者のエンパワーメントを積極的に支援するプロセスである」(p. 12)。

どのような定義であれ、エンパワーメントの問題は、あらゆる背景を持つ女性と男性のカウンセリングにおいて極めて重要であり、さらに、個々人のエンパワーメントの核をなすものは、1人ひとりの個人的関係性と

相互関係性である。

## ■包含性（Inclusivity）

包含（inclusion）とは、あるものが全体の一部を占めていること、あるいはあるものを全体の一部として考えることを意味する。その反対は、言うまでもなく、排除（exclusion）——社会的または経済的理由で、すべてのグループまたはあるグループを排除する傾向——である。長年、女性や多くの多様な民族グループが、ゴルフ・クラブ、男性の昼食会、社会貢献クラブ、学会、そして名誉団体などの組織から排除されてきた。これらの組織がすべて、故意に排他的であるわけではないだろうが、伝統的に、また時には意識されないリーダーシップによって、その組織にはある種のグループが含まれていない、あるいは最小限度にしか含まれていないという状況が作られていた。

## □排除性（Exclusivity）

社会は、多くの方法を用いて人々を排除する。時にそれは、ジェンダー、人種、階級、民族、障害、年齢、性的指向などに基づいて、組織的に行われる。例を挙げることはそれほど難しいことではない。

- **リーダーシップにおいて**　教育、企業、官公庁の場では、女性や、有色人種にとって、ガラスの天井やセメントの床などの障壁が存在している。
- **コミュニティにおいて**　知覚できるある種の違いのせいで、個人が組織的に、住居や社会的組織から排除されている。
- **カリキュラムや知識創造において**　特に学校や大学において、原理やヨーロッパ中心主義的な知識が重要視され、しばしば、実証主義的な論理や方法論が唯一の知ることの方法と見なされている。
- **テクノロジーにおいて**　物理学、エンジニアリング、あるいは通商を専攻している女性やマイノリティの数は極めて限られており、実際にその分野で活躍している人の数はさらに少ない。

- **経済および職場において**　賃金格差が依然として存続し、マイノリティや女性は不当に扱われ、貧困層に占める女性の割合が増大し、相変わらず国民総生産が人間の進歩を測定する主要な指標となっている。
- **言語において**　包含的言語の使用を拒否している有力な専門家組織や出版物、一部のメディアにおいて、人口の半分を占める人々を包括する言語表現が未だに認められていない。

これらは、ほんの数例にすぎない。とは言えわれわれは、民主主義の原則と価値観を表明する社会においては、すべての成員の才能と考えが必要なことを知っている。現在大学では、文化的多様性に関する1つ以上のコースを取ることが必修になっており、企業組織は、すでに述べたように、多様性に価値を置き、多様性に対応する研修を開発している。しかしこれらの進展が見られるようになったのはつい最近のことである。

排除という現象については、「不在の存在（the presence of absence）」（Robertson, 1992）という語句がその内容をよく言い表している。組織のリーダーという地位に関しては、多くのマイノリティと女性の「不在の存在」は極めて明白である。Robertsonは、特に学校において、カリキュラムの内容とリーダーという地位に関して、女性とマイノリティの不在が顕著であると強調している。

1970年以降いくつかの学会（全米カウンセリング学会と全米心理学会は実施済み）が、その会員、編集者、著者に対して、講演、論文、著書——パブリックに向かって行われるいかなる発表——においては、ジェンダー的に中立な、あるいはジェンダー的にバランスの取れた言語表現の重要性を認識しなければならないと宣言し、包含的言語使用のガイドラインを作成した。今日、言語も社会も変化しているということを認めたがらない企業や職業団体が存在するが、進歩的な企業や組織、政府機関、職業団体、宗教団体は、そのような方針やプログラムを採用している（Hansen, 1992）。

## □組織的包含性

専門家組織とキャリアの専門家は、チェンジ・エージェントとして、包

含性に向けたプロセスを始めるために何をすることができるだろうか？かつてこの同じ質問を私にした企業に対して私が示した答えの一部をここに紹介したい。というのはその答えは、多様性という問題に真剣に取り組み始めた組織であれば、どのような組織にも当てはまるものだからである。以下がその提案のいくつかである。

**多様な声に耳を傾ける**　組織のすべての部分で、女性や民族的マイノリティの多くの声が聞き届けられ、それに対する対応が示されるようにすること。組織のすべてのメンバーとリーダーが、出版物、会議や大会、組織の文献室、そしてわれわれ自身の研究機関などを通じて、これらの声によって作成されている優れた文献に十分に触れられるようにすることが必要である。女性やマイノリティだけでなく、キャリアの専門家にとっても、無数の出版物が利用可能となる。ここで必要とされるのは相互支援という認識である。すなわち、われわれがそれらの人々の経験を共有し、キャリア・ディベロプメントとその関連する分野を定義し、そしてさらに未来を定義することに進むには、すべての肌の色と背景を持つ女性と男性の多くの声に対して敬意を示すことが必要である。

**メンバーシップとリーダーシップの多様性を探究する**　組織のメンバーとリーダーの両方が、さらに大きな多様性を追求すること。多様性——そして包含性——が、いままで以上に中心的なテーマとなるような構造や手順を創造する方法を見出すことが重要である。そのような方法には、会議の企画とプレゼンテーション、出版活動、企業ガバナンスなどへの幅広い参加が含まれる。

**議題（agenda）を拡張する**　組織の機関誌やその他の出版物で取り扱われるトピックスのなかから（質的および量的研究、そして知ることの方法を含めた）多様な執筆者を招いてそのアジェンダについて書いてもらうようにする。これまで女性やマイノリティの意見が排除されることが多かったテーマや、人権と仕事、女性と男性、環境、文化を越えた仕事の意味などのグローバルな問題、そして男性と女性による未来の定義などのテーマを含める必要がある。

**包含性とパートナーシップのためのプロジェクトを創造する**　組織は、

本格的な多様性または包含性プロジェクトを推進することによって、メンバーやリーダーの関心を組織内の多様性に向けさせることができる。たとえば、World Future Society の Hazel Henderson と Bill Halal は、この惑星のための戦略的プランを策定していくプロジェクトである World 2000 を組織しているが（実に大きな志だ！）、2 人がそのプロジェクトのリーダーシップとして、ジェンダー・バランスと文化的多様性を追求していることは明らかである。この章の初めで検討したディジタル・イクイップメント社のように、包含性の価値をより深く理解するための、組織内部の職場単位でのプロジェクトや有志によるプロジェクトを開発することが必要である。

**われわれ自身を見つめる**　本物の変化を起こすために最も重要なことは、われわれキャリアの専門家が、自分自身の態度や行動を検証し、自分たちの組織が包含的になるのを妨げるようなことを無意識に行っていないか、あるいはそのような行為を怠慢に見過ごしていないかをしっかりと見ることである。そのことによってわれわれは、自分自身のジェンダーや人種的な問題、民族性と、さらに、他者の階級・年齢・身体的障害・ジェンダー・人種・信条・性的指向・宗教などに関わるときのわれわれ自身の視座の確立を進めることができる。

## □人種的包含性

人種的および民族的マイノリティに関する包含性は、特に重要である。心理学者の Charles Ridley（1989）は、人種差別を、「ある社会的グループがさまざまな機会や特権を利用することをシステム的に拒絶する一方で、別のあるグループのメンバーに対しては、そのような特権を永続化しようとするあらゆる行動や行動パターン」と定義した。彼は、人種差別は力によって永続化されている一方で、マイノリティは力を持つことを極端に制限されていると述べている。

Ridley はまた、メンタルヘルスサービスにおいてマイノリティのクライエントがしばしば経験するネガティブな結果としての「事実上の人種差別（adversive racism）」について述べている。それは、不正確な診断、低熟練専門家、専門外専門家、非専門家の担当、低料金で不適切な治療、メン

タルヘルス施設の利用度の不均衡な低さ、治療終了率の異常な高さ、治療に対する患者の満足度の低さなど、として現れている。

マイノリティのクライエントのカウンセリングに否定的な影響を及ぼしている要因がいくつかある。意図的でない人種差別もその1つで、それは大きく2種類に分けられる。「肌の色への無分別（color blindness）」と「肌の色への過剰意識（color consciousness）」である。前者は、マイノリティのクライエントも普通のクライエントの1人にすぎないとする認識の誤りで、クライエントに対して、「私はあなたを黒人とは見ていない」などと言う。後者は、クライエントが抱えている問題の原因が、すべてその人のマイノリティという立場にあると見なす考え方である。

ほとんどすべての人が、人種差別的に行動する可能性がある。ここでも、ロサンゼルス暴動のなかに、その例を見ることができる。しかしわざわざその古い例を出すまでもない。たとえば、私が住んでいるミネソタ州では、フモン系移民家族に対する嫌悪すべき偏見の事例が多く見られる。それらの人々はよそ者として嘲られ、拒絶され、その子どもたちは学校で差別されている。WhiteとParham（1990）は、「善意のある人々のなかの人種差別（racism among the well intentioned）」に目を向けるように呼び掛けた。それは自分自身を平等主義者と思っている人々が、人種差別主義者のような振る舞いをすることを指している。

私の人生で、大学時代に受けた排除と差別の2つの体験は、私の社会正義の意識と感覚を強めた。私がインドからの留学生であるVioletとルイジアナまでのバス・ツアーをしていたときのことだった。私たちは共通の友人の家に泊まることができなかった。なぜならその家族が、彼女の肌の色が黒すぎると感じたからである。私はまた、彼女がバスセンターの給水機の上に、「有色人種専用（Coloreds Only）」という看板が掲げられているのを見て、どの給水機で水を飲めばよいかわからなかったとき、彼女の痛みを感じた。もう1つは、首都で働く機会があったときに体験したことである。ワシントン・セミナーがワシントンDCの低所得者家庭の子どものためにボランティア活動をする大学生を募ったとき、私たちのグループは人種的に混合したグループであったため、普通の宿舎に滞在することができず、最終的にほとんどが黒人で占められているハワード大学に

滞在することになった。私はそこで一生忘れることのできない体験をした。マイノリティであるということがどのようなことかを私はそこで実際に体験したのである。そこでは、白人がマイノリティだったからである。

## □年齢的包含性

キャリアと多様性に関する文献で、これまであまり注意が払われてこなかったグループが高齢者である。高齢者とはかくかくしかじかであるというステレオタイプが今でも蔓延し、それを指摘する文献が多く現れている。現在、特に差別をされているのが高齢労働者である。そして、再訓練に適しない、スピードが要求される仕事についていけない、テクノロジーについていけないなどの理由で不当に解雇された55歳以上の労働者のテストケースとなった裁判では、多くの場合高齢労働者が勝訴している。熟練した労働者の仕事が標的にされてきた。これらの労働者は、枯れ木と見なされてきた。高齢労働者は、再訓練する価値のない人間と見なされ、機会を与えられず、そのため解雇された後も新しい会社で雇用機会を見出すことができずに、挟み撃ちにあっている（MirvisとHall, 1994）。

また高齢労働者の側でも、これまでにあまりにも多くの不当な偏見や差別を体験してきたため、投げやりになっているところがある。しかしこれとは反対に、高齢労働者は有能であり、信頼でき、再訓練が可能であり、雇用しないまでも雇用可能な状態にしておくことは、企業にとって経済的に有益であることを認識し始めている会社があることをいくつかの実例が示している。企業が、この章の初めで検討したような形で職場における柔軟性を向上させるなら、あらゆる種類の労働者が恩恵を受けることになるであろう。本書の第3章で述べたような「シャムロック」型の組織のなかの3つの葉のすべてにおいて高齢者が働く機会を得るキャリア・サイクルが創り出せるかもしれない。さらに、学習する組織へと進化しつつある企業では、高齢者のための新たな機会がますます多く開発されるようになるかもしれない（MirvisとHall, 1994）。

もし、キャリアの支援者が、組織やもっと大きな社会のなかで包含性という問題に取り組むならば、違いの性質がいかなるものであれ、違いは**欠陥**ではないことをわれわれは強く主張する必要があるだろう。合衆国では

ある程度の進歩が見られており、多くの企業が自社のトレーニングやディベロプメントのプログラムのなかに、多様性をマネジすることをアジェンダに取り入れ始めている。しかしまだまだやるべきことが山積されている。多様性をマネジすることができるようになる前に、まず、多様性とは何かを理解し、それに価値を置き、最高のレベルでそれを喜ぶことができなければならない。私はこのような建設的な変化が訪れることを信じているが、それには時間、エネルギー、価値の変化、そして、キャリア・カウンセリングとHR専門職として働くわれわれを含めたすべての人々のコミットメントが求められている。

　多文化に関する文献に共通する認識は、キャリア・カウンセラーが多様性を理解し、変化の形成を促進するために、まず自分自身、そして自分自身の文化的および民族的アイデンティティ、さらには自分自身にある先入観と偏見に取り組むことから始めなければならないということである。Cross（1971）、Helms（1984）、Atkinson, MortenとSue（1993）が指摘しているように、キャリア・カウンセリングの専門家としてなすべき最も重要なことは、自分自身の人種的および文化的アイデンティティを心して見つめ——われわれがどの人種に属していようとも——、多文化主義を、あたかもそれが違う人々に適用する何かであると見なすことをやめることである。ヨーロッパ系アメリカ人は多くの場合、今発展しつつある多文化カウンセリング理論とモデルから外れることが多かったが、この成長分野のリーダーのなかには、ヨーロッパ系アメリカ人も含まれるようになってきた。われわれは包含性のビジョンを必要としているのである。

## ■文化的感受性の高いキャリアの専門家にとっての課題

　多元主義、多文化主義、キャリア・カウンセリング、そして多様性に価値を置くこと、さらにはエンパワーメントと包含性に向けて努力すること、これらについて検討してきたが、その内容をもとにわれわれは何をするのか？
　キャリアの専門家として、人種差別、性差別、年齢差別を少なくし、人々を先入観や偏見から解放し、組織に介入して、すべての人の人間的発

達を支援することが容易でないことは明らかである。統合的ライフ・プランニングは、そのような目標を達成することは生涯をかけた仕事であり、それを実現するためのスキルを身につけるのも生涯をかけて行うことを認識している。そのような目標は、情緒的で、複雑で、時に達成できないものである。それらは、われわれのキルトに縫い合わせるのが最も難しいピースかもしれない。

　私はまた、キャリアの専門家が、変化をもたらす唯一の源泉であるとは考えていない。われわれだけで変えられないことがいくつかある。経済システム、居住パターン、ヘルスケア、制度化された人種差別、力と富の配分などの問題は社会全体の問題であり、長期にわたる政治的、法律的、社会的、政策的イニシアティブが必要である。しかしわれわれは、自分自身の文化的感受性に働きかけることができ、より包含的な社会に向けて思い描く家族、仕事、学習環境の創造のために努力することができる。以下、出発点となる8つのチャレンジを提起する。

1. **自己認識を高める**　自分自身に固有な文化的および民族的背景、人種的アイデンティティを認識し、それらがどのように自分の発達と他者に対する態度に影響を与えているかを自覚すること。
2. **違いに価値を置く**　自分自身のものとは違う文化に対する感受性を高め、より深く理解する。多文化カウンセリングのためのトレーニングや多様性を認識するためのトレーニングを通じて、それらの違いに価値を置くことができるようになること。
3. **自分が属していない文化についての知識を増やす**　さまざまな次元の多様性についての知識を増やし、認識を深めるようにすること。それらの背景を持つ人々について学ぶだけでなく、それらの人々から学ぶこと。
4. **文化的に違う人々のキャリア・ディベロプメントの阻害要因についての知識を増やす**　人種的、ジェンダー的、法律的、社会的、そして政治的障害を含め、発達を阻害するさまざまな要因についての豊富な文献に目を通すこと。そして教育と職業における機会均等を確実なものにするために、それらの阻害要因を除去する活動に取り組むこと。
5. **他の文化にどっぷりと浸かる機会を見つける**　自分自身が属してい

るものとは違う文化について学び理解する最善の方法は、自分自身をその文化にどっぷりと浸からせることだと知ること。その文化のなかでの研究、サービス、人間関係、仕事体験を通じて、自分が属するものとは違った文化に自分自身をたっぷり浸すこと。

　6. **進んだ異文化交流スキルを開発する**　あらゆる種類の違いに対処し、価値を置くことができる対人関係およびコミュニケーション・スキルを開発するために、異文化交流ワークショップなどの機会を活用して自分自身のトレーニングに励むこと。自分の態度、言葉、行動における文化的感受性についての自分自身のモデルをつくること。

　7. **統合へ向けた仕事をする**　文化的感受性を、自分自身の人格と専門家としての人生のなかに統合すること。キャリアの支援者としての統合テクニックを用いて、多様なクライエントがその人生のさまざまな部分を統合することができるように支援すること。文化的な違いを示す人たちを避けるのでなく、その人たちとの結びつきを求めること。

　8. **社会変化のために仕事をする**　社会正義を阻害し、人間存在の発展を阻害するようなあらゆる形態の人種差別、性差別、階級差別、その他のすべての「差別」を撤廃するために仕事をすること。文化的に違う集団のための選択肢を拡大するための介入をリードすること、すなわち、ILPワークショップを開催したり、文化的に違う人々のためのメンターになること。

## ■結　論

　あらゆる種類の違いを受け入れ、それに価値を置くこと、そして包含性の規範を確立するために支援することができるようになること、これらはおそらく統合的ライフ・プランニングが掲げた重要課題のなかでも最も難しい課題であろう。われわれの職場を含めて、すべての人生の領域で、われわれとは違うところのある人々と共に仕事をし、知り合いになれる機会を歓迎し、そしてその機会を、それらの人々から、またそれらの人々について、学ぶために活用することが必要である。キャリアの専門家のわれわれとしては、あらゆる前提認識と慣習を検証し、多元主義と多様性の言語

と概念を学び、すべての人の機会が増大するようにするためのチェンジ・エージェントになる必要がある。要するに、われわれは単なる現状維持のエージェントではなく、変化の提唱者になるべきである。

　われわれの組織においては、仕事の環境が全員にとってもっと快適なものになるように職場の柔軟性を改善する必要がある。人々の複数のアイデンティティと、人種、ジェンダー、階級の相互作用に気づく必要がある。そして、より包含的な社会――教育システム、仕事の組織、公的機関、コミュニティ――の実現に向けて、ステレオタイプ、偏見、差別を無くすために努力する必要がある。文化的な感受性の高いカウンセラーとキャリアの専門家にとっての課題は、変化のポジティブなチェンジ・エージェントになることであり、民主主義社会の公約がすべての人にとってもっと享受しやすくなるようにすることである。この課題をローカルにそしてグローバルに遂行していくためには、エネルギーとスキルだけでなく、心からのコミットメントが必要である。

　この章の最後に、公民権運動の主役となったアフリカ系アメリカ人女性であるRosa Parksの言葉を引用したい。その日、疲れていた彼女は、黒人に強いられていたバスの後部座席への着席の規則を無視して前方の座席に座った。この彼女の行動が、変化への触媒となり、彼女は現在も公民権擁護の仕事に献身している。ParksはILPの中心テーマを反映させて次のように言う。「やらなければならない仕事がある。だから私はそれをやめることができないし、じっと座っていることもできない。1人の子どもが助けを必要としているかぎり、そして自由でない人々がいる限り、なすべき仕事はずっとあり続けるだろう。高齢者が攻撃されたり、支援を必要としている限り、なすべき仕事はある。偏狭さと犯罪がある限り、なすべき仕事はある。(中略)過去の人種隔離の時代からかなりの年月がたっているが、より良くするためになすべきことは常にある。すべての人間に平等な機会がなくてはならない」(1994, p. 72)。

# 第 7 章
# 重要課題 5
# スピリチュアリティ（精神性・魂・霊性）と人生の目的を探究する

私の人生は虹に喩えられます。私の未来に何が待ち受けているかを私は知りませんが、私が自分の人生を愛していること、そして、私がどんな人間になってきたかは知っています。私は私の人生が目的に向かって成長し続けるようにしたいと思います。私は私がなるように運命づけられているすべてのものになりたいし、成長していくどの瞬間も楽しみたいと思います……。過去から自由になり、成長し、存在と生成の新たな体験をするにつれて、人生は私に終わることのない成長と探究の機会を与えてくれます。私は虹の現実を体験したいと思います。私は、人生が私に何をもたらそうと、虹の一部であることを自覚しながら、「積極的（肯定的）不確実性」の中で生きていきたいと思います。私は安全を追い求めて人生を送るのではなく、人生の可能性のすべてを生きていきたいと思います。
　　――キャリア・ディベロプメントのクラスに参加している成人女性

統合的ライフ・プランニングの5番目の重要課題は、これまで、キャリアとライフ・プランニングでしばしば無視されてきたスピリチュアリティ（精神性・魂・霊性）を強調することである。スピリチュアリティは意識の中心に常にあるわけではないが、多くの人にとって中心に位置するものである。これまで検討してきたライフ・プランニングの諸側面──グローバルな文脈、全体性の探求、両性のためのキャリア・ディベロプメントの強調、仕事─家族のつながりとそれらを統合する方法、多元的社会で違いを尊重し大切にする必要性──に加え、われわれは、このしばしば無視されてきた次元を包含する必要がある。

## ■スピリチュアリティ、宗教、そしてカウンセリング

　この章では、ILPキルトの重要な1片であるスピリチュアリティを、それと関連する仕事における意味と目的という概念と共に検討していく。カウンセラーとキャリアの専門家は、クライエントの人生の決断においてスピリチュアリティが果たす役割を理解する必要があると同様に、自分自身の人生においても、それを理解する必要がある。

　この章では、キャリア・プランニングと関連して、スピリチュアリティのいくつかの側面と定義を検証していく。ILPキルトのなかでも、スピリチュアリティという1片は定義するのが難しい1片であるが、人々が変化と不確実性、トラウマと危機、そして人生の過酷な障害に対処しようとするとき、ますます重要になってくるものである。スピリチュアリティは、人生の意味と目的を探究している人々にとって希望の源泉となるであろう。

　スピリチュアリティとカウンセリングについてかなりの数の文献が登場した（Bergin, 1988, 1991）。クライエントがその支援者（カウンセラーやキャリアの専門家など）よりもより強く、人生のスピリチュアルな、または宗教的側面に関心があることを示すある証拠が示されている。Bergin（1991）は、アメリカの国民の90％が何らかの形で神を信じているのに対して、心理学者のなかで神の存在を信じている人の割合は、43％のみであったことを発見した。同様に、2万9000人を対象にしたギャラップ調査では、人生で宗教とスピリチュアリティが「最も重要」または「とても

重要」な側面であると回答した人が全体の3分の2であった。『1990合衆国統計要覧』(1990 Statistical Abstact of the United States) によると、1億4200万の市民が5万人以上の会員を擁する何らかの宗教団体に属していた（PateとBondi, 1992）。さらにKelly (1995) は、スピリチュアリティは宗教組織に参加することを必要とせず、メンタルヘルスの専門家は、自らのスピリチュアリティを伝統的な信心深さで表現するのではなく、「スピリチュアルな用語で述べられた高い合意に基づく宣誓」(p. 6) によって表現するという考え方に賛成する人が多いことを発見した。

キャリアの専門家の信仰に関する具体的な数字はないが、伝統的なキャリア・プランニングの伝統的なモデルは、特性因子理論、あるいは環境に人をマッチングするアプローチを取っており、スピリチュアリティにはそれほど関心を向けてこなかった。

心理的カウンセリングにおいては、スピリチュアリティはタブーとされてきた。第6章で述べたように、文化的価値観を検証するとき、人間、関係性、環境について対照的に見てみると、集団、家族、コミュニティを重視する文化では、個人を重視する文化よりも人生のスピリチュアリティの側面を強調する傾向があることがわかる。カウンセラーは、多様な集団に対処するようになるにつれて、スピリチュアリティと宗教の信仰に目を向け、それらが人生の決断にどのように影響するかを認識することが重要になっていく（PateとBondi, 1992）。

## ■スピリチュアリティを定義する

スピリチュアリティは、宗教的文脈と世俗的文脈の両方において、多様に定義されてきた。スピリチュアリティは宗教と区別して考えることが重要である。**宗教**という場合、通常、組織された宗教、すなわち教会、寺院、シナゴーグなどを通じて信仰と実践を行うことを指す。対照的に、**スピリチュアリティ**は、さまざまな信仰や世界観を表すが、それは必ずしも組織された宗教を意味しない。それは自己の外側のより高次元の力の存在を想定する。Yates (1983) は、スピリチュアリティを「人の中核——意味、自己、そして人生の理解が生じる中心」(p. 60) と定義する。Boorstein（1980）は、スピリチュアリティを「宗教的信念とは関係のない、統合と全体性の経験」（p.124）と見なす。Kratz（1987）はそれを、「深い統合、全体性、人生のすべてがつながっているという感覚」と定義する（p. 4）。以上3つの定義のすべてにおいて、全体性というテーマが伝えられている。多くの人がスピリチュアリティを宗教を通じて表現するが、組織化された宗教は統合的ライフ・プランニングの焦点ではない。

　スピリチュアリティとは、人の生き方であるという人々もいる。Thomas Moore（1992）は、スピリチュアリティには多くの種類があると考えている。彼は、スピリチュアリティを魂（soul）へのケアとしてアプローチする。「魂は、物ではなく、深み、つながり、価値、心、個人的本質に関わる人生と自分を経験する媒介である」（p. 5）と言う。スピリチュアリティはまた、さまざまな形態を取る。超越のスピリチュアリティ——高次元の原理の探索——もあれば、スピリチュアリティのありか——樹、動物、あるいは石によって伝えられる感覚——もある。また家族は、スピリチュアリティを、儀式や集会、物語りを通じて伝えていく。スピリチュアリティを自然と宇宙との調和と捉える者もいるし、その表現を、合理性あるいは直感、あるいはそれらよりももっと高いレベルの意識を通して表現することと思う者もいる。さらに、Redfield（1993）が *The Celestine Prophesy*（邦訳『聖なる予言』山川 紘矢・山川 亜希子 訳、角川文庫、1996年）で示したように、スピリチュアリティを主に、コミュニティの感覚、そして意味と全体性の究極的価値観への関心と見なす人々もいる。

## ■スピリチュアリティとキャリア

　スピリチュアリティがキャリアと関連付けられるようになったのは、ほんの10年ぐらい前からのことである。スピリチュアリティという言葉は、科学的知識、客観性、経験主義などを重視する公的な学問機関では、確かにまだ一般的な言葉にはなっていない。観察も測定もすることができないからである。パストラル・カウンセラー[1]や宗教施設で仕事をする人々を除いて、キャリア・カウンセラーがスピリチュアリティの問題を取り扱うという考え方は異質なことだった。職業選択とキャリア・ディベロプメント

第 7 章　重要課題 5：スピリチュアリティ（精神性・魂・霊性）と人生の目的を探究する

に関する伝統的理論は、キャリアの合理的で認知できる情報の側面を重視し、意味と目的、という問題を避ける傾向があった。

いつ頃から視野が広がり始めたのかは定かではない。それは病理学としての心理学が肯定的な人間的発達のための心理学に変わっていった 1950 年代に始まり、特に Carl Rogers と Abraham Maslow の功績が大きいと指摘する人もいる。スピリチュアリティについては、キャリア・ディベロプメントの理論家以上に、実践家が多く書いてきた。NVGA（全米職業ガイダンス学会、現在の NCDA 全米キャリア・ディベロップメント学会）に「仕事と宗教的価値」——最近「仕事とスピリチュアルな価値」に変更された——に関する専門部会が設けられたのは 1980 年代初めからであるが、その当時合衆国では、スピリチュアルなものに対する関心がこれまでになく高まっていた。物質主義と自己中心主義という国民性に対する関心と疎外感と孤立感の高まりのなかで、Yankelovich（1981）が「ひっくり返った世界（world turned upside down）」と名付けた世界における「新しいルール（new rules）」の探求が始まった。1980 年代半ばには、キャリアの分野の多くの著作家や実践家が、目的、意味、スピリチュアリティなどの異なる言葉を使いながら、より直接的にスピリチュアリティについて議論し始め、仕事とスピリチュアリティの関係に焦点を絞ったワークショップを開催するまでになった。家族とコミュニティの崩壊、犯罪、そして家庭内暴力などのさまざまな形の暴力に対する社会の関心が高まった 1990 年代半ばには、キャリアとライフ・プランニングの一部としてスピリチュアリティを包含しようとする新たな開放的傾向が見られるようになった。

まず、心理学とスピリチュアリティの関係から見ていこう。

## ■スピリチュアリティと心理学

心理学者のなかには、われわれが心理学とスピリチュアリティをあまりにも密接に結びつけすぎていると注意を促す人々もいる。また、科学的な立場の追求はカウンセラーをスピリチュアルな信念の問題に言及することから排除してきたと考える人々もいる。また、心理学の自我中心主義的な考え方は、超越へと向かうスピリチュアルな探求とは相容れないと考える

人もいる。心理的問題を、硬直したスピリチュアルな信念が原因だと非難する専門家もいる。また、カウンセラーがスピリチュアリティについて議論すると、カウンセラーの特殊な価値観をクライエントに押し付けるといった懸念もある（Mack, 1994; Worthington, 1989）。

　心理学の分野では、スピリチュアリティは異質なものではなかった。指導的な心理学理論家のなかには、スピリチュアリティを通常、自己の外側に存在する何かの探求、あるいは全体性の探求という形で表現したが、カウンセリングと心理学の教科書は、そのことを常に強調してきたわけではない。われわれは、心理学とスピリチュアリティの概念が文化ごとに異なっているということを知っている。本章で検討する多くの概念は、どちらかといえば、東洋的な観点ではなく西洋的な観点のものである。

　女性とスピリチュアリティに関する研究のなかで、Kratz（1987）は、直接的にあるいは間接的にスピリチュアリティの問題を取り扱った多くの心理学者の名前を挙げている。Viktor Franklの仕事を詳細に分析するなかで、William Gould（1993）は、Franklに影響を与えた、あるいは彼から影響を受けた主な心理学者や哲学者を明示した。Mack（1994）もまた、初期の理論家をとりあげている。そのなかには、人生のプロセスは自我の意識的側面と無意識的側面の統合を通した全体性の実現のプロセスだという個性化の理論を発展させたCarl Jungや、実存主義者で、人生の目的と意味、自由、選択、苦悩、死の必然性などの問題を批判的に見つめた精神科医のViktor Franklと心理学者のAdrian van Kaamも含まれている。Mackはまた、スピリチュアリティを重視した現代の理論家についても述べている。そのなかには、自己実現とは宇宙のパワーを呼び起こすスピリチュアルな到達であるとするCarl Rogersや、人は幼児から高齢成人へと至る人生の8つの段階は持続的にスピリチュアルな変容の機会を提供していくと唱えるErik Eriksonが含まれている。その他、William JamesやRollo Mayなどの心理学者もまた、スピリチュアリティと意味というテーマについて明確に語っている。

　スピリチュアリティを包含したいくつかの心理学理論は統合的ライフ・プランニング（ILP）と密接な関係がある。

第 7 章　重要課題 5：スピリチュアリティ（精神性・魂・霊性）と人生の目的を探究する

## □スピリチュアリティと意味

　精神科医 Viktor Frankl（1963）のロゴセラピー（logotherapy）理論は、ナチスの強制収容所における彼自身の経験をもとに創始された。彼は人間存在のスピリチュアルな次元を彼独自の意味の探求を通して考察した。彼は、ロゴセラピー（logos は「meaning」だけではなく「spirit」も含めている）は、1人ひとりが人生において何が意味のあるものかを発見するのを支援する手段であると示唆した。彼は心理的症状は、意味の欠如と人生の価値全体性の欠如から生じるものであると考えていた。Frankl の影響についての最近の分析で、Gould（1993）は、「意味分析（meaning analysis）」は、より全体的な人間になるということはどういうことかを再考するための、そして人生の意味を発見するための資源になり得ると述べている。Frankl は、人生のあらゆる状況で、人はスピリチュアルな次元を通じて意味を見出すことができると信じていた。このようにして、ロゴセラピーは、人生における意味と目的を探求している人々にとってとりわけ有益なものであろう。

## □スピリチュアリティと自己実現

　欲求段階説や「至高経験」の概念で、おそらく最もよく知られている人間性心理学者の Abraham Maslow もまた、スピリチュアリティと意味について多くの文献を残した。Frankl と同様、Maslow にとっても、意味は価値と結びついている。彼の自己実現的人間という理論は、時に 1960 年代と 70 年代の快楽主義と物質主義を反映したものであると非難されることがあるが（Yankelovich, 1981）、人間性に対する非常に楽観的で肯定的な見方によって貫かれている。その理論は、こころとからだとスピリット、すなわち「すべてのレベルでの人間の真の統合」（Gould, 1993, p. 132 より引用）を重視する全体的なモデルである。

　Maslow は、われわれの存在の中核にはスピリチュアルな価値観があるという。「それはわれわれを、人間存在として全面的な発達を可能にする選択を行うように促し、同時に自然とのより深い調和へと向かわせる」（Kratz, 1987 より再引用）。彼は、自己実現的人間は、自己と他者へのより

大きな受容力を持つと信じていた。自己実現的人間は、より自発的であり、他者を気遣い、私心がなく、平等主義的であり、人間関係において正直であり、喜びや楽しみを見つけることができる。「至高経験」は、実際に経験することは稀であるが、人に自己のスピリチュアルな側面に触れることを可能にし、世界を統一され統合された全体として見ることを可能にする。そのような経験は、人を独自の個性、あるいは真の自己にも近づける。

## □スピリチュアリティと全体性

　スピリチュアリティと意味についての論議はCarl Rogersの理論に触れずして完成しないだろう。彼は人間の全体性を関係性のパターンと見なし、自己を「内側から」理解する現象学的方法を推奨する。ヒューマニストでもあり実存主義者でもあるRogersは、信念、感情、知覚、価値を編み込むことによって、存在についての全体的な感覚を確立しようとした。彼は、自己実現と、ありのままで、一致した自己へと導く主観的プロセスを重視する。Rogersは、キャリア・カウンセリングの理論家ではないが、彼の、全体的人間、自己受容、変化する能力についての共感的な観点は、対人関係の重視とあいまって、キャリア・カウンセラーの重要なレパートリーの1つとなるだろう。それはまた、ILPとも密接な関係がある。

## □スピリチュアリティと個人的価値観

　スピリチュアリティについての理解に寄与するもう1人の心理学者が、Gordon Allportである。Allport（1961）は、個人の価値観は人生における主要な原動力であり、個人の活動のすべては、その人固有の価値の実現に向けられていると考える。Allportはまた、意味の追求についても書いた。彼の、成熟の6つの側面は、Maslowの自己実現的人間と類似のいくつかの特性を含んでいるが、そのなかには、「人間存在のすべての分野——家族、教育、宗教、政治などなど——を含むまでに拡張された自己意識……そして、緊張や曖昧さ、パラドクスにもかかわらず、人生に統一性を与える意味または目的を発見する能力」（Gould, 1993, p.140から再引用）などが含まれている。Allportは、「過去に支配されるのではなく、未来を歓迎する活性化された自己」を提起し、人生の葛藤がしばしば人が単純

な選択をすることを防ぐことも認めている (p.139)。彼はまた、「意向性 (intentionality)」あるいは目的を持った活動、成熟し成長する欲求、スピリチュアルで道徳的な価値観が果たす重要な役割に特別強い関心を寄せている。

## □スピリチュアリティと発達

スピリチュアリティというテーマと明確に関連付けられているわけではないが、発達心理学者――特に Erik Erikson、Lawrence Kohlberg、Carol Gilligan ――もまた、スピリチュアリティについての考察に寄与した。Piaget によって創始された概念に基づいて構築された Kohlberg (1970) の発達の構造的―発達論的段階理論と、それに対する Gilligan (1982) の「ケアの倫理」による批判が、なかでも代表的な2つの例である。

Kohlberg (1981) の道徳的推論の最初の5段階の概念は、人間社会の秩序の自然法の文脈のなかにあるが、6番目の段階は普遍的な倫理的原理に働きかけるもので、「なぜ生きるのか？」といったスピリチュアルな問いに対する解答を求めている。7番目の段階は、Kohlberg の論述のなかに常に含まれているわけではないが、それは正義の普遍的原理を人生の究極的な意味という観点と統合する「宇宙的 (cosmic)」指向である。Kohlberg によれば、その本質は、「生命の全体性の一部として存在する感覚」(p. 234) である。

Kohlberg の学生であった Gilligan (1977) は、6つの道徳的段階説は女性に適用できるのかと疑問を呈した。彼女は、女性の自己認識は他者との関係のなかに埋め込まれ、同情とケアを伴う他者への関心は、愛の責任の倫理へと駆り立てられると見ている。Kratz (1987) は、Kohlberg の7番目の段階は Gilligan の理論を相互に近づけるものであり、正義の抽象的な原理を、責任を持って愛すべしという女性的な強制命令と結びつけていると見ている。Gilligan は、女性の発達に関する理論のスピリチュアルな側面を特に明確に論じているわけではないが、彼女の仕事は、関係性、ケア、結びつきの概念に説得性をもたらし、女性のさまざまな知ることの方法を理解するための舞台を準備した。

Erik Erikson (1964) が精神力動的な枠組みを通して発展させた自我の

成長の8つの段階とアイデンティティの危機の理論もまた、スピリチュアリティと間接的に関係がある。彼の精力的な著作は、ケアの重要性、すなわち他者に対する持続的なケアと養育の重要性を強調している。彼の心理社会的な理論のなかで、彼は自我の統合（integrity）が（絶望と対比して）、老いへの成長の中心的課題であると主張した。彼は、統合を達成した人間とは、人生の意味を発見するための生活のさまざまな状態のすべての相対性を認識している人のことであると見る。彼にとって統合は年齢が65歳頃に起こり、引退と関係があるという。それは完全性あるいは全体性の感覚を意味している。彼が「生殖性（generativity）」と名付けた発達段階は、人類との一体感の感覚の獲得が含まれている。それは、他者との共通性と調和の感覚であり、他者に対するケア（caring）と与えること（giving）の感覚である。以上見てきたように、これらの心理学的な観点は明らかに統合的ライフ・プランニング（ILP）のテーマとつながりがある。

## □スピリチュアリティと経験主義

　全米心理学会（APA）のなかには「宗教的問題に関心のある心理学者（Psychologists Interested in Religious Issues：PIRI）」というグループがあり、また全米カウンセリング学会（ACA）には「カウンセリングにおけるスピリチュアルな、倫理的な、宗教的な価値と問題についての学会（Association of Spiritual, Ethical, and Religious Values and Issues in Counseling：ASERVIC）」があるが、スピリチュアルな発達という問題を、人間についての研究の本流に組み込むことは容易ではなかった。特に、キャリア・ディベロプメントとカウンセリングの分野ではなおさらである。

　科学もスピリチュアリティも基本的な目標は同じであると見なす心理学者がいる一方で、科学的・論理的・実証的アプローチ以外の方法を認めることを拒否する心理学者もいる。Willis Harman と Howard Rheingold（1984）のような未来学者は、客観的な現実と主観的な現実が存在することに疑問を投げかけている。科学者は客観性を強調するが、未来学者は、科学も実際は科学者の主観的な経験の上に築かれていると主張する。Frank（1977）は、科学的／ヒューマニスティックな世界観と超越的／宗教的世界観のどちらに対しても、それらを「信念体系（belief systems）」と

第7章　重要課題5：スピリチュアリティ（精神性・魂・霊性）と 人生の目的を探究する

呼び、どちらも現実を秩序付け、より深い理解と認識を獲得したいという人間の憧れを満足させるためのものであるという。

　21世紀のグローバルな、国家的な、そしてローカルな問題に直面するに従い、人生における究極の意味と目的を発見し理解するために、われわれすべてが、自分自身の内的資源を呼び起こし、異なるさまざまな知ることの方法を探求することが必要になるだろう。同様に、研究者も心理学者も、真実を探求するための質的および量的方法の両方を認識する必要があるだろう。

　さて、ここで、理論から、キャリア・ディベロプメントを実践するなかでスピリチュアリティの重視が必要となる現実世界の問題に目を向けていきたい。

## ■スピリチュアリティ、価値観、そして物質主義

　多くの人にとって、価値観は、人生における指導的な力として、スピリチュアリティの代わりとなるものである。**価値観**とは、われわれが尊重し、大切にし、価値を置くものと定義することができる。仕事の価値と人生の価値は重なり合うかもしれないが、人生の価値は必ずしも仕事と関係していることはない。たとえば別表7.1では、**達成**（achievement）は、人生と仕事の両方の価値として挙げられているが、**真正性**（authenticity）は人生の価値としてしか挙げられていない。どのキャリア・プランニングに関する教科書やワークブックにも、仕事の価値と人生の価値についての演習が含まれている。仕事の価値は、職務上の質的な価値を反映する傾向がある一方で、人生の価値は、人生の仕事以外の部分から生まれている。

　多くの専門家にとっても、価値観は、スピリチュアリティや意味に最も近いものである。ある意味で、この概念はそれだけでも有益である。なぜなら専門家が、クライエントの興味、適性、能力についての狭い検査を越えて、人生における意味により近い問題を探究することができるからである。

**別表 7.1. 人生の価値と仕事の価値**

**人生の価値**

| | |
|---|---|
| 身体的健康 | 喜び |
| 情緒的安寧 | 英知 |
| 有意義な仕事 | 自己成長 |
| 愛情 | 家族 |
| 承認 | 真正性 |
| 安全 | 社会正義 |
| 達成 | 平等 |
| 満足 | 社会の改善 |
| 個人的成長 | 他者とのつながり |
| 個人の自由 | 平和な世界 |

**仕事の価値**

| | |
|---|---|
| お金 | 安全 |
| 自立／自律 | 承認 |
| リーダーシップ | 昇進 |
| 人間関係 | 個人的成長 |
| 達成 | 自己表現 |
| 多様さ | 義務または使命の感覚 |
| 力 | 創造性 |
| 奉仕 | 社会貢献 |

## □価値観の明確化から価値観の実現へ

　30年前、Raths, Harmin と Simon（1966）は、**価値観の明確化**（values clarification）とは、人々が尊重し大切にするもの──選択肢について熟考し、そのなかから自由に選びだされたもの──の識別の過程であり、その後それに基づいて、繰り返し一貫して活動することと定義した。彼らは、価値観はわれわれの欲求の動機となると述べた。最近では、Simon と Simon（1996）が、価値観の明確化とはまったく異なるところのある**価値観の実現**（values realization）についてのワークショップを開催した。彼らは、価値観は人生の選択と関係しているがゆえに、自分にとって最も重

要な欲求を識別するのを助け、われわれのスピリチュアリティを探究するための有意義な方法をもたらすと述べた。価値観はわれわれに、自分が何を最も発達させ、大切にしたいかを理解させてくれるので、人生に意味を与え、目的と使命を明確化するのを助ける。

何年も前に、心理学者の Martin Katz（1963）は、キャリアの決定とは、価値観と価値体系の選択であると述べた。価値観は、個人のキャリア・プランニングの重要な鍵となる部分であるが、仕事と家族のあり方が変化している現在においては、個人的な価値観を越えて進むことが重要である。おそらく、これまでに共有されてきた家族、コミュニティ、そして世界の価値観をさらに強調すべきときがきている。別表7.1で示されている価値観の一覧表の持つ1つの限界は、それらの価値観は今でもなお、個人が他とは無関係に多少一方的に意思決定することを前提としていることである。これから、これらの価値観が、仕事、家族、コミュニティとどのように関係しているかをもっと深く検討していくことにしよう。

## □人生における1つの価値としてのお金

今日、特に合衆国においては、お金は、われわれの人生と仕事の価値観にとって日々のシンボルとなっている。お金とスピリチュアリティを同じ次元で検討することに不快感を持つ人がいるかもしれないが、お金がもたらす経済的自己充足は、ILP の考察の一部として含めなければならない。職場においては、お金による報酬はその人の価値と功績の確認と同等である。お金——どれぐらい持っているか、どれほど稼ぐか、収入の見込みはどのくらいか——は、われわれのライフ・スタイルを決定するがゆえに、われわれはクライエントが、人生においてお金が果たす役割とそれがお金以外の価値とどのように関係しているかを検証する支援をする必要がある。

以前、私が高校のカウンセラーをしていたとき、私はある男子学生に、最も重要な価値は何かと尋ねたことがあった。彼はためらいもなく、「お金です」と答えた。私はお金の価値については知っていたが（その主な理由は、私の家族はそれをほとんど持っていなかったから）、私はその答えに少しショックを受けた。それはたぶん、そのようにあからさまにお金に価値

を置くことが、私の社会奉仕指向と合わなかったからであろう。それから数年して、彼が自分の価値観に基づいて株式仲買人になり、非常に成功していることを知った。彼がどのような家族パターンを選んだかは知らない。しかし、おそらく彼は、カリフォルニアの株式仲買人について描写した次のような記述のライフ・スタイルは予想もしていなかったであろう（Edwards, 1991, p.114）。「1つの集団として、彼らは最もきつい仕事をしている。ニューヨーク株式市場に注文を出すために朝の6時半には事務所に到着し、その後も環太平洋地域の株式動向を見るために夜遅くまで事務所に留まっている。彼らの社会的生活はすさんでおり、神経はすりへっている。しかし彼らは、このような過酷な仕事でやっていけるかどうかは、どれほど多くの血と汗と涙を流したかで計られるということを知っているがゆえに、そのきつい仕事に耐え抜くのである」。

## □物質主義から離れる

しかしながら、多くの人にとって生計を維持していくために稼がなければならないという現実は変わらないが、価値観が変わり、1人ひとりが物質主義的価値観から離れ、より実存的価値観へと移行しようと意識的な決断をしているのは確かなようだ。Edwards（1991）は、先にカリフォルニアの例で示したようなライフ・スタイルは、ニューヨークでもシカゴでも同様であり、伝統的にそこでのスローガンは、「何はさておき野心を持て」であると述べている。このような例は、身のまわりにいくらでも見つけられるだろう。法律事務所では、意欲のある若者は週に70時間から80時間働くのが当然だと考えられており、昼食に外出したり、トイレに立つ時間も惜しんで働き、社会や家族のための時間などまったくない。

私の知り合いのある若者は、中西部のある町の有名な法律事務所で働いている。もちろん彼は、共同経営者になりたいと思っており、そのため朝7時から真夜中まで、週末でも働いていて、仕事以外の生活のための時間などまったくない。そこでは古いアメリカの仕事倫理がまだ生きており、特に「クライエントに請求できる時間（billable hours）」が支配しているような組織では、変化している社会における個人と家族の欲求はまったく顧みられることがない（1995年のBachの論文によれば、多くの女性が、

第7章 重要課題5：スピリチュアリティ（精神性・魂・霊性）と 人生の目的を探究する

そのような過酷な労働を強いる法律事務所を退社しているとのことである。なぜなら、彼女たちにとって、そのような厳しい仕事倫理に従いながら、なおかつ家族のための時間を確保することは不可能だからである）。このような仕事のパターンのなかで、個人やカップルが、「生きる」ことを許すライフ・スタイル、すなわち仕事だけではなく、生活と生計をブレンドできるライフ・スタイルを取ることができるように、会社を、そしてキャリアさえも変えているのは驚くことではない。Edwards（1991）は、いま猛烈社員は、高速車線から中速車線へと車線を変更しつつあると表現している。彼は、「野心の変化」について報告し、多くの人が、梯子——それは多くの会社ではもはや存在しなくなっている——の頂点に辿りつくことについて考え直し始めていると述べている。

同様の流れのなかで、メディアにおいても、成功についての対談が続いている。そこでは、さまざまな種類の成功、仕事の満足感、人生の満足感について語られ、成功の「再創造（reinvention）」、あるいは、少なくとも成功の再定義が論じられている。Stephen Policoff（1985）は Thomas Moore（1992）同様に、成功には2種類あると指摘している。すなわち、1つはお金をもうけることによってもたらされ、もう1つは「魂を満足させる仕事をすること」（p. 34）によってもたらされる。彼は異なった成功を求めてキャリアを変えた人の例を多く紹介しているが、その多くが、給料は少ないが、意味の感覚をより強く感じることのできる仕事に就いている。

Matthew Fox（1994）は、われわれの社会を動かしている物質主義に対して特に批判的である。彼は、仕事のために、あるいは稼いだお金で何かを買うためだけに、長生きすべきではないと強く主張する。彼は、人生における最優先の価値は、「人生を十分に生きる（living life fully）」——それを私は全体的発達と言う——ことであると言う。Fox は、「われわれの食欲を刺激し、欲望というニーズを創り出している」宣伝にのせられて「働いて消費する」というメンタリティを批判している（p. 34）。彼はワーカホリックについても、それは強迫観念であり、リラックスできないことであり、その結果、自分自身を不誠実、自己中心、孤立、支配、完璧主義、そしてしばしば離婚へ追いやると述べる。彼は、従業員報奨制度の

あり方を変え、最低賃金労働者の賃金を改善し、ジェンダーの平等を推し進めて家庭での仕事も仕事であることが理解され、らせん状に上昇する消費を止め、時間こそが価値そのものであるという考え方を確立することが必要であると述べる。彼はこのような変化によって、失業者や潜在失業者が仕事を得る機会が増え、家族がもっと多く質の高い時間を過ごすことができるようになると確信している。

　Amy Saltzman（1991）は、過重負担と過重労働、そして人生の意味の喪失を感じている人々を描写するために、**ダウンシフティング**（downshifting）という用語を創造した。彼女は、成功したプロの人々——スーパーウーマンやスーパーマン——へのインタビューを通して、その努力に満ちた、一見成功しているかに見える生活が、実体を欠いたものであると感じていることを発見した。多くが、収入が必要額をはるかに上回っていることを認めたが、それでも自らのライフ・スタイルにとらわれていることを認めている。彼女は、家族療法家で作家でもある人の言葉を引用している。「成功すればするほど、高いローンの支払いと高い事務所賃貸料を払い続けるために、ますます多くのお金が必要になる。成功がわれわれにより多くの仕事をもたらし、本当にしたいと思っていることをする時間をどんどん減らしているとき、成功することの利点がどこにあるのかを見出すのは難しい」（Saltzman, 1991, p. 71）。キャリア・カウンセラーが、人々が人生において価値と消費主義のあり方について検討するのを助けることは、重要である。

## □仕事の満足感

　仕事には「楽しさ（fun）」がないと批判する著者たちもいる。John McClenahen（1991）は、中間管理職と第一線管理者の悲哀を描写している。10人の女性のうちの7人以上（71.4％）、そして10人の男性のうちの6人（61.9％）が、「つまらない海岸の1日の方が、仕事でうまくいった日よりもましだ」（p. 20）といった心情を抱いている。全体で、仕事に楽しさを感じることができるかどうかを調査した人のうち63％がノーと答え、37％がイエスと答えている。さらに、女性よりも男性の方が、仕事を楽しいと答えている（38％対29％）。仕事が楽しくない主な理由とし

ては、チームワークがない、弱肉強食の雰囲気、自発性逼塞の官僚制度が挙げられている。

仕事をもっと楽しくするにはどうすればいいかという質問に対して、調査した人の3分の1の人が無回答であったが、回答した人の内容には、肩書きの廃止、チームとして仕事をする、個人個人の努力をもっと認める（特に金銭以外の形で認めること）などを推奨していた。また調査では、入社して1年未満の従業員が最も幸せを感じており、経験年数でその反対側に位置する人（同じ会社に16年以上働いている人）は最も幸せを感じていなかった。

会社の規模によっても差異があった。従業員数が100人以上の会社では、「笑っている人よりもしかめっ面の人の方が多かった」。McClenahenは、「楽しさやコミットメントを創り出すことができる組織は、明確な目的を持つ組織、キャリアの段階が異なる人には異なったことが必要になることを認めている組織、すべての人がトップになりたいというモチベーションを持っているとは限らないということを認め、従業員にスキルを拡張する機会を与える組織」(p. 22) だと指摘している。1990年代が1980年代と異なるのは、このような企業が現れ始めていることだと言う観察者もいる（調査された人の大半が、中堅社員や専門家、あるいは管理職であることは確認しておく必要がある）。

お金は、単身者、特にシングルマザーにとっては、重要な問題である。というのは、彼女らの大半が貧しい生活を送っており、主要な欲求は、生き延びることだからである。長期失業者にとっても、お金は切実な問題である。そしてそのなかには多くの民族的マイノリティが含まれている。お金に関して、最近いくつかの興味深い記事が、重要な問いを投げかけていた。すなわち、あなたは十分な収入を得ているか？　すべての人に十分に行きわたっているか？　お金は唯一の安全保障か？　すべての人が生き延びるだけの十分なお金を得ることは可能か？　富を追求することは、必ず他者を搾取することを意味するか？　なぜ人間関係の問題の多くがお金にまつわるものなのか？　どのくらいのお金があれば十分と言えるのか？（Durning, 1991）。合衆国では、金持ちと貧乏人の間の格差に対する怒りがどんどん大きくなっている。人々は、花形スポーツ選手やテレビや映画の

スター、会社役員、法廷や企業の弁護士などに支払われる年俸や報酬が異常に高いこと、その一方で、ホームレスや貧困状態にある人の割合が増加していることに社会的な怒りが増大している。

## □価値の再評価

　お金はまた、ホワイトカラーの家族の主な稼ぎ手が解雇やレイオフされたとき、それまでとは違った意味を持つようになる。以前は十分に安心して過ごせていた多くの家族が、ローンの支払いをすることができるか、家を維持していけるか、車の支払いができるか、子どもを学校にやれるか、などの心配をしなければならなくなり、人生においてお金が持つ意味を再考する──あるいはおそらく初めて考える──ことを余儀なくされた。収入が減ることによって、資産と債務を見積もること、そしてさらに重要なことには、それらが人生の目標と価値観に関係している場合には、それについて再考することを余儀なくされ、また被った変化によって、自分の人生において大切な人々がどのような影響を受けるかを吟味せざるを得なくなる。そのような反芻の結果、価値の優先順位が変わることがある。「違いを創り出すために何をすることができ、そして何がしたいか？」という問いが、「生き延びるために何をする必要があるか？」とか「自らすすんで簡素な生活を送ることができるだろうか？」という疑問に置き換えられるかもしれない。

　環境保護主義者のAlan Durning（1991）は、消費主義と消費主義者の価値観が地球という惑星を危機に陥れていると警告している。Durningは、輸送、食事、原材料の例を挙げながら、消費のレベルが、地球が支えることのできる範囲を越えていると警鐘を鳴らし、人生における幸せの主要な決定要因は、消費とは無関係であると述べている。彼は最大の満足感は、家族生活、特に結婚であり、それに仕事、余暇、友情が続くと考える（もちろん、仕事をしていない場合は、それについて満足しているかどうか心配する必要はない）。全般的に、人の生活水準は、経済的必要、価値観、所得力によって決定される。

第7章　重要課題5:スピリチュアリティ（精神性・魂・霊性）と人生の目的を探究する

## □社会階級と消費主義

　Jonathan Freedman は、ひとたび生活水準が「貧困レベルより上になると、収入と幸福感の関係は目立って小さくなる」と述べている（Durning, 1991, p. 48 から再引用）。Durning は特に、ショッピングセンターの急増（実際、1987 年の調査では、アメリカのティーンエージャー女性の 93％前後が、最も好きな余暇時間の過ごし方に、こうしたモールでの買い物を挙げている）と、高い消費を奨励する政府の政策に失望していると述べている。彼は、あまりにも多くの社会的力が物欲を助長していると考える。彼は「過剰」ではなく「充足」の人生を描いて、それは「文化的な意味で、人間の家庭と言えるものへ、すなわち、家族、コミュニティ、良い仕事、そして良い人生という古くからの序列へ、素晴らしく、熟練した手仕事への尊敬へ、物についてただ**関心を向ける**のではなくそれらを**大切にする**本当の物質主義へ、そして一生涯過ごす価値のあるコミュニティへの回帰」を提供すると述べている。

　Nora Gallagher（1992）は、それぞれの世代が、「若いときの経済状態」によって作り上げられたお金に対する感覚を持っていると言う。人々にとって、社会階級はジェンダーや人種以上に重要であるにもかかわらず、ほとんどの人があまり語りたがらない現象のようだ。私は世界大恐慌の時代に、最低限の収入しかない家庭で育ったが、自分の家庭のことを貧乏だと思ったことは一度もなかった。私たちはアパートに住み、食べるものと着るものは十分にあった。母がメイヨー・クリニックで大手術を受けた後、父がその医療費を払うだけの十分なお金を持っていなかったことを私は知っていたが、彼は分割払いでその支払いを済ませた。私が上流階級の存在に気づいたのは、中学生になってからで、それらの人たちが町の反対側に住んでいることを知ったときだった——そこは私たちが住んでいた場所からも、また父が働いていた食品加工工場からも遠く離れていた。

　私が、デートをするようになったとき、彼が路地にあるアパートのドアの前まで送ってくれたときの困惑した気持ちを思い出す。私は一度も人を家のなかに招こうと思ったことはなかった。私が、自宅を持ちそこで暮らすことが重要であると感じるようになったのは、物質主義からではなく、

アパートでしか暮らしたことがなかったという私の経験からであった。私が良い大学教育を受ける機会を得たことによって、私の家族は、私の夫や私が育ったライフ・スタイル（私はいつも路地で遊んでいた子どもの姿を思い浮かべる）とは大きく違うライフ・スタイルを送ることが可能になった。キャリアの専門家は、クライエントと共に社会経済的なライフ・スタイルに関する問題を探究するとき、自分自身の経験と個人的な物語りを有効に活用することができるだろう。

　Gallagher（1992）は、お金と、それがわれわれに及ぼす影響について、洞察に満ちた意見を述べている。経済は、「われわれの生活におけるスープのようなもので、それがうまくいっているときは、目に見えない空気のような背景となっているが、それがうまくいかなくなり出すと、酸素の不足に気づくように、すぐにそれに気づく」（p. 54）。金銭的な恐怖はわれわれすべてに影響を与えるが、彼女は、1990年代初めの景気後退の時期は、1929年とは違い、すべての家族が自分自身の困難な時期を全般的な経済的地震の一部としての揺れと感じるのではなく、個人的な失敗と感じたということを指摘している。彼女は、レイオフは、あたかも「誰を救命ボートから追い出すかといった問題」（p. 54）のように、特定の人を名指しするゆえに特に致命的であると述べている。

## □ライフ・スタイル

　多くの家族では、お金について話すことがタブーのようになっているため、われわれは、自分の両親あるいは祖父母がお金についてどのように考えていたかを知らない。しかしお金はわれわれの生活の巨大な原動力であり、われわれがどこに住むか、どのくらいの頻度で引っ越すか、どのような食べものが食卓に並ぶか、そしてどのような期待を持つかを決定する。それは家族の情緒的生活の根底にあり、それに生気を与え、影響を及ぼし、形作る（Gallagher, 1992）。

　ある重要な統計によれば、1990年代の合衆国の平均的な家庭の年収は、1970年代初めの頃のそれとほぼ同じである。経済的な変化は、世代から世代へ相反する期待をもたらした。どの世代でも、自分たちは前の世代よりは良い生活を送ることができるだろうという考え方が深く浸透している

が、景気後退が続くなかでは、ますます多くの大人になった子どもが両親に頼るようになり、なかには一度飛び立った巣に戻り、家族内の葛藤を生じさせている。お金についての情報は、「感情的負担（emotional baggage）」と混同されて、恐れ、妬み、恥、罪悪感などの感情が、お金について語り合うのを難しくする。

　実際、少数の金持ちと貧困に苦しむ人々との間の格差が広がるにつれて、中産階級は全体的に消滅していくかもしれない（Ehrenreich, 1992）。すでに、1990 年代に中産階級であることと、それ以前の数十年に中産階級であったことは、同じことを意味しなくなっている。Ehrenreich は、アメリカ人の 10 人のうち 9 人がレーガン政権以前よりも多くの税金を払っている一方で、上位の 10％の人々は、少ない税金しか払っていないという不平等な状況を強調している。かつて中産階級は、自宅を所有し、子どもたちを大学に入れ、家族で夏休みを楽しむことができることを意味していたが、今ではそのどれ 1 つとして保証されていない。

## □他の選択肢

　より簡素な生活スタイルを試行しているグループがある。シアトルの「ニュー・ロードマップ・ファウンデーション（The New Road Map Foundation）」は、人々に、消費者という線路から下車するように説得している。Ralph Nader（1992）は、社会改革のための活動は、新しい経済基盤に置くべきであると提唱し、お金は、「サービス・クレジット」「ケア・シェア」「タイム・ダラー」といった新しい種類のお金——基本的には物々交換システム、あるいは、草の根レベルでのサービスの交換——に変えられるべきだと主張する。ノルウェーをはじめとするいくつかの国では、物々交換がかなり一般的に行われるようになってきた（「私の歯を治療してください、私はお宅の配管を直します」）。

　*Money and the Meaning of Life*（邦訳『お金、この神秘なるもの』忠平美幸訳、角川書店、1992 年）のなかで Needleman（1991）は、お金を追い求めることと時間を浪費することの関係を示している。人々は、人間的に重要だと思えること（愛する人と過ごす、勉強する、自然を楽しむ、創造的な活動に励むなど）のための時間を確保しようと懸命になる一方で、それがますま

す勝ち目のない戦いになっていることを理解していると彼は言う。そのような時間の喪失のなかで危機にさらされているものは、人生の真っただ中でわれわれの実在、われわれの人間としての存在の喪失である。彼のメッセージは以下のとおりである。もしわれわれが物を買うのをやめれば、お金を稼ぐために費やす時間を少なくすることができる。物を借り、シェアし、中古品を買い、ボランティアし、慈善を受けるならば、——そしてコミュニティや隣人のために働くならば——、あなたは人生においてもっと多くの時間を獲得することができるだろう。時間が存在するときが来れば、お金は最終的には存在に基づくものになるに違いない、と彼は言う。

　これらの深遠な思想は、キャリアの専門家が、個人と家族、自己充足と結びつき、コミュニティとスピリチュアリティについて考察するときに重要なものであり、これらすべてが、ILP の枠組みのなかに入っている。

## □スピリチュアリティへのガイド

　Mogil, Slepian と Woodrow（1992）は、別の観点からお金について洞察している。古くから安全を提供してきた基本的な機関——拡大家族、近隣、宗教組織——の多くが崩壊しているために、現在ではお金が、安全を提供するようになっていると彼らは主張する。特に合衆国では、セーフティネットがほとんどないため——すなわち、国民健康保険制度がなく、失業保険は不十分で、最低賃金は低く、逆累進課税になっており、工場閉鎖や工場移転を止めさせる手段はほとんどなく、社会保障制度は課題を抱えており、年金制度は不十分——、人々が不安感を抱いても不思議ではない。

　Kulin（1991）は、クライエントが人生におけるお金とスピリチュアリティの意味を探究するのを支援しようとするキャリアの専門家に、適切なメッセージを送っている。「かつてお金は、コミュニティ内でバランスを維持したり回復したりできる手段であった。われわれはもう一度、お金にそのような機能を持たせる必要がある。しかしそれはわれわれ自身のなかに、バランスと秩序の中心を見出すことができて初めて、内部と外部の両方で新しい調和を確立することができる。真の充足感と豊かさは、心の内に見出されるものであり、そのとき外側の世界は、この新たな内側の秩序によって健康な状態へと戻されるであろう」（p. 53）。

第7章　重要課題5：スピリチュアリティ（精神性・魂・霊性）と人生の目的を探究する

# ■スピリチュアリティと仕事

　現在、さまざまな学問分野の著者が、変化しつつある仕事の本質について声を上げ始めている。しかし、仕事とスピリチュアリティを関連付けて考察している人はほとんどいない。現在のキャリア・ディベロプメントの教科書には、意味と目的という問題を取り扱っているものはいくらかあるが、スピリチュアリティという問題を取り扱っているものはほとんどない。キャリアの心理学や産業／組織心理学における視点は変化しているが、それらの本の多くは、伝統的な視点から書かれている。たとえば、Ann Howard（1995）は、そのかなり分厚い著書のなかで変化する仕事の性質について書いているが、その大部分が、雇用、テクノロジー、人的資源と選別、業績評価の変化という文脈に費やされている。

　仕事と家族、あるいは家族と組織など、人生の異なった部分を関連付けて分析しようとしている著者もいる（Zedeck, 1992など）。キャリア・ディベロプメントの教科書は、仕事―家族の問題や仕事と余暇も含めて人生の役割間のつながりに対応し始めているが（たとえば、Brown, Brooks, and Associates, 1996、および McDaniels と Gysbers, 1992など）、それらは多くの場合、スピリチュアリティの問題について、直接扱ってはいない。

　Hall と Mirvis（1995）は、職場における人間関係とスピリチュアリティの意味のなかに、組織マネジメントという観点を導入した。彼らは、生涯学習、職場の柔軟性、自己啓発に注目しながら、興味深く、やりがいのある仕事が自己啓発の究極の目的なのではないということ、そして、家族と共に過ごす時間やその他の個人の発達課題（スピリチュアルなものを含む）も重要であろうと述べている。また、彼らは「いわゆる『自己実現』という考え方こそが人間の動機の頂点という考えをわきに置くことができれば、コミュニティ、個人を超えた結びつき、さらにはスピリチュアリティさえも、人間の発達の超越的目標ではないかということを考える余地が出てくる」(p. 355) と言っている。

## □仕事の再創造

　神学者の Mathew Fox（1994）は、仕事の再創造について包括的に考察するなかで、スピリチュアリティと仕事の関係について1つの定義を示した。「人生と生活は切り離されるべきではなく、どちらも同じ源泉、すなわちスピリットから流れ出るものでなくてはならない。というのは、人生も生活も、どちらも聖霊に関係するものだからである。聖霊とは人生を意味し、人生と生活とは深く生きることであり、意味、目的、喜び、そして、より大きなコミュニティへ貢献しているという感覚を持って生きることである」(p. 1)。Fox は仕事の問題に、多くのキャリアの専門家とはまったく異なった視点を導入しているが、彼の視点は、21世紀に目を向けるキャリアの支援者たらんとするものにとって、非常に有意義なものである。

　McClenahen（1991）が報告しているように、仕事に満足している人や、個人生活と職業生活の間のバランスが取れている人はほとんどいない。Moore と同様に Fox も、「魂の仕事（soul work）」に携わることによって、不安、孤独、疎外感を克服することをすすめる。それは知性と心と健康を結合し、われわれに、全体的人間であることに喜びを感じるような人生経験を得させると言う。彼は、万物はすべて相互につながっているという見方に根差したスピリチュアリティを提唱している。

　仕事におけるスピリチュアリティとは、**悪い仕事**（たとえば、麻薬の使用、犯罪、売春、虐待をそそのかしたりする活動）を避け、**良い仕事**（人権を擁護し、暴力を減らし、環境を保護するなどの活動）をするように努めなければならないという考えに根差している。**良い仕事**は、実際に、「宇宙の車輪を回す（turning the cosmic wheel）」ことに貢献している。人類の多くが、失業しているか、非正規雇用か、ワーカホリックになっているかのどれかになっている。すべての人が、何らかの形で苦しんでいる。最近の研究によれば、全世界で約8億7000万の人が失業しており、世界人口の約3分の1が、仕事についての選択肢を持っていないという（Reichling, 1995）。

　宇宙も、そしてわれわれのからだとこころも、機械のようなものだと

見なす古いニュートン的パラダイムは、もはや適切ではない。Fox (1994) によれば、仕事とは、「宇宙のドラマの展開と宇宙の車輪を回す良い仕事のなかでわれわれが演じる役割である」(p. 6)。仕事は、多くの人の人生の中心に位置するものであるがゆえに、失業は人の心を荒廃させる。必要とされているのは、健康的な仕事であり、やり遂げた後は手放せるような仕事である。われわれは、する必要のある仕事を探し続けるべきである。William Bridges (1993) が、大変異なる背景、すなわち経営コンサルティングの立場から、それまで従事していた仕事がなくなったことを嘆くのではなく、やる必要のある仕事を見つけることについて語っているのは興味深いことである。

　われわれは――私が、職業というパイの1片を求めて競争する人々として描いたような状況から離れて――、内的仕事と外的仕事の両方を行い、国境にとらわれることなく、グローバルな機会について考えることができるようになる必要がある。Fox は、産業革命以前のように、仕事がより関わりのあるつながりの感じられるものになるのを見たがっているようだ。彼は、われわれの関係のすべてにスピリチュアリティを見出すことができ、そして仕事はわれわれの関係のすべてと深く関わっていると言う。やるべき新しい仕事は山積しているが、われわれは自分自身に関わる仕事（すなわち内的仕事）、この惑星に関わる仕事（外的仕事）、そしてその両方を合体させるための仕事をする必要がある。彼は、仕事が労働者にもたらすもの、特に否定的なものについて非常に気にしている。彼は、女性を包含すること、そして養育の仕事は女性と男性の両方がすべき非常に重要な仕事であることを認識すべきであると強く主張している。一旦、種としてのわれわれ人間の内なる欲求に目を向け始めると、仕事が不足していることはないということがわかる、と彼は言う。

　仕事はまた、われわれのコミュニティの内的欲求に基づいて行われる必要がある (Fox, 1994)。われわれが今なすべきことは、地球環境の悪化を食い止める仕事――いわば、機械から離れ、グリーンへと向かう仕事――の重要性を強調することである。**宇宙論** (cosmology) とは、分断されている世界で、全体を考えることである。実際、職業、文化、ジェンダー、役割の間には、大きな相互依存関係がある。多くの人が述べているように、

宇宙における意味は、結びつきの感覚から現れてくる。

　仕事が再創造されるためには、人と学問が変わらなければならない。たとえば、教育の分野は、単に若者を職務に向けて準備させるのではなく、世界の仕事のために準備させることで再創造できる。Gregory Batesonは、未来の仕事は、過去の仕事と違い、情緒的に友好的で、相互依存的なものとなり、地球的な世界観をとり、環境を支配するのではなく、それと調和し、テクノロジーを越えて進む、と述べている（Fox, 1994から引用）。

　世界中の仕事における危機によって提起されている問題は、スピリチュアルな問題である。地球という惑星が繁栄するために、仕事をする人には、新しい要求が課せられ、新しいビジョンを持つことが要求されている。人々は、自らの日常生活を、宇宙のより大きな仕事と再結合する必要がある。われわれは新しい職業、新しい天職、新しい役割を創出する必要がある。Fox（1994）の「仕事のスピリチュアリティ」に関する質問用紙は、キャリアの専門家がクライエントを支援するときに役立つものである。

　仕事とスピリチュアリティをつなごうとするとき、人は多くの啓発的考えを引き出し、議論とビジョンの両方に刺激を与えることができる。キャリアの専門家は、このような分析から学ぶだけでなく、スピリチュアリティをキャリア・プランニングのなかに統合するための創造的な戦略について考えるように刺激されるであろう。

## ■スピリチュアリティと目的

　この節では、キャリアとライフ・プランニングについて書きながら、スピリット、目的、意味という問題に取り組み始めた多くの著者の仕事について簡単に述べる。それぞれは多少異なった見方をしている。キャリア・ディベロプメントの視点からこの問題を取り扱った包括的な文献は存在しない。先に検討した心理学の理論と同様に、統合的アプローチは他の分野の知識も多く取り入れている。

### □使命、宗教、職探し

　職探しとキャリア変更のための包括的マニュアルである *What Colors Is*

*Your Parachute?*（1970）（邦訳『あなたのパラシュートは何色？』花田知恵訳、翔泳社、2002年）の著者である Richard Nelson Bolles は、彼の本や職探しのワークショップやニュースレターのなかにスピリチュアリティの観点を導入している。彼は、宗教的観点から語りながら、彼自身のキリスト教的指向が彼のライフワークにどのように影響しているかについて述べている。彼は、人生における「使命（mission）」と「職業（vocation）」、古い言い方では、たとえば、牧師のような天職（calling）について考察している。彼は1983年に、1人のキリスト教信者という視点から、「スピリチュアル・ライフとあなたの人生／仕事」について、極めて詳細に著した。また1987年には、同じくキリスト教信者の視点から、どのようにして人生における使命を発見するかという問題について論じた。1970年の初版以来、毎年増版を重ねている彼のパラシュートが、職探しをしたり、キャリアの変更を考えている何千人もの人を助けているのは明らかである。

## □目的と全体性

全体的なキャリア・プランニングについて書かれた人気のある本が、*The Inventurers* である。この本は、**インベンチュアラー**（inventurer）を、責任を引き受け、自分自身の課題を創造し、自分を見つめ、新しい選択肢を考え、あえて自己の内面に踏み込み、探究する人と描写している。著者の Janet Hagberg と Richard Leider（1988）によると、「インベンチュアラーとは、自らのライフ・スタイルとキャリアを刷新し、おそらくリサイクルするために、常に新鮮な目で鏡を見る人」（p. 4）のことである。著者らの独創的なところは、からだとこころとスピリット、スピリチュアリティとバランスと目的の意味、そして自分の夢と目標を追求することについて、かなり幅広く検討していることである。2人は「ライフ・スタイル・サマリー」という資料を提供しているが、それはインベンチュアラーになりたいと望む人が、自分の人生の物語りを意味ある全体に統合するための非常に興味深い方法である。

## □目的の力

目的という枠組みのなかでスピリチュアリティを分析することも有意義

である。Leider（1985）は、カナダの1人の青年 Terry Fox に刺激されてその著書を書いたが、その青年は18歳のときにガンで片足を失い、その2年後、カナダガン協会の募金を集めるために、片足でカナダ中を走っているとき亡くなった。Leider は、家族とカナダでキャンプをしているときに Fox と出会った。Leider は、ガン研究のために2300万ドルを集めたこの青年の生き方に大きな感銘を受けた。

Leider は、目的には5つの主要な構成要素があると言う。目的は、(1) われわれの人生に意味を与え、(2) それを軸としてわれわれの人生を組み立てる基準となり、(3) われわれを心の奥底から満足させるもののまわりに力を結集させ、(4) われわれの興味と仕事を明確化し、(5) しばしば思いもかけない姿や形で現れる。彼の著書 *The Power of Purpose*（邦訳『ときどき思い出したい大事なこと』枝廣淳子訳、サンマーク出版、1998年）では、「目的の誕生」について述べ、読者が自分自身の人生の目的を明確にするための多くの演習――「振り返り」――を紹介している。演習の1つに、目的分析（The Purpose Profile）があるが、それは人が今どのくらい目的の感覚を持って生きているかを20項目で自己診断するものである。

キャリアと人生の更新に関する最近の本としては、*Repacking Your Bags: Lighten Your Lord For the Rest of Your Life*（Leider と Shapiro, 1995）がある。これは中年期の人々のために書かれた本で、目的に富んだライフ・スタイルを強調している。Marcia Sinetar も *Do What You Love, The Money Will Follow*（1987）で、目的のある人生について語っている。

## □意味づくり

キャリアはまた、意味づくりを中心的課題とする径、あるいはプロセスと定義されてきた。Carlsen（1988）によれば、キャリアとは、「案内するイメージ、個人的な径の概念、個人的な重要性、物事の道理における個人的一貫性と意味」（p.186）である。結婚生活における「意味づくり」は、「プロセスにおけるパートナーたち」の物語りとして述べられている。

多くの人が、クライエントが人生を意味あるものにできるように、特に危機にあるときに支援することの大切さについて説いている。心理療法家として意味づくりとキャリアの間をつなぐ仕事をしてきた Carlsen は、ク

ライエントが、自分のしてきたこと、あるいは自分に起こったことのなかに意味を見出す過程を通して救われた多くの事例を、ケーススタディとして提供している。たとえば、彼女は、ある1人のクライエントの話を紹介している。彼は法律家になるための時間とお金を使ったが、法律家になることが自分の使命ではないと悟って、自殺を考えていた。カウンセリングに訪れて危機を脱し、ついには彼の人生にもっと大きな意味をもたらす分野を発見した。

デューク大学における意味の探求に関するある講座は、牧師、経済学者、精神科医の3人が各自探求してきた人生の意味についての共同講義であったが非常に内容豊かな著作、*The Search for Meaning*（Naylor, Willimon と Naylor, 1994）となって結実した。彼らはそれぞれの個人的な意味の探求のなかで、多くの挑戦的な主題——無意味さ、分離、所有、存在、行為、職場における意味、コミュニティなど——について問いを投げかけた。彼らは、誰もが次の4つの相互に依存し合う要素を含む個人的哲学を発展させるよう示唆している。(1) 意味の感覚、(2) 価値観、(3) 倫理、(4) 社会的責任、である。彼らはまた、意味を探求するプロセスについても定義した。それには次の7つのステップが含まれる。

- **自分自身の歴史**のなかで、最も意味のある出来事を振り返る。
- 自分自身の人生における**無意味さ**と折り合いをつける。
- 自分自身、他者、そして存在の基盤、これらからの**分離**に向き合う。
- **所有すること**に費やされた人生の結果について熟考する。
- **存在すること**——自分自身の誕生、恋愛関係、コミュニティの感覚、痛みや苦悩など——を通して意味を探求する。
- 意味、価値観、倫理、社会的責任に関わる**個人的哲学**を形成する。
- 外部環境の予測、状況のアセスメント、目標、ゴール、さまざまな戦略を含む**個人的戦略**を形成する。

Naylor とその仲間（1994）の職場における意味に関する章は、マネジメント哲学の重要性を強調しているが、同時に、職場における民主主義の重要性も強調している。そこでは、進んだ人事方針や従業員福利制度を行

っている多くの企業が紹介されている。たとえば、アイスクリーム会社のBen & Jerry'sでは、いかなる役員であれ、最も低い賃金の労働者の7倍以上の収入を得てはならないことになっている。

## □天職の感覚を伴った物語り

　キャリアを使命または天職と考えている著者が多い。Larry Cochran (1990) は、青年期の初期から高齢になるまで明確な使命を持ち続けて生きてきた20人のキャリア・ディベロプメントとライフ・ディベロプメントについて研究した。彼は、20人の物語りを、4つの段階からなる1つの物語りにまとめ、天職の感覚を持つ人のパターンをあきらかにした。すなわち、天職の感覚が始まり、それが洗練され、それが人生の仕事のなかで具体化され、そして終わるパターンである。人生をどうすれば意味あるものにできるかを知りたいと願う読者のために書かれたこの本は、「意味で輝いた、あるいは少なくとも1種類の意味を伴った」(p. vii) 人生について詳細に調べている。天職の感覚を持つ人にとって、人生は、存在をライトアップするように形作られると彼は言う。

　Cochranは、天職という考え方は、これまでいくつかの理由で、カウンセリングの分野では無視されてきたと述べる。

1. 天職はしばしば仕事と同一視されているが、Cochranはそれを、「誤解を招く具体性」と言う。
2. 研究における標準的見方では、天職は、理論には当てはまらない抽象的で不毛な概念として低く見られている。
3. これまでキャリアの心理学者は、個人とその個人の天職の感覚を研究するには不適切な実証主義世界観についてもっぱら指導されてきた。
4. 圧倒的多数の理論と研究が、現行の実践と社会的配備（この場合は職業ガイダンス）に目を向けているが、それでは狭すぎる。

## ■物語りとしてのキャリア

　今日、キャリア・カウンセリングにキャリアの物語りを取り入れること

に大きな関心が集まっている。私は長らく、私のキャリア・ディベロプメントのクラスの学生に、自分自身の「統合的キャリア・ディベロプメントに関する論文」を書くことを求めてきた。そしてそれはとても有意義であることが示されている。

　Cochran は、天職の感覚を持つ人々の人生の物語りには、2 つの著しい特徴があるという。すなわち、繰り返しとリズムである。彼は人生の流れと仕事における人生の段階を季節になぞらえた。夏──未完成、秋──位置決め、冬──暫定、春──完成。彼が研究した 20 人は、誰もが知っている人物ばかりである（John Stuart Mill, Lincoln Steffens, Yehudi Menuhin, Booker T. Washington, Margaret Mead, Conrad Hilton, Christopher Milne, Gregory Bateson など）。Cochran は、女性と男性がそれぞれの物語りを生きることを支援するために、他者──両親、カウンセラー、聖職者、友人──は何をすることができるかについても、提言を行っている。

　物語りとしてのキャリアという概念は、キャリア・ディベロプメントの分野で勢いを得始めている（Jepsen, 1992）。生活全体が 1 つの使命に捧げられている人々（それは現在のように職業から職業へと転職するのが当たり前になっているような時代には、あまり一般的ではないかもしれないが）に焦点を合わせているとはいえ、物語りあるいはストーリーという概念は、クライエントが天職の意味と人生における物語りを理解する支援をしようとしているキャリアの専門家にとっては重要である。実際、Mark Savickas（1995）は、20 年もすると、キャリア・カウンセラーは、クライエントが自分自身の興味をその分野で成功した人と比較する「ストロング興味検査」を使わなくなり、むしろクライエントに自分の興味のある分野を役割モデルの物語りや自伝と比較対照させるようになるだろうと予測している。

## □「汝の至福に従い給へ（Follow Your Bliss）」

　神学者の Joseph Campbell は、スピリチュアリティと宇宙における場所についての対話で、計り知れないほどの大きな貢献をした。彼を狭い意味でのキャリアの心理学者の枠に閉じ込められないし、またそうすべきではないが、彼は文化の枠を超えて存在する神話に、ある世界観と心理学的解釈をもたらした。彼は、人を分類するための「箱」に入れられたり、彼

の英知が人類学、生物学、哲学、歴史、芸術、宗教などに由来するとされることを拒否した（CampbellとMoyers, 1988）。Bill Moyersが教師であり、学者であり、生涯にわたる学び手であり、また本物の人生を生きてきた人として紹介したCampbellは、文化の枠を超えて存在する共通のスピリチュアリティを、「人類の大きな問題に対処する……世界の夢」と見ていた（p.15）。

　キャリア・カウンセリングの実践家に最も大きな影響を与えているのは、おそらく、Campbellの「汝の至福に従い給へ（Follow Your Bliss）」という助言だろう。MoyerとCampbellの対談のなかでCampbellは、「私が汝の至福——心底腑に落ち、これこそ自分の人生だと感じることができるもの——と呼ぶものに従うなら、ドアは開かれると思う。ドアは確かに開くのだ！……このように生きるべきだとあなたに告げる瞬間をわきに置いて。心の声に耳を傾けなさい。そして、あなたの身体と魂があなたを導こうとしているところに踏み出しなさい」（CampbellとMoyers, 1988, p.120）と語っている。

　私はJoseph Campbellを大変尊敬しており、彼の本は、私を高揚させ、自由にしてくれる。至福とは、日の出や日の入りを眺めることを意味すると言う人もいるが、私の学生のなかには、経済的な意味で生き延びる手段を持たない多くの人は本当に至福に基づいて生きることはできないだろうと指摘した学生もいた。とはいえ、目的地ではなく人生の旅そのものを強調することを象徴的に表す言葉として彼のメッセージを捉えるとき、それは多くの人にとって深い意味を持つことになる。

## ■スピリチュアリティと統合的ライフ・プランニング

　これまでの考察のなかで繰り返し検討されてきたことは、お金と物質主義という背景に対するスピリチュアリティ、コミュニティ、結びつきである。人々の人生においてこのテーマの重要性が増していることは、コミュニティは意味と目的を通して初めて実現されると提唱する人が増えている事実から明らかである。私はある特定の戦略に焦点を当てはしなかったが、クライエント、学生、従業員を支援するための考え方がこれらの問題にア

第7章　重要課題5：スピリチュアリティ（精神性・魂・霊性）と人生の目的を探究する

プローチするための枠組みと共に、数多く提唱されている。

　キャリアの専門家は、さまざまな方法でスピリチュアリティと宗教的信念という問題に関わっていくだろうが、以下の点についてはある程度理解しておく必要がある。すなわち、自分自身のスピリチュアリティと宗教的信念、支援する人のスピリチュアリティと宗教的信念、その両者がどのように調和し、個人の価値観、目的の感覚、人生の選択に影響するか、である。スピリチュアルな枠組みは、狭く限定された役割を打破し、存在と行為の新しい方法を発見しようとしている女性にとって特に有益である。そのような女性は、結びつきとコミュニティという価値を自分自身と同一化もしているだろう。

　多くの演習によってスピリチュアリティと人生の目的の探究を促進することができる。巻末の演習問題集ではいくつかを紹介している。本章で検討した数冊の本も有益である。たとえば、Richard Leider の *Power of Purpose*（1985）は、目的を自分自身のアイデンティティの1つとして検証しようとしている読者にとって有意義だろう。中年期の成人に向けて書かれたより新しい *Repacking Your Bags*（Leider と Shapiro, 1995）は、目的のある人生を創造することについての多くの示唆を与えてくれる。最後に、Naylor, Willimon と Naylor の *Search for Meaning*（1994）は、個人的探求を始めたいと考えているクライエントに推奨したい本である。

## ■結　論

　本章では、目的、意味、物質主義、スピリチュアリティについての多くの考え方を提示した——ILPキルトの重要な1片を構成する複合的なテーマである。スピリチュアリティは、人生、仕事、人間的発達の多くの側面と関係付けて考察された。お金と物質主義から脱却して目的のある生活へと向かう動きは、キャリアの専門家とそのクライエントに非常に高いゴールを示した。仕事を改革し修正するために提示された新しい方法は、統合的ライフ・プランニングの重要課題と、なすべき仕事を見つけるというゴールによく合致している。本章で検討されたもう1つの重要なことが、キャリアを物語りとして考えるというキャリア・カウンセリングのための

新しい戦略である。スピリチュアリティは文化ごとに異なった形で表現され、その探究はキャリア・ディベロプメントとキャリア・カウンセリングにおいて長い間無視されてきたが、スピリチュアリティの探究は文化の枠を超えて人々に向かって語られるべき課題である。スピリチュアリティの探究は、意味についての普遍的な探究とつながるILPキルトの重要な1片である。

　これらの考えは、他者が人生の選択と決断をするのを支援しようとしている人々にとって、大きな糧となるに違いない。本章で検討した人生のスピリチュアルな次元について語っている理論家や心理学者、キャリアの実践家、その他の社会評論家の刺激を通して、カウンセリングの専門家は、クライエントが究極の意味と目的について考察し、実践のなかでそれらの問題を重視するように刺激を与えることができる。

◆訳　注
（1）神学と心理学の両方の訓練を受けたカウンセラー。
（2）Spiritはキリスト教の聖霊を指す。

# 第8章
# 重要課題6
# 個人の転換（期）と組織の変化のマネジメント

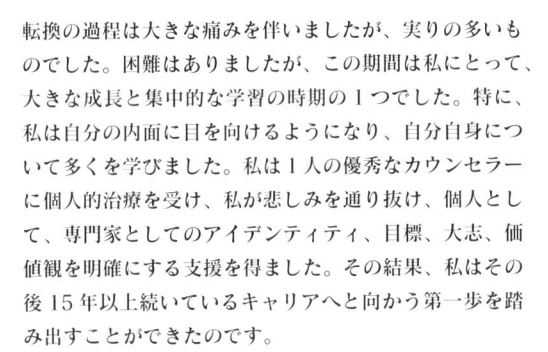

❈

　転換の過程は大きな痛みを伴いましたが、実りの多いものでした。困難はありましたが、この期間は私にとって、大きな成長と集中的な学習の時期の1つでした。特に、私は自分の内面に目を向けるようになり、自分自身について多くを学びました。私は1人の優秀なカウンセラーに個人的治療を受け、私が悲しみを通り抜け、個人として、専門家としてのアイデンティティ、目標、大志、価値観を明確にする支援を得ました。その結果、私はその後15年以上続いているキャリアへと向かう第一歩を踏み出すことができたのです。

——あるラテン系の男性大学院生

いよいよ、統合的ライフ・プランニングの6番目の重要課題、転換（期）（transition）と変化（change）に焦点を合わせることにする。ILPキルトが完成に近づくにつれて、本書で見てきたすべての重要課題は、何らかの形で個人または組織のあるいは両方の変化を含むことがわかってきた。それらはすべて関係しているのである。ILPの課題はすべて重要であるが、おそらくこの最後の課題は最も際だっている。人々の人生、家族、そして仕事組織における、望んだあるいは望んでいない変化という文脈において人々に影響を与えるという意味で、重要である。私は本章でもう一度、私の個人的なキルトの数片を提供する。そのなかには、失業に伴う私の家族の経験も含まれている。

本章では、転換（期）と変化のいくつかの側面を探究していく。私は**個人の転換（期）**を、人生のさまざまな部分で、自発的・非自発的な変化に関連するものとして考察するが、そこで検討する内容には、あるモデルの文脈のなかで検討される失業のケース・スタディ、転換が生じたことに伴う意思決定の概念と戦略など、期待するあるいは期待しない変化に対処するために用いられてきた転換（期）のモデルが含まれる。また、私は**組織の変化**（organizational change）という概念を、20年以上前から組織開発を特徴づけている大きな変化と潮流を意味するものとして検証するが、その内容には、変化しつつある組織の構造、仕事のパターン、価値観、リーダーシップのパターン、そしていま現れつつある統合的キャリア・パターンなどが含まれる。最後に、**グローバルな社会的変化**（global social change）について考察する。

## ■個人の転換（期）

転換（期）ということばは、人々が一生の間に起こすさまざまな変化——結婚やパートナー関係の形成と解消、子どもを持つこと、キャリアの変化、退職、夫／妻を失うこと、転居、失業、昇進、などなど——を指す。クライエントにとって最も力強い支援者となることを目指すキャリアの専門家は、さまざまな転換（期）のモデルに精通しておくことが大切である。

キャリアとカウンセリングの文献における転換（期）のモデルの多くが、

個人にとっての変化と転換（期）のプロセスに関するものである。それらのモデルでは、退職がパートナーまたは配偶者に及ぼす影響や恋愛関係が仕事に及ぼす影響などの関連する要素は考慮されているが、その大半が、転換を起こす個人に向けられている。

## □ Bridgesによる転換（期）の終わりと始まりの理論

　William Bridges（1980）は、人生全体に関わる転換（期）の本質と転換（期）のプロセスにおけるいくつかの段階について述べている。多くの人が、転換（期）を始まりと考えているが、彼は転換（期）を、次の3つの段階に区分した。(1) 終わり：すなわち、ある場所、ある経験、ある人間関係から離脱することによる喪失感に向き合う時期。(2) 中間期：何が起こったかを理解し始める時期。(3) 始まり：1つあるいは複数の新しい機会のために準備し始める時期。

## □ Brammerの人生転換理論

　Lawrence Brammer（1991）は、Bridges（1980）、Schlossberg（1981）、Hopson（1981）の理論を踏まえて、人の一生を通して持続的に生起する通常の変化（結婚、離婚、病気、失業、転職、卒業、昇進など）と、通常でない変化（死、事故、災害）の両方を転換（期）として定義した。彼はこのような短く鋭い変化を、「人生の転換（期）（life transition）」と特徴づけるが、転換（期）は、たいていは未知のものへと続く旅を意味しており、その旅はしばしばリスクを負う勇気と不安に打ち勝つ能力を要求する。

　Brammerのアプローチのユニークな点は、変化への対応のレベルという考え方である。Brammerによると、そのレベルは適応（adaptation：変化に順応するとき）、刷新（renewal：目標を設定するとき）、変質（transformation：生まれ変わりを体験するとき）、そして超越（transcendence：変化の意味を体験するとき）の4つである。図8.1はこの4つのレベルを図示したものである。

　Brammerは、図の最下段が最も安易な対応のレベルで、一番上が最も困難レベルである、と述べている。結果がわれわれにとってそれほど重要なものでないような場合、もしくは抵抗するのを控えたほうがよいとか抵

図 8.1. Brammer の変化への対応レベル

**超越**
究極的意味を体験する

↑

**変質**
パラダイム・シフトを体験する
生まれ変わりを体験する

↑

**刷新**
目標を設定する──価値観を明確にする
行動へのコミットメント

↑

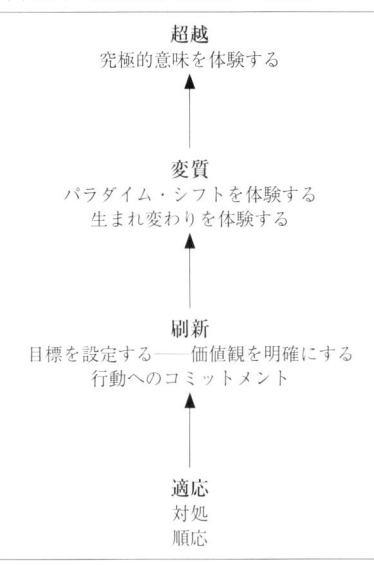

**適応**
対処
順応

出典：Adapted from L. M. Brammer, *How to Cope with Life Transitions: The Challenge of Personal Change.* New York: Hemisphere, 1991, P. 8. Reproduced with permission. All rights reserved.

抗するのは無益だとわかっている場合、われわれはそのような状況に順応（adjust）していくだろう。対処（coping）は適応へ向かうより積極的な方法であり、以下のようなスキルを含んでいる。(1) 変化を肯定的に捉える見方を開発する、(2) 支持を作り出す、(3) 否定的な考えを改める、(4) 問題を解決する、(5) 潜在的な危険性を評価する、などである。刷新レベルは、変化を個人にとって創造的なものへと向けていく意図的なプロセスである。そこには、リスクを負うこと、新しい目標を設定すること、そして、新しい進路を策定することが含まれる。変質とは、問題や状況のとらえ方の基本的な変更を指す。それは、予定外の人生上の出来事を、自分自身と世界について、そして悲劇としてではなく変化の過程であることを学ぶ価値ある機会として見ることを含んでいる。超越レベルでは、人は人生の究極的意味を体験する。Brammer は超越を、意味の探求の極致──特別な転換（期）の意味だけでなく、人生全体の意味への気づき──

と見る。それはたびたび起きるものではない、よって、それが起こったときにはそれを大切にせよ、と彼は注意を喚起している。Brammerのモデルと統合的ライフ・プランニングの間には明確な関係性がある。

## □ Pilderのアウトプレイスメント・モデル

元神父のBill Pilder（1985）は、ペンシルベニアのベツレヘム・スチール社が工場閉鎖を実施したとき、レイオフされた5000人の労働者が新しいアイデンティティを見出すことをもっと具体的なレベルで支援するために、メインストリーム・アクセスという名前の革新的な再就職支援会社を設立した。Pilderは、変化は起こり得るだけでなく必要であると考えたCarl Jungの研究に基づく彼の理論によって、失業が広がっているこの時期に、労働者が物事を今までとは違ったやり方で行おうと思えるように自分自身の内面を見つめることを支援した。彼が重点を置いたのは、労働者が新しいテクノロジーを学ぶことではなく、労働者の内面的な変化と、職の転換を起こすような新しい種類の「文化的セラピー」を通じて労働者の起業家的エネルギーを解放させることであった。敵意と絶望の雰囲気にもかかわらず、Pilderはこの方法を通して、労働者が意味ある仕事を見出すのを支援することに成功した——それは聖職を辞したとき、彼自身が行った方法と同じであった。

Pilderは、ベツレヘム・スチール社と米国労働省の支援の下に、ブルーカラー労働者のためのプログラムを開発したが、そのプログラムの目的は、権威主義的な企業あるいは組合から庇護されているというメンタリティから労働者を解放することであった。労働者たちは、自分自身を信頼するように、そして自分自身で身を守るよう勇気づけられた。Pilderは、Myers-Briggs Type Indicator（MBTI）を使い、まず労働者が世のなかに対処する従来のパターンを理解する援助をした。次に、自分自身の創造的エネルギーに目を向けさせ、特定のスキルを学ばせることを通じて、自分自身の内的ビジョン（inner vision）を解き放つように勇気づけた。

レイオフされた労働者の30％近くが、自分で事業を起こすことに興味を示した。プログラムの結果、ある鉄鋼労働者は画材店を開き、別の労働者は乗馬クラブを開設した。コンピュータ部門で働いていた労働者は、新

しいソフトウェアを考案した。また、消防署員に危険な化学物質の処理の仕方を教えるサービスを始めた者もいた。

　Pilder は、ベツレヘム・スチール社のような大企業の工場閉鎖は人々に対してあらゆるレベルの社会経済的な影響を与えるという事実を無視したわけではないが、彼は労働者が成長し、変化し、自分自身と仕事をまったく違う観点から眺めることができるように手を貸した。これは人々に、転換（期）を新しい視点で見ることができるように援助することに成功した画期的なストーリーであり、しかもそれは現在の人員削減の流行が始まるかなり前に起こったことである。

## □ Kanchier の「探求者たち」

　キャリアの専門家にとってもう 1 つの実践的モデルは、心理学者 Carole Kanchier（1987）が中年期のキャリア・チェンジに対処する方法として開発した**探求者たち**（questers）と呼ぶものである。探求者たちとは、恐れずにリスクを負い、自分のキャリアに責任を持ち、それゆえ、同じ職や同じライフ・スタイルにとどまる必要のないことを知り、新たな職を探したり職を変える人である。彼女は、そのような人の特徴として、目的意識が高く、自律しており、親密性があり、両性尊重的で、達成意欲が強く、成長したいという強い気持ちを持っている、などを挙げている。Kanchier のツール――クイズや質問表など――の多くは、仕事の燃え尽き度、仕事満足度、探求者としての自己確認などを行うためのものであるが、彼女の基本的な目標は、人々が自分自身をもっとよく知るようになり、定期的に自分自身の人生を評価するようになることである。このような種類のプロセスは、自発的に転換しようとする人々と「あえて変わろうとする」人々の役に立つであろう。

## ■ Schlossberg の転換（期）への適応理論

　Nancy Schlossberg は、学術論文 *Counseling Adults in Transition*（Schlossberg, 1984；Schlossberg, Waters と Goodman, 1995）のなかで記述したあらゆる種類の転換（期）に適用できる便利な枠組みを、より大衆向けの自己

啓発書 *Overwhelmed: Coping with Life's Ups and Downs*（Schlossberg, 1991）
（邦訳『「選職社会」転機を活かせ』武田圭太・立野了嗣訳、日本マンパワー出版、2000年）、さらに最近では、他の選択肢とノン・イベントに対処する *Going to Plan B*（SchlossbergとRobinson, 1996）を発表した。Schlossberg（1981）のモデルは、最も包含的でしかも統合的ライフ・プランニングにおける私の考えに最も大きな影響を与えたものの1つという理由で、ここではそれについて詳しく説明する。

　先に述べたように、われわれが人生を通じて引き起こすであろうさまざまな種類の変化を意味する用語として、**人生の転換（期）**（life transition）ということばを使いたい。すなわち、人生上の出来事、（たとえば、結婚すること、子どもを持つこと、転居すること、「空の巣」に対処すること、退職など）に対する規範を定める一種の「社会時計（social clock）」に基づいて決めることを社会がわれわれに期待する発達的決断と、トラウマ、および劇的な変化を起こすかもしれない予期せぬ出来事（たとえば、離婚すること、人間関係を失うこと、子どもまたは配偶者を失うこと、首にされること、そして「それほど空にならない巣（not-so-empty nest）」に対処すること）である。

　Schlossbergの枠組みは個人のために作られたものであるが、その視野の広さ故に、統合的ライフ・プランニングにも、そして個人とパートナーのどちらの意思決定にも、幅広く適用できそうである。キャリアの専門家は、クライエント、学生、従業員に対する活用可能性と同様に、自分自身の転換（期）を振り返るときにも、この枠組みを適用したいと考えるかもしれない。

　Schlossbergは、最初に、転換（期）を理解しようとするときに考えなければならない4つの領域を挙げている。(1) 変化の引き金、(2) 変化または転換（期）の当事者、(3) 変化の結果、(4) 戦略と資源をうまく扱うことである。

　変化の引き金には、**計画した出来事**（plannned events）、**計画外の出来事**（unplanned events）、**ノン・イベント**（non-events）、**慢性的な出来事**（chronic events）がある。ある人が18歳のときに選んだ専門分野を変える決心をしたとき、それは計画した変化である（しかし結婚生活においては、配偶者の1人にとっての計画した変化が、相手方にとっては計画外の出来事になる場合

もあるだろう。たとえば、ある企業の役員が、家族全員での移住という条件を承諾し昇進することになったときなどである。ある人の人生における転換によって、関係する別の個人が影響を受ける例としては次のようなものがある。配偶者が大学に戻りたい、あるいは職を変えたいとき、息子や娘が、結婚したい、軍隊に入りたい、職業訓練校に行きたいとき、親のどちらかが引退する、あるいは介護施設に入るとき、友人の1人が遠くへ引っ越すとき、同僚がセクシャル・ハラスメントを受けているときなど)。

　計画外の変化とは、ほとんど個人がコントロールすることができず、その変化を否定的に捉える場合を指す。そのような変化には、景気後退、レイオフ、障害が残る事故、あるいはもっと大きく戦争など、人々の人生で起こる予想外の出来事によって引き起こされる変化が含まれる。

　ノン・イベント（non-events）とは、望んでいた、あるいは期待していた変化が起こらなかったこと——子どもがいなかったカップルにとっての子ども、別の人の所へ行った仕事、実現しなかった昇進、勝てなかった選挙など——を指す（SchlossbergとRobinson, 1996）。このような転換（期）は、より微妙で気づきづらいが、ノン・イベントへの適応は、計画外の変化に対するのと同じくらい、個人にとって、心が傷つく、ストレスの多いものとなることがある。最後に慢性的な転換（期）とは、毎日家庭や職場で経験する惨めな出来事が引き金になって起こる転換（期）で、Schlosseberg はこれを、「sleeper transition」と呼んでいる。そのような転換（期）には、絶望的な気持ちになる病気、常態化した薬物依存、虐待を伴う人間関係、職場における持続的な倦怠感などが含まれる。

　特に家族のカウンセリングにおいては、キャリアの専門家は、その転換（期）が本当は誰の転換（期）であるのかをよく考えることが重要である。ここまで述べてきたように、ある対人状況においては、1人の転換（期）が、もう1人あるいは他の人々に、大きな影響を及ぼす。実際、家族の1人が離婚を決心したとき、あるいは失業したとき、家族全体が影響を被る。これらを私は、「つながっている転換（期）（connected transitions）」と呼ぶが、それは関係者すべてが、その転換（期）のなかで、ある役割をとるからである。

　転換（期）の結果は、重大なものもあれば、それほどではないものもあ

る。いくつかは強いトラウマを生じさせるもの（別離や失業など）として始まるが、時間の経過によって大きな肯定的な個人的変化を生み出すこともある。転換（期）はまた、社会生活、仕事、健康、個人的生活などを含む人生の多くの領域に影響を及ぼす場合もあれば、ほとんど影響しない場合もある。

　すべてがそうだというわけではないが、多くの転換（期）が役割の変化を伴う。役割を失う（配偶者を失う、引退する、親密な人を失うなどの漸減的変化——私はそれを9歳のときに妹が5歳で亡くなるという悲しい経験をした）転換（期）もあれば、昇進する、親になるなど、新たな役割を獲得する転換（期）もある。転換（期）がどれほど破壊的か、そしてその結果がどれほど深刻かを決定する要因には、以下のようなものがある。

- **影響が肯定的か否定的か**　たとえば子どもが家を離れるとき、特にその子どもの目的地が危険をともなう場所であった場合、両親は否定的な影響を受けることがある。
- **原因が内的なものか外的なものか**　外的な原因とは、人のコントロールが及ばない状況——たとえば、解雇——などである。内的な原因とは、自発的なもの——たとえば、転職を決断する——などである。
- **タイミング**　その出来事がちょうど良い時期に起こったのか、あるいはそうでないか。たとえば、ある女性が、20代から30代の間に第1子ができたとすれば、それはちょうど良い時期である。しかし40代近くでできたとすれば、あまり良い時期とは言えない（1990年代には、そのような女性の数が増えている）。
- **徐々に起こるかそれとも突然起こるか**　出来事が予想されたものであれば、人は準備する時間がある——たとえば、長期間病気を患っていた子どもが亡くなった場合など。しかしまったく予想していなかった場合——たとえば事故で子どもを亡くしたような場合——は、人はまったく準備する時間を持たない。
- **永久的か、一時的か、あるいは継続期間が不確定か**　継続期間が不確定な転換が起こる場合がある。たとえば、自分が病気であることを知ったとき、それが末期的なものかどうかわからず、自分が新しい仕事

に就くことについては不確かである。

　Schlossbergは、転換に対処するまたはマネジすることの重要性を強調しているが、それはそのような出来事が、自分自身と世界に対する前提認識に変化を起こし、その結果、人の行動と関係性に変化が生じるからである。われわれのクライエントが転換（期）に対処する方法は多くの要因によって決まるが、それには、特定の転換（期）に対する個人の受け止め方、その人の特性、その人の持っている資源と不足しているもののバランス、などが含まれる。ここでもSchlossbergは、これらの概念を個人に向けたものとして考えているが、それは転換（期）にあるパートナーにとっても適用できるものである。別表 8.1 は、Schlossbergの転換（期）モデルの詳細な一覧表である。

　Schlossberg（1991）は、クライエント、労働者、学生を支援するために、あるいは他者を支援する専門家を訓練するために、自分の理論を基にしてより簡素化された 1 つのモデルを開発した。それを彼女は、Your Steps in Mastering Changeと名付けた。そのステップは、(1) 変化に向けて準備する、(2) リソースを見積もる、(3) 責任を負う、という 3 つである。

　ある人の人生にとって、転換の影響がどれほど深刻なものであるかをキャリアの専門家が測定するために、以下のようないくつかの重要な質問がある。(1) その転換（期）は、あなたの役割、関係性、前提認識、日常のルーティンをどのように変えたか？　(2) それは、自分自身についてのあなたの定義と、あなたの計画する能力をどのように変えたか？　(3) それはあなたの人生において特に困難な時期に現れたか？　(4) あなたはその転換（期）をどれくらいコントロールすることができるか？　(5) その転換（期）はどれほど続くか？　そして、4 つの S ——状況（situation）、自己（self）、支援（supports）、戦略（strategies）——について評価する必要がある。Schlossbergはまた、責任を負う段階では 4 つの S を再確認し、適切な対処戦略を選択し、行動計画を策定し、その人がその変化からどのような利益を引き出すことができるかを考え、選択肢の幅を広げ、理解し、コントロールすることとしている。図 8.2 は、転換（期）に対処する 3 つのステップを要約したものである。

第8章　重要課題6：個人の転換（期）と組織の変化のマネジメント

別表 8.1.　Schlossberg の転換（期）モデル

| 変化を起こすイベントまたはノン・イベント | 対処に使えるリソース<br>資産と債務のバランス | | | 転換（期）のプロセス<br>良い方向にまたは悪い方向へ／向かうこれまでの反応 |
|---|---|---|---|---|
| | 転換（期）を特徴づける変数 | 個人を特徴づける変数 | 環境を特徴づける変数 | 同化の諸段階 |
| タイプ<br>・予測していた<br>・予測していなかったノン・イベント<br>・慢性化したいどこそ | ・イベントまたはノン・イベントの特徴<br>ーきっかけ<br>ータイミング<br>ー出どころ<br>ー役割の変化<br>ー継続期間<br>ー過去に経験した同様の転換（期）<br>ー同時に起きるストレス<br>・アセスメント | ・個人的および人口統計学的特徴<br>ー社会経済的状態<br>ー性役割<br>ー年齢およびライフ・ステージ<br>ー健康状態<br>・心理的リソース<br>ー自我の発達<br>ーパーソナリティ<br>ー外見<br>・コミットメントと価値観<br>・対処反応<br>ー機能：状況、意味、あるいはストレスをコントロールすること<br>ー戦略：情報の探索、直接的な行動、行動の抑制、心理内の動き | ・社会的支援<br>ータイプ：親密な家族の単位、友情のネットワーク、機関<br>ー機能：愛情、肯定、助力、フィードバック<br>ー量：護送<br>・選択肢<br>ー実際の<br>ー認識される<br>ー利用されている<br>ー創られた | ・普及<br>・妨害<br>・統合（良い方向へ、または悪い方向へ）<br>評価<br>・転換（期）、リソース、結果の<br>・既成概念あるいは人生の充実度で |
| 文脈<br>・個人の転換（期）へのかかわり<br>・転換（期）が起きる環境 | | | | |
| 影響<br>・関係性<br>・ルーティン<br>・前提認識<br>・役割 | | | | |

出典：N. K. Schlossberg. *Counseling Adults in Transition*. p. 108. Copyright © 1984. Springer Publishing Company. Inc. New York 10012. Used by permission.

Schlossberg（1994）はまた、転換（期）を実行する人々を支援するために役立つツールを開発した。それは、Transition Coping Guide（TCG）と呼ばれている。そのガイドは状況（situation：あなたはその転換をどう見ているか？）、自己（self：あなたは誰か？）、支援（support：あなたは他者からどのような支援を受けているか？）、そして戦略（strategies：あなたはどのように対処するか？）、という先の4つのSを中心にした45項目からなるガイドである。TCGは自己採点式になっており、クライエントがどうすればその転換を最も容易に受け入れることができるかを見出し、なぜその変化が自分自身を不安な気持ちにさせているのかを理解するのを助け、その変化に耐え、それに対する理解を深め、より効果的にそれに対処するのを支援するためにデザインされたものである。クライエントがこれらの4つの領域のどれかで支援を必要とするならば、そのガイドはキャリアの専門家が仕事を開始すべき領域を示している。しかし、もしクライエントがその4つの領域のすべてで専門家の支援を必要としているならば、そのとき

図 8.2.　変化達成のための Schlossberg のステップ

**変化を開始する**
- 自分の転換（期）を同定する

  それは何か？

  それはあなたの役割、ルーティン、前提認識、人間関係をどのように変化させてきたか？

  あなたは転換（期）のプロセスのどこにいるか？

**蓄えを利用する**
- 転換（期）に対処するためのあなたの潜在的な資源を評価する

  4つのS ──状況（situation）、自己（self）、支援（support）、戦略（strategy）

**実行する**
- 適切な対処戦略を選定することによって対処資源を強化する。
- 行動計画を策定する。
- 変化により生ずる利益：選択肢、理解、そしてコントロールを増やす。

出　典：Adapted with permission from N. K. Schlossberg, *Overwhelmed: Coping with Life's Ups and Downs*, fig.6-7. Copyright © 1989, 1994 Jossey-Bass Inc., Publishers. First published by Lexington Books. All rights reserved.

は、可能な限りその転換を遅らせる必要があることを示している。TCGはこの4つの領域すべてを熟考するための優れた質問を用意している。

## ■ある失業のケース・スタディ

今日の多くの男性と女性——特に中年世代の人々——にとっては、大きな変動が破滅的な影響を及ぼす場合がある。そのような予期せぬ大変動が私自身の家族を襲い、それが私の個人的な人生のキルトの1片となった。それは、できることなら、それなしでやっていきたいと思うような経験であった。予期せぬ失業に直面した多くの人が、われわれが対処しなければならなかったものよりもはるかに深刻な結果に対処している。それでもなお、その失業という大変動は、われわれ一家にとって情緒的に非常に深刻なものだった。これから私は、Schlossbergのモデルの文脈に沿って、われわれの転換（期）の経験について述べたいと思う。私は、キャリアの専門家が、同じような分析過程を通じてクライアントを導くことによって、転換（期）にあるクライアントを支援することができることを望む。

### □状　況

子どもたちが大学の学位を取得する最終段階に入っている頃、私の夫トールが、技術営業職という仕事を失った。彼は26年間、彼自身が株主でもあった会社に忠実に尽くしてきたが、ある金曜日に突然解雇を通告され、翌週の月曜日の朝に解雇通知を手渡された。彼は2週間分の退職金しかもらえず、年金もなく、転職支援も受けられず、そのうえ退職パーティーも開いてもらえなかった。1カ月もしないうちに、競争相手の会社が彼を雇ってくれたが、そこで1年ぐらいしか働かないうちに、その会社も人員削減が必要になり、新しく採用した社員から先に解雇するという会社の方針に基づき、トールなど新しく採用された社員が最初に解雇された。彼はそれから1年半の間、懸命に新しい職場を探したが、とうとうそれを断念し、失業統計上、「職を探す意思のない」「統計に含まれない」失業者の1人となった。

こうして1990年に、われわれの転換（期）が始まった——トールの最

初のレイオフは、明らかに計画外の出来事であった。それは国中のいたるところから人員削減の報告がなされ、メディアの注目を集め出した頃に起こった。しかしそれは、突然解雇された夫の心の痛みを少しも和らげるものではなかった。本当に苦しい転換（期）が始まったのは、2回目の失業と無駄に終わった職探しの後からであった。多くの男性が彼と同じような経験をしており、またわれわれの家族は、仕事を変わることは全然問題なく、それはしばしば起こることだと理性的に受け止めることができる人間ばかりであったが、トールは仕事と会社を同一視していたため、この予期せぬ失業は、彼の自己概念に大きな打撃を加えた。

今、白人男性の多くが、彼が経験したのと同じことを経験している（突然のキャリアの喪失をアファーマティブ・アクションのせいにし、そのことによって新たな緊張関係を生み出す人もいる。私の夫はそのような対応はしなかったが）。われわれの転換（期）の経験は、もはやめずらしいことではない。実際、それは今とても頻繁に起きる出来事になりつつある。今、国中の企業が人員削減を行い、より高い給料を支払っている専門職から先に解雇することによって人件費を削減しようとしている。それは家族の健康と人間関係にどのような影響を及ぼすのだろうか？　われわれの家族の場合、それはわれわれ自身と仕事の世界に対する前提認識のいくつかを変え、自分たちの資源を見直すことにつながった。それはまた、いくつかの役割の変化を生み出した。

## □役割交代

私は大学に職があり、ほとんど毎日オフィスにいた。対照的に、夫はその日1日何もすることがなかった。転職支援の専門機関による支援は得られなかった。彼は前の会社を通じて、何とか2つの製造業と販売代理店契約を結ぶことができたが、その仕事は前の仕事の半分の時間も必要としなかった。当時私は友人に、私は負荷が過大になり、夫は負荷が過小になったと言っていた。彼が、料理、買い物、種々の手続き、家事全般の大半を引き受けるようになってから、われわれの家族にはいくつかの役割交代が起きた（幸運にも、彼はそのような仕事が好きだった）。

失業は彼の転換（期）であったが、子どもたちや私への影響は、われわ

れの転換（期）であった。たとえば、それは、共働き家族としての生活と役割のパターンが、本質的に働き手が1人の家族に変わったことを意味した。幸い、わが家の財源（そして、子どもたちがもうすぐ大学を卒業するという事実）は、彼が半ば引退するということを可能にした。こうして2年近くが過ぎたころ、トールは職探しを止め、パートタイム契約の仕事に落ち着くことにし、教会と地元の社会奉仕機関のボランティア活動を手伝い、多くの時間を、夏はゴルフ、冬はスキーと、好きなスポーツで過ごすようになった。

## □家族への影響

1993年から1994年にかけての学年度、私は研究休暇を取った。私たち2人がほとんどの時間を家で過ごすことになり、私は、起こった出来事の影響を全面的に感じ始めた。正直に言って、私は、書き物をしたり、研究計画を実行したりする自分だけの空間を確保したいと感じた。われわれはこの問題の解決策として、使っていない息子の寝室を私の書斎に変えることに決めた。そしてそこは私の格別の安息の場所となった。こうして私は新しいパターンを受け入れることができるようになった——専門家としての仕事と家事という二重の負荷から解放されたことを満喫することさえできた。その年、私はまた、われわれのキャリアという面でどれほど2人のタイミングがずれているかを認識することができた。彼は引退しようとしていたが、私は引退に備えてやるべき仕事の計画さえほとんど立てていないという状況であった。現在、多くのカップルがこのような状況に置かれているようだ（詳しくは、第5章 p.190-191 を参照）。

この転換（期）が子どもたちに与えた影響は、私に対する影響とは違っていた。最初のショックの年、娘は大学を卒業する直前で、出版会社のコンピュータ・プログラマー兼システム・アナリストとして最初の定職に就くことが決まっていた。息子は教養課程とエンジニアリング・プログラム・コースを合わせて5年間の課程の3年目に入っており、父親の失業でそれを途中で断念しなければならなくなるのではと心配していた。幸いにも、われわれは子どもの大学のために十分蓄えていたので、彼が危険にさらされることは一度もなかった。

## □自己と役割

　ある意味この転換（期）は、夫よりも私にとって、より困難なものであった。トールが、フルタイム労働者——ますます多くの男性と女性がパートタイムで働くようになっているにもかかわらず、それは今なお成功のシンボルとして高い価値が置かれている——としての役割喪失に対処している間、私は共働き家族のパートナーとしての私の役割喪失に対処していた。そのイメージは、この30年間私にとってとても大切なものであった。その夏、私は少し仕事のペースを落とし、彼や友達とゴルフを楽しむ時間を多く取ったことは、私にとっての1つの結果であった。その秋、私は大学に戻ったとき——スケジュールはすぐに過負荷状態となった——われわれは新しい生活パターンに対するもう1つの試練に直面した。

## □支援と資源

　研究休暇の間、私はこの本を書いていた。そのため、この転換（期）の次の結果がどうなるのかはまだわかっていなかった。私が本書を書き終える頃には、われわれはかなりの適応ができていた。しかし私はまだ、大学における私の役割を手放す準備はできておらず、依然として、私が強い労働倫理を持っていること、そして自分のパターンを変える準備もできていないし変えることもできないという問題が残っていた。対照的に、トールは、長い間仕事で成功を収め（そして今でもわれわれのビジネス面の管理をやっている）、ノルウェー的な家族の価値観（家族、家族と仕事のバランスを重視する）をわれわれの関係に持ち込んだので、彼は、より積極的に適応することができた。それにもかかわらず、彼は、もっと意味のある活動で自分の時間を埋める必要があると思っている。多くの点で、私は彼以上に怒りを感じていた。その理由の1つには、長く務めた後のこの種の失業は不当であると私は受けとめていたからであった。特に知人から、その会社の役員が、「われわれは若い者を守ってやった。なぜなら、彼らは喰わせていかなければならない口を多く持っているからね。そのうえ、彼はもう働く必要はないだろう——奥さんが良い収入を得ているようだからね」と言っているというのを聞かされたとき、私は多くの否定的感情を持った。

さらに問題を複雑にしているのは、それがわれわれのコントロールの及ばないところで決められ、タイミングが決して最上とはいえず、突然実施され、その転換（期）が永久的に続くということがわかったということである。

## ■対処戦略

われわれ自身の転換（期）に対処する限り、SchlossbergとBrammerの考えは役に立つと思う。私は、**圧倒された**ということばがわれわれの反応に当てはまるとは思っていないが、それは確かにかなり否定的なものであった。夫に関する限り、とても「落ち着いて」いて本質的に楽天家なので、彼はその衝撃で倒れないように自分を保つことができ、なすべきことを見出した。

彼は、その転換（期）を、元に戻すことができなかったので、それに順応していった。彼は、支援を求め、ストレスをマネジし、状況のなかにポジティブなものを見ようとすることによって、うまく対処した。彼は、キャリア・チェンジや、新しいことに向けた再訓練については深刻に考えなかったが、彼の1日を組み立てるために意味ある活動を見つけ出そうと努力した。彼はオーガナイザーなので、友人のさまざまなグループを一堂に集めたり、朝食や昼食に同じ興味を持つ友人たちを結びつけたりして楽しんでいる。彼はまた、コミュニティや専門家機関を通じて、いくつかの支援グループを持っている。

この予期せぬ失業のため、われわれは引退後の計画を策定することを余儀なくされた。しかし、一般的に言えば私はわれわれの人生におけるこの変化が、Brammerの用語で言うところの、変質（transformation）や超越（transcendent）には当たらないと思う。とはいえ、それは、われわれの役割、関係性、日常のルーティン、そしてわれわれ自身と人生における働く場についての前提認識に強いインパクトを与えた。

この個人的な「ケース・スタディ」のあとがきとして、私は、われわれは幸運な方であったということを指摘しておきたい。われわれと同じ経験をした人々から見れば、たぶんわれわれはうらやましがられるような状況

にいるのであろう。われわれはキャリアの後半に入っていたし、子どもたちは若い大人に達して、まもなく学業を終える段階にあったし、住宅ローンはすでに支払いを済ませていたし、トールが失業したときには引退に備えて蓄えもあった。他の多くの人々が、40代や50代の若さで職を失い、もっと厳しい経済状態に追い込まれ、家を売ったり、引っ越したり、子どもの教育プランを変更したり、そしてライフ・スタイルを根底から変えざるを得ない状態に追い込まれている。失業によってうつ病になった人もいれば、自殺をした人さえいる。われわれは、長い間共稼ぎ家族を続けてきたという強みがある。経済的な保証、強い自己概念、良好な人間関係、これらのおかげでわれわれはこの体験を乗り超えることができた。このような条件のない家族では、精神的緊張はもっと大きく、人生のキルトはもっとボロボロになっているかもしれない。しかし疑いもなく、これは私たち家族にとっては大きな転換（期）となっているし、また、そのような状況にある他者への共感を強めることになった。

## ■転換（期）にある女性

　文献に話を戻すと、女性の人生における転換（期）に関する問題がわれわれに思い起こされてくる。個人の転換（期）に関するもう1つの別の観点が、人類学者のMary Catherine BatesonのComposing a Life（1989）（邦訳『女性として、人間として：五つの創造的人生から学ぶ』桜内篤子訳、TBSブリタニカ、1991年）のなかで示されている。それは5人の教養豊かな成功した女性——エンジニア、大学学長、精神科医、宝石技師、そして著者自身——の人生の質的研究である。1人はアフリカ系アメリカ人で、それ以外は白人である。全員が、キャリアに結婚と家族内の責任を結びつけ、自分の個性を保持しながら同時にパートナーを思いやる努力を続けてきた。彼女らは、多次元的な女性たちである。

　Batesonは、女性は全人生を通して不連続性に対処しなければならないので、男性よりも上手く変化をマネジすることができると考えている。女性は、どのようにすれば痛みに耐え、柔軟性を保ち、複数の生き方を持ち、変化に対処することができるかを学ぶ。女性の人生はもはや子孫を残すこ

とだけに支配されているわけではないので、女性は相対立する要求の間でバランスを取らなければならないとはいえ、自分の人生を形作るための時間をより多く有している。Bateson（1989）は、問題のなかから生まれ出る場面と機会が変化することを称して「人生は即興芸術だ」と言う。この本で研究された5人の女性の人生は、決して一様な成功物語ではなかった。むしろ長い旅――彼女らのすべてが「時間の旅人」（p. 14）である――とされるものである。彼女らの人生の展開には自分自身の達成と他者への配慮が含まれていた。彼女らは、本質的に即興的であるにもかかわらず、その人生には一貫性があった。仕事を中心に結婚生活を調整した著者の母親 Margaret Mead とは違い、彼女らは夫に従い、子どもを持ち、そして、結婚生活を中心に仕事を調整した。

　このように Bateson は、これらの女性の目を通してキャリアの実現を描いているが、彼女らの人生の流動性や不連続性は、われわれの時代ではけっして例外的なものではなく、ありふれたものである。彼女らは、さまざまな変化や中年の危機、そして高齢の危機に直面した。彼女らはその都度再評価と方向転換を行い、過去の単線モデルとはまったく異なる個人と専門家の成功キルトを作り上げた。これらの型にはまらない5人の女性の、創造的で、臨機応変の人生――多元的アイデンティティ、コミットメント、新しい始まり――は、次世代の男性と女性に多くの示唆を与えるものである。

　Bateson（1989）は、女性はこれまで常に不確実な人生を送ってきたと主張する。それとは対照的に、男性は今初めて不確実な人生に直面し、危うくなり、どう対処すれば良いかを学び始めている。これまで女性に特有のものと思われてきたパターン――不連続性と変化のパターン――が、男性の人生のパターンにもなりつつあるようだ。それは容易にはプラン通りにいかないパターンである。実際、将来においては、エージェンシーの感覚、自分の人生を自分で設計する感覚を獲得することは、これまで以上に難しくなるであろう。一時的で不安定な仕事、正規社員よりも契約社員、福利を伴う賃金労働者よりも独立した起業家へと向かう傾向が続くなかで、このような不連続性がすでに現実のものとなっている。Bateson の観察は、なぜ私が ILP において、パターンとプランニングの両方を考えるように

なったかを思い起こさせる。

## □転換（期）、時間、タイミング

すでに述べたように、転換（期）の時間とタイミングが重要である。Bridges は転換（期）の終わりと始まりについて考察する一方で、Schlossberg は、転換（期）を時間経過のなかでの調整の過程と見ている。また Gelatt（1989）は、過去を思い出すことと未来を想像することの両方の重要性について述べている。時間——仕事、家族、学習、レジャーにおける時間の入手可能性とその活用——は、統合的ライフ・プランニングの極めて重要な構成要素である。共稼ぎ家族においては、多くの家族で男性の方が女性よりも自由時間が多い。なぜなら、女性は家族の仕事と職場の仕事の「二交代制（double shift）」になっているからである。このような状況は変わりつつあるが、それでも一般的に、女性の方が家庭の仕事を多く負担し、男性はスケジュールの決まっていない時間を多く持っている。

青少年と成人の両方に関わっている Mark Savickas（1990）は、「主観的なキャリア（subjective career）」と「客観的なキャリア（objective career）」を区別し、その両者と時間との関係を述べている。後者は誰もが持っているが、前者は誰もが持っているわけではない。彼は、主観的キャリアは、ある一時期的な経験——時間に対する信念や態度——から生まれるという。時間指向には 3 つの構成部分があり、それは、**時間に対する展望**（time perspective）あるいは、個人がどのように時間を捉え時間に向けて方向付けし、どのように将来を重要なものとするか、**時間の差別化**（time differentiation）あるいは、いろいろな時期内で、個人が出来事をどのように見るか（差別化された未来は、個人の目標設定に意味ある文脈をもたらし、予測した出来事を明示できることを含む）、**時間の統合**（time integration）——（これについては、後で述べる）である。

夢は差別化の一部分である。キャリア・カウンセラーは、個人に対してもカップルに対しても、それぞれが夢を創造し、明確化し、具現化するのを支援しなければならない。そのためにわれわれは、クライエントに次のような質問を投げかけることができるだろう。高校生のとき、自分自身のためにどのような種類の人生役割を思い描いていたか？　誰があなたのキ

ャリアに影響を与えたか？　あなたの最初の空想を覚えているか？　10年後のあなたの人生がどのようになっているか想像してみよう。ある研究で、大学生にこの最後の問いかけがなされた。10年後の追跡調査で、多くの人が質問当時に夢見たことをしていることがわかった。夢は、個人、カップル、家族がゴールを明確にし、それをより達成可能なゴールにすることを可能にする。転換（期）においては、これを行うことが特に重要であろう。

　時間指向の3番目の側面である時間の統合とは、人生の3つの時間区分——過去、現在、未来——を統合することを意味する。統合は人が結びつきの感覚を得ることを助ける。

　時間をこのように描くことは、ライフ・プランニングのための有益なツールとなる。統合とは、物事を意味ある方法で一体化することである。Savickas（1990）は言う、「人生を、切断されていない1本の紡がれた糸と見るとき、人は人生の永続的なテーマとパターンを自覚し、アイデンティティの感覚を強め、未来へ向かって進むための行動を選択することができる——人々が旅を続けるために」と。

　時間の統合はまた、それが希望をもたらすがゆえに重要である。クライエントは、過去、現在、未来の結びつきを見ることができたとき、ゴールは達成できるという期待に踏み切るだろう。しかし希望を持つためには、具体的なプランを持たなければならない。プランは、知識と目的ある行動のギャップを埋める。Savickasは、「自分の未来はこのようなものだろうという心の内なるイメージに到達するために、われわれはプランを立てる」と言う。ライフ・プランニングに関心を持つ援助の専門家として、われわれは、たとえばILPのなかで、時間の統合を強化するために介入することができ、クライエントが未来の重要性を見ることができるように支援できる。われわれはまたクライエントが、自分のゴールは実現可能であるという希望を創りだせるように支援できる。時間指向は、すべての成人、特に転換（期）にある人にとって有益である。しかし、ここで一点注意しておかなければならないのは、キャリアの専門家は、時間指向における文化的な差異と変動を認識しなければならないということである。

## ■意思決定と転換（期）

　転換（期）にある人々は多くの意思決定をしなければならない。意思決定のプロセスは、統合的ライフ・プランニングのプロセスの不可欠な部分である。意思決定に関するさまざまなアプローチは、転換（期）の概念とどのように関係しているのだろうか？　意思決定は多くの異なった形で定義されている。たとえば、価値観や価値体系の選択、あるいは、選択肢のなかからの選択と定義することもできる。転換をしようとするとき、人はいくつかの意思決定のスキルを必要とする。この節では、キャリアの専門家がクライエントに紹介してもよいと思うライフ・プランニングと関係があり、意思決定に関するモデルと戦略を検証する。

　意思決定に関する数多くのモデルが、キャリア・ディベロプメントの文献のなかに存在する。これまで有名な理論家たちが、意思決定のプロセスに関する非常に論理的で合理的な考え方を提示してきた。伝統的な意思決定モデルは、20世紀の行動科学を支配してきた科学的方法を重視することによく合致している。20世紀の残りが5年を切り、これまでとはまったく異なる不確実な社会である今日において、意思決定はかつてのような直接的なものとはまったく異なったものになっている。実際、意思決定についての新しい考え方というものは、直感的であるとともに意図的で経験的でもある。

　Lillian Dinklage（1967）は、青年期の意思決定のスタイルに関する学術論文のなかで、成人にも適用できるいくつかの意思決定戦略について記している。それらの意思決定のスタイルとは、**衝動的**（the impulsive）、**運命論的**（the fatalistic）、**迎合的**（the compliant）、**引き延ばし的**（the delaying）、**苦渋的**（the agonizing）、**計画的**（the planning）、**直感的**（the intuitive）、そして**麻痺的**（the paralytic）である。Dinklageは、これらの戦略のなかで、男性と女性のどちらもが計画的意思決定を最も多く使っていることを発見した。次によく使われる戦略が、衝動的と迎合的で、その次が引き延ばし的と運命論的で、それ以外はめったに使われない。

## □論理的―合理的モデル

　かつてはスクールガイダンスの指導者で、現在はキャリア・ディベロプメントのコンサルタントであり、カウンセリングとビジネスについての講演活動を続けている H. B. Gelatt（1962）は、合理的な意思決定モデルを示した初期の理論家の1人で、彼のモデルはキャリア・カウンセリングの分野で広く用いられ適用されてきた。彼のモデルによると、意思決定の段階は、目標の定義、データの収集、情報の評価、選択肢の確認、選択肢の優先順位の決定、結果の予測、実施戦略の策定であるとしている。この左脳的直線的モデルは、長い間適切なものとみなされてきたが、Gelatt自身を含む数多くの著者たちが、このモデルは21世紀には適切かどうかという疑問を提起している。

　数年前、ILPのモデルを考えていたとき、私はGelattの意思決定に関する新しい考え方に出会った。キャリア・ディベロプメントの分野では、キャリアについての考察において新しいパラダイムに移行した人はまだほとんどいなかったが、Gelattは彼自身の以前の見解に疑義を唱え、カウンセリングの専門家とキャリアの変更を考えている人たちに、これまでとは大きく異なった考え方をするように促す新たな枠組みを提起した。彼は意思決定におけるジェンダー要因については検証していないが、統合的ライフ・プランニングの実践者にとって期待できる非直線的枠組みを提示している。

## □ Gelattの積極的（肯定的）不確実性

　最初のモデルを概念化して25年以上も経った1989年に、Gelattは、彼が積極的（肯定的）不確実性（もしくはPositive Uncertaintyの頭文字をとってPU）と名付けた意思決定のための新しいカウンセリングの枠組みについての著作を出版した。Gelattの新しい枠組みは、多くの理由で非常に興味深いものである。まず第1に、それは多くの点で、彼の1962年モデルのほとんど正反対である。それは人々に、不確実性と共に生きることを、そしていつでも明確な答えと結果が期待できるわけではないことを学ぶようにと促している。彼の考え方は、David Campbell（1974）の著書 *If You*

*Don't Know Where You're Going, You'll Probably End Up Somewhere Else.*（邦訳『人生の行き先を知らなければ行くべきところには行けない』新田茂樹・太古科子訳、2007 年）の書名のパロディによって示されている。彼はそのタイトルを、「If you always know where you're going, you may never end up somewhere else.」（いつも行く先を知っているなら、それ以外のどこにも行けないだろう）に変えた。頭韻法、比喩などのさまざまな表現技法に入れ込んでいる Gelatt は、少し砕けた調子で、キャリア・カウンセラーのことを、花屋（florists：花に関する助言と情報を与える人）、農民（farmers：クライエントに自分自身の作物の育て方を教える人）、未来主義者（futurist：人々が、自分の未来について何かできると感じられるように支援する人）に喩えた。今日のカウンセラーは、人々が不確実性のなかで安心できるように、そして変化に適応することを学ぶことを支援していく必要があると彼は考えている。

　Gelatt はまた、未来の基本的なテクノロジー・スキルは、バランス（balance）になるだろうと言う。すなわち、柔軟性、想像力、思いやりという現代的スキルを含む新しい基本的なスキルと古い基本的なスキルとのバランスである。

　積極的（肯定的）不確実性とは何であろうか？　Gelatt（1989）によると、現代科学は、未来について完璧に予測するために現在を十分に知ることは、場合によっては不可能であるということを示している。彼の意思決定の定義には、以下の 3 つの部分が含まれている。それは、情報を入手すること、それらの情報を整理し再編成すること、そして行動を選択することである。積極的（肯定的）不確実性は、脳の全体を使うこと、不確実性を受け入れること、柔軟性を追求すること、想像力と直感を働かせることを示唆する。Gelatt は、積極的（肯定的）不確実性を、不連続的で、非体系的で、非科学的な人間的プロセスであると定義し、それは未来を知るための新しい方法として適切なものであると考える。PU は、事実は急速に陳腐化し、信頼性は間違った情報によって制限され、情報の中身の多くは客観的ではなく、それをもたらした人の目によって歪められているとしている。そして今日では、データに対する態度や、1 人ひとりの頭のなかで整理し再編成することが、意思決定の最も重要な部分である。

積極的（肯定的）不確実性は、2つの態度を提唱する。(1) 過去、現在、未来を不確実なものとして受け入れ、その不確実性に対して肯定的であること、(2) すべての決定の枠組みとして、4つの個人的な要因——何を欲しているか、何を知っているか、何を信じているか、そして、「未来がいつもそうであるのとは異なり、それがどのようなものになるかを誰も知らないときに、意思決定を行う」ための「ツーバイフォー・プロセス」の枠組みとして何をするか——を用いること。以下は、積極的（肯定的）不確実性の下で意思決定をする人たちの特徴である。

1. 自分が欲していることに焦点を合わせ、柔軟性がある。
2. 自分が欲していることをわかっているが、確信しているわけではない。
3. ゴールを仮説として扱う（すなわち、ゴールに導かれるが、ゴールに支配されているわけではない）。
4. ゴールに到達することと、ゴールを発見することの間にバランスを取る。

　さらに PU は意思決定を情報の処理過程と見なす。すなわち、行動の選択へと情報を整理し再編成する。Gelatt は以下の態度を取ることを勧める。

1. 自分が知っていることを意識し、それについて細心の注意を払う。
2. 知識は力であり、無知は無上の喜びであるということを認識する。
3. 記憶を敵として扱う。
4. 情報と想像力を使うこととのバランスを取る。

　PU はまた、逆説的なバランスを要求する。より多く知れば知るほど、自分はより無知であることがわかる。大切なことは、それによって麻痺してしまうのではなく、それを受け入れることである。知らないということが確実であることは、新しい知識のための機会を開くことになる。Gelatt は意思決定のプロセスの各ステージのためのガイドラインを示している。

1. **情報ガイドライン**：自分の知っている事実を想像力を働かせて扱うこ

と。しかし事実そのものを想像で創ってはいけない。
2. **プロセス・ガイドライン**：自分が欲しているもの、そして信じているものを知ること。しかし堅く信じないこと。
3. **選択ガイドライン**：合理的にならない確かな理由がない限り、合理的になること。

## □転換（期）のための直感的意思決定モデル

　Gelatt は、PU は、以前の直線的意思決定モデルよりも、より全体的で、創造的で、想像力豊かな、バランスのとれた新しい意思決定方法であると述べている。彼は、また、多くの学問分野で使うことができるプロセスだと信じている。

　積極的（肯定的）不確実性や理性と直感を組み合わせた他のアプローチは、現代科学にとって期待できるだけでなく、現代のビジネス、教育、カウンセリング、そしてキャリア・カウンセリングの現実にとっても役立つと思われる。彼のアプローチを試してみたいという人に向けて書かれた Gelatt の本 *Creative Decision Making Using Positive Uncertainty* (1992) は、キャリアの専門家がクライエントを支援するときに役に立つ多くの戦略を提供している。

　この新しい枠組みは、クライエントが自分自身の未来を想像し創り出すことを援助する。過去においては、カウンセリングの主な目的は人々が意思決定することを援助することであったが、新しい目的は、人々が開かれた心を持ち続けるように援助すること、そして、たぶんどのように変えるかを教えることでもある。PU は、より統合された全体的な人生を創造するために今日個人や家族が行っている複雑な意思決定に独特な適合を示しているように思われる。

## □組織における直感

　Gelatt の他にも、意思決定において直感がある役割を果たすと考える人々がいる。かなり以前からビジネスの世界では、創造的で直感的な思考が受け入れられている。実際、多くの企業の役員は、意思決定を行うと

きに直感を役立てている。Global Intuition Network（GIN）の取締役である Westin Agor は、組織の生産性を高めるための役員と管理者向けガイド（Agor, 1989）を出版した。GIN は、1986 年に直感の研究を後援するために設立された組織であり、*The Role of Intuition in Decision Making* というビデオを制作した。GIN は、1990 年以来、組織における直感的意思決定に関する国際会議を開催している。Agor はまた、潜在的な直感能力を測定し、人々が職務において決定を導き出すときにこの能力を使っているかどうかを判断するためのツールを開発している。

## ■組織的変化

ときどき個人の変化が組織の変化によって引き起こされることがある――失業はその1つである。それゆえ、クライエントが仕事と人生のつながりがますます深くなることを理解し、適切な決定ができるように支援しようとするならば、キャリアの専門家にとって、変化の本質とクライエントに与える影響について理解しておくことが重要である。

今日の企業組織を特徴付ける重要な傾向のすべてを再点検することは不可能であり、またその必要もないので、この節では、ILP に直接関係のあるいくつかを考察することにする。

未来の職場が今日の職場とは大きく異なったものになるということは明らかだろう。メーン州ベセルにあるナショナル・トレーニング・ラボラトリ（NTL）が組織開発というコンセプトを創始して以降、組織の変化はかなり進行してきた。当の組織自体も、NTL 応用行動科学研究所（NTL Institute for Applied Behavioral Sciences）へと発展し、一方理論は、個人の成長から集団の発達、組織開発、人的資源開発、そして全資源活用へと発展した（Lippitt と Lippitt）。最近では、学習する組織、再設計され再構築された組織、水平構造、ハイパフォーマンス・ワークチーム、新しい心理的契約などという考え方とともに、人的資源管理と TQM（total quality management）という考え方が加えられた。組織開発というコンセプトは、今では組織的プロセスに目を向けるという当初の目的から遠く離れてしまってもはや役に立たないという危機的な状態にあると主張する人々もいる。

プロセスを強調する新たに提起されている定義とは以下のようなものである。「組織開発とは、組織がどのような課題でも結果を出すことができるように、またどのような目的でも追求していくことができるように成長するため、ありとあらゆる実質的なプロセスを理解し改善していく組織的プロセスである」（Vaill, 1989, p. 261）。

　本書の初めの部分で、組織の傾向についていくつか述べたが、そのうちのライフ・プランニングに影響を与える可能性のある 2、3 の傾向について、この節で取り上げる。多くの変化は、働く者のためにより思いやりのある環境を創造しようとしている新しい種類の組織にとって期待に値するものである。

## □組織構造を変える

　組織における主要な構造変化は、**人員削減**、すなわち要員を減らして利益を上げるという企業側の意識的な努力に関係している。時に、レイオフはこれまで人々が行っていたことを代わって行うようになった新しいテクノロジーが原因であると言われる。説明の多くが、経営者側の見方からなされており、労働組合側の見方からなされている説明は少ない。組織構造における劇的な変化を、それは労働組合を排除する試みであると解釈する人もいる。しかしながら、管理職業務を少なくした新しい形の「フラット型」組織の登場は、役員から管理職、労働者に至るすべてのレベルで、働く者に影響を及ぼしている。また、雇用者と被雇用者の間には新しい心理的契約が生まれている。Kenneth DeMeuse と Walter Tornow（1993）は、文書化されない古い契約と新しい契約の違いについて次のように述べている。古い契約は、「もし私が熱心にいい仕事をして会社に忠誠をつくすならば、私には常に職があり、会社は私の面倒を見てくれるだろう」というものであった。そこには、どちらの当事者にも明確な利益があった。会社は、信頼できて、よく働く、忠実な従業員を持つことができ、従業員は、職の保障と、良い給料と、福利厚生を得た。そして雇用者と被雇用者の間には強い絆があった。

　新しい心理的契約とは、ビジョンの共有と相互利益の契約である。雇用者と被雇用者の双方は相互依存関係にあることを認識しなければならない。

## 第8章　重要課題6：個人の転換（期）と組織の変化のマネジメント

情報は広く公開され、意思決定はますます経営者—従業員の1つの活動になっていく。パワーとリスクは共有される。しかし、このような考え方がうまく作用するためには、**文化、構造、従業員、人事方針**という4つの領域で効果的なリーダーシップが発揮されなければならない。**文化**の領域では、継続的な学習、簡素化、革新を促進することが必要である。組織の**構造**は、変化する市場に迅速に対応できなければならない。従業員、顧客、供給業者の間に緊密な関係が築かれていなければならない。**従業員**は、変化に迅速に対応できるスキルを持つ必要がある。たとえば、従業員は、いかに学び、判断をいかに実行に移すかを学ばなければならない。最後に**人事方針**は、従業員がエンパワーされ自己管理ができるようにビジネス戦略を人事の実践と関連付ける必要がある。これが、従業員と経営者の双方が明日の変化と課題に正面から取り組むことが可能な組織環境である（DeMeuse と Tornow, 1993）。

　企業の変化のなかで最も多く検討されているのが、学習する組織（learning organization）への変化である。マサチューセッツ工科大学組織学習センター（MIT Center for Organizational Learning）の指導者である Peter Senge によると、この新しいタイプの組織において最も重要なことは、組織の多くのレベルで変化に向けた強い決意が存在しなければならないことである（Senge, 1996）。経営トップはある種の変化を起こすことができるが、必要なことは、トップが「システム思考、メンタルモデルの改善、対話の促進、個人のビジョンの育成、共有ビジョンの構築などの学習能力を強化発展させる」（p. 45）ために管理職やチームとともに働くことである。そのためには、信頼、好奇心、共有責任が必要であり、さらに、人々はお互いから学び合うことである。Hall と Mirvis（1995）は、キャリアの新しい定義とは、生涯を通じた学習であると考えている。彼らは、人々がより順応性を高め、個人主導的で、自分自身のキャリアに責任を持つようになるにつれて、それが古いキャリアの定義に置き換わりつつあると見ている。

　これは人々のキャリア・ディベロプメントにとって最も肯定的な影響を持つ組織変化の1つかもしれないが、このような環境のなかで成功するために、労働者も準備が必要である。しかし、職の保障と安定が失われる

ならば、労働者はいかにして人間関係、信頼、そして Senge が述べているような共有ビジョンを育むことができるだろうか？　今後予想される「脱職務化」した組織のなかで、個人主導のキャリアを創造する過程にある労働者を誰が支援するのだろうか？　中核的な専門職、コンサルタント、そして臨時労働者の混合というシャムロック型の組織において、学習はどのように起きるのだろうか？

　人的資源の担当者にこそ新しい役割が課されるように思える。従業員に気を配り、従業員のニーズと開発を優先させなければならない。もちろんこれには、経営トップの支援が必要である。現在、ユナイテッド・テクノロジー社のような少数の進んだ企業は、従業員にストック・オプションを勧めながら、人員削減戦略を再訓練戦略に変更しつつある。

## □仕事のパターンと人間の価値を変化させる

　組織的変化の結果として、ある種の人間的欲求がより配慮されるようになっているようだ。人的資源開発の担当者やトレーニング・プログラムのなかには、主に業績考課を重視することによって組織の利益を守ろうとする方向に向かっているように見えるものもあるが、純粋に人間的欲求に合わせようとしているように見えるものもある。Rosabeth Moss Kanter (1977a, 1977b) は 1970 年代にこれらの必要性を確認した。

　今日関心が向けられている最も重要なニーズの 1 つは、家族と仕事のつながりである（より詳しくは、第 5 章を参照）。Friedman と Galinsky (1992) は、仕事と家族のニーズに応えている多くの企業の例を紹介している。これらのニーズに応えようとするときは、単独のプログラムを強調するよりも、システムズ・アプローチの重要性を強調している。Parker と Hall (1992) は、ファミリー・フレンドリー組織の特徴をいくつか挙げている。組織は、家族と仕事の関わり合い方に注目し、今日の家族にはさまざまなタイプ——たとえばひとり親家族——があることを認識し、とりわけ女性が家で行う労働の量に配慮する必要がある。

　また、組織の価値観の変化につれて顕著になっている傾向は、多様性への気づきであり、多様性についてのトレーニングである。あらゆる種類の多様性に価値を置くことに焦点が当てられている。職場を女性や民族的マ

イノリティにとってより人間的なものにするための劇的な組織変化が起こりつつある。Barbara Walker（1996）やWalkerとHanson（1992）によって示された方法は期待できる。それは、「多様性に価値を置く」ことを強調し、違いについて学び、違いに価値を置きたいと望む人たちによる仕事単位の小グループをつくる機会を労働者に提供する。このような方法を通じて労働者は、経営側によって支持された信頼し合える環境の下で、お互いについて学ぶことができる。このような小グループによる方法を通じて達成された変化は、単なるうわべだけのものではないようだ。このような変化に向けた努力は、お互いが張り合うことを減らし、協力と協働を強化し、健全な人間関係を発展させるように設計されている。キャリアの専門家は、このような活動を実際に行っている組織について熟知しておく必要がある。また、そのような多様性に価値を置くことのイニシアティブが、新しい組織構造の中でも引き続き行われるよう援助していく必要がある（p.229以下を参照）。

## □リーダーシップのパターンを変える

　組織におけるリーダーシップの動向と、変化する社会において必要とされる新しい管理者と労働者のスキルについて、多くの書物が書かれている。そのなかでも、最も創造的で明確なビジョンを示している本が、Jean Lipman-Blumenの *The Connective Edge: Leading in an Interdependent World*（1996）である。世界の5000人以上の企業、政府の幹部や管理者へのインタビューと、リーダーシップのスタイルの歴史的要約を基にして、彼女は、政治、行政、ビジネスと産業、宗教、そして教育における新しいアプローチは、競争から協働とパートナーシップへ、そして彼女が相互依存関係と多様性として定義している「コネクティブ・エッジ（connective edge）」への移行が求められていると述べている。また、社会学者でもありフェミニストでもある彼女は、リーダーシップを学際的な観点から検証している。彼女は新しい世界のリーダーと新しい世界組織のためのリーダーシップのパターンを描き出している。彼女の、リーダー、組織、そして変化についての見解は、統合的ライフ・プランニングと、新しいパラダイムを求めているキャリアの専門家にとって大変役立つものである。

ピーター・ドラッカー財団は、組織開発とマネジメントのリーダーたちによる素晴らしいエッセイ集を出している。それぞれが、われわれの人生、組織、ビジネス、社会の未来についての見解を示している。その 36 人のリーダーたちのすべての見解をここで要約することは不可能だが、そこにはいくつかの共通するテーマがあるので、述べておこう。

　その本の序文のなかで Drucker 自身が、有能なリーダーたちは何を知っており、何をするかについて、興味ある要約を示している。(1) フォロワーあってのリーダーであることを知っている。(2) 称賛されもしないし愛されもしない。(3) とてもよく目立ち、模範を示す。(4) リーダーシップを責任と見なしている。(5) そのスタイル、個性、興味は非常に多様であるが、いくつかの鍵となる問いかけをする。何をやる必要があるか？ 違いを生み出すために私は何をすることができるか、あるいは何をすべきか？ 組織の使命とゴールは何で、何が業績と結果の構成要素となるか？ (6) 有能なリーダーの特徴に関しては、人々の多様性に極めて寛容であり、強力な同僚を怖がらず、そして常に「ミラーテスト」を行う——すなわち、鏡の中にいる人物は、自分がなりたいと思い、尊敬し、信じられる人物であるかと常に自問している。

　以下に、その本のなかで何人かの先見者たちによって示されたリーダーの資質についての考えを示す（Hesselbein, Goldsmith, と Beckhard, 1996）。

**Peter Senge**　組織には複数のタイプのリーダーがいる。第一線のリーダーは、具体的な結果の心配をする。幹部的リーダーは、継続的な学習が可能な経営環境づくりに責任を持つ。そして内部ネットワーカーは、コミュニティ作りを行う。

**Sally Helgesen**　世界は「相互接続した部分からなるクモの巣」として見ると、「地位を伴わないリーダーシップ（nonpositional leadership）」や「地位を伴わないパワー（nonpositional power）」が生まれる。

**Gifford Pinchot**　リーダーは人々が粛々と「なすべき仕事を果たすこと」に取り組むことを援助しながら、従業員に心を配り、公益に奉仕を続け、使命と価値観の共有を通じて、コミュニティが創り上げられることを援助する。

**Edgar Schein**　リーダーとは組織に生命を吹き込む人のことで、組織を離陸させ、組織文化を創造し、文化を維持し、チェンジ・エージェントとして活動する。リーダーは偶然に変化を起こすことはできないが、絶え間ない学習を通じて変化を導き出すことを援助することができる。

**John Work**　リーダーシップは、社会的に意味のあるビジョンと、「終わりなき社会的課題」を持つ社会の改善へと続く変化の上に築かれなければならない。このようなタイプのリーダーシップは、民族的感受性、職場のビジョン、これまでとは違う新しい雇用プロセス、多様な労働力の効果的な活用、そして組織とコミュニティのつながりに責任を持つ。

**Rosabeth Moss Kanter**　リーダーは、コスモポリタンであり、統括者であり、外交官であり、受粉媒介者（cross-fertilizer）であり、深い思索者であらねばならない。リーダーは硬直化した役割やステレオタイプを打破し、リスクを恐れず新しいパターンを導入し、他の者たちのパートナーとならなければならない。

**Richard Leider**　リーダーシップは、「YOU INC（あなた株式会社）」からできている。言いかえると、すべての変化は「自己変化（self-change）」である。自己変化によって、感情的に豊かになる。変化は、セルフ・リーダーシップと自己の内部を見つめることを要求する。

**Beverly Kaye** と **Caela Farren**　リーダーは、ファシリテーター、評価者、予測者、アドバイザー、支援者となることによって、人々がキャリアを開発するのを援助することができる。

　この本のエッセイの多くを通して、いくつかの共通するテーマが見られた。

- 多くの人たちが、組織が変化――変質さえも――するパワーについて、ほとんど理想的と言えるほどの熱烈さで語り、良きリーダーは、組織の変化をどのように起こすかを知っていると信じている。
- 何人かは、コミュニティの形成、社会の改善、そして共通の利益のために働くことについて関心を示している。
- 階層序列的で競争的な組織から、継続的な学習を中心に据えた、民主

的な価値観がよくわかる、協力的で協働的な組織へ移行する必要性について、顕著な意見の一致が見られる。
- ほとんどの人が、組織があらゆる多様な人的資源を活用しようとするならば、新しい形のコミュニケーション、雇用方針、報償制度、ビジョンが必要であると信じている（しかしながら執筆者たちのなかに、女性と民族的マイノリティはほとんどいなかったということは指摘しておくべきだろう）。
- コミュニティ、コミュニティの形成、架け橋の形成、つながり、パートナーシップの形成というテーマが数編のエッセイに見られる。

これらの考え方の多くが、ILPの重要課題に示唆を与え、またそれと合致しているが、これらの考え方がどの程度実際に仕事組織のなかで受け入れられ実行に移されているか、あるいは移されるかについては疑問を感じる人がいる。これらのヒューマニスティックな表現は、多くの場合突然なされる経営上の施策に対して経済的、心理的、あるいは情緒的に準備ができていない労働者が、今日の人員削減や脱職務化にさらされるという現実からは遠くかけ離れているように見える。

## □女性と男性のリーダーシップを変える

ジェンダーは依然として、リーダーシップのスタイルに極めて大きな影響を及ぼしている。RaginsとSundstrom（1989）は、組織におけるジェンダーと権力についての優れた分析を発表した。組織における女性と男性の権力闘争を議論するなかで、著者らはさまざまな文脈において両者の関係に影響を及ぼす重要ないくつかのプロセスを明らかにしている。それらは、(1) ジェンダー役割の社会化、(2) 組織における選抜と能力別のコース分け、(3) 対人関係における認知と役割期待、(4) 個人におけるキャリア願望と選択である。

Rosener（1990, 1995）によれば、1990年代のフォーチュン500の企業のなかで、女性はミドル・マネジメントの33％を占めているが、トップ・マネジメントに関しては2％しか占めていなかった。また、管理職や役員での女性と男性の給与の違いは、以前よりも縮まっているとはいえ、

今なお実質的な違いが残っている。Rosener はまた、男性の方が女性よりも周囲と打ち解けていると感じており、また男性の役員は女性の役員よりも、物事を他の同僚たちと同じように感じる傾向があるということを見出した。言い換えれば、依然としてトップの座は男性のために確保されているということのようである。

　企業で働く女性の多くが、ダブル・スタンダードを我慢しなければならず、成功するためには人一倍仕事をしなければならなかった。女性が間違いや失敗を犯すと、容認されにくい。巧妙な差別を報告する女性もいる。何人かによると、「それは、聞いてもらえない、アイディアが実行されない、会議から除外される、昇進が遅い、といったことである」。また、女性をラインに就けることを躊躇する企業もある。そのような企業は今でも、女性は子どもを持つと辞めていくので女性にお金を使うことは危険性の高い投資だ、と確信している。実際、男性の役員の 95％ が子どもを持っているのに対して、女性の役員は 30％ のみである（Rosener, 1995）。

　男性と女性のどちらが良い組織リーダーになるかは、まだはっきりしていない。多くの研究が、男性と女性のリーダーシップのスタイルに違いはないということを示している。たとえば、カリフォルニア大学アーバイン校の Rosener（1990）による男性と女性のリーダーについての研究では、女性の方が職場における人間関係の摩擦を減らすことがうまくできるとは言えないということ、そして女性の方が思いやりがあり、人道主義的だとも言えないということを見出した。リーダーシップが必要な状況において、彼女らは男性に劣らず主導的であり、ゴールを設定し達成することができた。今女性たちは、女性として共有してきた経験から開発してきたスキルと能力を活用することによって、女性の第 2 の波が経営トップへと向かっている。「彼女たちは、女性の社会化に特有なものを活用している。彼女たちは、トップに至る別の道を見出しつつある――中型で、急速に変化し、成長している組織のなかに機会を探し出し、異なったやり方で達成できることを示しながら」（pp. 119-120）。しかも、その研究で、女性がこれまで男性のリーダーが用いてきた「命令と統制」の方法から離れ、「双方向リーダーシップ（interactive leadership）」と言われるスタイルに向かっていることを見出した。また、女性は、カリスマ性、対人関係スキル、

ハードな仕事、人脈などを含めて、彼女らの地位を自分たち自身の努力の結果として獲得したものであると考えていることが見出された。

その研究から、調査対象となった女性たちが、双方向のリーダーシップは以下の4点が構成要素として含まれていると確信していることを見出した。

1. 1人ひとりとの相互作用が、全員にとって肯定的なものにするよう努める。
2. 参加を促す。従業員には、自分にパワーがあると感じさせ、WIN－WINの状況にいるということを実感できるようにする。
3. 権力と情報を共有する。他者の意見を取り入れるために、継続して会議を開く。
4. フォロワーを元気づけるため、他者の自尊心を高め、仕事に熱中できる状況を創り出す。

相互作用的リーダーは、グループ・アイデンティティが形成されるように努める。そのようなリーダーは、称賛を与え、自分の優秀さをひけらかすことはせず、上役風を吹かすこともないが、「自分たちを祝福する」パーティーを開く。これが、女性によるものであれ、男性によるものであれ、このような戦略は、人間中心で思いやりのある仕事環境の創造にとって極めて有効である。

Rosener（1995）は、アメリカを含めてほとんどの社会が、女性の多様な才能を活用してこなかったと、説得力のある主張を展開している。これは未開発の経済的な資源という点で重大な損失である。彼女は、強力な経営戦略とは、すべての才能を活用し始めることであると示唆している。

YWCAリーダーについての質的研究は、ミネソタ州の53人の女性リーダーを対象にしたリーダーシップの発達と認識についての洞察を提示している（HansenとLichtor, 1987）。ほとんどが白人で、年齢は33歳から78歳までと幅があった（平均年齢は54.4歳）。彼女らはさまざまな分野（ビジネス、教育、芸術、コミュニティ、ソーシャル・サービス）を代表しており、教育や公的あるいは私的ビジネスの組織で働いていた。そのうちの

92％の女性が雇用されており、ほとんどがフルタイムであった。彼女らが仕事において最も価値を置いていたのは、挑戦と創造性であり、価値を置くことが最も少なかったのは権力と保障であった。彼女らはジェンダーと職業のステレオタイプを最大の障害だと感じていた。彼女らは多次元的であった。仕事を持ち、家族を持ち、ボランティアの仕事をしていた。彼女らの3分の2が、大きな転換（期）を経験し（平均して33歳のときに）、93％の人にとってその変化は有益であった。多くの人が、教育を強調し娘の能力を信じていた両親から早い時期に支援を得たと報告した。

　意義深いことは、77％がメンターを持ったことがあり、また88％は自身がメンターになった――助言を与え、勇気づけ、機会を提供し、情緒的支えとなる――ことがあると答えている点である。彼女らは強い自己感覚を持ち、自分自身をとても有能だと考え、自分の身に起こることをコントロールしている感覚を持ち、希望を感じていた。彼女らは自分自身をリスクを覚悟して動く人と見ている――56％が高いと答え、42％が中程度、2％が低いと答えた。人生における優先順位に関しては、81％が家族が最も重要で、77％が仕事やキャリア、75％が友達、そして41％がスピリチュアリティと答えていた。彼女らの74％が家族・キャリアの葛藤を報告（時間のやりくり、子どもの適切なケアが困難で、家にいない時間が多いことに罪の意識を感じていた）しているが、93％が、夫を自分のキャリアを強く支えてくれた人と見ていた。

　これらの女性リーダーたちは、コミュニケーション能力とビジョン（展望）がリーダーにとって最も重要な特性であると考えた。彼女らは、リーダーというのは大局を見ることができ、変化に共鳴し、夢見て、そしてその夢を他者と共有できるイメージに変えることができる人であると述べた。彼女らは、自分たちが達成したもののなかで最も重要なものとして、キャリアに関係した業績、子育ての成功、自分自身が成長したことの順で感じていた。女性の未来については、平等な機会、差別やステレオタイプ化されない十分な潜在能力の開発、そして意思決定における対等な役割分担という夢を抱いていた。さらに彼女たちは、女性が世界平和への関与を期待し、アメリカ大統領も含めたトップリーダーの地位に就くのを見たいと希望していた。経営者に対する彼女たちからの助言は、機会均等を現実のも

のとすること、自らメンターになること、メンターを提供すること、そして継続的な教育を提供することであった。また経営者は、従業員には家族があり、より一層柔軟な機会を提供することによって従業員が仕事と家族への配慮の両面で成功するように支援することを念頭に置いておくべきである（HansenとLichtor, 1987）。

また、彼女たちのリーダーシップについての定義には、ある共通の脈絡があった。それは、「リーダーシップとは、変化の必要性を明らかにし、変化後の状態についての明確なビジョンを持ち、つぎに、人々を変化に向けて動くように動機づける能力のことである」。そして「リーダーシップとは、思索、アイディア、達成、そして他の者から称賛され、後に続きたいと思う地位を持つことである。リーダーは、グループの他のメンバーよりも抜きんでた存在となることができ、基準や規範に挑戦し、ビジョンを持つことができる」（HansenとLichtor, 1987, pp. 54-55）。

これらの研究は、個人と組織、そして男性と女性の両方の視点からリーダーシップを深く考察するための示唆を与えている。キャリア・カウンセラーは、クライエントのライフ・プランニングを援助するとき、このような概念を熟考する必要がある。

## □組織における統合的キャリア・パターンの出現

Douglas T. Hall（1996）によって編集された、キャリアに対する関係論的アプローチを強調する本のなかで、キャリア・ディベロプメントについての人間的で統合的な哲学が示されている。Hallの新しい理論は、彼が初期に定義した、人はさまざまな方法で変化し成長することができるという変幻自在なキャリア（protean career）理論の上に築かれており、人生は多くの変化を包含しているという前提認識に基づいている。著者らは組織の側の観点から書いているが、その論文集の著者らの多くは、カウンセリングの実践家のような語り口である。典型的な直線的で、客観的で、論理的なアイディアを提示するよりも、著者らは、むしろ、結びつきや、関係性や、多様性や、コミュニティなど、ほとんどILPが提起しているような全体的な概念を提起している。Hallと彼の同僚は、典型的な産業／組織心理学やカウンセリングの本では、常に取り上げられているとは言えな

いキャリアに関係する多くの問題を取り扱っている。

　著者らによると、新しいキャリアは1人ひとりに、アイデンティティ、満足感、そして職場における新しい種類の関係性から生まれる恩恵を得る機会を提供する。そのような職場は、協働、学習、意味、反省、多様性、コミュニティを強調するだろう。労働者はもはや安心と安定のために仕事に依存するわけにはいかず、自分自身のキャリアを自分で開発する自己主導的な人間になり、他者を尊敬し、違いに価値を置くようになる。それぞれが変化を期待するようになるだろう。皆が皆、変幻自在なキャリアを居心地の良いものと考えるわけではなく、自分自身のキャリア・プロセスをマネジしたり、人生を自ら変化させたりするための十分なスキル、支援、自尊心、経験、健康、その他の資源を持たない人もいるだろう。

　新しいキャリアを生きる人々は、転移可能なスキルを持っているだろう。絶えず新しいスキルを学んでいるだろうし、仕事に新しい態度をもたらさなければならないだろう。フルタイムで働く必要はないと考え、自分のキャリアは自分で創造することができると考え、キャリアの転換（期）を至極当然のことと考えるだろう。同様に、Joyce Fletcher（1996）は、関係性に対する新たな重要性を詳細に描写するなかで、相互依存、文脈的推論、情動的発達に焦点を当てた職場における個人の成長の関係性モデルについて、Carol Gilligan（1982）、Jean Baker Miller（1976）、Jordan 他（1991）の理論を発展させている。

　Walker（1996）は、労働者が違いについて学ぶ助けをするためのシステマティックな戦略を創造し、変幻自在なキャリアの重要な部分として違いに価値を置く「ダイバーシティ・ワーク（diversity work）」という概念を紹介している。このキャリアについて組織の側からとらえた観点は、キャリア・ディベロプメントとカウンセリングの側から見た私自身の観点と非常によく合致している。それは、個人的なものと組織的なもの、仕事と家族、個人と組織を一点に収束させるものである。

## ■グローバルな社会的変化

　個人の変化と組織の変化は、どのように社会の変化と関係しているか？

1980年にMarilyn Fergusonは、社会の変化は個人の変化から生まれると述べた。私も同じ意見——大きな社会的変化が起きるためには、1人ひとりが変わらなければならない——だが、私はまた、組織（特にビジネスと行政）もそれ自体が社会に大きな肯定的変化をもたらす行動を取ることができると信じている。

## □ビジョンと社会的変化

多くのリーダーが、人々がより肯定的な未来を想像することができるように援助するためには、ビジョンを持ち、ビジョンを示すことが必要だと示唆した。ビジネスの分野では、未来学者で著作家のJoel Barker（1993）が、「ビジョンの力（the power of vision）」について述べている。彼は、いかなる組織も未来に向けて3つの鍵、**予測**（anticipation）、**革新**（innovation）、そして**卓越**（excellence）が重要になると述べている。古い問題を解決する新しい方法としてパラダイムを記述したMarilyn Ferguson（1980）の理論に立脚しながら、Barkerは次のようにパラダイムを定義する。「パラダイムとは、一連の規則と規制（文章化されたものであれそうでないものであれ）のことで、それは2つのことを行う。それは境界を確定または定義すること、そして成功するためにその境界の内側ではどのように振る舞えばよいかを教えることである」（p. 32）。

Barkerはまた、パラダイム・シフトを、新しいゲーム、新しい一連の規則への変化と定義している。彼は4つの基本的な質問をする。どんなときに新しいパラダイムが現れるか？　どのような種類の人がパラダイム・シフトを起こすか？　そのパラダイム・シフトを起こす人に、早い段階でついて行くのは誰で、なぜついていくのか？　パラダイム・シフトは、それを経た人にどのような影響を及ぼすか？　これらの質問に対する答えが、Barkerのパラダイム原理（Paradigm Principles）となる。最も重要なことは、未来を見据えること、すなわち予測することである。

そして、われわれは将来、どのような種類の社会的変化を予測することができるだろうか？　Barkerは、ビジョンを持っている人は将来、何か重要なことをすると確信している。彼は、Viktor Franklの例をあげる（第7章で検討）。Franklは、アウシュビッツの強制収容所で生き残ることがで

きた人はすべて、ビジョンを描き、未来を想像することができるという、この共通点を持っていたと述べている。彼はまた、Eugene Lang の例もあげている。彼は、ニューヨーク、ハーレムの P.S. 121 小学校の生徒のあるグループに、もし君たちが高校を卒業することができたら、大学に行くための奨学金を付与すると個人的な約束をすることによって、夢を与えた。教師と父母の支援システムの下で、52人の生徒のグループのうちの48人が高校を卒業し、大学へ行くことができた。

　Barker は、この種類のビジョンは、国家、子ども、成人、そして組織にも有効だと主張している。組織におけるビジョンはリーダーによって主導され、共有され、支えられなければならない。それは包括的で、詳細に述べられた、肯定的で、勇気を与えるものでなければならない。それは、すべての人の成長を援助し、「ビジョン・コミュニティ」へ向かうことを援助するに違いない。

## □グローバル社会変革組織（GSCOs）

　新たに生まれつつあるグローバルな組織はまた、社会変化の拡張されたビジョンをもたらしている。すでに使われている多くの頭字語に、新たな頭字語が付け加えられた。global social change organizations の頭文字を取った GSCOs である（Johnson と Cooperrider, 1991 を参照）。GSCOs は、エンパワーメントのサービスとテクノロジーのための、人間中心のパラダイムに焦点を当てている。これらの組織は、古くからある障壁から地球環境の管理と持続的な発展への橋渡しをする運動を組織しながら、国境を越えた協力のための革新的プロセスに携わる。Johnson と Cooperrider はそのような組織のうち Physicians for Prevention of Nuclear War、The Hunger Project、The Nature Conservancy、The Institute for Cultural Affairs という4つの組織について研究した。

　GSCOs は Global Integrity Ethic に基づいて活動しているが、それは組織開発の専門家が「グローバルな市民文化の構築に参画するときに、仕事における心の力を取り戻す」ように導びくものである（Johnson と Cooperrider, 1991, p. 224）。

　Johnson と Cooperrider は、GSCOs の特徴を説明するに当たって、次

のような大きな構想を抱いている。その特徴とは、(1) その主要な任務は、より健康的で持続可能な世界に向けたチェンジ・エージェントとして貢献を確約すること。(2) それらは、これまでの拘束的な境界を越えた人間的な協力を実現する、革新的で社会的組織的な取り決めである。(3) それらの組織はその使命を達成していくなかで、エンパワーメント、平等、社会活動の人間中心の形態を追求する。(4) それらの組織は、一義的忠誠や同一化、あるいは依存することなく、2カ国もしくはそれ以上の国をまたいで機能する。

GSCOsには、以下の5つの重要な組織化の原則がある。(1) **整合性**（Alignment）とは、組織の使命を達成するために、従業員が理解し、価値を置き、そして本質的に動機付けられることである。(2) **同調**（Attunement）とは、組織が、1人ひとりが互いに尊敬し信頼し合い、ビジョンを共有する場となっていることを意味する。(3) **確信**（Affirmation）とは、GSCOsが、各々の人のなかに善を求める最高の能力があることを確信し、最高の善に向けて世界を変えるメンバーの能力（そして組織のなかに変化を作るメンバーの能力）を示すための基本原則である。(4) **真正性**（Authenticity）とは、人々の生き方、組織の説得力あるビジョンに対する個人の心からの価値の定め方に言及し、グローバルな挑戦に対して疎遠ではなく積極的な反応をすることである。(5) **行動**（Action）とは、新しい始まりを確立することと関係している。それは、すべての組織参加者のある一部に行動を取らせることと定義され、つまり「隠れ家を出て自分は誰であるかを示す」勇気（JohnsonとCooperrider, 1991, p. 253）であり自分自身の物語りを始めることである。GSCOsの倫理は、人間システムと同様に、地球、生態系システムの統合と相互依存に寄与する。GSCOsは、文化を横断した連結、連携、橋渡しを通じて、組織間の協力を強化することに関心を持っている。

要点は以下のようである。すなわち、「組織開発の専門家は、生きているかぎりそれが生存と人間の尊厳という重大な問題に関係しているがゆえに、仕事における心の力を取り戻し、そして人生を肯定的に価値あるものにする新しい方法を発見するために、グローバルな市民文化の構築に向けて触媒的な役割を果たすことができ、また果たさなければならない」

(CooperriderとThanchankery, 1990, p. 270)。

## ■結　論

　この章で提起した文脈のなかで見る限り、以前の章で示したニーズはまったく小さなもののように思える。本章で示した転換（期）と組織開発（OD）についての見解は、今日の多くの組織が示しているものとは異なるメッセージを送っている。しかしながら、それは心に留めておく必要がある。人間と地球は、われわれの人生、そして地球と自分以外の人間に対する責任において、すべての人との関わりを強化するために必要な変化の中心に位置している。そのメッセージは、個人と地球という観点から書いたMatthew Fox（1994）のメッセージと似ていなくもない。

　仕事組織がこれを実現するためには、われわれが近年見てきたよりももっと自由で解放されたフィロソフィが必要である。そしてそのフィロソフィというのは、リストラ・買収・合併・人員削減・利益などに焦点を当て、職場の人間にはほとんど関心を示さない古い考え方を超えて進むものである。本章で検討した個人の転換（期）、組織の変化とグローバルな変化は、人間、組織および地球の発展についての深い関心を表している。それらは、極めて無縁のもののように見えるかもしれないが、創造的な社会変化を起こしていくプロセスのなかで、それらが最終的にシナジーのなかに収斂していくことができる有望ないくつかのキルトのピースが現れてきている。さまざまな環境（大学を含めて）の下で働くキャリアの専門家は、このプロセスのなかでの援助者にならなければならない。

# 第9章
# 人生を統合し、社会を形作る
## キャリアの専門家にとっての意義

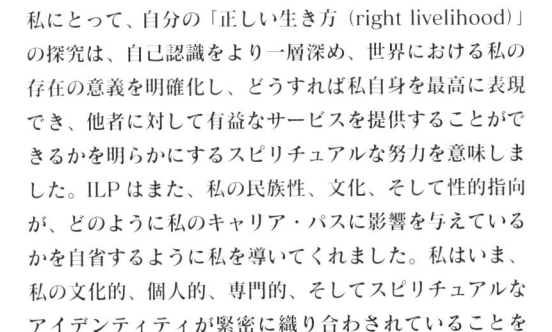

❦

　私にとって、自分の「正しい生き方（right livelihood）」の探究は、自己認識をより一層深め、世界における私の存在の意義を明確化し、どうすれば私自身を最高に表現でき、他者に対して有益なサービスを提供することができるかを明らかにするスピリチュアルな努力を意味しました。ILP はまた、私の民族性、文化、そして性的指向が、どのように私のキャリア・パスに影響を与えているかを自省するように私を導いてくれました。私はいま、私の文化的、個人的、専門的、そしてスピリチュアルなアイデンティティが緊密に織り合わされていることを知っています。

　　　　　　　　——アジア系アメリカ人の大学院生

本章では、統合的ライフ・プランニングとは何かを総括し、それが1人ひとり、キャリアの専門家、そして社会にとって意味するものを再度確認していく。ILPの概念は非常に広汎なものであり、その完全な要約を示すことは難しいが、以下に各重要課題の主要部分について再度検討していく。この章は、キャリアの専門家がクライエントと共に遂行し、そして人生のキルトの断片をつなぎ合わせていくのを支援する活動によって締めくくられる。

## ■ ILP の概念の総合

　統合的ライフ・プランニングは、クライエントが人生の選択と決断を行い、21世紀を見据えた大局的な視点を獲得するのを支援する、キャリアの専門家のための新しい広範囲の概念的枠組みである。その枠組みは、キルトに喩えることができる。人々は人生の各片を、そのキルトのなかで統合し、理解するのである。ILPは、人生のさまざまな部分——家族、仕事、学習、そしてより広い社会——が劇的に変化し、それが各人の次の世紀のライフ・プランニングに影響を及ぼすという時代において、人々がその変化の仕方についてもっと意識的になるように支援するものとして設計されている。

　ILPの概念によれば、多くのローカルな、そしてグローバルな変化が、将来のキャリア・ディベロプメント、キャリア・カウンセリング、そしてキャリアの専門家の仕事の性質に影響を及ぼす。20世紀は10年ごとに、人々が、アイデンティティ（私は誰？）、発達（私はどんな人間になりたいか？）、職業選択（私はどのような職業に就くべきか？）、そして人生における仕事の位置付け（自分の才能をどこで生かすか？）の問題に対処しなければならないさまざまな文脈を生み出してきた。同様に次の世紀も、10年ごとにキャリア・プランニングとキャリア・ディベロプメントの新しいアプローチを必要とする文脈を生み出すことだろう。1人ひとり（あらゆる背景を持つ女性と男性）、家族（あらゆるタイプの）、そして組織（ビジネス、行政、教育など何であれ）が、自己評価と反省に携わらなければならなくなり、それを支援できるよく訓練されたキャリアの専門家が必要になるだ

ろう。

　同様に、職業心理学、キャリア・ディベロプメント、人的資源開発、キャリア・カウンセリングの分野も変わりつつある。多くの場合そのような変化は、社会的文脈の変化に対応して起こる。20世紀の初めに、職業選択のための論理的で合理的な職業ガイダンスの枠組みを提示したFrank Parsonsの仕事は、今なお、キャリア・カウンセリングの進め方に大きな影響力を持ち続けている。しかし多くの専門家が、Parsonsの、人々と職業を組み合わせる「マッチング・モデル」は、社会と個人の変化に対応するには十分ではないことを認識し始めた。生涯発達、成人の発達、キャリア・ディベロプメント、組織開発、人的資源開発、さらにはジェンダー役割とフェミニズム、多元主義と多文化主義、スピリチュアリティ、未来主義などに関する知識の爆発的な増加は、われわれが、どのように自分自身、われわれの機関、そしてキャリアの専門家としての実践を見る必要があるのか、その見方を変えた。

　ディベロプメント・モデルとキャリア・ディベロプメントの生涯発達理論によって、われわれは、自分の人生をより幅広く見始め、単に職業というよりは、むしろ自分の**人生の役割**を理解し、それらを人生のある一時点でのただ1つの選択としてではなく、人生を通したプロセスとして見るようになった。しかしわれわれの理論の多くは、依然として職業行動の説明にとどまっており、多くの場合それには評価ツールが付属しているが、それらは実践のための理論を提供していない。さらに問題なのは、テストおよびその他の形式的な評価ツールを含めて、キャリア支援のためのツールの大半は、人々が、以前よりもさらに縮小していると考えられる職業というパイのなかからある職業を選べるようにするという、絞り込みを助けるためだけのものとして設計されていることである。

　キャリアの専門家のための新しいツールが生み出されつつあるが、その多くがまだ文献には登場していない。しかしながら、人生役割をベースにした新しいツールはいくつか生み出されている。NevillとSuperのValue Scale（1986b）、CraceとBrownのLife Values Inventory（1996）、David OlsonのCoping and Stress Profile（1992）など。NevillとSuper（1986b）やJeffrey Greenhaus（1989）によって開発されたキャリア特性目録などの、

人々が役割の優先順位を検証するのを支援するためのツールも、拡張されたキャリアの概念に基づいて設計されている。主要な理論と理論家を総合的に検討し、共通点を探る試みが、今ようやく始まりつつある（SavickasとLent, 1994）。次のステップは、抽象的な原理や概念ではなく、実践から生み出されてくるであろうキャリア介入の理論を精査することである（Savickas, 1995）。

現在の地球村（global village）で起こっている出来事もまた、今までとは異なる次の世紀のライフ・プランニングのための視点を与える。従来のキャリア・プランニングは、主として自己と自己満足に焦点を当ててきたが、ILPは、世界をこれまでとは違うレンズ——ローカルなニーズとグローバルなニーズの両方を考慮に入れる——を通して見ることを提唱する。本書で示した人間のニーズ——1万はあると見積もられている対処する必要のあるグローバルな課題のなかから10の世界規模の問題だけを選び出した——は、社会における大きな問題、すなわち、なすべき仕事である。それらの人間のニーズは、1人ひとり、家族、仕事組織、そしてコミュニティ、さらには地球そのものによって感じられているものである。それらの課題は、われわれが社会を、より公正で、持続可能で、思いやりのある、社会的な気遣いのある、民主的なものにしようとするときに、なすべき仕事である。キャリアの専門家のクライエントが、世界を新しい方法で眺め、なすべき仕事の優先順位を定め、それを行うための知識、態度、スキルを獲得しようとするとき、人々は支援を必要とするであろう。

## ■ ILPの重要課題の再検証

これまで説明してきたように、6つの重要課題が、なすべき仕事についてのILPの枠組みを形成している。それらの課題は、20世紀に支配的であったキャリア理論の多くで著しく欠落していたか、無視されてきた課題であるがゆえに選択された。それらの課題によって、あらゆる背景の女性と男性が、(1) 仕事と人生についてのグローバルな視点を発展させ、(2) 全体的ライフ・プランニングに取り組み、家族と仕事における役割と関係性の間のつながりを理解し、(3) 他者の多様性に価値を置きながら、自

分自身の独自性を理解することを通じて相互作用の有効性を向上させ、(4) 仕事とライフ・プランニングとの関連で、スピリチュアリティと意味および目的の間のつながりを見つめ、(5) すでに起こりつつあり、21世紀にはより明確なものになるであろう個人の転換（期）と組織的および社会的変化に対処することを支援する。

## □なすべき仕事を見出す

　キャリアの専門家は、キャリアの理論とモデルのなかにグローバルな視点を組み込む必要がある。これは、クライエントが、なすべき仕事、すなわち、人生、社会、そして地球を改善する良い仕事を見出すのを支援することを意味する。われわれが世界を眺めるその眺め方に変化が必要である。大局を見て、ローカルかつグローバルな課題とその解決のための努力のつながりを理解することは、われわれをエンパワーするだろう。たとえば、家庭内暴力は、グローバルなシーンにおける民族粛清とまったく同じくらい邪悪なことである。また、その可能性と限界を認識しながらテクノロジーを活用することも、ローカルかつグローバルな課題である。なぜならテクノロジーは、すべての人類のライフ・スタイルに大きな影響を与え続けるからである。われわれのローカルな環境を守ることは、環境保護へのグローバルなニーズの小さな一部である。「グローバルに考え、ローカルに行動せよ」という標語は、このような責務を最高の形で要約したものであるが、将来われわれは、グローバルかつローカルに考えそして行動することが必要になるであろう。

## □全体的人生を織る

　キャリアの専門家は、クライエントが全体的自己像を獲得できるように支援する必要がある。それによって、クライエントは、自らのキャリアのパターン、ローカルとグローバルの両方の文脈でプランする必要性、そして女性と男性および仕事と他の人生役割との関係を理解できるようになる。クライエントが、人生のさまざまな部分（社会的、知的、身体的、スピリチュアル、情緒的、そしてキャリア的）を発達させ、より充実した人生を実現するためには、人生の可能性についてのより大きな視点が必要となる。人

は人生のさまざまなステージで優先順位を決める必要がある。さらに女性も男性も、社会化のプロセスを通して受け継がれている社会全体に蔓延するステレオタイプによって等しく制限を受けてきた。変化しつつあるとはいえ、社会は依然として、女性と男性が、人生において、何をすることができ何をすべきかについて、それぞれに異なった期待を伝えている。伝統的に男性は扶養者となることを期待され、女性は養育者となることを期待された。しかし社会が変化するにつれ、これは変わりつつあり、女性と男性の両性が、全体的人間として発達することができるキャリア・パターンを開発している。

女性と男性のどちらもが、自己充足と結びつきの両方を、そして自分自身の人生と未来を自分が望むようにできる力を持っているという感覚を包含する世界観を持つ必要がある。両者は、自分自身のスピリチュアリティとコミュニティの感覚を認識しながら、経済的、社会的、情緒的に自己充足するように努めなければならない。究極的には、伝統的な支配と従属の関係から脱却し、男女間の真のパートナーシップである平等主義的な関係へと移行しなければならない。もちろんその移行の速さは、文化的規範などのさまざまな要因によって文化ごとに違うだろうが、変化は先進国と発展途上国の両方で起こりつつある。

## □家族と仕事をつなぐ

1人ひとりが、自分自身、職業、組織、人生役割――特に仕事と家族――を見つめるその方法が変わる必要がある。古い方法――自分自身を知り、自分の外の世界にどのような仕事があるかを知り、その後両者をマッチングする――では不十分である。それは古いパラダイムと、生涯を通した職業が存在し職業選択は個人的問題であるという古い前提認識に基づいている。もはやそれは真実ではない！　将来、選択は配偶者、パートナー、家族と協力しながら、生涯を通して行われるものとなるであろう。キャリアの専門家は、1人ひとりと家族のニーズが変化し、職場の構造が変化していることによって、家族と仕事に対する相互作用的なアプローチが要求されることを理解する必要がある。

フロイトとエリクソンは、愛することと働くことが人生と社会における

二大役割であると言った。これらの情動が、家族と仕事組織を通じて現れる。合衆国では、特に仕事が中心的な焦点であり、主に男性と同一視されてきた。対照的に、家族は周辺的なものであり、主として女性と同一視されてきた。その結果、家族の方があまり重要でないものと見なされてきた。幸いにもこのような状況は変わりつつある。キャリアの専門家は、クライエントがこのような変化——仕事がどのように家族に影響し、家族がどのように仕事に影響するか、そして仕事と家族の両方の分野でどのように役割葛藤が生じ、どのようにすれば平等主義的な関係を発展させることができるか——を理解するのを支援することが大切である。われわれのクライエントはまた、仕事組織のなかには、フレックスタイム制や、フレックス・ワークプレイス制、育児休暇、個人休暇（personal leave）、保育施設の併設、介護支援制度の拡充など、他の組織よりも家族と仕事に影響する人間のニーズを満たそうとしている組織が存在することを知っておく必要がある。われわれは長い間、仕事と教育、仕事と学習を結ぶプログラムを見てきた。しかし今や、仕事と家族をつなぐ多くのプログラムを開発する時期に来ている。

## □多元主義に価値を置く

　相互作用の有効性は常にキャリア・ディベロプメントの重要な要素であったが、社会の人口動態が変化するにつれて、それがさらに重要になってきた。すべての人間が、家庭と職場の両方で、多様性を理解し、価値を置き、それを慶び合えるようになる必要がある。多元的社会——すなわち複数の文化によって構成されている社会——において最も重要な課題は、包含性を実現することである。民主主義社会に生き、尊敬の心を持って「他者」の世界に入っていけるようになることは、職場の人間関係においても、それ以外の人間関係においても有効であろう。われわれはまた、伝統的なヨーロッパ中心主義的な理論を乗り越え、他の文化の価値観を反映させた理論を包含する必要がある。

　しかし、われわれは、多様性に価値を置けるようになると同時に、われわれの共通性についても認識する必要がある。教育（たとえば、第2章で説明したBORN FREEプログラム）と企業（たとえば、ディジタル・イクイ

ップメント社によって従業員に提供された多様性に価値を置くプログラム）の両方で開発された革新的プログラムは、人々がこの種の理解を得ることを助けているように見える。こうしたプログラムは、ILP が取り入れているいくつかの民主主義的な価値の達成に向けて、われわれの社会が進むことに役立っている。しかし文化的な感受性の高いキャリアの専門家には、まだ多くの課題が残っている。「他者（the other）」とわれわれ自身の「他者性（otherness）」についてこれまで以上に深く自覚することができるようになることは、生涯を通じた課題であろう。

## □スピリチュアリティと目的のつながりを見る

われわれ自身のスピリチュアリティと、それが仕事、意味、価値観、目的とどのように関係しているかについて認識を深めることは、キャリアの専門家のもう 1 つの重要課題である。スピリチュアリティは、われわれの中核的な価値観、われわれ自身の外側に存在する力、宇宙とのつながりの感覚、あるいは「ハートで道を切り拓いていくこと」と定義することができるだろう。しかしそれがどのように定義されようとも、従来の合理的なキャリアの意思決定において、それはこれまで永く無視されてきた。スピリチュアルな次元がわれわれの人生上の決定にどう影響しているかを学習し省察するようになるまでには、まだ時間がかかるであろう。また同様に、お金、消費主義、物質主義がどのようにわれわれの人生のなかに組み込まれ、われわれの価値観、満足感、使命と目的、そして社会的責任と結びつきの感覚に関係するかを評価するには時間がかかるであろう。しかし心理学の理論家とキャリアの実践家の両方が、これまでもこのテーマに取り組んできており、キャリアの専門家が、このプロセスにあるクライエントを支援するために使える深く熟考された戦略が多く存在している。1 人ひとりが、彼または彼女と、自己、家族、コミュニティ、社会的責任との関係性を評価する「関係性のスピリチュアリティ」が熟考される必要があると提起する者もいる。

## □転換（期）と変化に対処する

最後の重要課題は、社会と世界中で起こっている異常な変化——個人的、

第9章 人生を統合し、社会を形作る：キャリアの専門家にとっての意義

組織的、社会的変化——を理解することである。人々は、変化のプロセスそのものさえも理解しなければならない。新しい職場と仕事パターンへの期待が21世紀に現実のものとなるならば、人々は自分自身の人生のチェンジ・エージェントでなければならないであろう。

　人々が、自分自身の人生を形作り、変化を促進し、コミュニティとより大きな社会の方向性に影響を与えるように支援しながら変化に対処することもまた、生涯を通した課題である。変化を予期し、変化に対処し、その曖昧さと不確実性と共に生きることは、すべて生涯を通した学習の一部である。支援、資源の共有、そして協力という雰囲気のなかで変化に対処することは、競争のなかで対処することよりも楽である。また多くの人々が、個人の人生、そして仕事人生のなかで転換を図るとき、意思決定のための新しいモデルも重要である。キャリア・ディベロプメントの理論家と実践家によるキャリアの転換に関する論文を集めた重要な新刊書を読めば、この分野の過去と現在の指導者の考えを垣間見ることができる（FellerとWalz, 1996）。

　職場において今生起しつつある変化について知識を得ることもまた、転換（期）にある人々と組織にとって非常に重要な課題である。組織構造、仕事の価値観とパターン、リーダーシップのパターン、女性と男性の関係性、そして多文化的な労働力における変化は、学習する組織と学習する社会にとって重要な構成部分である。キャリアの専門家とそのクライエントは、どの組織が柔軟性があり、今日の問題に関心を示しているかを知っておく必要がある。

　キャリアの専門家とそのクライエントはまた、この個人的および組織的変化が、1人ひとり、家族、組織、さらにはもっと大きな社会にもたらす結果を考慮に入れる必要がある。これら6つの重要課題すべての根底にあるテーマは、社会変化の重要性である。それでは、なすべき仕事というテーマに戻る。

## ■統合的ライフ・プランニングの諸概念

　統合的ライフ・プランニングとは一体何を言いたいのだろうか？　ILP

は、人生のすべての側面で起きている劇的な変化を認識しており、それらの変化が、自己という世界と社会という世界への新しい見方を持つことをわれわれに求めている。これらすべての変化のため、われわれの思考を、**キャリア・プランニングからライフ・プランニングへと変える必要がある**。これはそれ自体大きな意味のある変化である。かつては単独に行われたキャリア上の意思決定は、今では、その決定によって影響を受ける他者のことを考慮しながら文脈的に行われなければならない。また、職業のためのキャリア・プランニングは、今、人生の役割と複数のアイデンティティのためのプランニングでなければならない。ジョブだけのためのプランニングは、今、家族と仕事のつながりを包含しなければならない。職業的満足に絞ったキャリア・プランニングは、今、仕事の関係報酬に焦点を当てたプランニングへ変わらなければならない。そして自己の利益だけを考えるキャリア・プランニングは、今、コミュニティへの関心を含むライフ・プランニングへと変わらなければならないのである。

## □相互作用的な課題

　6つの重要課題は、相互に関連し合っている。ILPワークショップにおける専門家の反応はこれまで極めて肯定的であったが、古い特性因子理論アプローチを超えて統合的ライフ・プランニングへと進むことは、キャリア・カウンセラーにとっては難しいことかもしれない。しかし、本書でこれまで明らかにされてきた重要課題と介入は、新たな時代におけるライフ・キャリア・プランニングに取り組むわれわれにとって必要不可欠なものである。ILPはシステムズ・アプローチである。

　これまで長い間無視されてきたが、人々がより充実した人生を送り、結びつきとスピリチュアリティがわかるように支援するという発達上の目標が、ライフ・プランニングの中核をなしている。多文化社会のなかで包含的でありかつ違いを尊重しなければならないということが、メディアや、われわれ自身の普段の関わり合いと経験のなかで日常的に顕れている。

　仕事と家族の分野において、女性と男性がもっと互いに満足し、積極的な役割と関係性に向けて、家族と仕事が変わっていくことを理解するには、一生涯を超える時間がかかるだろう。自分が地球村の小さな一部であるこ

とを認識することによって、われわれは大局を見ることができるようになり、チェンジ・エージェントとしての才能を、グローバル・コミュニティにおける普遍的な問題を軽減するために活かせるようになる。21世紀を形成する力になろうとするとき、自分の人生、家族、そして組織のなかで転換を図れることが、われわれの中心的な課題である。そのようなビジョンには、これまでとは違ったこころの持ち方とパラダイムが必要であり、人生のすべての部分で、リーダーシップの分担（シェアード・リーダーシップ）、パートナーシップ、コミュニティ、結びつきが強調されなければならない。

　ILPはキャリアの専門家に多くのものを要求し、キャリアの専門家はそれに応えるために変わる必要がある。しかしILPは、ハウツー・モデルではない。それはキャリアの専門家が、クライエントが仕事と家族そしてグローバル社会における自分自身の人生役割を理解し、個人と組織の変化を舵取りする支援ができる方法を提示する。すべてが一度に実現できないことは明らかである。キャリア・カウンセラーには、クライエントと契約を結び、一度に1つの優先事項、あるいはキルトの一片に取り組む必要が出てくるだろう。統合的ライフ・プランニングがキルトに似ているのは、人々の人生の主要なピースを組み合わせ、キャリアの専門家がそのプロセスを人々の仕事環境のなかに統合するのを支援しようとしているからである。

## □結びつき、全体性、コミュニティ

　このように、統合的ライフ・プランニングの中心的な目標は、結びつき——単に課題相互の間のみならず、それらすべてとより大きなグローバル社会との間——を理解できるようになることである。

### ★結びつきを内面化する
　キャリアの専門家は、結びつきという概念を内面化し、その概念と全体性、コミュニティ、そしてILPとの関係を理解する必要がある。包含性とパートナーシップの問題が、人生のさまざまな側面を統合するわれわれの試みと関係する一方で、グローバルな結びつきが、今日の国民としての

われわれの存在そのものを支えている。西洋的パラダイムは、個人主義的、直線的、合理的であるため、この概念をより明確に理解するために、われわれは時々、東洋の文化や哲学に目を向けてきた。民族的マイノリティの文化と女性のどちらもが、分離ではなくつながりという考えの方により強い関心を促してきたのは意義深い。たとえば、ネイティブ・アメリカンの文化は、自然を征服することではなく、自然と調和することに価値を置く。それらの人々は達成の梯子よりも、サークル・オブ・ライフ（人生の環）の方に高い優先順位を置く。たぶんこれらのグループは、社会のなかで無力化され、そのことが孤立、断絶、無力感という気持ちの原因になっているために、つながりの必要性を感じるのであろう。結びつきについて、キャリアの専門家がこれらの文化から学ぶことは多くある。

## ★全体性を追求する

　合衆国において、われわれは知的な発達という枠を超えて、人間の発達のさまざまな部分——社会的、身体的、スピリチュアル、情緒的——に目を向け始めた。西洋社会が、こころとからだとスピリットの間のつながりを見るようになるにつれて、身体的なものとスピリチュアルなものにより多くの関心が向けられるようになっている。このような、より全体的な視点は、21世紀が近づきつつあるなかで社会が向かっている方向に合致しているように見える。職場における劇的な変化——（1）生涯一職業から連続したキャリアへの移行、（2）空いているポストに自分をあてはめるだけではなく、仕事を創造することの実践、（3）福利厚生付きの賃金雇用に替わる契約社員やコンサルタント契約の展開、（4）雇用主と被雇用者の両方の側での忠誠心的な要素の喪失、（5）仕事倫理の変化、などなど——は、最終的には女性と男性の両方にとっての肯定的な結果をもたらすだろう。なぜなら、これらすべての変化によって、人生のさまざまな役割のための時間が増え、人生役割を統合することがより可能になるからである。これまで男性と女性の両方が、全体性の一部として、仕事と家族、そしてレクリエーション活動におけるバランスを取るという考え方には、あまり大きな関心が向けられてこなかった。

## ★コミュニティを創造する

　コミュニティの概念は、統合的ライフ・プランニングにとって欠くことのできない部分である。それは暴力と排斥に対するアンチテーゼである。われわれ自身とわれわれのクライエントが、真のコミュニティを実現し、地球、国家、地域、州、近隣、家族が直面する多くの問題に立ち向かうためには、すべての才能を結集させなければならないと私は考える。われわれは人種差別の悪影響と、それが有色人種の男性と女性だけでなく、すべての人々に及ぼす影響を認識しなければならない。われわれは、ステレオタイプ化されたジェンダー役割が、人生のすべての文脈でいかに男性と女性を制限してきたかを認識しなければならない。そして、われわれは社会的な問題を、1人ひとりの問題として、そして人間全体の問題として捉えなければならない。われわれは10代の若者の妊娠、レイプ、いじめ、セクシャル・ハラスメント、性的虐待に対して、「女性の問題」というレッテルを貼るのではなく、それらは人間全体の問題であると認識しなければならない。

　コミュニティに本質的な変化が起こるために最も重要なことは、われわれが**自分自身を見つめる**必要があることである。われわれは、個人として、キャリアの専門家として、組織として包含的になるのを妨げている、自分自身の態度、行動、われわれが行っている（あるいは、無視している）無意識的な行為を検証しなければならない。そのことによってわれわれは、自分自身のジェンダーと人種的な問題、そして民族性、さらに階級・年齢・民族性・身体的障害・ジェンダー・人種・信条・性的指向に対するわれわれの態度に触れるときの視点を獲得することができる。

　クライエントが変化に対処し変化をもたらす支援をするときのコミュニティがどのような種類であれ、われわれはいくつかのレベルでチェンジ・エージェントになることができる。われわれは、自分自身の態度と行動を変えることができる。われわれとパートナー、同僚、学生、従業員との関係性のなかに、対人関係の変化をもたらすことができる。われわれはまた、支援グループ、連携、協働、パートナーシップを通じて、組織的な変化を実現することができる。私は、社会の変化は個人の変化から生まれるだろうというMarilyn Ferguson（1980）に大いに賛成する。しかしながら、そ

のような変化は、あらゆる人々の気づきとコミットメントを必要とし、同時に、相互作用的で、変革的なリーダーシップ・スキルが求められる。そしてわれわれはそのスキルをマスターすることができる（Hansen, 1987; Rosener, 1990）。

　Robert Bellahら（1985）は、合衆国におけるコミュニティに注目する必要性をいち早く指摘した。Peck（1987）は、「魂の革命（a revolution of spirit）」を提唱し、通りを隔てた人はおろか、隣りに住む人とすらコミュニケートできないわれわれが、どうして他の文化の人々とコミュニケーションをとることができるだろうと問いかけている。彼は、全体性とスピリチュアルな癒しのみならず、個別性の問題をとりあげている。彼はコミュニティを、「互いに誠実にコミュニケーションをとる方法を学んだ個人の集まりであり、人間関係は、冷静さを装った見せかけより深い関係を保ち、1人ひとりが共にいることを喜び、他者を喜ばせ、他者の状態を我がことのように気遣うような関係を築いてきた人々だ」（p. 32）と述べている。

　1990年代におけるコミュニティについての新しく重要な考え方が、コミュニタリアニズム（communitarianism）である。コミュニタリアニズムは、アメリカ人が、個人としての人々の権利を認めながらも、コミュニティと国家に対する責任を自覚するようになることを提唱する。それは、民主主義における社会契約に戻ることを訴える。それは、市民に、家族、学校、近隣という制度のために戦うことを呼びかける。それは、責任の重視——私に（me）よりはわれわれが（we）の強調——を呼びかける。それは、コミュニティのアジェンダに目を向ける。われわれは古い決まりと伝統を放棄したが、それに替わるものを何も用意していないと言う人もいる。その空白を埋める方法を人々が学ぶことができるように、新しい季刊のニュースレター *The Responsive Community*（Etzioni, 1993）が発刊されている。

　コラムニストのEllen Goodman（1989）は、このビジョンのなかで、われわれを支援するためのいくつかの感動的な考えを提供している。Goodmanは、1989年のサンフランシスコ大地震について語るなかで、しばしば天災がわれわれにコミュニティの大切さを気づかせると指摘している。彼女は、「地震はサンフランシスコ湾岸地域の人々を、孤独と自己中心主義から脱却させ、基本——生き残りと協力、コミュニティの精神

第9章　人生を統合し、社会を形作る：キャリアの専門家にとっての意義

——へ回帰させた」と述べている。Goodman は、そのような天災は、われわれの優先順位を検証させると言う。しかし平常な日常生活が戻るにつれて、コミュニティの精神は再び希薄になる。人々は再び孤独と分離の道に戻り、間もなく、そのつながりはどこかへ行ってしまう。Goodman は地震について、「それは、われわれすべてが共に生きるこの地球からの鳴動であり、厳かな警告である」と述べている。

　サンフランシスコ大地震の後も、カリフォルニア州での壊滅的な大火、数多くの地震、中西部、北西部の洪水、東部と南部のハリケーンなど、いくつもの大災害が起こっている。世界の他の地域を襲ったさまざまな壊滅的大災害については言うまでもない。このような出来事が、危機対応センターの創設を促し、援助の専門家だけでなく一般の人々のなかにある最善のものをしばしば引き出した。テロリストによるオクラホマシティ連邦政府ビルの爆破事件のような異常な大惨事も、悲嘆と不信のなかではあるが、われわれを1つにした。すべてこれらの出来事のなかでは、コミュニティと結びつきの感覚が非常に強い。そのような出来事は、個人と社会におけるスピリチュアリティだけでなく、自分自身よりも大きい何かを切望する気持ち、そして社会へ還元することの必要性を前面に押し出す。図9.1は、統合的ライフ・プランニングのキルトを構成する多くのピースを総合的に示したものである。

## ■キャリアの専門家にとっての ILP の意義

　すでに述べたように、本書はハウツー・ブックではない。それでもやはり、キャリアの専門家の実践にとって本書は確実に意味を持つ。読者がキャリア・カウンセラー、キャリアの専門家、成人教育に携わる人、あるいは人的資源の専門家のいずれであったとしても、統合的ライフ・プランニングについて学ぶことは、読者が、見ること、することを変えるはずである。本書は、キャリア介入はいかに行うべきかについて厳密に解説するものではないが、クライエントや従業員が、職業プランニングという古いニュートン主義的還元主義者の枠組みから離れ、ILP の全体論的アプローチへと向かうのを支援するための数多くのアイデア、テクニック、ツールを

図 9.1. 統合的ライフ・パターン

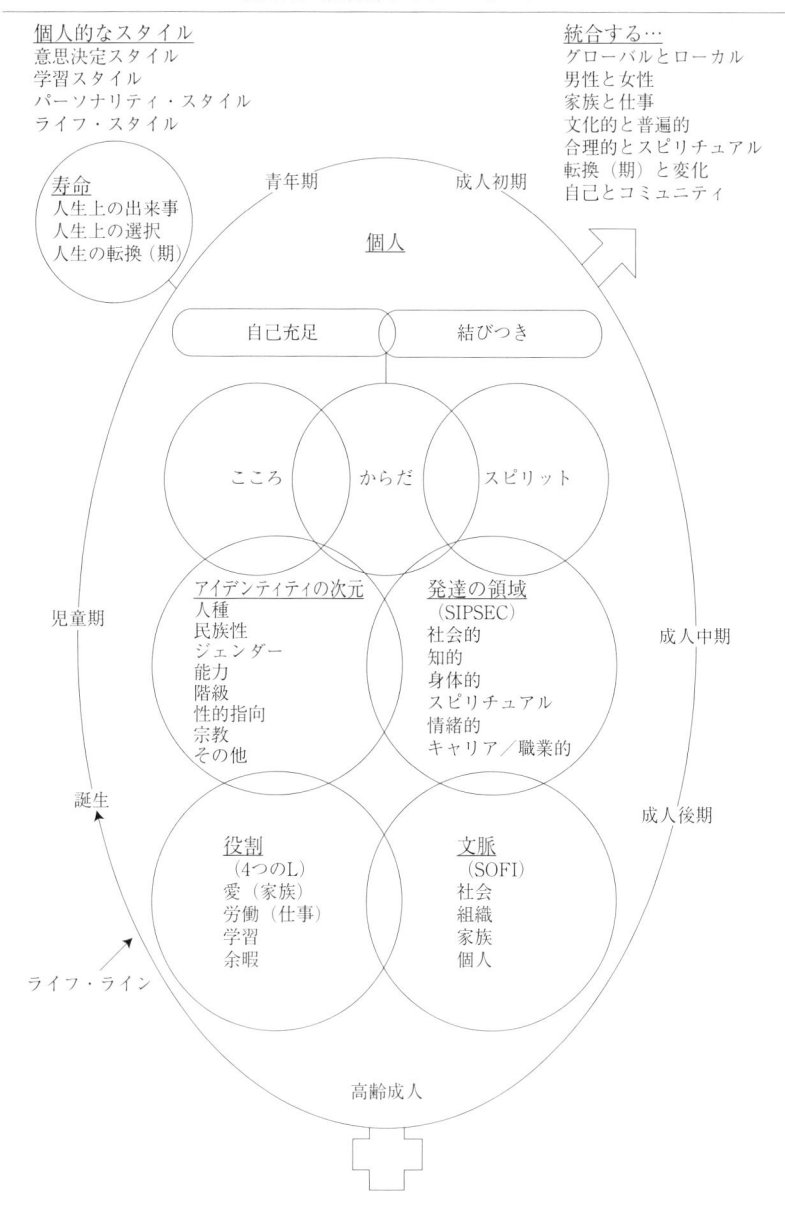

個人的なスタイル
意思決定スタイル
学習スタイル
パーソナリティ・スタイル
ライフ・スタイル

統合する…
グローバルとローカル
男性と女性
家族と仕事
文化的と普遍的
合理的とスピリチュアル
転換(期)と変化
自己とコミュニティ

寿命
人生上の出来事
人生上の選択
人生の転換(期)

青年期　　成人初期

個人

自己充足　　結びつき

こころ　からだ　スピリット

アイデンティティの次元
人種
民族性
ジェンダー
能力
階級
性的指向
宗教
その他

発達の領域
(SIPSEC)
社会的
知的
身体的
スピリチュアル
情緒的
キャリア／職業的

児童期　　　　　　　　成人中期

役割
(4つのL)
愛(家族)
労働(仕事)
学習
余暇

文脈
(SOFI)
社会
組織
家族
個人

誕生　　　　　　　　　成人後期

ライフ・ライン

高齢成人

提供している。仕事、家族、学習、コミュニティの変化に取り組むために、そして個人と組織が喜んで新しいパラダイムへ転換していくことを促進するために、キャリア・カウンセリングのアプローチは変わらなければならない。

　事例やクライエントによっては、伝統的な特性因子理論的な方法が今もなお適切な場合もあるかもしれない。たとえば、プレッシャーがかかっている人たちが生き残るため、あるいは差し迫った必要性を満たすための職を得る援助ができる。しかしながら、キャリア・ディベロプメントという長期的なプロセスにとっては、統合的ライフ・プランニングの幅広いアプローチの方が、個人、カップル、家族、そして組織にとってさえも、はるかに望ましいものとなるだろう。

　キャリアの専門家にとってのILPの意味を考えるとき、いくつかの問いが生じる。

1. 人々が古いパラダイムから新しいパラダイムへ移行し、大局を見、ローカルかつグローバルなニーズと21世紀がもたらすであろう変化とのつながりを理解するために、われわれはどのように支援すればよいのか？
2. われわれの教育的および職業的制度が今なお古いニュートン主義的パラダイムに立脚しているとき、そして実際の仕事の構造が人間のニーズについていけないとき、さらには伝統的な仕事倫理が今なお優勢である——特に企業や公的機関の上級管理職において——とき、どうすれば1人ひとりがより大きな全体性を獲得することができるだろうか？
3. キャリアの専門家は、どうすればクライエントが女性と男性の両方の人生の重要性と、両者にとっての自己充足と結びつきの必要性を理解する支援ができるだろうか？　どうすれば男性と女性のどちらもが、自分のライフ・プランにおいて自ら方向を決めるエージェントになることができるだろうか？
4. 仕事と家族のつながりを理解し、両者の間に障壁を築くのではなく、両者のつながりを促進する変化に向けて取り組むために、個人と組

織をどのように支援すればよいのか？
5. クライエントが違う世界で交渉するのを最善の形で支援するためには、キャリアの専門家はどうすればよいか？　クライエントが、職場や人生のその他の領域で、「他者」の違いに価値を置きながら、自分自身の独自性を理解するのを支援するためには、どうすれば良いのか？
6. クライエントが自分自身のチェンジ・エージェントになるために、どのように支援すればよいのか？
7. クライエントが人生のさまざまな部分を統合し、優先順位を定め、自分自身のキルトのピースを意味のある方法で一体化するために、キャリアの専門家はどのように支援すればよいのか？

これらの疑問に対する単一の答えはないが、いくつかの介入戦略は助けになるだろう。ILP ワークショップで一般に用いられている演習としては、気づきの活動（awareness activities）、キャリア・インフルエンス（career influences）、キャリア・ライフライン（career lifelines）、リスク・テイキング演習（risk-taking exercises）、人生役割の識別（life role identification）、相互プランニング（mutuality plannning）、ロールプレイ（role plays）、物語り（物語りとしてのキャリア）（storytelling [career as story]）、生まれ変わりのファンタジー（rebirth fantasies）、ビジュアリゼーションとイメージング（visualization and imaging）、キャリア・レインボー（career rainbow）、全体的心の学習（whole-mind learning）、ジャーナリング（journaling）などがある（詳細は「演習問題集」の章「ILPの適用」を参照）。これらよりも幅広い基盤を持った統合的評価ツールとしては、そのいくつかは非公式のものであるが、Schlossberg の「Transition Coping Guidelines」（1994）、Leider の「Purpose Profile」（1985）、Olson の「Coping and Stress Profile」（1992）、Krumboltz の「Career Beliefs Inventory」（1993）、Moris の「Individual Life Planning」（1988）、Parham の「Rebirth Fantasy」（1996）、Hansen と DeBell の「Work-Family Quiz」などがある。入手できる公式の評価ツールは、いまだに人々を職業にあてはめるように設計されている。しかしながら、上に挙げたツールも1つの可能性にすぎない。読者もまた、

自分自身でツールを考案し、それを適用することができる（適用実例については、巻末の「演習問題集」の章を参照）。

## □他の文化を体験することの意義

　重要課題「多元主義に価値を置く」に関して、キャリアの専門家とそのクライエントは、異なった文化に入り込み、それについて学び、そしてそれと付き合うということが一体どういうことなのかを理解する必要がある。ミネソタ大学の「Student Diversity Institute」の所長である Juan Moreno は、地球村は、「自分たちとはまったく似たところのない人々との、身近な文化的エンカウンター、出会い」を可能にする（Moreno, 1996）と述べている。彼は、異文化体験のなかで、特にそれが初めてのとき、他者の領域に入っていくことを促進するいくつかの力強い助言を提供している。

- 異文化体験集中訓練に入る前に自分自身を知り、そして他者を知ることを学ぶこと。
- 他者の領域に入れてもらうのだから、都合でいつでも立ち去れますという謙虚な認識でいること。その文化についての大雑把な一般化を避けること。
- あなたは、教える立場でもあり教わる立場でもあるので、教育は互恵的なものであるという態度を持ってその文化に入ること。
- 「この人たち」のために何かをしたいという気持ちを抑え、その代わり、「私たち（we）」の態度で、解放と変容へ向けて互いにコミットすること。
- 異なる現実の橋渡し役、文化的情報提供者、通訳者になり得る人、そして、内面化された抑圧の力動を理解するのを助けることができる人を見つけること。
- あなたのすべての感覚が試されることに備えて、ふり返り、それを書き留めておくこと。
- あなたが持っている知ることの方法のすべて（生来の知識［indigenous knowledge］、直感、感情、英知、共感など）を使ってあなたの現実を伝えることを認めること。

- 自分が見たいものを見ようとする（あるいは触る、味わう、嗅ぐ）傾向を自覚すること。
- 自分自身、自分の気づかない振る舞い、そして自分の相対的な無知（relative ignorance）を笑うことができるユーモアの感覚を持ち続けること。
- 問題に固執することなく、良い点を過激なほどに支持すること。
- 偏見のない心を持ち、忍耐強く、柔軟であること。
- 物事をシンプルに保つこと——シンプルな服装、開いた目、わかりやすい心。
- 立ち止まり、見て、聴くこと。すなわち、今、ここに存在すること。
- 自分に似ている人を探すのではなく、自分に似ていない人々と、長い時間を共有すること。
- われわれはすべて、誰かにとって、「他者」であることを認識すること。
- 「労せずして得た特権（unearned privilege）」を拒否し、平等、尊厳、尊重の立場であなたの人間性を主張すること。
- あなた自身とは違う人々の視点から世界を眺めて見ること。あなたの安全地帯に挑戦し、あなたの考え方、世界観、現実を引き伸ばすこと。そして、個人的、社会的変容の一部になるように触発されること（pp. 3-9）。

最後にMoreno（1996）は、「玄関先で、できるかぎり、自分自身の文化の履物を脱ぎすてること」を呼びかけている。恐れや偏見を背後に捨て去れば、われわれは新しい靴を履いた自分に気づくことができるだろう。Morenoは彼の信条を、人と人の違いの境界を超える新しい哲学と述べている。彼の提言は、「他者との遭遇」における個人の変化のための優れた枠組みを提供している。それはまた、ILPキルトに欠くことのできないピースである。

## □ライフ・プランニング・プロセスにとっての意義

統合的ライフ・プランニングの概念は、プランニング・プロセスについて、いくつかの重要な意義を有している。明らかに、統合的なアプローチ

は、分離ではなくつながりを探しながら、1人ひとりに「右脳」を使うことを要求する。ILPはまた、自己と世界についての異なる知覚体系を要求する。ILPのカウンセラーは、クライエントが自己を超え、コミュニティを念頭に個人的な決定をするように支援する。ILPカウンセラーは、クライエントが物事をより全体的に見るように支援する。

　学校、企業、公的機関のクライエントは、第4章で述べた自己充足と結びつきの概念を紹介されることによって助けられるかもしれない。Gelatt (1989) の積極的（肯定的）不確実性の概念は、クライエントが未来の不確実性と曖昧さに取り組むときの助けになるだろう。従業員、クライエント、学生が、自己を評価し、選択肢を探索し、対話し、自分自身と社会の統合された絵を描くのを支援するためのアイデアが、本書の各章に出ている。

## □キャリアの実践家にとっての意義

　ILPの枠組みのなかで、キャリアの専門家がクライエントを支援するためにできることを以下に列挙する。

　1. 学生、クライエント、労働者が、自己への満足だけでなく、社会の利益を考慮に入れながら、キャリア、仕事、ライフ・プランニングの幅広い概念を理解し、それに基づいて行動するように支援することができる。クライエントに、革新的な起業家がいつもやってきたように、あなたも自分自身のキャリアを創造することができると説くことができる。時にこれは、サービス・ラーニングやボランティア活動を通じて（ボランティア活動は報酬を伴う活動に替わり得る）、あるいは新しいアイデアに投資する共同出資者を見出すことによって行われる場合もある。

　2. クライエントが、自分のゴールと価値観を再定義し、人生を組み立てるのを支援することができる。愛すること、学ぶこと、働くこと、そして余暇を楽しむことを通じて、全体的なキャリアを所有し、全体的人間になるように支援することができる。複数のアイデンティティを発達させ、人生をもっと十分に生きるようになり、そして、才能をコミュニティのために生かせるように支援することができる。

3．学生、クライエント、従業員が、スピリチュアリティ、意味、目的の重要視を含む形で仕事とキャリアを再定義し、人間と自然の生態系の維持、そして社会の変革というグローバルな使命に向かって進むように、物質主義と消費主義から脱却できるようになるのを支援できる。

　4．従業員が――個人的と専門的、個と組織、ローカルとグローバル、男性と女性、経済的とスピリチュアルを包含する――さまざまな次元から、人生と仕事の結びつきを捉えることができるように支援することができる。

　5．クライエントが成長し自分自身と世界を新しいレンズで見るように支援し、「内面的な仕事（inner work）と外面的な仕事（outer work）」を理解し、建設的な社会の変革を促進するために、体験的戦略や活動（そしていくつかのテスト）を用いることができる。

　6．クライエントが自分の人生、役割、決定の相互作用的な側面を評価できるように支援するための統合的なツールを見つけたり創造したりすることによって、新しい可能性を切り拓くことができる。

　7．学生、クライエント、労働者が、ライフ・プランニングにおける社会的および環境的文脈の重要性と、大局的な思考の必要性を理解するのを支援することができる。グローバルなニーズと、自分の仕事がどのようにローカルおよびグローバルなコミュニティを改善できるかを理解するように支援することができる。

　8．クライエントが違いに価値を置き、多様性を尊重し、個人の人生と仕事組織における包含性を受け入れることを通じて、対人相互効果を向上させるように支援するために、トレーニング・プログラムを開発、あるいはクライエントに紹介することができる。クライエントが、Hall（1986）が変幻自在のキャリアと呼んでいる自分のキャリアを方向付けするために、コラボレーション、コミュニケーション、変化へのコミットメントといったチーム・スキルを教えることができる。

　9．クライエントが、双方向戦略（interactive strategy）、チーム・ビルディング、フラット化した組織、グループ価値観の共有、学習の機会、自律的なキャリア、柔軟性のある組織などのリーダーシップの新しいスタイルを用いることができるように支援することができる。

　10．クライエントがチェンジ・プロセス・スキルを身につけ、自分自

身の人生における変化をマネジするように準備し、より人間味のある職場、より幸せな家庭、より思いやりのあるコミュニティを創造するような方法で社会を形作ることができるように支援することができる。クライエントが、学習、変化、成長、より良い人生の質とすべてにとってのより良い社会の創造という、生涯を通したプロセスに携わることができるように教えることができる。

上のリストが示しているように、ILPにおいては、キャリアと個人カウンセリングはつながっている。キャリア介入というのは、非常に個人的なものである。最近、*Career Development Quarterly* において、「キャリア・カウンセリングはどれほど個人的か？」という質問に、キャリアの専門家のグループが、はっきりと「非常に」と応答したとき、これを確信した（Subich, 1993）。数多くのキャリア・ディベロプメントの指導者が、個人とキャリアの間の強いつながりを強調している。BetzとCorning（1993）、Krumboltz（1993）、Super（1993）、Manuele-Adkins（1992）、Brown, Brooks and Associates（1988）、そして、キャリアとメンタルヘルスのつながりを強調したHerr（1989）などである。

## □キャリアの研究と知識にとっての意義

ILPのように包括的な概念は、量的研究、あるいは「動いたら測れ」というミネソタ大学の古い伝統には、容易に結びつくものではない。キャリアの心理学の分野でも、質的研究が必要とされている。

大学の研究者の方が実践家よりも認識論——何を知り、どのように知るか——に興味があるだろうが、キャリアの専門家は今、知ることの方法は1つではなくいくつもあり、科学的経験主義はその1つにすぎないということを認め始めている。その科学的経験主義の前提認識と方法は、ILPにおいて必要とされている知識には適用できないかもしれない。実践家は、知識の変化に気づかなければならない。古い抽象的な理論と原理を、多文化集団や女性集団には適用すべきではない。かなり以前からカウンセリングの指導者は、理論から実践が引き出されるのと同じくらい容易に、実践から理論が引き出されると言ってきたが、この考え方が真剣に受け止めら

れるようになったのは、つい最近のことである。Savickas（1996）は、キャリア理論の収斂に取り組みながら、キャリア・カウンセリングは、実践から理論を展開していると示唆し、キャリア介入の理論の創造を可能にするマイクロ・プラクティス（ミクロの実践）、ケーススタディ分析、個人的な語り（personal narrative）、物語りとしてのキャリアなどのテクニックについて言及している。

## □チェンジ・エージェントとしてのキャリアの専門家

　キャリアの専門家や人的資源開発の専門家が実践できる、個人的および組織的な変化をもたらす活動が数多くあり、そのうちのいくつかは、すでにこれまでの章で述べた。組織で活動する実践家は、個人と組織の両方のニーズを考慮に入れながら、計画した変化の原理を実行に移すことができる。このプロセスにおいては、仕事と家族のバランス、組織のマネジメント、職場の柔軟性、組織的なキャリア・ディベロプメントなど、Hall（1996）らによって記述されたモデルが役立つだろう。

　キャリアの専門家が、カウンセリング、キャリア・ディベロプメント、人的資源開発（HRD）のどこで仕事をしていようとも、図9.2の「プロセス・ヘルパーとしてのチェンジ・エージェント」モデルは、クライエントや従業員が、変化を理解し、それに対処するのを支援するときに有用である。これは私が何年もの間、その有効性を確認してきたシステム・チェンジのためのモデルである。それは、システム内で仕事をしている人には誰でも、チェンジ・エージェントとなるための枠組みを提供する。それは、キャリアの専門家のような「プロセス・ヘルパー」が、変化をもたらすなかで効果的であるために乗り越えなければならない変化の6つのレベルを示したものである。ここで最も重要なことは、人間関係を構築し、人々が問題を認識する前に解答を示さないことである。こうすることによってプロセス・ヘルパーは、変化のプロセスそのもののなかでシステムを支援することができる。

　チェンジ・エージェントとなるためには、このモデルが示している変化の原則を適用する必要がある。出発点で重要なことは、隠しだてをせず正直になり、隠れた課題や思惑がないことである。そして、ピラミッドの底

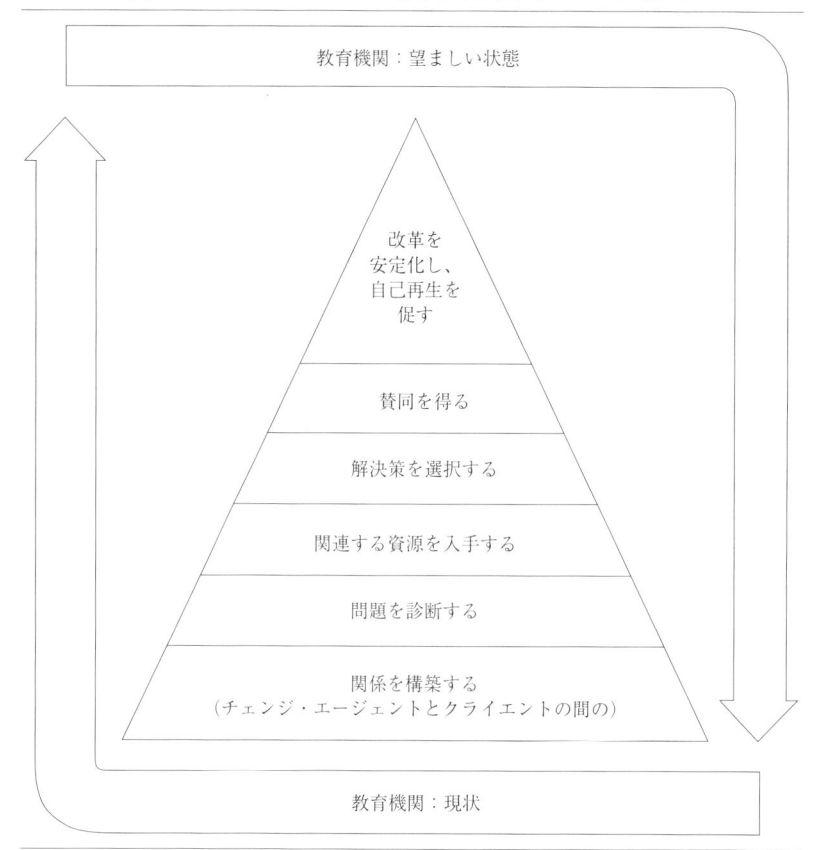

第9章　人生を統合し、社会を形作る：キャリアの専門家にとっての意義

図9.2.　プロセス・ヘルパーとしてのチェンジ・エージェント

教育機関：望ましい状態

- 改革を安定化し、自己再生を促す
- 賛同を得る
- 解決策を選択する
- 関連する資源を入手する
- 問題を診断する
- 関係を構築する（チェンジ・エージェントとクライエントの間の）

教育機関：現状

出典：R. Havelock, *The Change Agent's Guide to Innovation in Education*. Englewood Cliffs, NJ.: Educational Technology Publications, 1973. Reprinted by permission.

辺から上に昇っていきながら、チェンジ・エージェントは、クライエントとの関係を築き始め、システムのなかでの関係性を評価し始める。チェンジ・エージェントは、変化に対する準備状況を評価しなければならない。変化をもたらすためには、システム内の人々が問題を認識し、それを診断するプロセスのなかで共有しなければならない。「壊れていないものは修理するな」的な態度は、変化に対する明らかな障害になることがある。変

化をもたらすためには、組織は人的および経済的資源を必要とする。それらの資源を早期に確認しておくことが大切である。またシステム内の臨界的多人数の支援者が必要である。多くの場合、問題に取り組むための異なった戦略、可能な方法が数多く存在する。しかし、チェンジ・エージェントは、問題があることを人々が認識するまでは、けっして解決法を提示すべきではない。変化によって影響を受ける人々は、解決法を探る過程で、できるだけ多くの情報を与えられる必要がある。そしてそのような人々を最初から巻き込むことが重要である。

　人々の賛同を得るためには、チェンジ・エージェントは「プロセス・ヘルパー」側のリーダー的資質を必要とする。ビジョンを持っていることに加えて、チェンジ・エージェントは、説得し、信頼を生みだし、臨界的多人数の人々の支援を集め、抵抗に打ち勝ち、頻繁にコミュニケーションを取ることができなければならない。最後にチェンジ・エージェントは、変化がもたらされた後は、評価計画があり、その結果が肯定的であるとした上で、その革新がなお進行中であることを確実にするための組織的な支持を獲得する必要がある。

　われわれの組織や機関が、いまある状態からこうなって欲しいと思う状態へと変化していくためには、われわれのなかに、力を持つ人々、そしてコミュニティの他のメンバーを含める必要がある。抵抗に対しては積極的に対処しなければならない。男性と女性を統合的ライフ・パターンとプランニングへ向けて教育すること、そしてそれを可能にするために社会全体の態度と構造を変えることは、21世紀の大きな課題であり、キャリアの専門家がチェンジ・エージェントとして大きな役割を担うのは、まさにこの課題のなかにおいてである。

　キャリア・ディベロプメントに対する統合的ライフ・プランニングのアプローチは、本質的に総合的で包含的である。それはわれわれの人生と社会の多くの部分を結びつけるがゆえに、システムズ・アプローチである。どのようなキャリア・ディベロプメントの専門家であれ、キャリア・プランナーであれ、本書で述べているすべてのことを一度で吸収することは期待できないだろう。1人ひとりのキャリア・ディベロプメントの専門家が、与えられた時間で最も重要、あるいは最も意味のある課題を選択し、それ

に取り組まなければならない。私は、ある課題に対しては他よりも多くの注意を払ってきたが、それは他の課題が重要ではないということを意味するものではない。私はキャリアの専門家が、本書で述べている哲学と実践方法を、クライエントや学生、従業員とのワークのなかで活用できるようになることを望む。私はその考え方が、世界がいま向かっており、今後も向かい続ける方向を指し示していると信じている。

## □過去の経験から学ぶ

　私のILPワークショップやクラスの参加者たちの経験は、教育的であるかもしれない。私は1986年から、キャリア・カウンセラー、青少年と成人の教育者、アカデミック・アドバイザー、人事の人的資源担当者の合わせて400人から500人位の人に、統合的ライフ・プランニングを紹介してきた。私はまた、「統合的キャリア・プランニング」という名前の、テレビのためのILPに関する独立した学習コースも開発した。ILPに対する反応は、全般的にとても肯定的である。学生たちは全体的なアプローチを好み、ILPは前向きな考え方で、われわれの時代にふさわしいと思っている。さらにILPは、自分自身の人生と社会、そして「どのように物事のあり方に適合していけばよいか」について考えるのを助けてくれると言っている。

　参加者のなかには、ILPの哲学を、大学院生や専門家に対してだけでなく、大学、高校や中学でも教えるべきだという者もいた。一方、主な批判としては、複雑である、理解し活用するのに長い時間がかかるというものがあった。しかしながら、私は1993年に、教師、スクール・カウンセラー、キャリア・カウンセラー、大学院生、アカデミック・アドバイザー、人的資源の専門家が参加した1週間40時間の集中ワークショップを開催した。終了後の評価は極めて熱のこもったものであった。学生たちは、ILPの考え方を理解し、特定のクライエント集団に適用するためのアクション・プランも策定することができたと述べた。実際、それらの適用プランがいかに独創的であったかには驚いた。参加者が作成した介入のなかには、特別支援教育の生徒のためのプログラムや、「心のオデッセイ」という名前の中学生のためのプログラム、サークル・オブ・ライフ（人生

の環）の概念（詳しくは次節を参照）を用いた低収入の女性のためのプログラム、学部学生への援助プラン、企業における人事の実務を変えるための提案、生物科学科の学生のためのプログラム、カウンセラー教育を受けている学生やコミュニティ・カレッジの学生のためのプログラムなどがあった。

　その他、概念的枠組みとしての統合的ライフ・プランニングを用いて専門家が策定した介入には、以下のような表題のものがあった。

- コミュニティ教育における ILP プログラム── 1 回 1 クラス
- あるミドルスクールの真夏の夜の夢：ライフ・プランニング・プログラム
- 汝の至福に従い給へ（Follow Your Bliss）：大学新入生のための統合的ライフ・プランニング
- 薬物依存症の女性患者のための ILP
- ILP：高校におけるカリキュラム導入のためのプラン
- 全体的発達のなかでの地域キャリア・センターの創造
- ILP を用いた、異なった能力を持った人々のためのライフ・スキル・プログラム
- 地域大学における ILP：少女と青少年のための学校を基盤としたキャリアとライフ・マネジメントのプログラム開発
- ライフ・コース・ディベロップメント・プログラム・プラン

　キャリアの専門家たちは、ILP の概念、あるいはその一部を受け止め、対象となる集団に合わせて実行に移すことができた。私のキャリア・ディベロップメントのクラスの参加者の 1 人は、次のように述べた。「この種の多次元的なモデルは、非常に役に立つツールだと思う。それは、われわれがどれほど異なっているか、またどれほど共通点を持っているかをよく認識しているモデルである。それによって人は、人生の相互関連性の絵を描くことができる。私はこのクラスで短期集中コースを受けたにすぎないことはわかっている。このモデルを実際に活用できるスキルを身につけるには、もっと長い時間と継続的な対話が必要だろう。しかしそれはこのクラ

スの目的の範囲外である」。

## ■新しいパラダイムへの移行

　私が主催した国際 ILP ワークショップの参加者の 1 人が、私に、6 つの重要課題は世界のどの地域にも適用できると思うか、と尋ねたことがあった。私は、すべての文化に問題は存在しているが、さまざまな文化がそれぞれ異なる境遇にあり、しかも、問題の優先順位は異なっているので、文化が違えば、ある課題が他よりも重要と考えることもあるだろうと答えた。

　キャリアの専門家が、クライエントの個人的および社会的価値観にしたがって課題に優先順位をつける支援をするとき、このような強調の置き方の違いが考慮されなければならない。一例をあげると、スウェーデンはしばしば、男性と女性にとって最も平等な社会だと見なされている。しかし、私が何年か前にスウェーデンの教育システムの研究をしたとき、そこには、依然として職業上の性差別があった。男性は科学と数学を専攻し、それらの分野の職業に就き、女性は、言語関係を専攻し、「女性の仕事」と見なされている職業に就いていた。スカンジナビア諸国では、経済的なセーフティネットの発達にも助けられ、家事労働と養育的な仕事の分担ははるかに平等であるが、ケアする仕事は依然として主に女性の仕事と考えられている。女性と男性の両方が自己充足と結びつきを有していれば、貧富の差は狭まり、男性が養育的な仕事をする機会も増えるだろう。Hall ら（1996）が勧めるように、関係のなかの自己理論が職場で注目されるようになるならば、キャリアに対する新しい関係的アプローチが実現されるだろう。

　新しい種類の組織を頭に描いている組織のリーダーや企業の役員は、「有言実行」し、言明した人道的な原則を実行に移さなければならない。そのためには、新しい心理的契約をやみくもに受け入れるのではなく、労働者は引き続き主たる当事者として自らのキャリアに責任を持ち、企業はダウンサイジングに固執せず、より人道的なマネジメントの実践へと移行するような契約の再定義（家族に優しい職場を創造すること、仕事の仕組みをつくり直すこと、人間的な存在を重視すること、ストック・オプションの導

入による労働者の責任権限を認めること、労働者と上級役員の間の給与の差を減らすことなど）に向かう必要がある。より多くの企業役員の社会的良心として、長期経営戦略としてのダウンサイジングを再考していると公表するようになったことが示しているように、そのような変化の例が現れ始めている。

　人種差別、性差別、階級差別、そしてその他のさまざまな形の偏見や差別は、すべての文化に存在する。人々が違いに価値を置くことができるようになるためには、多様性に価値を置くトレーニングを実施するだけでなく、システムズ・アプローチ、すなわちミッション・ステートメントから方針、プログラムに至るまで、そして資源の配分を通じた多様性に対するトップ・マネジメントのコミットメントが必要であろう。このプロセスにおいては、Derald Wing Sue（1995）の「多文化組織発達（multicultural organizational development）」の概念が特に役に立つ。

　必要とされているのは、新しい人間、新しい組織、新しい家族、新しいコミュニティへのパラダイム・シフトである。これは仕事組織の再創造というよりはむしろ、人々とシステムを動かす価値観の修正である。なすべき仕事の探索は、「こころで道を探す（finding a path with a heart）」（Shephard, 1984）ことを伴っていなければならない。

　統合的ライフ・プランニングへの私のアプローチには、強い民主主義的なバイアスがあり、それは重要課題の選択とそれらの間のつながりに反映されている。簡単に言うと、私は、これらの問題の解消が、長い道のりを通って、文化を民主主義的な価値観と原理の実現に向けて動かすと考えている。すなわち、人間の尊厳の尊重、選択の自由、自己の才能を発達させ活用する機会の平等、すべての市民が十分なヘルスケア・教育・住居・物資を受ける権利、そして人々が自分の人生で起こることに対するエージェンシーの感覚やコントロールである。The Quickening of America（LappéとDuBois, 1994）の著者らは、職場とそれ以外の人生の領域の諸問題に対する民主的な解決のための優れた論を唱えている。

　21世紀の新しいキャリア・ディベロプメントのパラダイムは、以下のすべてを要求する。

1. 労働市場に入れるようになったときには存在しないかもしれない仕事に対して若者や成人を準備させる、就職斡旋、スクール・トゥ・ワーク・トランジション、技能訓練（tech prep）、その他の特性因子理論などにもとづくアプローチではなく、「なすべき仕事の探求」の概念を導入すること。今日の合衆国には、親たちが生涯を通じた仕事と思っていたものを失いつつある一方で、若者たちは、それに向けて準備し適合していく「ぴったりの仕事」があると依然として言われているという皮肉な状況がある。肯定的な側面を見ると、いま若者や成人に起こっている良いことの1つに、サービス・ラーニング、体験学習、能動的学習などの機会が増えていることがあり、人々が、ボランティアやコミュニティへの貢献の価値と満足を学ぶ職場が出現し始めていることである。

2. なぜ自分は働きたいのかについて考えるなかで、（単なる仕事の満足だけでなく）コミュニティを真剣に考えることに深く関与している人たち。これは、Plant（1995）が提示し、Henderson（1995）やFox（1994）が支持したように、職業選択における環境の意味を考慮すること、そして生き物や環境に害を与えることのない「良い仕事」を探すことを意味する。

3. 「完璧」な職業を選び、それに向けて準備し、引退するまでそれにとどまらなければならないという考え方を打破すること。われわれは、連続的キャリアの概念については何年も議論してきたが、（再訓練に代わる）エンプロイアビリティのための継続的な学習という考え方は、まだ十分に理解されていない。

4. もっと変化に慣れること。生涯を通して、転換（期）がこれまでになく頻繁になっている。われわれは複数の才能を有しているので、人生のなかで多くのことをするだろうという前提に立つと、われわれは転換（期）を期待し、それを上手く切り抜けていくことができるようになるだろう。われわれは、意味があり、公共の利益に貢献することのできる仕事を探すようになる。

5. 女性とマイノリティの平等に向けた世界的な闘いを継続すること。人種と民族性の問題はすでに前面に出ているが、ジェンダーはまだそれほどでもない。しかしジェンダーはすべての文化の一部であり、ジェンダー、人種、階級に基づく差別という三重の攻撃に直面している人々がいる。こ

の重要課題に取り組むためには、教育、保健、居住パターンの構造的改革が必要になってくるのと同様に、あらゆる種類の職場で、システム的な介入が不可欠になるだろう。

6. 何を知り、どのように知るかということに対してもっと批判的になること。これは情報化時代あるいはポストモダンの時代において、極めて重要になってきた。「テクノロジーの勝利」や「情報爆発」の肯定的影響と否定的影響については公の議論がされてきたが、知識はどこからやってくるのかについては、ほとんど議論が行われていない。誰が科学的知識を生み出し、どのような方法で、どのような前提認識により、誰に対してどれを適用するかについて、われわれは質問できるようにならなければならない。特に、旧来の量的研究方法だけが真実に至る道ではないという認識が育つにつれて、キャリア・ディベロプメントと人的資源の分野で、研究者や専門家が知ることの新しい方法に目を向けることが非常に重要になってくるだろう。とりわけ、女性や多文化集団からの勢いを得て、質的研究方法は妥当なものであり、人間の行動を理解するためには、多くの場合量的研究方法よりも適切であるという認識がゆっくりと育っている。私自身の課題のリストから選び出したこの重要課題は、文化によってはそれほど重要に見えないかもしれないが、社会がどれほど効果的にそして敏速に変化することができるかを決定するうえで、最も有力なものの1つと言えるだろう。

## ■統合的ライフ・プランニングと社会的変化

第3章で論じたグローバルでかつローカルな変化は、21世紀に向けて個人、家族、組織が機能する文脈についての非常に大きな絵を提示している。私は、われわれがより大きなコミュニティを考慮に入れながら、意思決定、選択、転換ができる方法について考えるための場を提供しようとした。これは1970年代の自己愛主義から、Yankelovich（1981）が述べる利他主義への価値観におけるパラダイム・シフトであるだろうし、Theobald（1987）らが先取りしている思いやりは、21世紀の規範となるだろう。家族生活と仕事人生に対する心構えは、テクノロジー的、政治的、経

済的、社会的な変化を伴って、新しい性格を持つようになるだろう。

しかし、社会はどのように変化できるのか？　社会を民主主義的な価値観や、多くの人が熱望するもっと大きな価値観とより合致するように形作るために、1人ひとり、あるいはカウンセラーおよび他の援助の専門家は何ができるのか？　共通のビジョン、あるいは「ビジョン・コミュニティ」に向けて、どのように社会の変化を促進できるのか？　計画した変化や組織の変化だけでなく、個人の変化やエンパワーメントについても多くの文献がある。これから先の変化について考えながら、ここで、伝統、転換（期）、変容の間の関係について考えてみよう。

## □伝　統

人々の人生の役割とパターンが変化しつつあり、家庭と組織についての新しい描写、定義、そして新しい統合が求められている。新しい仕事の倫理と仕事のパターン、女性の運動、新たに起こりつつある男性の運動、新しい家族のパターン、これらが伝統的モデルには合致しないライフ・パターンをもたらし、伝統的モデルは、男性と女性の両者にとって機能し得ないものになった。現実の世界では、「スーパーママ」、ひとり親、再婚家族、主夫、人員削減やリストラをした企業、学習する組織、柔軟性のある職場、ハイパフォーマンス・ワーク・チームなどが、職場と家庭におけるステレオタイプに挑んでいる。多元主義が強調されるなか、女性と男性は複数の役割、そして複数のアイデンティティを生きている。人々はそれらすべてについて、選択し、準備し、実践し、統合するための支援を必要としている。

また、1994年の国連人口開発会議や1995年の北京での世界女性会議で示されたように、ルールを変え、そして特に識字教育、一般教育、医療、女性のための生殖保健を提供するための世界的な運動も起こっている。人によっては、女性と男性が互いに関係を結ぶときの役割やルールが変化していることを受け入れることが、依然として難しい。数年前、ノルウェーでの国際会議のコーディネーターをしていたとき、私はこの事実を痛感した。私は、女性と男性の変化しつつある役割を議論しているグループのなかに、発展途上国からの代表者がいないことへの私の落胆を聴衆に告げ

た。ナイジェリアから来た代表の1人が立ちあがり、それに応えて言った。「ハンセン教授、おっしゃる通り、私の国からはそのグループに代表を出していません。なぜならわれわれはルールを持っているからです。われわれは、男性がすることについてのルールを持っていますし、女性がすることについてのルールを持っています。そしてわれわれはそのルールに従っており、問題は何もありません」（私はその後、何人かのナイジェリアの女性から、彼女の発言は必ずしも正しいとは言えず、その国でもまた状況は変わっていることを教えてもらった）。

　伝統は、われわれの人生のとても重要な一部である。それは世代から世代へと、われわれの物語り、信条、慣習を伝えていく手段である。夫と私は、われわれノルウェー人の遺産に誇りを持っており、そのアイデンティティのいくつかの側面、特に言語とある種の祝祭日の伝統を子どもたちに伝えようと努めた。Margaret Mead（1967）は、伝統はわれわれの人生に骨格を与えるものであり、それなしでは、われわれは希望のない未来に直面するだろうと述べた。対照的に Rollo May（1975）は、新しい社会がその上に築かれる新しいパターンと新しいシンボルを発見する「創造的勇気（creative courage）」の必要性を積極的に語った。おそらく、われわれがしなければならないことの1つは、われわれの人生、職業、文化における伝統を検証するとき、時代遅れの、壊れつつある、機能しない、人間の発達を制限するような伝統、ステレオタイプ、概念を手放すことであろう。文化を超える上位の、または普遍的な価値観——たとえば、人間の尊厳への尊重のような——がある。少女や女性に悪影響を与える慣習——性器切除、嫁焼殺、幼児殺害はその例である——に、対処しなければならない。その一方で、われわれに独自性を与え、人間の魂を解放してくれる伝統は維持していく必要がある。われわれはまた、クライエントがこれらの伝統の意味を理解するのを支援していかなければならない。

## □転換（期）

　最終章の大部分は転換（期）をマネジすることに割かれたので、ここではそのテーマについては深く論じない。しかし、Schlossbergの広汎で統合的なモデルは、統合的ライフ・プランニングにとって極めて有益に思わ

れることは強調しておきたい。Schlossberg (1984) はまた、「周辺的な存在（marginality）と不可欠な存在（mattering）」という概念について論じている。転換（期）にある人々——職を失った男性のエンジニア、離婚話が進行中の女性、新しい土地に到着した難民——は、しばしば、周辺的的な存在と感じる。自分は重要ではないと感じる。人は、ある役割から他の役割へ移行したり、転換（期）を経験するたびに、この種の感情を持つことがあり得る。カウンセラーは、クライエントが人生の旅路のすべての段階で、自分のことを重要と感じられるように支援する必要がある。危機から生まれる機会は、不本意な転換（期）にある人々を支援する上で有用な概念であるが、人々が新しい機会や始まりの段階に進む前に、失ったものを深く悲しむことができるように支援することもまた必要かもしれない。われわれはまた、そのような人々が、意味あるリスクをとる方法を見つける支援をしなければならない。転換（期）にある人々をカウンセリングすることは、将来重要なスキルになるだろう。そのようなスキルを磨くことは、キャリアの専門家としてわれわれの責務の1つとなるだろう。

## □ 変　容

　伝統と転換（期）の向こう側にあるものは、より遠い、おそらくより大きな変化だろう。変容するとは、内側または外側の姿、あるいは様子を変えることである。現在さまざまな学問領域で多くのリーダーが、個人、家族、組織、社会の変容について語っている。Marilyn Ferguson (1980) は、社会に建設的な変化をもたらすために、人々の呼吸を合わせた協力について述べた。われわれは、学生、家族、従業員が、現実の転換（期）への対処を支援する一方で、個人の人生、家族、職業、仕事、組織、社会をどのようなものにしたいかというビジョンを形成する必要がある。

　将来、人々は、伝統的で偏向したジェンダー役割から、両性具有を経てジェンダー役割の超越へと変化し、男性も女性も、全体的に発達するためのより多くの機会を持つようになるだろう。そしてそれは、「割り当てられたジェンダーが意味を持たない人生へのダイナミックでフレキシブルな適応である」（Rebecca, Hefner と Oleshansky, 1976, p. 204）と定義されており、個人の行動および情緒的な選択は、考えられるすべての人間の特質に

基づいているのである。Brammer（1991）は、彼の転換（期）モデルのなかで、超越を最高レベルの対処法であると述べている。

　このように、私は、人間であることの意味についての新しいビジョン、西洋社会と他の文化における人間についての新しいビジョンが必要であることを提案している。われわれ、すなわちあらゆる背景を持つ女性と男性が、個人のそして共通の幸福のために、人間的可能性を開発するという民主主義的目標を達成できるように、人間の発達についてのより包含的なモデルを開発する必要がある。それらの目標は、まだとらえ所がないように思える。私にとってその変容モデルは、過去のキャリア・ディベロプメントやライフ・プランニング・モデルから抜け落ちてきたスピリチュアルなものをも包含するものである。主体的な側にこれほど長くいた後で、このモデルは、人生上の意思決定を行い、コミュニティと社会の問題を解決するための関係的、協力的、相乗的、統合的なアプローチを強調しながら、共同的な側に移行する機会を表しているのだろう。

　社会にとっての選択肢を広げようとするなら、われわれの新たなビジョンは、平等なパートナーである女性と男性についてのものでなければならない。これは、われわれは誰であり、どのように互いの関係を結び合うかについての前提認識における重大な変化を意味する。なぜなら、女性と男性が平等なパートナーとなるためには、中核部分が支配と従属の階層関係によって構築されている社会から脱皮することをわれわれに要求するからである。われわれは、十分な人間性を実現することから人間家族の大きな部分を排除するステレオタイプや伝統を放棄する必要があるだろう。

　歴史家のGerda Lerner（1986）は、メソポタミア時代に始まる男性の生き方と女性の生き方、そして両者の関係がどのように進化してきたかについて考証している。彼女はその鋭い研究において、家父長制は1つの歴史上のシステムであることを明確にしている。われわれは今、女性のビジョンを男性のビジョンに加えており、歴史は変わりつつあると彼女は言う。そのプロセスがまさしく変容のプロセスである。さらに、「われわれが、全体とその各部の相互関連性についての真の関係性を知覚できるのは、唯一女性のビジョンが男性のビジョンと対等にあるときのみである」（p. 12）。Lernerはまた、別のイメージも示している。「女性と男性は同じ

第9章　人生を統合し、社会を形作る：キャリアの専門家にとっての意義

舞台の上で生き、そこではそれぞれが割り当てられた役割を演じており、それらは重要性において同等である。どちらの演技者が欠けても劇を続けることはできない。全体に対する両者の『貢献』に多少はないし、どちらも重要である」(p. 11)。カウンセラー、キャリア・ディベロプメントの専門家、人的資源の担当者、その他の援助の専門家は、すべて Lerner が書いているような舞台の上にいるのである。

もしも、女性と男性が、人生の主要な役割と組織においてパートナーになるとするならば、われわれの社会は、女性と民族的マイノリティを価値下げしているジェンダーおよび人種的偏見制度を放棄する必要があるだろう。ILP は、キャリアの専門家（そしてわれわれのクライエント）は肯定的な変化のためのエージェントになれること、さらにわれわれは、最も効果的で快適な変化のレベルを選択できるという立場を堅持する。

われわれは、配偶者やパートナーと共に、自分自身の認知と行動に取り組みながら、われわれ自身の個人的な人生のチェンジ・エージェントになると決意することができる。

われわれは、職場の対人関係において、あらゆる背景を持つ学生、クライエント、従業員との相互作用において、そして相互の――そして多様性の――尊重と、男性と女性がどのような存在になって、「なすべき仕事を見出す」ために、何ができるかについてのメッセージを伝えることにおいて、チェンジ・エージェントになると決意することができる。

また、われわれは組織や機関のなかに、同じ目的、夢、ビジョンを持ち、人々の発達を妨げる障害を撤去すれば、組織とコミュニティはさらに人間的な環境になると信じている支援グループや人々の集まりを見つけて（1人だけでは組織を変えることはできないので）、チェンジ・エージェントとなると決意することができる。そうするために、キャリアの専門家として、われわれが変化の連続線上のどこに位置し、自分自身の人生の旅路のどこにいるのかを知っておく必要がある。

そして、われわれは、最大の障壁は自分自身のうちに、とりわけわれわれ自身の変化に対する怖れのなかにあるということを認識する必要がある。私の息子が3歳のときの話はこの点を強調している。ある晩、夫と私が友人とブリッジをしていると、2階からドスンという物音が聞こえてきた。

私が急いで駆け上がってみると、息子がベッドから落ちていた。幸い彼はどこも怪我をしていなかった。「どうしたの」と尋ねると彼は答えた。「何にも。入り込んだところにずっといただけ」。

　それは変化についても同様に当てはまる。われわれは、自分が入り込んだ場所——われわれの古い考え方——にとどまり、新しいパラダイムへ移行することを怖れる。しかし、われわれがもし、学生、従業員、クライエントが動くのを支援しようとするならば、統合的ライフ・プランニングが示すより広い概念、文脈、哲学、そして自己と世界観を伝える必要がある。

## □サークル・オブ・ライフ（人生の環）

　私はキャリア・カウンセラーに、統合的ライフ・プランニングにおいて最も重要な演習の1つ、図9.3のサークル・オブ・ライフ（人生の環）を見てほしいと思う（先に指摘したように、この概念はネイティブ・アメリカンの文化で特に重要である）。サークル・オブ・ライフ（人生の環）は、人生（ライフライン）を組み立てるもう1つの方法——人生における重要な人々、出来事、意思決定などを記録する——で、それは特にILPと実によく適合する。キャリアの専門家とクライエントは、この演習を実施することによって、自分自身の人生を全体的に眺めることができ、より大きな絵を通してじっくりと考えるようになる。

　まず、円を見よう。次に自分自身のライフ・パターンとその円がどのようにして一体となっているかについて考えよう。こうすることによって、あなたは人生の各部分がどのように組み合わされるのかがわかり、それを、クライエントや学生との演習に使う準備ができるだろう。

## ■結　論

　私はこの本を、統合的ライフ・プランニングの課題やテーマの多くを例証する私の気に入りのキルトについての引用で締めくくりたいと思う。私にとってキルトとは、非常に多くの意味を持つイメージである。それは、人生の役割、社会の変化、ランダムな出来事、ジェンダー役割、結びつき、自然、仕事と家族、スピリチュアリティ、多様性、そしてコミュニティの

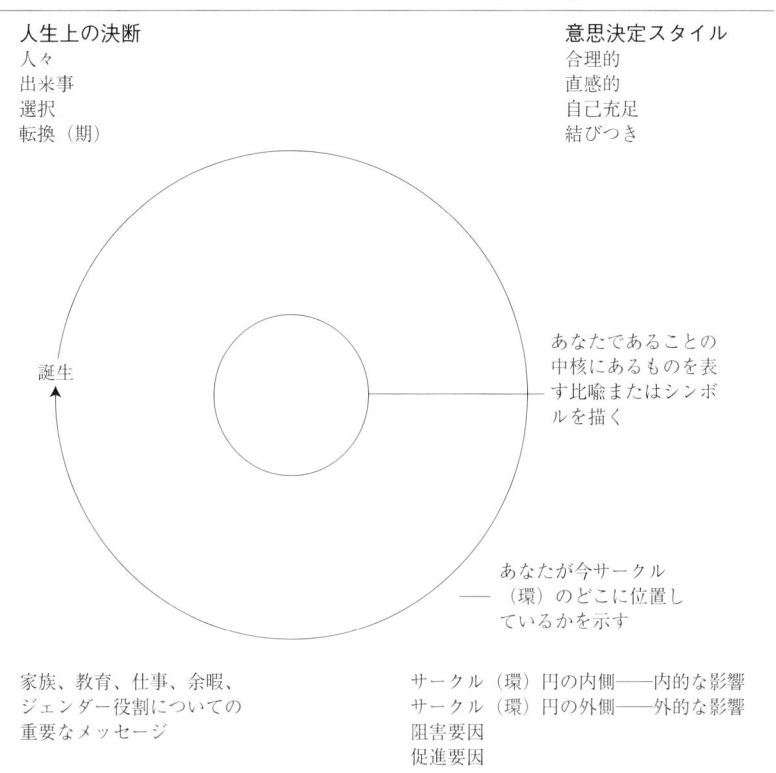

第 9 章　人生を統合し、社会を形作る：キャリアの専門家にとっての意義

図 9.3.　サークル・オブ・ライフ（人生の環）

| 人生上の決断 | 意思決定スタイル |
|---|---|
| 人々 | 合理的 |
| 出来事 | 直感的 |
| 選択 | 自己充足 |
| 転換（期） | 結びつき |

誕生

あなたであることの中核にあるものを表す比喩またはシンボルを描く

あなたが今サークル（環）のどこに位置しているかを示す

家族、教育、仕事、余暇、ジェンダー役割についての重要なメッセージ

サークル（環）円の内側――内的な影響
サークル（環）円の外側――外的な影響
阻害要因
促進要因

比喩である。

　これらはミュージカル *Quilters*（Newman と Damashek,［1982］1995）から引用されている。開拓時代の女性たちの物語りであるその劇は、彼女たちが作った 1 つのキルトを通して語られる。劇は、彼女たちの日記に基づいており、それは彼女たちの人生の旅の物語りである。

　承知のように、伝統的なキルトは、それぞれがいくつもの布片で作られており、それぞれの布片は異なった柄である。劇では、80 歳のサラが物語りの布片を織り合せていく。サラは彼女の生涯で多くのキルトを作ってきた。彼女はキルトの布片を「遺産（legacy）」と呼ぶ。なぜなら、「私は

何かを自分の後に残す必要があった」から。キルトの布片には、それぞれ名前が付けられている。1つは影、1つは誕生、もう1つは嵐、その他に蝶、喪失、そしてもちろん遺産である。

　彼女ら開拓者の女性は、作物の世話をして子どもたちに食事を与える。あるものは1人のまま、あるものは結婚したがその後夫を亡くし、あるものは子どもを幼いときに亡くしている。素朴で、愛情に充ち、無学な女性たちであるが、彼女らはとても強い。

　その1人、グラディスが、今は亡き夫のことを回想する。「トンプソンさんとは、65歳のときまで、いつも一緒に仕事をしてきた。彼が何でも教えてくれたから、わたしは家を建てることも大工仕事も知っている。**わたしらは、夫婦以上の仲、わたしらはパートナーだった**」。

　サラが言う。「何でも思ったようには変えられない。たまには、お手上げのことも出てくる。ゲールは作物を駄目にするかもしれないし、あんたは焼け出されるかもしれないよ。そうやって、一生かけてやらなきゃいけない仕事ができてくるんだ。持ってるもので、ベストを尽くさなくちゃいけない。それは誰かが残してくれたものかもしれないし、運良くお金があってやっと買えたものかもしれない……それはわたしらに与えられたもの。運命よ。でも、布片のつなぎ合わせ方はあんたが決めること。思うようにつなぎ合わせられる……ちゃんと計画すれば結果はついてくる」。

　そして彼女らはキルトそのものについて語る。「布片は何も言わないけど、わたしらの人生の感動と献身のすべてが籠ってる」と。

　かつて、キルティングは、多くのアメリカ人女性にとってのグループ活動であった。それは、もはやそうではない。私の母は、1人でキルトづくりをしていた。最近では、エイズで亡くなった人を偲んでエイズ・キルトに取り組んだすべての男性、女性、子どもたちを含め、かなりの男性がキルティングに参加している。Jesse Jacksonは、合衆国というキルトについて語った。フモン族の文化では、キルトは非常に特別であるし、合衆国のYWCAは最近、手作りのキルトを恵まれない人々に贈る「Hands Quilt」という活動を始めた。

　私は、誰もが自分の人生におけるキルターであり続けると思う。われわれは、キルトの布片を組み合わせようと試みながら、自分の人生を生きて

いると思う。われわれはまた、家族のキルターである。われわれは、子どもたちがどこにいたか、いまどこにいるのか、そしてこれからどこへ行こうとしているのかを子どもなりに理解するのを手助けしようとする、子どもたちの人生におけるキルターである。

われわれはまた、学生、クライエント、従業員の人生におけるキルターであり、それらの人たちがさまざまな布片——人生の役割とゴール——をデザインし、それらの布片をどう組み合わせればよいかがわかる手助けをしている。そしてわれわれは、組織や公的機関におけるキルターであり、それらをより人間味があり、意味のある場所にしようと働きかけている。最後に、キルトの比喩をもう1歩先まで進めると、われわれは皆、この地球という惑星におけるキルターであり、暴力のない持続可能な未来のなかで、互いに理解し合い、尊重し合い、つながり合おうとしている。これこそが自分たちの仕事を意味があり、目的があり、誰もが大切な存在なのだと感じることができる、われわれが目指すべき全体的な統合的ライフ・プラニングなのである。

私は、今、新しいライフ・パターンを開発しながら、新しい方法で認識し、思考し、活動し、行動している多くの人がいることに期待を寄せている。われわれは共に、この地球上で新しいキルトを縫うことができるだろう。そこではエンパワーされた個人——女性と男性、白人と有色人種、そして若者と老人——が、幸せで充実した人生を送ることができ、世界をもっと良い場所にし、人々の人生とコミュニティの共通の利益を目指して形作るために、自分の最高の才能を「なすべき仕事を見出す」ことに注ぐことができるだろう。

演習問題集

# ILP の適用
## 実践のための演習

∽

本文のなかで何度か述べておいたように、本書は方法を教える手引書ではない。しかし、最近の数年間に開催した統合的ライフ・プランニングのワークショップで、数多くの演習が開発・活用された。創造的なキャリアの専門家が、学生、従業員、クライエント、あるいはワークショップ参加者と共に、ILPのさまざまな重要課題やテーマを実践する演習の例を以下に紹介する。そのテキストは演習のねらいを説明し、進め方を解説し、そして、適宜、個人的なふり返りを行うための機会も含んでいる。各章で示されたテーマを中心とした、1～5つの演習を紹介していく。

　私は、これらの例が刺激となってキャリアの専門家の1人ひとりが、独自の演習を開発したり、その例に改良を加えたり、実際に応用したりすることを希望する。先のいくつかの章は演習を含んでおり、演習に結びつけることのできる概念を示した。たとえば、第2章で示したスーパーのレインボーや第4章で検討した4つのLを活用して、人生役割についての演習を作り上げることができる。

　以下に紹介する演習は、キャリア・ディベロプメントのグループや、ライフ・プランニングのワークショップで使用するためのものだが、その多くが、1対1の場面でも使うことができる。自己開示を含む演習の場合、参加者には、開示してもよいと思うことだけを開示するように、そして参加したくなければ参加しなくてもよいということを告げておくことが大切である。これは、多文化集団による演習の場合、特に重要である。指導者は、倫理規定を尊重し、訓練の限界を認識しておくことが必要である。

## ■第1章　統合的ライフ・プランニング：
　　　　キャリア・ディベロプメントの新しい考え方

### □演習1.1.　新しいパラダイム思考

　パラダイムやパラダイム・シフトという観点で思考することに慣れていない人が多いが、それは、ここ15年で、社会科学や行動科学において重要な概念になってきた。

## ★ねらい

　この演習は、参加者がキャリア・ディベロプメントの分野におけるパラダイム・シフトの意味について考えること、そしてそれが仕事人生、家族の人生、個人の人生、そしてコミュニティ・ライフにどのように影響するかについて考えることを支援するのがねらいである。所要時間は20～30分。

## ★進め方

　グループ全体に対して、パラダイムについての以下の2つの定義を読み上げ、その2つの定義の似ている点と異なっている点、そしてそれぞれの主要な特徴について話し合わせる。次に、個人的なキャリア・プランニングから統合的ライフ・プランニングへのパラダイム・シフトが、将来、参加者自身とその家族にどのような影響を及ぼすかについて、各人に3項目ずつ書き出させる。2～3人の小グループで、それぞれが書いたものについて話し合わせる。

> 「パラダイムとは、現実の新しい景色を見せる異なった眼鏡のことで、それによって、われわれの状況を再考察し、古い問題を再構成し、進化的変化のための新しい道筋を発見することができる」（Hazel Henderson, *Paradigms in Progress,* 1995）

> 「パラダイムとは一連の規則と規制（明文化されているものもあればそうでないものもある）のことで、次の2つのことを行う。(1) 境界を画定または定義する。(2) 成功するために、境界内でどのように行動すればよいかを教える」（Joel Barker, *Paradigms: The Business of Discovering the Future,* 1993）

　次に、キャリア・ディベロプメントの新しいパラダイムと結びついているいくつかの用語について考えさせる。脱職務化とダウンサイジング、仕事と家族、パートナーとしての女性と男性、ローカルな変化とグローバルな変化、スピリチュアリティと目的、個人的なものとキャリア、多元的な

社会、全体的発達、などなど。そして、キャリア・ディベロプメントにおけるパラダイム・シフトの2～3の側面と、その変化が、自分自身、家族、コミュニティに及ぼすであろう影響について書き出させる。最後に、それぞれの考えを分かち合わせ、この演習から学んだこと、発見したことを考えさせる。

## □演習 1.2. ライフ・プランニングへの影響

　本書および ILP では、キルターとキルト作りを比喩として用いた。参加者に、仕事、家族、学習、そしてその他の人生役割との関連で、誰がそして何が自分に最も大きな影響を与えたかについて考えてもらう。

### ★ねらい

　この演習は、参加者が、自分の人生にとっての複合的な影響に目を向け始めること、そしてそれらが今の人生にとってどのように影響したかについて考え始めることを支援する。また、この演習は参加者が、部分は統合されること、そしてキャリアとは単なる職業以上のものであると認識することを支援する。所要時間は全体で 20 ～ 30 分。

### ★進め方

　参加者に 7.5cm × 12.5cm の Post-It を配り、それを自分の人生キルトの 1 ピースと見なさせる。
　以下の指示に従ってそのカードの上に記入するよう伝える。
　「あなたの人生とキャリアに影響したさまざまな人や出来事について考えなさい。カードの左上には、あなたがあなたの両親や面倒を見てくれた人から、一番最初に、どんな人になって欲しいか、あるいはどんなことをして欲しいと言われたかを書きなさい。カードの右上には、高校を卒業するときに、自分自身の将来の人生（教育、仕事、家族などを含めて）をどのように思い描いていたかについて書きなさい。カードの左下には、あなたに最も大きな影響を与えた、あるいはあなたが最も強くあの人のようになりたいと思った人々の名前または地位について書きなさい。カードの右下には、あなたが今から 15 年後にしていたいと思うこと——かなり現実的

な想像——を書きなさい。最後にカードの中心に、あなたがあなたであることの核となるもの、あなたの主要な動機、あなたの中心を象徴するシンボルを描きなさい」

次に、自分のカードに書いたものを、左上、右上の順に分かち合い、最後に真ん中のシンボルについて全員で話し合うよう伝える。共通点と異なる点を話し合ってもらう。シンボルを共有したいと望む人はそうしてもよい。そして、ワークショップの参加者に対して、参加者がそれぞれ書いたカードは、もしそれをグループの他のメンバーのカードとつなぎ合わせるなら、グループのメンバーの人生パターンを表す世界にただ1つのキルトになることを告げて演習を締めくくる。色紙を使うともっと効果的かもしれない。

この演習は、異なった人々（たとえば、大学生と中年の大人など）で構成されているワークショップで成功を収めてきた。

## ■第2章　ILPの学際的起源を辿る

### □演習2.1.　新しい知識と古い知識

★ねらい

この演習は、キャリア・ディベロプメントのクラスで、あるいはキャリア・ディベロプメントを教えるカウンセラー教育者たちに、より認知的な討論を刺激することができる。その内容は、知識が変化するものであること、知っていることをどのように知るのかということである。所要時間は20～30分。

★進め方

ワークショップやクラスの参加者に、提示されたさまざまな概念（たとえば、寿命と成人発達、ジェンダー役割理論、BORN FREEの概念、多文化の知識など）のなかのどれかについて話し合うよう伝える。そのなかで以下の質問に対する答えを考えるよう問いかける。

1. キャリアとライフ・プランニングについて考えるとき、新しいキャリア・ディベロプメントの文献と旧来使われてきた文献とでは、どのように違っているか？
2. 統合的研究とはどのような意味か？「統合的」という概念は、キャリア・プランニングについてのわれわれの考え方に何をつけ加えるか？ それはわれわれのプランニング・プロセスの進め方にどのように影響するか？ 統合的アプローチに対する賛成意見にはどのようなものがあるか、また反対意見にはどのようなものがあるか？
3. 男性の発達と女性の発達に関する新しい理論と古い理論の間には、どのような違いがあるか？ それらの理論を、多様な集団に対してどのように適用するか？
4. 伝統的なキャリア理論は、知識に対するヨーロッパ中心主義的な方法論に基づいており、現在の多くの集団には適用できないという考え方についてどう思うか？
5. なぜ「スピリチュアリティ」は、過去のキャリアとライフ・プランニングの構成部分になっていなかったと思うか？

## ■第3章　重要課題1：変化するグローバルな文脈のなかでなすべき仕事を見つける

### □演習3.1.　なすべき仕事を見つける

「グローバルに考え、ローカルに行動しよう」という言葉が、1980年にカナダのトロントで開催された「第1回地球未来会議」のテーマとなって以来、ポピュラーになっている。外部環境に注目することは極めて重要であるにもかかわらず、それは時々、キャリアとライフ・プランニングの分野では無視されてきた。最小に見積もっても1万233項目あるとされる「グローバルな課題」の内、10の課題が私にとって特に重要と思われる（第3章 p.91以降を参照）。

★ねらい

　この演習は、キャリア・プランナー自身が、自分の人生の大きな文脈と、プランニングの一部を構成するグローバルな枠組みについて考えることを支援する。10の重要課題は、人類が地球規模で直面している多くの異文化間の問題を説明するのに役立つ。キャリアの専門家が、クライエントが信じるものがなすべき仕事のなかで最も重要と思われる課題と同じであることを認識できるよう支援するのが私の希望である。次のステップは、その仕事を遂行するためのキャリアを自分自身が創り出すことである。これはけっして画に描いた餅的な考えではなく、この10年でしばしば実践に移されているプロセスであり、それ自体がまた、21世紀の最も重要な課題の1つである。所要時間は20～30分。

★進め方

　10の重要課題を復習した後、結果について、そして遂行についてもっと責任の取れる社会にするため、そしてコミュニティ感覚を創造するために必要ななすべき追加的仕事について、参加者に考えるよう問いかける。参加者たちは、21世紀に向けて特に重要だと感じているなすべき仕事を明示する必要がある。そのために、参加者は、まだ取り上げられていないがチェンジ・エージェントになる意思のある人なら当然注目するはずの課題について考えなければならない。参加者は、最もなすべき価値のある仕事と考える2～3の課題を書き出し、2～4人の少人数グループで、なぜその項目を選んだかについて討論する。10分ほど討論した後、参加者に、それらの最も重要な仕事に取り組むためのキャリアについて考えるよう伝える。

■第4章　重要課題2：人生を意味ある全体のなかに織り込む

□演習4.1.　全体的発達

★進め方

　全体的発達は、これまでさまざまに説明されてきた。それは人間のウエ

ルネスの6つの領域——社会的、知的、身体的、スピリチュアル、情緒的、職業的——を含むものかもしれない。あるいは、仕事、学習、家事、コミュニティ活動、余暇活動という5つの主要な人生役割の重要度を検証したWork Importance Study（SuperとSverko, 1995）のなかで明らかにされた特徴の諸側面を意味するかもしれない。

　ウエルネスの6つの領域と5つの人生役割を用いて、参加者がそれぞれの領域にどのくらいの時間を割いているかを示す円グラフを描くよう伝える。スーパーの「ライフ・キャリア・レインボー」（第2章参照）を見る。そのレインボーに示されている役割のなかから3つの役割を選び、今から10～15年後にそれらの人生役割のなかで何を行っているかを想像する（このようなビジュアリゼーションを行う前に、リラクゼーションのエクササイズを行うのが好ましい）。次に2～3人の小グループで、お互いの描いたものを発表し合い、このプロセスを通して何を学ぶことができたかについて話し合わせる。所要時間は約30分。

## □演習4.2.　自己充足と結びつき

　自己充足と結びつきの概念については、第4章 p.157以降でかなり詳しく説明した。その説明を読んだ後、図4.3（p.158）を見る。

### ★ねらい

　この演習はクライエントやワークショップの参加者が、自分の人生のなかで、自己充足と結びつきという2つの次元を理解することを支援するのに活用できる。所要時間は20～30分。

### ★進め方

　参加者に、伝統的から現代的を表す連続の上で、それぞれの人生における自己充足と結びつきの量において、自分がどこにいるのかを考えてもらう。参加者に、自分自身がこれらをどのように定義するか、そして自分自身と重要な他者にとってバランスのとれた考え方からすると、最善とはどのようなものだと思うか、と問いかける。

次に、図 4.4（p.163）を見て、それを自分自身の経験と照らし合わせるよう伝える。参加者に、自己充足と結びつきの間でどの程度のバランスが取れているか、そしてそれが自分自身の人生、パートナーや重要な他者の人生のなかで、どの程度統合されているかを問いかける。さらに、これまでどのような妥協をしてこなければならなかったかを問いかける。

　この演習をグループで行うときは、参加者は 2 ～ 3 名で、それぞれが考えたことを分かち合い、自分の人生をこのような 2 つの側面から見つめることについてどう感じるか話し合わせる。

## □演習 4.3.　ジェンダー役割を超える者

　Rebecca, Hefner と Oleshansky（1976）の研究は、個人のジェンダー役割発達の 3 つのステージについて記述した。

- **ステージⅠ**　この初期のステージでは、子どもの考え方は行動のとらえ方において、ジェンダー役割に関するものも含め、グローバルで未分化である。
- **ステージⅡ**　ジェンダー役割が分極化される。子どもたちは役割規定を学び、男性あるいは女性というジェンダー役割についての二分化された見方をする。
- **ステージⅢ**　ステージⅢは、ジェンダー役割超越のステージの 1 つである。この非常にダイナミックなステージでは、1 人ひとりが 1 つの状況からもう 1 つの状況へと自由に移動し、適応して行動し、あらゆる人間の可能性のなかから行動を選択する。

　ステレオタイプを超越することは、多様な生き方と職業の選択、それらへの適応を可能にし促進する。超越という概念は、両性具有という概念とは異なる。後者は、1 人ひとりのなかに男性的性質と女性的性質の両方があることを想定している。しかし時に両性具有は、分極化と超越の間のステージと見なされる。ワークショップの指導者は、この演習を実施する前に、Rebecca, Hefner と Oleshansky（1976）を読んでおくべきである。

★ねらい

　この演習の目的は、参加者が、発達におけるジェンダー役割の重要性と、さらに、それらを超えていくことのより大きな重要性について理解できるようになることである。これは BORN FREE のプログラムから採用された演習。所要時間は 20 分。

★進め方

　最初に、先のパラグラフのジェンダー役割発達の 3 つのステージについて説明する。次に、分極化したジェンダー役割的態度を持つ人、両性具有的態度を持つ人、超越的態度を持つ人が同じ状況でどのように対応するかを参加者にロールプレイしてもらう。以下のような論点を示唆する。

1. 各ステージの進んでいる点と遅れている点は何か？
2. 個人を 1 つのステージに留める要因、あるいは別のステージへと進める要因は何か？
3. 両性具有の概念は、このモデルにどれくらい適しているか？
4. ジェンダー役割の発達は、ライフ・プランニングとキャリア上の意思決定にどのように関係しているか？
5. すべての人がジェンダー役割を超越したステージに入ることができたとしたら、それは未来にとってどのような意義があるか？

## □演習 4.4.　パートナーシップ社会のビジュアル化

★ねらい

　この演習は、ワークショップの参加者が、支配／従属の社会とパートナーシップ社会の違いを内面化できるようになるために設計されている。この目標を達成するために、以下のビジュアリゼーション演習を行う。これは、Eisler と Loye（1990）から採用したものである。所要時間は 30 〜 40 分。

★進め方

　参加者に今から 20 年後の世界を、そして、あらゆる背景の男性と女性

がすべて平等なパートナーである、と考えるならば人生はどのようなものになるかをビジュアル化してもらう。参加者には目を閉じてもらう。10分ほどのリラクゼーションのエクササイズ（イメージが浮かぶように適当な間をとりながら）の後、参加者に以下の質問を投げかける。

1. 家族における女性と男性の関係性はどのようになっているか？
2. 子育ての仕方は、われわれの社会の仕方とどのように違っているか？
3. 小学校については、どのような違いをビジュアル化したか？　中学、高校ではどうか？
4. あなたの属する宗教団体ではどうか？
5. 運動や競技に関しては、どのような違いに気づいたか？
6. 職場では、男性と女性は互いに、どのように違う接し方をしているか？
7. レジャーやレクリエーション活動のなかで、男性と女性の間にどのような違いが見られるか？
8. 民族的および人種的マイノリティにとって、この社会はどのように違っているか？　身体的障害のある人々、違った社会階級にある人々、違った宗教を信仰する人々、ゲイやレスビアン、高齢者にとってはどうか？
9. この平等社会における文化的規範や価値観をどのように思うか？

この演習を個人に行う場合は、これらの質問に対する反応を書いてもらうこと。グループで行う場合は、参加者を2人1組とし、10分ほど時間を取って、この演習についての感想と、ビジュアル化できた内容のなかで最も重要なものについて話し合ってもらう。その後数名の参加者に、最も重要なビジュアリゼーションを発表してもらう。この演習は極めて重要である。なぜなら、それは今日の社会の、家父長制的、支配／従属的なパターンに対する挑戦であり、社会変化について真剣に考えるための枠組みを提供するからである。

# ■第5章　重要課題3：家族と仕事をつなぐ

## □演習5.1.　役割の識別

　1980年以降、キャリア・ディベロプメントの文献のなかで、仕事と家族における役割を結びつけることがますます共通のテーマとなってきた。以下の演習は、クライエントが、2つの領域の関連と役割の統合という概念を理解できるようになるためのもう1つの試みである。

### ★ねらい
　この演習は、クライエントがただ仕事だけではなく、人生役割の重要性を理解することができるように設計されている。

### ★進め方
　A4の用紙を参加者全員に配る。参加者は、まず用紙の中央に横線を引き、上半分、下半分に、それぞれ5個ずつ円を描く。線の上側の円に、参加者それぞれにとって現在最も重要と思われる役割を書き入れ、重要度の高い順に1から5までの順番をつける。線の下側の円には、今後10〜15年の間に最も重要になると思われる役割を書き入れ、上と同様に順番をつける。参加者に、自分が取り上げた役割に対して、以下の質問に照らし合わせながら考察してもらう。

1. 自分の家族システムのなかで、これらの役割の地位はどうか？
2. それぞれの役割に関連して期待されているものは何か？
3. さまざまなライフ・ステージで、その役割は、どのくらい重要か？
4. 女性の仕事やキャリアの目標が、男性のそれよりも重要になった場合、どのようなことが起こると思うか？
5. それぞれの役割に、どれくらいの時間、エネルギー、才能を注いでいるか？
6. 自分の役割を遂行していく上で、重要な人たちにどのような影響を

与えているか？
7. これらの役割は、互いの関係にどのような影響を与えているか？子ども（もしいたら）との関係ではどうか？
8. その役割構成のなかで、子どもはどのような役割を演じているか？
9. 余暇、奉仕、ボランティアの各役割は、どこに位置付けられるか？
10. 役割の選択肢に気づくことは、自分のライフ・プランニングにどのように役立つと思うか？
11. パートナーそれぞれにとって、それらの役割は同時並行的か、それとも順次連続的か？
12. それらの役割は柔軟なものか、それとも硬直的なものか？
13. 20歳で結婚したとき、または30歳あるいは35歳で結婚したときでは、役割はどのように違っているか？　またゲイやレスビアンのカップルでは、どのように違っていると思うか？
14. 人生における引退の段階では、役割にどのような変化が起こると思うか？

　参加者を3〜5人の小グループに分け、各人が、どのような役割にどのような重要性の順位を付けたかを発表し、上の質問のいくつかに答える。

## □演習5.2.　誰が扶養者か？

　この演習は、仕事と家族における、変化する女性と男性の役割について1つの見解を提供する。（第5章 p.177　図5.1「誰が扶養者か？」を参照）伝統的に仕事は男性、家族は女性と結びつけて考えられてきたが、Pleckの図は、女性が急速に労働力となり始め、よりゆっくりではあるが男性が家族と養育者の活動を引き受けるようになるにつれて、これがどのように変化しているかを示したものである。新しいシステムは、男性と女性が、扶養者としての役割と家族の役割の両方を分担し合うものである。

★ねらい
　この演習の目的は、参加者が、変わりつつある女性と男性の役割について、そして、いくつかのカップルがどのようにパートナーシップの関係に

近づいているかということを理解できるように支援することである。しかし、役割におけるこのような変化が、抵抗と役割葛藤を引き起こすことがある。

### ★進め方
参加者に、図 5.1「誰が扶養者か？」を学習してもらう。次に参加者に、われわれの社会における変化する役割について正直な感想を述べてもらう。参加者に、変化している規範について、自分に正直に熟考してもらい、それが家族に及ぼすと思われる肯定的な意味について考えてもらう。

### □演習 5.3. 相互プランニング

キャリア・プランニングのワークブックに載っている演習の多くは、個人を対象としたものである。しかし、人生役割の相互関連性と仕事と家族の交差を強調することが重要であると同様に、パートナーやカップルで2人一緒にプランを立てることも重要である。共通の価値観を理解し、それへのコミットメントを持つことが非常に重要である。

### ★ねらい
この演習の目的は、パートナーに、1人でではなく2人一緒にキャリアと人生目標をプランニングすることの価値を理解してもらうことである。統合的ライフ・プランニングは、これは互いの課題でありそれぞれが別々に行うプロセスではなく、カップルが一緒に行う課題であると示唆する。

### ★進め方
参加者に、以下の各項目に記入してもらう。必要ならば、スペースを広げて書いてもよい。その後、パートナーに、自分自身の価値観と互いの価値観について話し合いをさせ、比較させ、それらが合意に達するための障壁と促進要因についても話し合いをさせる。所要時間は約30分間。

| 私の個人的価値観 | パートナーの個人的価値観 |

| 私の人間関係についての価値観 | パートナーの人間関係についての価値観 |

| 私の家族についての価値観 | パートナーの家族についての価値観 |

| 私の仕事についての価値観 | パートナーの仕事についての価値観 |

| 私のキャリアについての価値観 | パートナーのキャリアについての価値観 |

| 私の価値観 | 私たち2人の価値観 |

## ■第6章　重要課題4：多元性と包含性に価値を置く

### □演習 6.1.　複数のアイデンティティ

　多文化キャリア・カウンセリングや人的資源開発においては、1人ひとりが複数のアイデンティティを持っているという考えが極めて重要である。その考えは、Walker と Hanson（1992）によって示されたような多様性のグループに価値を置くという考えのなかに組み込まれる必要がある。Arredondo, Psalti と Cella（1993）によって示された大まかな定義でも、個人のアイデンティティの多次元性を強調している。この演習は、ILP ワークショップの初めに行うと特に効果的である。

★ねらい
　この演習は、クライエント、従業員、学生が、自分自身の複数のアイデンティティと他者のそれにより気づくようになるために設計されている。それはまた、人生のその時々において、人のアイデンティティの異なった側面が重要になるかもしれないということを強調する。

★進め方
　ILP ワークショップの初めに、参加者各人に、その時点で、自分のアイデンティティにおける最も重要な3つの側面について分かち合いながら、グループに自己紹介をしてもらう。そのとき、参加者に、図 4.2（p.125）の中の**アイデンティティの次元**（人生役割や発達領域ではなく）に注目するように伝える。そのアイデンティティの次元には、人種、民族性、ジェンダー、階級、宗教または信条、年齢、性的指向、身体能力が含まれている。中には、「親である」とか「息子である」ということを加えようとする参加者がいるかもしれない。その場合は、それは重要であるが、それは役割であって、アイデンティティではないと指摘する。
　グループの人数によっては、この演習には時間がかかるかもしれない。いずれにしても、かなり時間のかかる演習である。参加者に、気づいたこ

と、どう感じたか、お互いから、そして演習から学んだことについてコメントさせながら、この演習についてふり返ってもらう。だいたい1人3分以内ぐらいの発表で締めくくるが、時間が許せばもっと長く取ってもよい。

## □演習6.2. 生まれ変わりのファンタジー

かなり前から、カウンセリングや多様性トレーニングではファンタジーの活用は人気のある技法であった。それは人々に心的イメージを活用するように求め、今の自分とはどこか異なる人の人生に入り込んでもらうものである。この独特の演習は、Thomas Parham（1996）から採用したものであるが、彼はこの演習を、1990年代初めから、カウンセリングの指導者を対象にした多様性のトレーニング・ワークショップで使っている。

★ねらい

この演習は人々に、自分自身の持つ前提認識、誤解、偏見に気づかせ、他の集団に対する共感を発達させるための強力なものとなるだろう。ファンタジーに入り込むことができた人は、多くのことを学ぶことができる。所要時間は30分。

★進め方

イメージングのプロセスの準備をするために、簡単なリラクゼーション・エクササイズを行い、その後、次の文章を読む。「これから皆さんに、合衆国に住んでいる自分とは違う人種または民族集団出身の人に生まれ変わってもらいます。アフリカ系アメリカ人、ネイティブ・アメリカン、ヒスパニックまたはラテン系アメリカ人、アジア系アメリカ人、あるいはあなたの職場にいる他の民族の人を思い浮かべてください。今から1分とりますから、考えをまとめ、どのような人になりたいかを決めてください。はい、ではみなさんは、これから違った人です。いまあなたがイメージしているあなた自身に向かって、次の質問を投げかけてみましょう」。

この前置きの後、以下の質問を投げかけながら、グループを指導していく。

1. あなたはその集団の子どもです。あなたの子ども時代はどうですか？　あなたはどこに住んでいますか？　あなたは誰と遊んでいますか？
2. あなたは小学校に行きます。あなたにとって小学校はどんなところですか？　どうやって学校まで行きますか？　あなたの友達は誰ですか？　あなたは学校が好きですか？　あなたの友達はどんな子どもですか？
3. あなたは中学校にいます。中学校のどんなところが好きですか？　どんなところが嫌いですか？　お昼休みは何をしていますか？　放課後はどうですか？
4. あなたは今高校生です。選択科目がありますか？　あなたはどの教科が好きですか？　あなたは高校を卒業した後の進路についてカウンセラーのところに相談に行きます。どのような支援を受けますか？　夜は何をして過ごしていますか？
5. あなたは今、高校を卒業しています。あなたは何をしていますか？　あなたは学校に通っていますか、職を得ていますか？　あなたはどこに住んでいますか？　あなたは自由時間に何をしていますか？　週末は何をしていますか？　あなたは家族とどれくらい親密ですか？
6. あなたはちょうど今訓練を終えたところです。あなたは今現在の職についています。まず、どのようにしてそこに辿り着きましたか？　あなたは求人広告に応募しましたか？　あなたにはメンターがいましたか？　その分野に入るのに何か障害がありましたか？
7. 今あなたがいる分野に関してどんな意見がありますか？　あなたは自分の属している集団に対して、どのようにサービスすることが最善だと考えますか？
8. その分野での活動のなかで、あなたにとって何が重要ですか？　あなたの価値観は？　あなたはなぜこの分野にいるのですか？　どんな機会と出会っていますか？　障害は何ですか？
9. あなたはこの分野での成功に影響するどのようなリソースを、個人

的および専門的に持っていますか？　あなたはどのようなライフ・スタイルを持っていますか？　あなたの友達は誰ですか？　あなたの家族はどれくらい親密ですか？
10. この分野の専門家として、あなたはどんな風に見えると思いますか？

　2〜3人の参加者同士で、各自が選んだ人物に生まれ変わったときのイメージを共有する。参加者全員で、他の民族集団に対して持っている前提認識について検証し、次にその前提認識が、ある分野での多様性の形成や、その多様性への対応についての考え方にどのように影響しているかを検証する。
　この演習の変型としては、参加者全員がある抑圧されている集団——たとえば、身体的障害のある人、異なった信仰・信条を持つ人、異なった性的指向を持つ人などなど——に属していると想定することもできる。

## ■第7章　重要課題5：スピリチュアリティ（精神性・魂・霊性）と人生の目的を探究する

### □演習7.1．われわれの根源を発見する

　スピリチュアリティの定義は人によってさまざまであるが、多くの人がスピリチュアリティを、「その人の根源となるもの——意味、自己、そして人生理解が生まれてくる中心」（Yates, 1983, p. 60）、あるいは「深いところでの統合、全体性、人生（生命）のすべてが相互に関連し合っているという感覚」（Kratz, 1985, p.4）と関連付けて考えている。またスピリチュアリティを、自然との結びつきとつないで考える人もいる（Fox, 1994）。

★ねらい
　自分のスピリチュアリティを受け入れ馴染むには、心像化することやイメージすることが特に適した方法である（この演習は、先に紹介した「演習1.2. ライフ・プランニングへの影響」に似ているが、以下に示すように別の演習として使うことができる）。所要時間は25分。

★進め方

　参加者に、自分が何者であり、自分を動機付けし、行動へつき動かすもの、いわば自分の根源を象徴するシンボルを考えさせる。たとえば、業績指向の強い人であれば、梯子を描くかもしれない。また養育的で思いやりのある人で、その持ち味を自分の人生の中心に据えている人は、ハート型や両手を差し伸べている図を描くかもしれない。正しいシンボルというのはないので、自由に描いてもらうこと。7.5cm × 12.5cm の PostIt を配布し、それにシンボルを描いてもらう。次に用紙の4隅に、なぜそれが自分の根源のシンボルなのかという理由を書く。参加者は、パートナーまたは 2～3 人の小グループで、お互いのシンボルについての気持ちを話し合う。最後に、お互いの共通点、相違点を話し合い、各人がこの演習から何を学んだかを発表して締めくくる。

□演習 7.2.　目的の探求

　多くの人が目的と意味の探求を人生の中心に据えているが、キャリア・プランニングではそれはかなり無視されてきた。しかしながら、多くの著述家が、スピリチュアリティがどれほど人々の人生に深く関係しているかについて書いている。たとえば、Leider（1985）、Hagberg と Leider（1988）、Naylor、Willimon と Naylor（1994）など。後者らは、スピリチュアリティの探求は非常に個人的なものであるので、個人の歴史、哲学、戦略的プランなどを考慮しなければならないと示唆している。

★ねらい

　この演習は参加者が自分自身で人生の意味と目的を探求し、それが人生の他のすべての部分とどのように関係しているかについて考えるようになるために設計されている。所要時間は 30 分。

★進め方

　仕事を自分の人生の使命と一致させようとする人が次第に増えている——自分にとって本当に重要であることを人生の中心に持ってくるために。参加者に、以下の個人的探求のための 10 の質問（Naylor, Willimon と

Naylor, 1994）に答えながら、それについて自省することによって自分の人生の意味と目的を探究するように伝える。

1. 私は誰か？
2. 私はどこへ行こうとしているのか？
3. 私はどうすれば、自分の人生を一連の不幸な出来事から防ぐことができるか？
4. 私は大人になったら、何になりたいのか？
5. 他者、自分自身、そして私の存在の基盤からの分離を私はどのように克服するか？
6. 誘惑にどのようにして打ち勝っていくのか？
7. 人はどうすれば自分がなりたい人間になれるのだろうか？
8. 私は意味のある仕事を見つけることができるか？
9. 真のコミュニティを経験することは可能か？
10. どうすれば私は幸せに死んでいくことができるか？

著者らは、人はこのような質問を自らにすることによって、自分自身の未来を形作っていくことができると言う。私の ILP ワークショップやクラスで私は参加者に、人生の多くの次元と関連させて自分の過去・現在・未来について熟考しながら、自分のキャリア・ディベロプメントの物語りを書いてもらうようにしている。短時間のワークショップでは、これは無理だろう。しかしながら、参加者たちに、自分が死んだとき墓石に何と刻んで欲しいか、あるいはそのなかで自分の価値観や自分の人生の夢について葬式で何と言ってもらいたいかを考えることによって、自分自身のスピリチュアリティについて支援することはできる。Leider（1985）の死の定めについての一連の省察は、とりわけ役に立つところが多い。

## □演習 7.3. 時間の感覚

キャリア・プランニングにおける時間と時間に対する指向性の重要性については、多くの研究者によって強調されてきた（Savickas, 1990; Schlossberg, 1991）。それは特に、人生の旅とどのように関係しているか、そして、

人が過去・現在・未来をどのように受け止めているかという点において非常に重要である。もちろん、これは文化と関係している。KluckhohnとStrodtbeck（1961）が指摘したように、西洋文化と東洋文化では、時間感覚が違う。

★ねらい

この演習の目的は、時間が人生の目的と意味に関係しているがゆえに、参加者に時間に対する感受性を築いてもらうことである。人がどのように時間を過ごしているかはその人の人生の方向性を暗示している。所要時間は約15分。

★進め方

参加者に、来年、今後5年以内、今後10年以内に起こると思う重要な出来事を書いてもらう。次にそれらの出来事の文頭に、それがある程度自分のコントロールが及ぶものであると考えるならばチェックマークを入れる。この演習は主として参加者1人ひとりに、自分自身の展望と未来への指向性についての感覚を得てもらうことを目的としている。

□演習7.4. 夢と希望

夢も時間の意味を変えるものの1つである。個人、カップル、パートナー、それぞれが夢と希望を創造し明確なものにするために支援を必要としている。空想と同様に、夢もしばしば現実になる。実際、大学1年生に10年後の自分の人生はどうなっているかについて尋ねた研究で、その10年後に追跡調査を行ったところ、学生の多くが1年生のときに夢見ていたことをしていた。

★ねらい

統合的ライフ・プランニングのワークショップは、参加者が過去、現在、未来を頭に描き、それらがどのように一体となっているかを考えることができるように支援する。統合──時間の統合も含めて──することによって、人は結びつきの感覚を獲得し、人生の永続的なパターンとテーマを自

覚し、自分のアイデンティティを強化し、希望を持つことができるようになる（この演習と次の演習は Savickas, 1990 の独創的な考えに刺激されたものである）。

★進め方

　短時間のリラクゼーション・エクササイズの後、参加者1人ひとりに、今から10〜15年先に向けて持っている夢を3つ考えてもらう。1つは、自分自身の未来に関する夢。2つめは、自分が所属する仕事組織に関する夢。そして3つめは、自分たちの社会がこうなって欲しいというビジョンである。参加者に、自分自身の人生や職場を見下ろすことができる雲の上、あるいは自分の国の上空に浮かぶ宇宙船に乗っていると想像してもらう。参加者に、Super と Sverko（1995）が示唆するさまざまな人生役割——仕事、学習、家事、余暇活動、コミュニティ活動——の視点からビジョンを描かせる。

　参加者は、これらの役割のそれぞれのなかで起きていることについて書いてもよい。4人のグループを作り、この演習で学んだこと、3つの夢のなかでどれが最も重要か、それぞれの夢はどのように関連しているかなどを述べ合いながら、この演習について話し合う。この演習のために、たとえば、用紙の横欄に5つの人生役割を書き、上の欄に3つの夢を書き、3×5の記入欄のあるワークシートを作成することもできる。

## ■第8章　重要課題6：
## 個人の転換（期）と組織の変化のマネジメント

### □演習8.1．変化に対応する

　ワークショップのリーダーは、第8章で示した個人の転換（期）モデルのどれを引用してもよい。別表8.1（p.293）や図8.2（p.294）に示され、私自身の「ある失業のケーススタディ」に適用された Schlossberg の Transition Model に基づいて、参加者に自分自身の大きな転換（期）を分析してもらうこともできる。また、転換（期）を考察する基礎として、図8.1の Brammer の「変化への対応レベル」を用いることもできる。

★ねらい

　この演習の目的は、学生、クライエント、従業員が、準備し易いやり方で変化の予測ができるように支援することである。Schlossberg は、人は転換（期）のプロセスとその多くの構成要素についての認識が深まるほど、変化に対する対応能力を高めることができると考えている。Brammer の「変化への対応レベル」(pp.285-287) は、人が変化に対応するのを支援する1つの方法である。所要時間は約 20 分。

★進め方

　参加者に、Brammer の「変化への対応レベル」とその説明（第 8 章）をもう一度復習してもらう。次に、成人になって経験した大きな転換（期）を考えさせ、そのモデルの4つのレベルと比較しながら、その時の対応の仕方を検証させる。3〜4人の小グループで、各人の転換（期）の性質と、それに対する対応の仕方について話し合わせる。

□演習 8.2.　リスクをとる

　これは ILP ワークショップで広く利用されている1つの演習で、多くの興味や思慮深い反応を引き出している。通常、私はまず、私自身がとった人生における3つの大きなリスク話を参加者と共有することからワークショップを始める（たとえば、私はお金もないのに大学の国際学習に応募したり、基本的に男性ばかりの学部教授のなかの数少ない女性の1人として男性との給与の格差について学部長に談判したり、また、かなりの高齢で第1子を得た）。そして私はその演習の最後には、それらのリスクをとった結果がどうなったかという話を共有して終わることにしている。

★ねらい

　この演習は、参加者が、リスクとは一体何かということ、そして参加者が経験したリスクについて考えることを支援し、リスクをとるというプロセス、および、それが各人のライフ・プランニングにどのような影響を与えたかについて何らかの洞察ができることを目的としている。

★進め方
　この演習には p.394 のワークシート（Hansen, 1984）を使う。

　参加者が自分自身に対する質問に答え終わったら、その3つのリスクのなかから1つずつ選び、3～4人の小グループでそれについて話し合わせる。その後、この演習は自分にとってどのような意味を持つのかを考えさせる。この演習で何を学んだか、また何を発見したか？　それは自分自身に何を教えてくれたか？　所要時間は30～45分。

## □演習8.3.　積極的（肯定的）不確実性で意思決定をする

　Gelatt（1989）の積極的（肯定的）不確実性モデルについては、第8章でかなり詳しく検討した。それは理性と直感の両方を包含するプロセスであり、統合的ライフ・プランニングによく適合している。それは論理的で合理的で直線的な多くの意思決定モデルよりも、全体的で、複合的なものである（pp.305-308 参照）。

★ねらい
　この演習は、参加者が、「積極的（肯定的）不確実性」モデルに馴染み、それを活用する可能性のありそうな状況について考え抜くことを目的としている。所要時間は25分。

★進め方
　参加者は、本文中の Gelatt の定義と以下の文章を読む。「意思決定とは、情報をさまざまに組み合わせ、選択や行動に結びつけるプロセスである。積極的（肯定的）不確実性は新たな意思決定戦略であり、基本的に、未来に不確実性を感じる態度であり、その不確実性を肯定的に感じる態度である。それは全脳を使って自分の未来をプランニングするアプローチである。積極的（肯定的）不確実性には、不明な未来についての意思決定を行うための個人的なプランをデザインすることが含まれている」（Gelatt, 1989, p. 255）。
　参加者は、しばしば未来の曖昧さに四苦八苦する。失望感や恐怖感や

### リスクをとる：キャリア意思決定とリスクをとることを結びつける

リスクとは、あなたのキャリアとライフ・プランニングに影響を与えた、予期せずにとった行動のことである。通常、人は、多少肯定的な結果を確信しないかぎりリスクはとらない。しかし中には、人よりも多くのリスク、そして大きなリスクをとる人がいる。あなたの人生の3つの異なった段階で、キャリア・ディベロプメントに関してあなたがとった重大なリスクを以下に記し、そのリスクの内容を説明しなさい。

リスク1：
_____

リスク2：
_____

リスク3：
_____

3つのリスクそれぞれについて、以下の質問を自分にしなさい。
- それがリスクだということをどうやって知ったか？
- それはどれくらい大きなリスクだったか？
- それはあなたにとってどのような意味でリスクだったか？ またあなたの人生と関係のある他の人にとってはどうだったか？
- あなたがリスクをとったとき誰が、あるいは何があなたを助けたか？ あるいは、誰がまたは何があなたを妨害したか？
- そのリスクは結果的にはどうだったか？ 短期的には、そして長期的には？ それは良い結果だったか、それとも悪い結果だったか？
- もし可能だとしたら、現在その同じリスクをとるか？
- そのときどのようなリスクのとり方をしたか？
- どのような対応スキルを使ったか？

その3つのリスクのなかでどれが一番大きなリスクだったか？ それはなぜか？

失敗感を抱くかもしれない。参加者は、積極的（肯定的）不確実性が具体的に表現している考えについて、そしてそれが21世紀を迎えるわれわれにとってどれほど有益なアプローチであるかについて話し合う。Gelatt の *Creative Decision Making Using Positive Uncertainty*（1992）も参照のこと。

## □演習 8.4. リーダーシップ・スタイルを変える

　組織におけるリーダーシップ・スタイルの変化については、かなりの数の文献があるが、男性と女性の間に顕著な違いがあるかどうかについては、一致した見解はない。しかし Rosener（1990, 1995）などは、両者の間の共通点と相違点をある程度、文章や本で示している。リーダーの知識、態度、行動について論じている第 8 章では、このテーマの議論のための興味深い基本的なものを提供している。

★ねらい
　この演習は、ワークショップの参加者が、リーダーシップの新しいパターンについて考えることを目的としている。この演習は女性と男性のどちらが良いリーダーになるかなどというような議論を持ち出そうとするものではない。所要時間は約 1 時間。

★進め方
　ワークショップの参加者は、第 8 章（p.314-315）の、新しいリーダーのさまざまな行動についての記述を読み返す。各人が、そこで論じられているリーダーシップ・パターンの 9 つのタイプ（Drucker のものも含めて）のなかから 1 つを選択し、そこで述べられている内容と意味を、仕事組織の変化という点から正確に定義する。そしてそのような職場で働く者にとって、どのような意味を持つかを述べる。最後に討論を要約する。

# ■第9章　人生を統合し、社会を形作る：
　　　　　キャリアの専門家にとっての意義

## □演習9.1.　チェンジ・エージェントとしてのキャリアの専門家

　本書の最終章は、チェンジ・エージェントとしてのキャリアの専門家に大きな重点を置いているが、チェンジ・エージェントだけでは社会は変えられないということを私は認識している。実際、社会の諸問題は、どの分野であれ1分野の専門家だけで解決できるようなものではない。とはいえ図9.2で私は、組織に建設的な変化をもたらすチェンジ・エージェントまたは「プロセス・ヘルパー」として活動することができるキャリアの専門家のためのモデルを示した。その6段階モデルは、チェンジ・エージェントが組織を変化させるためにはどのように体系的に仕事をすることができるかを示している。このモデルはこれまで長い間非常によく機能しており、創造的チェンジ・エージェントが自分の組織に変化をもたらそうと試みるかぎり、それが機能し続けるであろうことに疑問の余地はない。p.350を参照のこと。

### ★ねらい
　この演習は、チェンジ・エージェントが、どのような組織に雇用されていようとも、チェンジ・プロセスのモデルを理解し、その組織内で活用できるように援助することを目的としている。このモデルは、これまで主に教育の場で用いられてきたが、同じ原則は他の分野でも同様に使うことができる。参加者にとってこの演習はこのモデルの完全な理解に役立つはずである。所要時間は約30分。

### ★進め方
　参加者は、自分たちが変化をもたらそうとしている組織を想定し、このモデルがそこでどのように役立つかを考える。このモデルによって、その組織の1人ひとりが組織との関係を理解し、問題を診断し、人とメディアの利用可能性を評価し、適切な解決法を特定できるようになる。そして

評価によってその効果が確かめられた場合は、今後システムのなかに受け入れられ、制度化されるように努力しなければならないということをこのモデルは提起している。

　このモデルは、教育分野の組織を想定して開発されたものであるということは指摘しておかなければならない。ワークショップのリーダーが、この介入の目的が、参加者各人の組織内でチェンジ・エージェントとなるための支援であることを参加者に伝えるのに役立つはずである。討論は、この線に沿って進められるべきである。

## □演習9.2.　変化の阻害要因と促進要因

### ★ねらい

　この演習の目的は、労働者、クライエント、被雇用者が、自分たちのシステムのなかに変化が必要なことを自覚し、それぞれが、変化をもたらすことを制限する要因を認識できるように支援することである。

### ★進め方

　ワークシート上のチェンジ・エージェント演習（別表R.1）は、チェン

別表R.1.　チェンジ・エージェント演習ワークシート

私のシステムのなかに肯定的な変化をもたらすために

私の状況における変化のための短期目標（1つまたは2つ）：

私の状況における変化のための長期目標（1つまたは2つ）：

| 可能な変化の<br>3つのレベル | 阻害要因 | 促進要因 | 達成基準 |
|---|---|---|---|
| 個人的な変化<br>（私自身） | | | |
| 人間関係の変化<br>（パートナー、配偶者、学生、友人などなど） | | | |
| 機関の変化<br>（学校、大学、政府機関、企業、その他機関） | | | |

ジ・エージェントが、短期目標と長期目標を特定し、そしてさらに、やりがいのある個人的な変化、人間相互関係の変化、組織の変化についての実例を載せてもよいと提案している。参加者は、変化の促進要因と同様に、変化に対して想定される阻害要因（あるいは障壁）を特定し、達成に必要な基準を示さなければならない。参加者は、3〜4人の小グループで、阻害要因を減らし、促進要因を増やすためにはどうすればよいかを互いに提案し合う。

## □演習9.3. 「他者」との出会い

別の世界に入っていくことは、もし、準備ができていなかったり、言語が違っていたり、そこへ行くことを自分で選んだのでないのなら大きな困難を伴う。参加者は、さまざまな理由で新しい場所に強制的に移動させられ、永久的に故郷や家族と別れることになるかもしれない何千人という移民や難民にとって、それがどのようなものかを想像する。そのような人々が体験するであろう悲嘆と喪失感について、家族や文化についてのみならず故国での資格証明が認められない場合などを含めて考える。

### ★ねらい

この演習は、参加者がこれまで認識していなかったと思われる他の多様な側面について、参加者の感受性に働きかけることを目的としている。所要時間は20分〜30分であるが、グループの大きさにもよる。

### ★進め方

参加者は、第9章（pp.345-346）のJuan Moreno（1996）が示したリスト、「自分たちとはまったく似たところのない人々との、身近な文化的エンカウンター、出会い」を読み返す。参加者は、各人の経験や認識と照らし合わせながら各項目について考え、それらのなかで、自分自身にとって最も難しいと思われ、同時に自分自身の成長が必要と思われるものを3つ選ぶ。1対1または3〜4人のグループで話し合う。短時間の話し合いの後、参加者は最も難しい課題について1つずつ分かち合い、それが難しいと思った理由も説明する。

## □演習 9.4. 結びつきとコミュニティ

本書を締めくくるにあたって、第 1 章で紹介され全体を通して論じられた、コミュニティと結びつきという主要テーマに戻ることが重要である。この演習は、参加者が、ILP の 6 つの重要課題ないしはテーマを統合し、自分なりの総合体として作り上げることを目的としている。すなわち、グローバルなニーズに目を向ける、なすべき仕事をする、1 人ひとりが全体的発達を達成する、家族と仕事をつなぐ、多元性と包含性を結びつける、スピリチュアリティを理解する、そして 21 世紀のわれわれの生活に影響する社会、個人、組織、地球全体の劇的な変化を認知することである。

★ねらい

この演習は、参加者が、ILP の 6 つの重要課題の相互のつながりを理解し、それらとコミュニティとの関係を理解することを目的とする。

★進め方

参加者はそれぞれの重要課題について考え、自分のなすべき仕事につながると思われる課題を 1 つ選ぶ。どうすればその課題をコミュニティ活動につなげることができるか？ この課題に注意を向けさせ、変化のプロセスと変化を生みだす実行戦略を開発するために何をする必要があるか？ 参加者は、自分が違いを生み出せると信じる地球村の重要なニーズを特定する（おそらくそれは生涯をかけた課題となるであろう）。参加者が自らそのようなニーズを特定できるように支援することは、本書でキャリアの専門家に示唆された最も重要な課題の 1 つである。

## □演習 9.5. サークル・オブ・ライフ（人生の環）

★ねらい

この演習については、すでに第 9 章で述べたが、サークル・オブ・ライフ（人生の環）の比喩は、カナダのファースト・ネイション[1]の人々やアメリカ・インディアンのコミュニティで長い間使われてきたものとして、本書を締めくくるには完璧なものである。サークル・オブ・ライフ（人生

の環）——「メディスン・ホイール（Medicine Wheel）」あるいは「神聖なフープ（Sacred Hoop）」とも呼ばれる——は、方角や四季、多様な文化を象徴している。それは多元的で包含的な概念である。

### ★進め方

参加者は、図9.3（p.365）で示した枠組みに基づいて自分自身のサークル・オブ・ライフ（人生の環）を完成し、ILPの全体的で統合的な特徴と、その概念のなかでつながり合うテーマについて理解を深めるようにする。30分を与える。

可能ならば参加者は、自分が描いたサークル（環）について、信頼できる他者やパートナーと話し合い、そのさまざまな部分の持つ意味について説明してもらう。参加者は、自分自身のサークル（環）を完成させることによって、地球を意味する大きなサークル（環）や、そのなかにあるグローバルでローカルなニーズ——すなわち、なすべき仕事——にしっかりと触れることができる。

サークル・オブ・ライフ（人生の環）は、統合的ライフ・プランニングの枠組みであり、メッセージである。これは参加者が各自の人生についてのみならず、コミュニティへの献身について多くのことを語ってくれるであろう。

◆訳 注
（1）カナダの先住民のうち、イヌイットとメティ以外の民族のこと。

## 補遺（監訳者あとがきに代えて）

　原著が1997年に出版され11年を経た2008年、ハンセン博士により第7番目の課題が新たに追加された。それが「健康に関心を向ける……身体、メンタル、感情（Critical Task #7: Attending to Our Health —— Physical, Mental, and Emotinal）」である。博士の強い希望により、2008年にNCDAの機関誌（*Career Developments*）に投稿された論文を翻訳し補遺として本書に掲載することになった。

　補遺とはいえ、この論文は本書全体の概要であり、本書の全体像を把握するにはうってつけの読みものとなっている。あるいは、この大著を読み進める上での指針と言えるかもしれない。ぜひご一読いただければ幸いである。

　本書が、単に知識を得るだけのものにとどまらず、読者の人生にとって本当に役立つ、そして現場で使える1冊になって欲しいと監訳者一同、心から願っている。

　2013年1月　　　　　　　　　　　　　　　　　　　　　　平 和俊
　　　　　　　　　　　　　　　　　　　　　　　特定非営利活動法人
　　　　　　　　　　　日本キャリア・カウンセリング研究会（JCC）事務局長

# 統合的ライフ・プランニングの活用
――専門的能力開発のために――

## ■統合的ライフ・プランニング(ILP)とは何か?

　統合的ライフ・プランニング(ILP)は、キャリア・ディベロプメントにおける1つのアプローチである。それは、ハンセンにカウンセリングを学んだ多くの学生が、単に授業としてだけではなく、それ以上の意味を持つキャリア・カウンセリングを学びたいというニーズを表明したことから生まれた。ILPは、ハンセンがある概念として共有し発展させた1つの知見であり、その概念は人生についてより全体的(holistic)なアプローチを求め、必要とし、あるいはそれを経験している人たちにとって理にかなうものであった。ILPは、1990年代に開発されてからこれまで、社会人大学生、大学生、カウンセラーをめざす大学院生、そして約12カ国におけるクライエントを対象に実践されてきた。1997年に発行されたハンセンの著書に示されているように、キルトとその1片1片がILPの比喩として使われている。「われわれの人生を意味のある全体として織り上げる(Weaving Our Lives into a Meaningful Whole)」とは、キルトのなかの布片を囲んでいる環のことを指している。カウンセラーは、このアプローチを身につけて実践することで、自分自身の専門性を新しいレベルに引き上げることができる。

## ■キャリア・カウンセリングでILPを活用することの社会的な根拠

　仕事、教育、家族、そして社会において、グローバルなレベルで劇的な変化が起きている。そのなかでカウンセラーに求められていることは、自らの専門性や21世紀の世界で有効に機能するための方法を再検証することである。統合的ライフ・プランニング(ILP)は、いわば1つのレンズ

を提供するものであり、われわれはそのレンズ越しに人々の人生という文脈を検証し、キャリア／ライフ・プランニング上の課題に対する支援策を決める。ILPは、学際的で全体的な概念であり、さまざまなシステムに焦点を当てている。すなわち、その範囲は「全人生における仕事」のみならず文化横断的な人生に及び、大局的見地からライフ・プランニングができるようにカウンセラーとクライエントを支援する。それは、われわれ1人ひとりが、世界観を広げ満足できるライフ・プランを作るのに役立つだけではなく、さらに重要なことは、コミュニティや社会に利益を供することに役立つことである。

## ■キャリア・カウンセリングでILPを活用することの個人的な根拠

（1）　われわれは、クライエントや学生が、直線的思考（linear thinking）とは対照的な**統合的思考**（integrative thinking）によってスキルを開発できるように支援する必要がある。

（2）　クライエント、学生、あるいは被雇用者は、還元主義的な思考（reductionist thinking：物事を最小単位まで断片化して考える）とは異なる、「大きな絵を描く」**全体的思考**（holistic thinking：物事をまとめ合わせ1つの大きな全体として考える）の重要性を理解する必要がある。

（3）　また、自分の人生と文化のなかで、主要なテーマあるいは重要な課題に優先順位をつけることが、成長とライフ・プランニングの必要不可欠な要素であることを自覚する必要がある。

（4）　新しい自己認識を持つこと（たとえば、ライフ・ライン、ジャーナリング、調和探し、物語りとしてのキャリア、可視化、キャリア・レインボー、サークル・オブ・ライフ［人生の環］など、種々の構成的な体験学習を通して習得する）は、キャリア・アセスメントと職業情報の知識を超えた全体的なライフ・プランニングの文脈とテーマを理解するために非常に重要である。

（5）　自分自身の変化とコミュニティの変化の必要性を認識すること、および、人や組織や専門、そして社会が変化することへのコミットメ

ントは、統合的ライフ・プランニングのプロセスにとって必要不可欠な要素である。

## ■統合的ライフ・プランニング(ILP)における人生の重要課題

統合的ライフ・プランニングの中核にあるのは人生における6つの重要課題(順番に特別な意味はない)であるが、これらは最近、読者やユーザーからのフィードバックを反映させて若干の修正がなされてきた。ここでは、これら重要課題について簡単に説明するが、キャリア・カウンセリングの実践家のセクションではもっと詳しく扱われている。

### 1.変化するグローバルな文脈のなかで、なすべき仕事そして経済的に満足できる仕事を見つける

「なすべき仕事を見つける」というのは、パソコンで職業情報を探して1つないしは2つ「適合」しそうな職を見つけることとは大きく異なる。多くの人から公民権運動の創始者と見なされているRosa Parksは、この課題を社会正義に絡めて以下のように述べている。

> 「そこにはなすべき仕事があります。だから、私は止まるわけにもずっと座っているわけにもいきません。子どもが助けを必要としているかぎり、人々の自由が束縛されているかぎり、そこにはなすべき仕事があるでしょう。高齢者が攻撃を受けたり、また、支援を必要とするかぎり、そこにはなすべき仕事があります。偏見や犯罪があるかぎり、私たちには仕事があります。私は、私の物語りを伝えることがとても大事だと考えています。私たちは、人種差別の日々を経てやっとここまで来ました。しかし、もっとよくするためには、常にやるべきことがあるのです」(Palmerにて、2000年、PP. 32-34)。

ハンセンは、この課題について熟考しながらもっとなすべき仕事があると考え、以下の項目も含めいくつかの領域あるいは課題を特定した。すな

わち、

> 「テクノロジーを建設的に利用すること、環境を保全すること、職場における変化を理解すること、家族における変化を理解すること、暴力を減らすこと、人権を擁護すること、変化しているジェンダー役割を受け入れること、人間の多様性に価値を置くこと、スピリチュアリティと人生の意味と目的を見出すこと、知ることの新しい方法を発見すること」(Hansen, 1997, p. 52)。

　これらの多くは、ILPが強調する重要な点、すなわち社会正義や社会の改善を反映していることに注目して欲しい。さらに、この課題は社会のニーズに応える新しい仕事を創造することも包含している。たとえば、20世紀後半に多くの女性センターが設立され、数えきれないほどの社会人教育プログラムが開発実施されているが、これらは上記ニーズを満たすために創りだされた仕事の実例である。

## 2. 家族と仕事をつなぐ

　「家族と仕事をつなぐ」という課題は、20世紀末における変化する女性と男性の役割、そして両者がどのように変わっているのかを社会が目指すゴールと個人のニーズとの関連から検証する必要性を反映している。またこの課題には、女性の職場進出の増加と、さまざまな文化のなかで蔓延するジェンダーのステレオタイプを減らし、ジェンダーは平等であるという建設的な社会化を推進することの必要性が強く反映されている。しかし、男性と女性の役割に対する従来通りの考え方が今なお続いており、この課題の実行には困難を伴う。パートナーや夫婦同士が、それぞれの役割分担、仕事の負荷、そしてそのバランスのとり方などの課題に互いに同意して取り組まなければ、そこには多くの衝突が起きるであろう。

　教養学部心理学専攻の大学4年生が、仕事と家族の課題に応えて以下のような発言をした。

> 「女性と男性が平等だったら、仕事や日々の暮らしは、両者に

とってもっと満足のいくものになると思います。私は、男性の苦闘を理解したら自分がもっと忍耐強くなれると思うし、一緒になって男女の平等を実現していければと願っています。それは、間違っていることに対してただ男性を責めるのではなく、彼らに変わって欲しいと伝えることなのです」

## 3. 多元性と包含性に価値を置く

　この課題は、過去20年間、多くの注目を引きつけてきた。われわれと違う人々を、すなわち、伝統的に過小評価されてきたグループのみならず、われわれの文化へ新しく参入してくるすべての移民や難民も含めて、理解し相互に付き合うことの必要性が重要な多文化的な課題の1つとなってきた。われわれは、Arredondoらによって特定された「個人のアイデンティティの次元」(1996)について理解し尊重することの重要性を学んだ。その主要な次元とは、文化、民族性、ジェンダー、言語、身体的障害、人種、性的指向、社会的階級、および年齢である。他にも、教育的背景、地理、収入、婚姻歴、宗教、職歴、市民権、軍隊経験、趣味あるいは余暇活動などなどを含めることもある。これらの諸次元を囲んでいるのが、恐慌あるいは不況、公民権運動、戦争、その他同様に、個人のアイデンティティに強い影響を及ぼす歴史的な瞬間や時代の存在である。

## 4. 個人の転換(期)と組織の変化のマネジメント

　この課題がわれわれに要求しているのは、われわれの仕事と職場でこれまでに起こった、そして今後も起き続けると思われる劇的な変化に目を向けることである。今、「(福利、休暇、在職期間、年金等の保障を前提とした)古い心理的契約」の了解のもとにあった職場が、「新しい心理的契約」にとって代わられ変化している。これはとりもなおさず、労働者における転換(期)の増加とともに、われわれには、キャリアについてのもっと個人的なプランニングが必要であるということを意味している。この課題はまた、1人ひとりが変化の段階についてのモデルを理解することや、積極的なチェンジ・エージェントになる必要性があることを強く主張している

（Goodman, Schlossberg と Anderson, 2006）。

## 5．スピリチュアリティ（精神性・魂・霊性）と人生の目的を探究する

　最後の課題である「スピリチュアリティ（精神性・魂・霊性）と人生の目的を探究する」もまた、この20年の間に、キャリア・カウンセリングの文献では普通のテーマとなってきた（Bloch と Richmond, 1997、Savickas, 1997）。スピリチュアリティという言葉はこれまでさまざまに定義されてきたが、大きく見ると、それは「統合と全体性の経験、すなわち、人生のすべてが相互に関連し合っているという感覚」を意味している（Kratz, 1987）。スピリチュアルな文脈から、仕事の再創造というテーマを独創的に論じた Fox は、以下のように述べている。

　　人生と生活は切り離されるべきではなく、どちらも同じ源泉、すなわちスピリットから流れ出るものでなくてはならない。……聖霊とは人生を意味し、人生と生活とは、深く生きることであり、意味、目的、喜び、そしてより大きなコミュニティへ貢献しているという感覚を持って生きることである（Fox, 1994）

　もう1つ関連する定義として、天職（vocation）がある。それはこれまで次のように表現されてきた。すなわち、「あなたの深い喜びと、世界が渇望するものとが出会う場所である。あなたが最もやりたいと思い、あなたが最も必要とされている仕事と共に進みなさい」（Buechner, 1985）。著作家のなかには、意味と目的という観点からこの課題にアプローチすることを好む者もあり、それに関する豊富な文献が手に入る。その他、自分の仕事に情熱を持つことが大切だと主張する著作家もいる。

## 6．健康に関心を向ける

　最近、ILP の課題を新たに追加した。それは「健康に関心を向ける……身体、メンタル、そして感情の健康」である。これは、本来最初のリストに含まれているべき課題であった。この課題は、そのオリジナル版ではそ

**Weaving Our Lives into a
Meaningful Whole with
Integrative Life Planning (ILP)**

**CRITICAL THEMES**

- Finding Work That Needs Doing
- Attending to Our Health
- Connecting Family & Work
- Valuing Pluralism & Diversity
- Exploring Spirituality & Life Purpose
- Managing Transitions & Organizational Change

Sunny Hansen, 2008

---

れとなく登場する程度であるが、もっとはっきりと取りあげておく必要がある。ハンセンが3年間で4つの大病を患ったあと、2004年になってそのことに気づいた。サンフランシスコで行われた講演のなかで、この課題を追加していることを彼女が語ったとき、聴衆は自然と称賛の拍手でそれに応えた。そして講演終了後、多くの人たちが演台につめ掛け、自分の健康についての話を分かち合い、この課題を加えた彼女の決断を強く支持したのである。

　上の図は、ILPの新しいパターンを表現したものである。すなわち、人生のキルトにおける長方形の1片1片に示された6つの課題を用いて、「われわれの人生を意味のある全体として織り上げること」を人生の環として象徴している。
　カウンセラーやインストラクターは、この比喩を使い、クライエントや学生がそれぞれの課題や今の発達段階における最重要課題を認識するように援助することができる。また、その他の課題については、後で取り組めばいいことも指摘する。（人によって人生の優先順位は違うので、）ある人の

優先順位を確認することは、ILPを別のグループに適用するときの1つの重要な教訓となり得るのである。心理学教室の4年生に対してILPを実施したときのこととして、インストラクターの1人が、学生の洞察に満ちた発言をいくつか引用して報告してくれた。

　ある学生が、「これらの課題のうちいくつかは、人によって起きるタイミングが異なります。というのは、人はそれぞれ自分の人生を生き、プランしているからです。私にとっては、取りあげたこれら4つの課題が、特に今の自分の人生と関係があると思っています。おそらくILPで取り組む課題として、今後もずっと持ち続けていくと思います」と語った。
　別の学生は、「ILPは、職探しや才能探し（talent finding）の単なる新しいアプローチではありません。それは、人が出会う人生のすべての要素をいかに思い通りの、そして意味のある形で組み合わせるか、という実際に使える事例なのです」と述べた。

## ■キャリア・カウンセリングに統合的ライフ・プランニングを適用する

　ILPの、最も説得力ある強みの1つは、キャリア・カウンセリングでの使い易さであろう。このモデルは、一貫して創造的に使えることに焦点を当てており、キャリア・カウンセリングの実践家は、ILPの原理にもとづいて革新的な介入をデザインし、個々のクライエントニーズに合わせてさまざまにカスタマイズできる。
　また、もう1つの肯定的な面として、多種多様な構造的アプローチへの適応性が挙げられる。たとえば、カウンセラーは、クライエントとともに最初の課題として、ILPの第1番目のテーマを選ぶかもしれない。このテーマは、特性因子理論から発達論的あるいは構成主義的アプローチに至るまで、典型的なキャリア・カウンセリングのモデルといくつでも継ぎ目なく組み合わせることができる。したがって、クライエントは興味、価値観、キャリア意思決定上のスキル等の分類因子だけではなく、社会正義との関連性やグローバル・コミュニティへの貢献など、ILPに関連する要

素についても同様に検討することができる。ILPにおける人生の重要課題は、1つでも、複数でも、あるいは全部でも、クライエントの仕事という織物全体のなかへ統合し織り込むことが可能である。

　以下、カウンセラーが、クライエントを支援し、同様に自分自身の人生とキャリアを鼓舞し生気を与えるために、ILPの原理を活用している適用例をいくつか紹介する。

★変化するグローバルな文脈のなかで、なすべき仕事を見つける
　われわれはカウンセラーとして、クライエントに対して、既に慣れ親しんだ領域を超え自分たちのコミュニティや一般社会をもっと強化する仕事を考えるように促すことができる（言い換えれば、企業内のトレーナーから学校の教師に転じるとか、大企業の経理から団体、あるいはNPOの職員になる、ということなど）。この課題は、市民権や市民契約の役割にも関係している。

★健康に関心を向ける……身体、メンタル、感情
　われわれは、クライエント、家族、コミュニティをサポートしている間も、時間と場所を確保して自分の健康を維持し増進させなければならない。適度の休息、運動、健康な食事、そしてバランスの取れたペース配分によって、われわれは燃え尽き症候群から自分の身を守ることができる。しかも（優良な遺伝子と少々の幸運があればであるが）、仕事人生を望むかぎり延ばすこともできるだろう。健康であることは、われわれが他者のために働き続けることを保障するだけでなく、われわれがケアする人たちのために、健康の行動モデルにもなれるということである。

★ジェンダー役割の変化も含め、家族と仕事をつなぐ
　多くのクライエントは、家庭が、自分の仕事人生における満足とストレスの源泉であると考えている。そして、われわれは、それらの人たちとパートナーシップを組み、家庭内でのジェンダー役割について検討することができる。また、男女両方のクライエントと共に、以下のようないくつかの問いかけを用いて、仕事と家族のつながりについて活発な話し合いを促すこともできる。

- あなたとパートナーとの間で、家の仕事の役割分担はどうなっているか？（誰が、何を、どれくらいの頻度［割合］でやっているか？）
- それは、あなたの毎日に対してどのような影響があるか？　また、1週間単位ではどうか？
- この話題について、どのように話し合い、見直し、さらには、家庭内の仕事の負担のバランスを取り直すためのより効果的な方法を見出そうとしているか？

### ★多元性と包含性に価値を置く

　カウンセラーは、クライエントとの個人セッションで、そしてグループで話す場合でも、包含的言語と図を用いて、意識的に多元性／多様性を促進すべきである。われわれは、ロール・モデルに言及し、いくつかのエピソードを紹介し、ジェンダー間や異民族間の障壁について語り、また、広範囲にわたる文化的伝統のなかから重要な読み物や映像を選び出して勧めるなどの努力をすべきである。さらに、われわれ自身の民族的、あるいは人種的アイデンティティを調べておく必要もある。

### ★スピリチュアリティと人生の目的を探究する

　キャリア・カウンセリングの文脈のなかで、われわれはカウンセラーとして、スピリチュアルな価値について、クライエントともっと自由に話し合えるようになるべきである。それはつまり、われわれが、キャリア満足という中心価値の意味について議論を促すこと、そしてキャリアに関係の深い事例を、広範囲にわたる宗教的伝統（たとえば、キリスト教、仏教、ユダヤ教、イスラム教など）から例示し説明することでもある。また、われわれは、「使命（mission）」さらに／あるいは「情熱（passion）」という概念を用いて、この課題の重要性を強調することもできる。

### ★個人の転換（期）と組織の変化のマネジメント

　われわれは、クライエントが労働市場の「新しい現実」を受け入れられるように支援すべきである。多くのキャリアの実践家には既に周知の事実

であるが、大学卒業から退職までの雇用が保障された時代は終わった。しかし、多くのクライエントは、ある特定の職業、業界、あるいは組織における雇用の保障が見いだせないという事実をまだ受け入れてはいない。われわれは、終身雇用という神話を打破し、そして新しいパラダイム（生涯において複数の職業）をクライエントに教育することを積極的に行わなければならない――その1つは、仕事の保障は個人のスキル、エンプロイアビリティー、転換（期）を乗り越える力にもとづくということである――Douglas T. Hall の研究は特にこのテーマと深く関連している。

## ★全体的メッセージ（HOLISTIC MESSAGE）を生きる

　専門的能力の開発やキャリア・カウンセリングの1つのアプローチとしてILPを用いることに加え、スペースが許されるならば、その他多くの適応例についてもっと述べたいところである。ただ、一般論になるかもしれないが、ILPの重要課題を「有言実行（walking the talk）」によってモデリングすることについては、ひとこと述べておく価値はありそうだ。言い換えれば、カウンセラーが、バランスの取れたあるいは全体的な人生を生き、家庭内でジェンダー平等をつくり、多文化主義を統合し、人生に意味をもたらすものについてはっきりと述べ、物質的な必要性を見直し、そして、変化を受け入れ、さらには創りだしながら、クライエントを指導するのは難しいかもしれないということである。

　しかし、われわれカウンセラーは、「私のやる通りにはやらずに、私の言う通りにやりなさい」というアプローチは取れないし、全体的なメッセージを聞いてもらえると期待することもできない。われわれは、クライエントやコミュニティにILPに関連する日常生活のどの要素を伝え、そして適用可能な領域でそれらの要素のより健全なバランスをとるのかを、自分自身に問いかけてみる必要がある。最後に、心理学コースでILPを学んだ学生がくれたコメントを2つ紹介して、この稿を終わりにしようと思う。

　　「私は、キャリア・プランニングに対して、これまでずいぶん自
　　分勝手な見方をしていたことを認めなければなりません。私には、

自分の人生において私は何をしたいのかと問いかける傾向があります」。それは、「世界は私の人生に何を要求しているのか？」というものではないのです。

「もしも、キャリア・カウンセラーや他の専門家たちが、人々が将来の目標や計画を準備するなかで、この全体的視点（holistic view）を身につけるように働きかけ始めるならば、いったい何が起きるだろう、という考えに私は夢中になりました。1人ひとりが自分をただ高めようとするのではなく、助言を受けて自分の人生と共に社会を改善しようとしていることを知るならば、それはとても元気が出ることではないでしょうか？」

---

This article originally appeared in NCDA's magazine, *Career Developments*, Fall, 2008, Copyright, National Career Development Association. Reprinted with permission.

### ◆参考文献

Betz, N. E. & Corning, A. F. (1993). "The inseparability of 'career' and 'personal' counseling." *Career Development Quarterly, 42*, 137-142.

Bloch, D. P. & Richmond, L. J. (Eds.) (2005). *Connections between Spirit and Work*. Palo Alto, CA: Davies-Black.

Buechner, F. (1985). *The Magnificent Defeat*. San Francisco, CA: Harper & Row.

Fox, M. (1994). *The Reinvention of Work: A New Vision of Livelihood for Our Time.* San Francisco, CA: Harper & Row.

Goodman, J., Schlossberg, N. & Anderson, M. L. (2006). *Counseling Adults in Transition.* (Third Edition) New York: Springer Publishing Co.

Hansen, L. Sunny (1997). *Integrative Life Planning – Critical Tasks for Career Development and Changing Life Patterns*. San Francisco: Jossey-Bass.

Hansen, L. Sunny (2005). Integrative life planning (ILP) : A holistic theory for career counseling with adults. In S. G.Niles (Ed.) *Adult Career Development – Concepts, Issues and Practices,* pp. 59-76. Tulsa, OK: NCDA.

Kratz, Katherine (1987), *Women's Spiritual Journey*. Unpublished master's thesis,

Department of Educational Psychology, University of Minnesota.

Krumboltz, J.D. (1993). Integrating career and personal counseling. *Career Development Quarterly, 42*, 143-148.

Minor, C. W. & Pope, M. (2005), *Experiential Activities for Teaching Career Counseling Classes and for Facilitating Career Groups*. Tulsa, OK: NCDA.

Palmer, P.J. (2000). *Let Your Life Speak – Listening for the Voice of Vocation*. San Francisco: Jossey-Bass.

Savickas, M. L. (1997). The spirit in career counseling: Fostering self-completion through work. In D. Bloch & L. Richmond (Eds.). *Connections between Spirit and Work*, Palo Alto, CA: Davis-Black.

Super, D.E. (1980). A life-span, life-space approach to career development. *Journal of Vocational Behavior*, 16, 3, 282-298.

# 参考文献

Aasen, P. "A Causal Model of the Life Planning of Women Leaders." Unpublished doctoral dissertation, Department of Educational Psychology, University of Minnesota, 1990.

Agor, W. (ed.). *Intuition in Organizations: Leading and Managing Productively.* Thousand Oaks, Calif.: Sage, 1989.

Allport, G. W. *Pattern and Growth in Personality.* Austin, Tex.: Holt, Rinehart and Winston, 1961.

American Association of University Women. *Shortchanging Girls, Shortchanging America: A Nationwide Poll to Assess Self-Esteem, Educational Experiences, Interest in Math and Science, and Career Aspirations of Girls and Boys Ages* 9-15. Washington, D.C.: American Association of University Women, 1990.

Andersen, P., and others. "The Excelsior Model." Integrative model of development created at the National Career Development Association Women's Conference, Excelsior Springs, Mo., Oct. 1990.

Arredondo, P. "Promoting the Empowerment of Women Through Counseling Interventions." *Counseling and Human Development,* 1992, *24* (8), 1-12.

Arredondo, P., Psalti, A., and Cella, K. "The Woman Factor in Multicultural Counseling." *Counseling and Human Development,* 1993, *25* (8), 1-8.

Atkinson, D. R., Morten, G., and Sue, D. W. "A Minority Identity Development Model." In D. R. Atkinson, G. Morten, and D. W. Sue (eds.), *Counseling American Minorities: A Cross-Cultural Perspective.* (3rd ed.) Dubuque, Iowa: W. C. Brown, 1989.

Atkinson, D. R., Morten, G., and Sue, D. W. *Counseling American Minorities: A Cross-Cultural Perspective.* (4th ed.) Madison, Wis.: Brown and Benchmark, 1993.

Bach, A. "Nolo Contendere." *New York,* Dec. 11, 1995, pp. 49-55.

Bakan, D. *The Duality of Human Existence: An Essay on Psychology and Religion.* Skokie, Ill.: Rand McNally, 1966.

Barker, J. A. *Paradigms: The Business of Discovering the Future.* New York: HarperCollins, 1993.

Baruch, G. K., Barnett, R. C., and Rivers, C. *Lifeprints: New Patterns of Love and Work for Today's Women.* New York: McGraw-Hill, 1983.

Baruch, G. K., Biener, L., and Barnett, R. C. "Women and Gender in Research on Work and Family Stress." *American Psychologist,* 1987, *42,* 130-136.

Bateson, G. *Steps to an Ecology of the Mind.* New York: Ballantine Books, 1985.

Bateson, M. C. *Composing a Life.* New York: Atlantic Monthly Press, 1989.〈邦訳〉桜田篤子訳『女性として人間として——五つの創造的人生から学ぶ』TBSブリタニカ、1991年。

Belenky, M. F., Clinchy, B., Goldberger, N., and Tarule, J. M. *Women's Ways of Knowing: The Development of Self, Voice, and Mind.* New York: Basic Books, 1986.

Bellah, R. N., and others. *Habits of the Heart: Individualism and Commitment in American Life.* Berkeley: University of California Press, 1985.

Bem, S. "The Measurement of Psychological Androgyny." *Journal of Consulting and Clinical Psychology,* 1974, 42, 155-162.

Bennett, M. J. "Towards Ethnorelativism: A Developmental Model of Intercultural Sensitivity." In R. M. Paige (ed.), *Education for the Intercultural Experience.* (2nd ed.) Yarmouth, Me.: Intercultural Press, 1993.

Benson, P. L. *Developmental Assets Among Minneapolis Youth.* Minneapolis, Minn.: Search Institute, 1996.

Benson, P. L., and Roehlkepartain, E. C. "Single-Parent Families." *Search Institute Source,* 1993, *9* (2), 1-3.

Bergin, A. E. "Three Contributions of a Spiritual Perspective to Counseling, Psychotherapy, and Behavior Change." *Counseling and Values,* 1988, 33, 21-31.

Bergin, A. E. "Values and Religious Issues in Psychotherapy and Mental Health." *American Psychologist,* 1991, *42*, 394-402.

Bernard, J. "The Good-Provider Role: Its Rise and Fall." *American Psychologist,* 1981, *36* (1), 1-12.

Berry, J. W. "Cross Cultural Counseling, Pluralism, and Acculturative Stress." Closing keynote address, National Convention of the American Association for Counseling and Development, Cincinnati, Mar. 19, 1990.

Betz, N. E., and Corning, A. F. "The Inseparability of 'Career' and 'Personal' Counseling." *Career Development Quarterly,* 1993, *42* (2), 137-142.

Betz, N. E., and Fitzgerald, L. F. The Career Psychology of Women. Orlando, Fla.: Academic Press, 1987.

Bird, G. W., Bird, G. A., and Scruggs, M. "Determinants of Family Task Sharing: A Study of Husbands and Wives." *Journal of Marriage and the Family,* 1984, *46*, 345-355.

Block, J. H. "Conceptions of Sex Role: Some Cross-Cultural and Longitudinal Perspectives." *American Psychologist,* 1973, 28 (6), 512-526.

Bly, R. *Iron John: A Book About Men.* Reading, Mass.: Addison-Wesley, 1990.

Bolles, R. N. *What Colar Is Your Parachute?* Berkeley, Calif.: Ten Speed Press, 1970.〈邦訳〉花田知恵訳『あなたのパラシュートは何色？』翔泳社、2002年。

Bolles, R. N. "The Spiritual Life and Your Life/Work." *Newsletter About Life/Work Planning,* 1983, 5-6, 1-9.

Bolles, R. N. "How to Find Out What Your Mission in Life Is, Part I." *Newsletter About Life/Work Planning*, 1987, *2*, 1-6.

Boorstein, S. *Transpersonal Psychotherapy.* Palo Alto, Calif.: Science and Behavior Books, 1980.

Bower, B. "Teenage Turning Point: Does Adolescence Herald the Twilight of Girls' Self-Esteem?" *Science News,* 1991, *139 (12),* 184-186.

Brammer, L. *How to Cope with Life Transitions: The Challenge of Personal Change.* New York: Hemisphere, 1991.〈邦訳〉楡本満生・森田明子訳『人生のターニングポイント——転機をいかに乗りこえるか』ブレーン出版、1994年。

Brett, J. M., and Yogev, S. "Restructuring Work for Family: How Dual-Earner Couples with Children Manage." *Journal of Social Behavior and Personality,* 1988, *3* (4), 159-174.

Bridges, W. *Transitions: Making Sense of Life's Changes.* Reading, Mass.: Addison-Wesley, 1980.

Bridges, W. "Where Have All the Jobs Gone? Career Planning in the Twenty-First Century." Video workshop presented at the University of Minnesota, Dec. 1993.

Bridges, W. "The End of the Job." *Fortune,* Sept. 19, 1994a, pp. 62-67.

Bridges, W. *Job Shift: How to Prosper in a Workplace Without Jobs.* Reading, Mass.: Addison-Wesley, 1994b.〈邦訳〉岡本豊訳『ジョブシフト——正社員はもういらない』徳間書店、1995年。

Brown, D. "Life Role Development and Counseling." Paper presented at the National Career Development Association Conference, Orlando, Fla., Jan. 1988.

Brown, D., Brooks, L., and Associates. *Career Choice and Development: Applying Contemporary Theories to Practice.* (3rd ed.) San Francisco: Jossey-Bass, 1996.

Brown, D., and Minor, C. W. (eds.). *Warking in America: A Status Report on Planning and Problems.* Washington, D.C.: National Career Development Association and National Occupational Information Coordinating Committee, 1989, 1992.

Browning, D., and Taliaferro, J. (eds.). "The 21st Century Family: Who Will We Be? How Will We Live?" *Newsweek,* Winter/Spling 1990 (special issue).

Campbell, D. P. *If You Don't Know Where You're Going, You'll Probably End Up Somewhere Else.* Allen, Tex.: Argus Communications, 1974.〈邦訳〉新田茂樹・太古科子訳『人生の行き先を知らなければ行くべきところには行けない』、2007年。

Campbell, J., and Moyers, B. *The Power of Myth* (B. S. Flowers, ed.). New York: Doubleday, 1988.

Capra, F. *The Turning Point: Science, Society, and the Rising Culture.* New York: Simon & Schuster, 1982.

Carlsen, M. B. *Meaning-Making: Therapeutic Processes in Adult Development.* New York: Norton, 1988.

Carlson, R. "Understanding Women: Implications for Personality Theory and Research." *Journal of Social Issues,* 1972, *28* (2), 17-32.

Carter, R. T. "Cultural Values: A Review of Empirical Research and Implications for Counseling." *Journal of Counseling and Development,* 1991, *70* (1),164-173.

Carter, R. T., and Cook, D. A. "A Culturally Relevant Perspective for Understanding the Career Paths of Visible Racial/Ethnic Group People." In H. D. Lea and Z. B. Leibowitz (eds.), *Adult Career Development: Concepts, Issues, and Practices.* (2nd ed.) (pp. 192-217) Alexandria, Va.: National Career Development Association, 1992.

Charland, W. *Career Shifting: Starting Over in a Changing Economy.* Holbrook, Mass.: Adams, 1993.

Chekola, M. G. "The Concept of Happiness." Unpublished doctoral dissertation, University of Michigan, 1975.

Chetwynd, J., and Hartnett, O. (eds.). *The Sex Role System: Psychological and Sociological Perspectives.* New York: Routledge, 1977.

Chodorow, N. *The Reproduction of Mothering: Psychoanalysis and the Sociology of Gender.* Stanford, Calif.: Stanford University Press, 1978.

Clay, R. "Working Mothers: Happy or Haggard?" *APA Monitor,* Nov. 1995, *11* (26), pp. 1, 37.

Cleveland, H. "The Global Commons." *Futurist,* 1993, *27,* 9-13.

Cochran, L. *The Sense of Vocation: A Study of Career and Life Development.* Albany: State University of New York Press, 1990.

Cochran, L., and Laub, J. *Becoming an Agent: Patterns and Dynamics for Shaping Your Life.* Albany: State University of New York Press, 1994.

Cole, J. B. *All-American Women.* New York: Free Press, 1986.

Coleman, E. "Counseling Adolescent Males." *Personnel and Guidance Journal,* 1981, *60* (4), 215-218.

Comas-Diaz, L. "Feminism and Diversity in Psychology: The Case of Women of Color." *Psychology of Women Quarterly,* 1991, 15, 597-609.

Comas-Diaz, L., and Greene, B. *Women of Color: Integrating Ethnic and Gender Identities in Psychotherapy.* New York: Guilford Press, 1994.

Commission on the Economic Status of Women. "Women, Work, and Family." (Newsletter No. 161). St. Paul, Minn.: Commission on the Economic Status of Women, 1991.

Cook, E. P. "Androgyny: A Goal for Counseling?" *Joural of Counseling and Development,* 1985, *63* (9), 567-57l.

Cook, E. P. "Annual Review: Practice and Research in Career Counseling and Development, 1990." *Career Development Quarterly,* 1991, *40* (2), 99-131.

Cook, E. P. (ed.). *Women, Relationships, and Power: Implications for Counseling.* Alexandria, Va.: American Counseling Association, 1993.

Cooperrider, D. L., and Thanchankery, T. "Building the Global Civic Culture: Making Our Lives Count." In P. Sorenson and others (eds.), *Global OD.* Falls Church, Va.: Stripes, 1990.

Cornish, E. "Responsibility for the Future: Thoughts from Yesterday Guide Us Toward Tomorrow." *Futurist,* 1994, *28*, 60.

Crace, R. K., and Brown, D. *Life Values Inventory.* Minneapolis, Minn.: National Computer Systems, 1996.

Cross, W. E., Jr. "The Negro-to-Black Conversion Experience: Towards a Psychology of Black Liberation." *Black World,* 1971, *20*, 13-27.

Cummins, H. L. "Fixing Workplace May Fix Work-Family Conflicts as Well." *Minneapolis Star Tribune,* July 7, 1996, p. 414.

D'Andrea, M., Daniels, J., and Heck, R. "Evaluating the Impact of Multicultural Counseling Training." *Journal of Counseling and Development,* 1991, *70* (1), 143-150.

Davenport, D. S., and Yurich, J. M. "Multicultural Gender Issues." *Journal of Counseling and Development,* 1991, *70* (1), 64-71.

DeMeuse, K. P., and Tornow, W. W. "Leadership and the Changing Psychological Contract Between Employer and Employee." *Issues and Observations,* 1993, *13* (2), 4-6.

Dinklage, L. B. "Decision Strategies of Adolescents." Unpublished doctoral dissertation, Harvard University, 1967.

Drucker, P. F. *The New Realities: In Government and Politics, in Economics and Business, in Society and World View.* New York: HarperCollins, 1989.

Drucker, P. F. "Foreword." In F. Hesselbein, M. Goldsmith, and R. Beckhard (eds.), *The Leader of the Future.* (pp. xi-xv) San Francisco: Jossey-Bass, 1996.

Dupuy, P. "Women in Intimate Relationships." In E. P. Cook (ed.), *Women, Relationships, and Power:* Alexandria, Va.: American Counseling Association, 1993.

Durning, A. "How Much Is Enough?" *New Age Journal,* July-Aug. 1991, pp. 45-49.

Edwards, O. "The Changing Face of Ambition." *GQ,* June 1991, pp. 114-118.

Ehrenreich, B. "Are You Middle Class?" *Utne Reader,* Sept.-Oct. 1992, pp.63-66.

Eisler, R. T. *The Chalice and the Blade: Our History, Our Future.* New York: HarperCollins, 1987.〈邦訳〉野島秀勝訳『聖杯剣——われらの歴史、われらの未来』法政大学出版局、1991 年。

Eisler, R. T, and Loye, D. *The Partnership Way: New Tools for Living and Learning.* San Francisco: Harper San Francisco, 1990.

England, J. "Pluralism and Community." Speech given at the National Conference of Association for Counselor Education and Supervision, San Antonio, Tex., Sept. 1992.

Epperson, S. E. "Studies Link Subtle Sex Bias in Schools with Women's Behavior in the Workplace." *Wall Street Journal,* Sept. 16, 1988, p.19.

Epstein, D. F. "Positive Effects of the Multiple Negative: Explaining the Success of the

Black Professional Woman." In J. Huber (ed.), *Changing Women in a Changing Society.* Chicago: University of Chicago Press, 1973.

Erikson, E. H. *Insight and Responsibility.* New York: Norton, 1964.

Espin, O. M. "Psychotherapy with Hispanic Women." In P. B. Pedersen (ed.), *Handbook of Cross-Cultural Counseling and Therapy.* Westport, Conn.: Greenwood Press, 1985.

Espin, O. M. "Feminist Approaches." In L. Comas-Diaz and B. Greene (eds.), *Women of Color: Integrating Ethnic and Gender Identities in Psychotherapy.* (pp. 265-286) New York: Guilford Press, 1994.

Estor, M. "Conclusions of the General Rapporteur" In Council of Europe, *Conference on Equality Between Women and Men in a Changing Europe: Proceedings, Poznan, Poland.* Strasbourg, France: Council of Europe Press, 1994.

Etzioni, A. *The Spirit of Community: Rights, Responsibilities, and the Communitarian Agenda.* New York: Crown, 1993.

Farrell, W. *The Liberated Man: Beyond Masculinity — Freeing Men and Their Relationships with Women.* New York: Random House, 1974.

Farrell, W. *Why Men Are the Way They Are: The Male-Female Dynamic.* New York: McGraw-Hill, 1986.

Feller, R., and Walz, G. *Career Transitions in Turbulent Times.* Greensboro, N.C.: ERIC/CASS Counseling and Student Services Clearinghouse, 1996.

Ferguson, M. *The Aquarian Conspiracy: Personal and Social Transformation in the 1980s.* Los Angeles: Tarcher, 1980.

Figler, H. E. "Expressing Career Potentials in Uncertain Times." Keynote speech presented at the Minnesota Career Development Association meeting, Minneapolis, Apr. 1992.

Fletcher, J. K. "Personal Development in the New Organization: A Relational Approach to Developing the Protean Worker." In D. T. Hall (ed.), *Career Is Dead — Long Live Career: A Relational Approach to Careers.* (pp. 105-131) San Francisco: Jossey-Bass, 1996.

Fouad, N. "Cross-Cultural Vocational Assessment." *Career Development Quarterly,* 1993, *42,* 4-10.

Fox, M. *The Reinvention of Work: A New Vision of Livelihood for Our Time.* San Francisco: Harper San Francisco, 1994.

Frank, J. D. "Nature and Functions of Belief Systems: Humanism and Transcendental Religion." *American Psychologist,* 1977, *32* (7), 555-559.

Frankl, V. *Man's Search for Meaning.* Boston: Beacon Press, 1963.

Friedman, D. E., and Galinsky, E. "Work and Family Issues: A Legitimate Business Concern." In S. Zedeck (ed.), *Work, Families, and Organizations.* (pp. 168-207) San Francisco: Jossey-Bass, 1992.

Friedman, L. "Mathematics and the Gender Gap: A Meta-Analysis of Recent Studies on Sex Differences in Mathematical Tasks." *Review of Educational Research,* 1989, *59* (2), 185-213.

Fukuyama, M. A. "Taking a Universal Approach to Multicultural Counseling." *Counselor Education and Supervision,* 1990, *30*, 6-17.

Gallagher, N. "Feeling the Squeeze." *Utne Reader,* Sept.-Oct. 1992, pp. 54-6l.

Gama, E.M.P. "Multiculturalism as a Basic Assumption of Psychology." Paper presented at the Minnesota International Counseling Institute, University of Minnesota, Minneapolis, Aug. 1991.

Gama, E.M.P. "Toward Science-Practice Integration: Qualitative Research in Counseling Psychology." *Counseling and Human Development,* 1992, *25* (2), 1-12.

Gelatt, H. B. "Decision Making: A Conceptual Frame of Reference for Counseling." *Journal of Counseling Psychology,* 1962, *9*, 240-245.

Gelatt, H. B. "Positive Uncertainty: A New Decision-Making Framework for Counseling." *Journal of Counseling Psychology,* 1989, *36* (2), 252-256.

Gelatt, H. B. *Creative Decision Making Using Positive Uncertainty.* Los Angeles: Crisp Publications, 1992.

Giddens, A. *Modernity and Self-Identity.* Stanford, Calif.: Stanford University Press, 1991.

Gilbert, L. A. (ed.). "Dual-Career Families in Perspective." *Counseling Psychologist,* 1987, 15 (entire issue 1).

Gilbert, L. A. *Sharing It All: The Rewards and Struggles of Two-Career Families.* New York: Plenum, 1988.

Gilbert, L. A., and Rachlin, V. "Mental Health and Psychological Functioning of Dual-Career Families." *Counseling Psychologist,* 1987, *15* (1), 7-49.

Gilgun, J., Daly, K., and Handel, G. *Qualitative Methods in Family Research.* Thousand Oaks, Calif.: Sage, 1992.

Gilligan, C. "In a Different Voice: Women's Conception of Self and Morality." *Harvard Educational Review,* 1977, *47*, 181-217.

Gilligan, C. *In a Different Voice: Psychological Theory and Women's Development.* Cambridge, Mass.: Harvard University Press, 1982.

Goldberg, H. *The Hazards of Being Male: Surviving the Myth of Masculine Privilege.* New York: New American Library, 1976.

Goldsmith, E. B. *Work and Family: Theory, Research, and Applications.* Thousand Oaks, Calif.: Sage, 1989.

Goman, C. K. *The Loyalty Factor: Building Trust in Today's Workplace.* New York: MasterMedia, 1991.

Goodman, E. "Out of Disaster — Community." *Minneapolis Star Tribune,* Oct. 1989.

Gould, W. B. *Frankl: Life with Meaning.* Pacific Grove, Calif.: Brooks/Cole, 1993.

Greenhaus, J. H. "The Intersection of Work and Family Roles: Individual, Interpersonal, and Organizational Issues." In E. B. Goldsmith (ed.), *Work and Family: Theory, Research, and Applications.* (pp. 23-44) Thousand Oaks, Calif.: Sage, 1989.

Haavio-Mannila, E. "Influence of Work Place Sex Segregation on Family Life." In K. Boh, S. Giovanni, and M. Sussman (eds.), *Cross-Cultural Perspectives on Families, Work, and Change.* Binghamton, N.Y.: Haworth Press, 1989.

Hackett, G., and Betz, N. E. "A Self-Efficacy Approach to the Career Development of Women." *Journal of Vocational Behavior,* 1981, *18* (3), 326-339.

Hagberg, J. *Real Power: The Stages of Personal Power in Organizations.* Minneapolis, Minn.: Winston Press, 1984.

Hagberg, J., and Leider, R. J. *The Inventurers: Excursions in Life and Career Renewal.* (3rd ed.) Reading, Mass.: Addison-Wesley, 1988.

Hage, D., Grant, L., and Impoco, J. "White Collar Wasteland: A Hostile Economy Has Cut Short Careers for Many of America's Best and Brightest." *U.S. News and World Report,* June 28, 1993, pp. 42-52.

Hall, D. T. "Promoting Work/Family Balance: An Organization-Change Approach." *Organizational Dynamics,* 1990, *18* (3), 5-18.

Hall, D. T. (ed.). *Career Is Dead — Long Live Career: A Relational Approach to Careers.* San Francisco: Jossey-Bass, 1996.

Hall, D. T., and Mirvis, P. H. "Careers as Lifelong Learning." In A. Howard (ed.), *The Changing Nature of Work.* San Francisco: Jossey-Bass, 1995.

Hall, D. T., and Parker, V. A. "The Role of Workplace Flexibility in Managing Diversity." *Organizational Dynamics,* 1993, *22* (1), 5-18.

Hall, F. S., and Hall, D. T. *The Two-Career Couple: He Works, She Works, but How Does the Relationship Work?* Reading, Mass.: Addison-Wesley, 1979.

Hamlin, S. "Time Flies — and We Are Having More Fun, According to New Study," *Minneapolis Star Tribune,* Sept. 17, 1995, pp. E1, E7.

Handy, C. "The New Language of Organizing and Its Implications for Leaders." In F. Hesselbein, M. Goldsmith, and R. Beckhard (eds.), *The Leader of the Future.* (pp. 3-9) San Francisco: Jossey-Bass, 1996.

Hansen, L. S. "BORN FREE: A Collaborative Approach to Reducing SexRole Stereotyping in Educational Institutions." *Lyceum,* June 1979, pp. 7-11, 21-23.

Hansen, L. S. "Interrelationship of Gender and Career." In N. C. Gysbers and Associates, *Designing Careers: Counseling to Enhance Education, Work, and Leisure.* (pp. 216-247) San Francisco: Jossey-Bass, 1984.

Hansen, L. S. "The Life Career Journey for Men and Women: Traditions, Transitions, Transformations." *Canadian Journal of Guidance and Counselling,* 1987, *3* (2), 36-54.

Hansen, L. S. "Partnerships, Inclusivity, and Connectedness for the Twenty-First Century." Keynote speech presented at the World Future Society Conference, Anaheim, Calif., Aug. 14, 1992.

Hansen, L. S., and Biernat, B. "Dare to Dream: Career Aspirations in Childhood and Adolescence." In J. A. Lewis, B. A. Hayes, and L. G. Bradley (eds.), *Counseling Women over the Life Span.* (pp. 13-54) Denver: Love Publishing, 1992.

Hansen, L. S., and DeBell, C. "Work-Family Quiz: Integrative Life Planning Packet." Unpublished manuscript, 1988.

Hansen, L. S., and Gama, E.M.P. "Gender Issues in Multicultural Counseling." In P. B. Pedersen, J. G. Draguns, W. J. Lonner, and J. E. Trimble (eds.), *Counseling Across Cultures.* (4th ed.) (pp. 73-107) Thousand Oaks, Calif.: Sage, 1995.

Hansen, L. S., and Lichtor, M. B. *Career Patterns of Selected Women Leaders: An Exploratory Study.* Minneapolis, Minn.: YWCA, 1987.

Hansen, L. S., and Rapoza, R. S. *Career Development and Counseling of Women.* Springfield, Ill.: Thomas, 1978.

Hardesty, S., and Jacobs, N. *Success and Betrayal: The Crisis of Women in Corporate America.* New York: Simon & Schuster, 1986.

Hare-Mustin, R. T., and Maracek, J. (eds.). *Making Difference: Psychology and the Construction of Gender.* New Haven, Conn.: Yale University Press, 1990.

Harman, W. W. *Global Mind Change: The New Age Revolution in the Way We Think.* New York: Warner Books, 1988.

Harman, W. W., and Rheingold, H. *Higher Creativity: Liberating the Unconscious for Breakthrough Insights.* Los Angeles: Tarcher, 1984.

Havelock, R. *The Change Agent's Guide to Innovation in Education.* Englewood Cliffs, N.J.: Educational Technology Publications, 1973.

Helms, J. E. "Toward a Theoretical Explanation of the Effects of Race on Counseling: A Black and White Model." *Counseling Psychologist,* 1984, *12*, 153-165.

Henderson, H. *Paradigms in Progress: Life Beyond Economics.* San Francisco: Berrett-Koehler, 1995. Reprinted with permission of the publisher. © 1986 by H. Henderson, Berrett-Koehler Publishers, Inc., San Francisco. All rights reserved. 〈邦訳〉尾形敬次訳『地球市民の条件——人類再生のためのパラダイム』新評論、1999 年。

Henderson, H. *Building a Win-Win World.* San Francisco: Berrett Koehler, 1996.

Henze, D. L. "Equity in Family Work Roles Among Dual Career Couples: The Relationship of Demographic, Socioeconomic, Attitudinal, and Personality Factors." Unpublished doctoral dissertation, Department of Educational Psychology, University of Minnesota, 1984.

Herr, E. L. "Career Development and Mental Health." *Journal of Career Development,* 1989, *16*, 5-18.

Hesselbein, F., Goldsmith, M., and Beckhard, R. (eds.). *The Leader of the Future.* San Francisco: Jossey-Bass, 1996.

Hiller, D. V., and Philliber, W. W. "Relative Occupational Attainments of Spouses and Later Changes in Marriage and Wife's Work Experience." *Journal of Marriage and the Family,* 1983, *45,* 161-170.

Hines, A. "Jobs and Infotech: Work in the Information Society." *Futturist,* 1994, *28,* 9-13.

Hoffman, L. W. "Effects of Maternal Employment in the Two-Parent Family." *American Psychologist,* 1989, *44* (2), 283-292.

Hoffman, L. W., and Nye, F. I. *Working Mothers.* San Francisco: Jossey-Bass, 1974.

Hopson, B. "Response to the Papers by Schlossberg, Brammer, and Abrego." *Counseling Psychologist,* 1981, *9* (2), 36-39.

Hotchkiss, L., and Borow, H. "Sociological Perspective on Work and Career Development." In D. Brown, L. Brooks, and Associates, *Career Choice and Developrnent: Applying Conternporary Theories to Practice.* (3rd ed.) (pp. 281-334) San Francisco: Jossey-Bass, 1996.

Howard, A. (ed.). *The Changing Nature of Work.* San Francisco: Jossey-Bass, 1995.

Ibrahim, F. A. "Contribution of Cultural Worldview to Generic Counseling and Development." *Journal of Counseling and Development,* 1991, *70* (1), 13-19.

Ibrahim, F. A. "Asian-American Women: Identity Development Issues." *Women's Studies Quarterly,* 1992, *1-2,* 41-58.

Ibrahim, F. A., and Kahn, H. *Scale to Assess World Views (SAWV).* Storrs, Conn.: Schroeder Associates, 1984.

International Women's Rights Action Watch. *Newsletter.* Minneapolis: Women, Public Policy, and Development Program, Hubert Humphrey Institute of Public Affairs, University of Minnesota, July 1992.

Ivey, A. E., Ivey, M. B., and Simek-Morgan, L. *Counseling and Psychotherapy: A Multicultural Perspective.* (3rd ed.) Boston: Allyn and Bacon, 1993.

Jepsen, D. A. "Understanding Careers as Stories." Paper presented at the National Convention of the American Association of Counseling and Development, Baltimore, Mar. 1992.

Johnson, P. C., and Cooperrider, D. L. "Finding a Path with Heart: Global Social Change Organizations and Their Challenge for the Field of Organizational Development." *Research in Organizational Change and Development,* 1991, *5,* 223-284.

Johnston, W. B., and Packer, A. E. *Workforce 2000.* Indianapolis, Ind.: Hudson Institute, 1987.

Jordan, J., and others. *Women's Growth in Connection: Writings from the Stone Center* New York: Guilford Press, 1991.

Kanchier, C. J. *Questers: Dare to Change Your Job and Your Life.* Saratoga, Calif.: R&E Publishers, 1987.

Kanter, R. M. *Men and Women of the Corporation.* New York: Basic Books, 1977a.

Kanter, R. M. *Work and Family in the United States: A Critical Review and Agenda for Research and Policy.* New York: Russell Sage Foundation, 1977b.

Kanungo, R. N., and Misra, K. S. "An Uneasy Look at Work, Nonwork, and Leisure." In M. A. Lee and R. N. Kanungo, *Management of Work and Personal Life.* (pp. 143-165) New York: Praeger, 1984.

Katz, M. R. *Decisions and Values: A Rationale for Secondary School Guidance.* New York: College Entrance Examination Board, 1963.

Keen, S. *Fire in the Belly: On Being a Man,* New York: Bantam Books, 1991.

Keierleber, D., and Hansen, L. S. "A Coming of Age: Addressing the Career Development Needs of Adult Students in a University Setting." In H. D. Lea and Z. B. Leibowitz (eds.), *Adult Career Development: Concepts, Issues, and Practices.* (2nd ed.) (pp. 312-339) Alexandria, Va.: National Career Development Association, 1992.

Kelly, E. W., Jr. *Spirituality and Religion in Counseling and Psychotherapy: Diversity in Theory and Practice.* Alexandria, Va.: American Counseling Association, 1995.

Kidder, R. M. *An Agenda for the 21st Century.* Cambridge, Mass.: MIT Press, 1987.

Kiechel, W. "A Manager's Career in the New Economy." *Fortune,* Apr. 4, 1994, pp. 68-72.

Kimmel, M. S. (ed.). *Changing Men: New Directions in Research on Men and Masculinity.* Thousand Oaks, Calif.: Sage, 1987.

Kluckhohn, F. R., and Strodtbeck, F. L. *Variations in Value Orientations.* New York: HarperCollins, 1961.

Kofodimos, J. R. "To Love or to Work: Must We Choose?" *Issues and Observations,* 1986, *6* (2), 1-7.

Kohlberg, L. "Stages of Moral Development as a Basis for Moral Education." In C. Beck and E. Sullivan (eds.), *Moral Education.* Toronto: University of Toronto, 1970.

Kohlberg, L. *The Philosophy of Moral Development.* San Francisco: Harper San Francisco, 1981.

Kratz, K. "Women's Spiritual Journey." Unpublished master's thesis, Department of Educational Psychology, University of Minnesota, 1987.

Krumboltz, J. D. "Integrating Career and Personal Counseling." *Career Development Quarterly,* 1993, *42* (2), 143-148.

Kuhn, T. S. *The Structure of Scientific Revolutions.* Chicago: University of Chicago Press, 1962.

Kulin, J. "Your Money or Your Life (The Value of Currency, Power, and Success in History)." *Pambola,* 1991, *16* (1), 48-53.

Kummerow, J. M. (ed.). *New Directions in Career Planning and the Workplace: Practical Strategies for Counselors.* Palo Alto, Calif.: Consulting Psychologists Press, 1991.

Kutner, N. G., and Brogan, D. "Sources of Sex Discrimination in Educational Systems: A Conceptual Model." *Psychology of Women Quarterly,* 1976, *1* (1), 50-69.

Lappé, F. M., and DuBois, P. M. *The Quickening of America: Rebuilding Our Nation, Remaking Our Lives.* San Francisco: Jossey-Bass, 1994.

Leider, R. J. *The Power of Purpose.* New York: Ballantine, 1985.〈邦訳〉枝廣淳子訳『ときどき思い出したい大事なこと』サンマーク出版、1998 年。

Leider, R. J., and Shapiro, D. *Repacking Your Bags: Lighten Your Load for the Rest of Your Life.* San Francisco: Berrett-Koehler, 1995.

Leong, F. T. (ed.). "A Symposium on Multicultural Career Counseling." *Career Development Quarterly,* 1993, *42* (1), 3-55.

Lerner, G. *The Creation of Patriarchy.* New York: Oxford University Press, 1986.

Leung, L. A. "Career Development and Counseling: A Multicultural Perspective." In J. Ponterotto, J. M. Casas, L. Suzuki, and C. Alexander, *Handbook of Multicultural Counseling.* (pp. 549-566) Thousand Oaks, Calif.: Sage, 1995.

Lewis, B. A. *The Kids' Guide to Social Action.* Minneapolis, Minn. : Free Spirit, 1991.

Lewis, J. A. "Empowerment for Women." Workshops sponsored by the American Association for Counseling and Development, 1991.

Lindberg, P. S. "An Investigation of Female Identity and Self-Esteem." Unpublished doctoral dissertation, Department of Educational Psychology, University of Minnesota, 1989.

Lipman-Blumen, J. *The Cannective Edge: Leading in an Interdependent World.* San Francisco: Jossey-Bass, 1996.

Lippitt, G., and Lippitt, R. "Downsizing: How to Manage More with Less." *Management Review,* 1982, *71* (3), 9-14.

Locke, D. C. "A Not So Provincial View of Multicultural Counseling." *Caunselar Educatian and Supervisian,* 1990, *30*, 18-25.

Locke, D. C. *Increasing Multicultural Understanding: A Camprehensive Model.* Thousand Oaks, Calif.: Sage, 1992.

Loeffler, T. A. "An Interpretive Qualitative Analysis of Factors Which Influence Women's Career Development in Outdoor Leadership." Unpublished doctoral dissertation, University of Minnesota, 1995.

Mack, M. L. "Understanding Spirituality in Counseling Psychology: Considerations for Research, Training, and Practice." *Caunseling and Values,* 1994, *39* (11), 15-31.

Madsen, L. "Power Within vs. Power over." Unpublished doctoral dissertation, Department of Educational Psychology, University of Minnesota, 1984.

Manuele-Adkins, C. "Career Counseling Is Personal Counseling." *Career Development*

*Quarterly,* 1992, *40* (4), 313-323.

Maslow, A. H. *Toward a Psychology of Being.* New York: Van Nostrand Reinhold, 1962.

May, R. The *Courage to Create.* New York: W. W. Norton, 1975.

McClenahen, J. S. "It's No Fun Working Here Anymore." *Industry Week,* Mar. 4, 1991, pp. 20-22.

McDaniels, C. *The Changing Workplace: Career Counseling Strategies for the 1990s and Beyond.* San Francisco: Jossey-Bass, 1989.

McDaniels, C., and Gysbers, N. C. *Counseling for Career Development: Theories, Resources, and Practice.* San Francisco: Jossey-Bass, 1992.

McIntosh, P. "White Privilege and Male Privilege: A Personal Account of Coming to See Correspondences Through Work in Women's Studies." Working Paper Series No. 189. Center for Research on Women, Wellesley College, Wellesley, Mass. 02128-8259. © 1988 P. McIntosh.

McWhirter, E. H. *Counseling for Empowerment.* Alexandria, Va.: American Counseling Association, 1994.

Mead, M. *Male and Female.* New York: Morrow, 1967.

Meadows, D. H. "If the World Were a Village of 1,000 People ... " In J. D. Hale Sr. (ed.), *The Old Farmer's Almanac.* Dublin, N.H.: Yankee, 1992.

Merriam, S. B., and Clark, M. C. *Lifelines: Patterns of Work, Love, and Learning in Adulthood.* San Francisco: Jossey-Bass, 1991.

Miller, J. B. *Toward a New Psychology of Women.* Boston: Beacon Press, 1976.〈邦訳〉河野貴代美監訳『Yes, But……フェミニズム心理学を目指して』新宿書房、1989年。

Miller, J. V. "The Family-Career Connection: A New Framework for Career Development." Columbus, Ohio: ERIC Clearinghouse on Adult Career and Vocational Educational, the Ohio State University, 1994.

Mirvis, P., and Hall, D. T. "Psychological Success and the Boundaryless Career." *Journal of Organizational Behavior;* 1994, *15,* 365-380.

Mogil, C., Slepian, A., and Woodrow, P. "Do You Need More Money — or More Security?" *Utne Reader,* Sept.-Oct. 1992, pp. 56-57.

Moore, D. "An Investigation of Changes in Affective Expressiveness in Men as a Result of Participation in a Multimodal Psychological Intervention." Unpublished doctoral dissertation, Department of Educational Psychology, University of Minnesota, 1984.

Moorc, D., and Leafgren, F. (eds.). *Problem Solving Strategies and Interventions for Men in Conflict.* Alexandria, Va.: Amelican Counseling Association, 1990.

Moore, T. *Care of the Soul.* New York: HarperCollins, 1992.

Moreno, J. "On Entering the World of 'the Other.'" Paper presented at Diversity Dialogues, BORN FREE Center, University of Minnesota, Minneapolis, Feb. 1996.

Moris, A. *Individual Life Planning.* Seattle: Sabah House/Individual Development Center

1988.

Myers, L. J. "A Therapeutic Model for Transcending Oppression: A Black Feminist Perspective." *Women and Therapy,* 1986, 5 (4), 39-49.

Myers, L. J., and others. "Identity Development and Worldview: Toward an Optimal Conceptualization." *Journal of Counseling and Development,* 1991, *70* (1), 54-63.

Nader, R. "Time Dollars." *Utne Reader.* Sept.-Oct. 1992, pp. 74-76.

Naisbitt, J. *Megatrends: Ten New Directions Tmnsforming Our Lives.* New York: Warner Communications, 1982.

Naisbitt, J., and Aburdene, P. *Megatrends 2000: Ten New Directions for the 1990s.* New York: Avon, 1990.

National Career Development Association. *National Survey of Working America, 1990* (Gallup Survey Report). Alexandria, Va.: National Career Development Association, 1990.

Naylor, T. H., Willimon, W. H., and Naylor, M. R. *The Search for Meaning.* Nashville, Tenn.: Abingdon Press, 1994. © 1994 by Abingdon Press. Reprinted by permission.

Needleman, J. *Money and the Meaning of Life.* New York: Doubleday, 1991.〈邦訳〉忠平美幸訳『お金、この神秘なるもの』角川書店、1992年。

Nevill, D. D., and Super D. E. *The Salience Inventory Manual: Theory, Application, and Research.* Palo Alto, Calif.: Consulting Psychologists Press, 1986a.

Nevill, D. D., and Super, D. E. *The Values Scale Manual: Theory, Application, and Research.* Palo Alto, Calif.: Consulting Psychologists Press, 1986b.

Newman, M., and Damashek, B. *Quilters.* In A. Favorini (ed.), *Voicings: Ten Plays from the Documentary Theater.* Hopewell, N.J.: ECCO Press, 1995. (Originally published 1982.)

Noer, D. M. *Healing the Wounds: Overcoming the Trauma of Layoffs and Revitalizing Downsized Organizations.* San Francisco: Jossey-Bass, 1993.

O'Hara, M. "Creating the Twenty-First Century: Institutions and Social Change." Keynote speech given at the World Future Society Conference, Anaheim, Calif., Aug. 14, 1992.

Okun, B. F. *Working with Adults: Individual, Family, and Career Development.* Pacific Grove, Calif.: Brooks/Cole, 1984.

Olson, D. *Coping and Stress Profile.* Minneapolis, Minn.: Innovators, 1992.

O'Neil, J. "Male Sex Role Conflicts, Sexism, and Masculinity: Psychological Implications for Men, Women, and the Counseling Psychologist." *Counseling Psychologist,* 1981, *9* (2), 61-80.

O'Neil, J. M., Fishman, D. M., and Kinsella-Shaw, M. "Dual-Career Couples" Career Transitions and Normative Dilemmas: A Preliminary Assessment Model." *Counseling*

*Psychologist,* 1987, *15* (1), 50-96.

Osherson, S. *Finding Our Fathers: How a Man's Life Is Shaped by His Relationship with His Father.* New York: Fawcett, 1986.

Parham, T. A. "Multicultural Counseling Competencies: Essentials in a World of Change." Workshop sponsored by the Association for Multicultural Counseling and Development, presented at the World Conference of the American Counseling Association, Pittsburgh, Pa., Apr. 19, 1996.

Parker V. A., and Hall, D. T. "Conclusion: Expanding the Domain of Family and Work Issues." In S. Zedeck (ed.), *Work, Families, and Organizations.* (pp. 432-451) San Francisco: Jossey-Bass, 1992.

Parks, R. *Quiet Strength: The Story of Rosa Parks.* Grand Rapids, Mich.: Zondervan, 1994.

Pate, R. H., and Bondi, A. M. "Religious Beliefs and Practice: An Integral Aspect of Multicultural Counseling." *Counselor Education and Supervision,* 1992, *32,* 1009-1115.

Peck, M. S. "A New American Revolution." *New Age Journal,* May-June 1987, pp. 32-37, 50-52.

Pedersen, P. B. (ed.). "Multiculturalism as a Fourth Force in Counseling." *Journal of Counseling and Development,* 1991, *70* (entire issue 1).

Pilder, B. "Mainstreaming America's Displaced Workers." *Tarrytown Newsletter,* June 1985, pp. 1-3.

Plant, P. "Green Guidance." Presentation at the Sixteenth International Congress of the International Association for Educational-Vocational Guidance, Stockholm, Aug. 10, 1995.

Pleck, J. H. "Two Worlds in One: Work and Family." *Journal of Social History,* 1976, *10* (2), 178-195.

Pleck, J. H. "Men's Power with Women, Other Men, and Society: A Men's Movement Analysis." In D. Hiller and R. Sheets (eds.), *Women and Men: The Consequences of Power.* Cincinnati, Ohio: Office of Women's Studies, University of Cincinnati, 1977a.

Pleck, J. H. "The Work-Family Role System." *Social Problems,* 1977b, *24* (4), 417-427.

Pleck, J. H. *The Myth of Masculinity.* Cambridge, Mass.: MIT Press, 1981.

Policoff, S. P. "Working It Out." *New Age Journal,* May 1985, pp. 34-39, 73.

Pollitt, K. "Are Women Morally Superior to Men?" *Nation,* Dec. 28, 1992, pp. 799-807.

Ponterotto, J. G., Casas, J. M., Suzuki, L. A., and Alexander, C. M. (eds). *Handbook of Multicultuml Counseling.* Thousand Oaks, Calif.: Sage, 1995.

Ponterotto, J. G., Rieger, B. P., Barrett, A., and Sparks, R "Assessing Multicultural Counseling Competence: A Review of Instrumentation." *Journal of Counseling and Devel-*

opment, 1994, *72* (3), 316-322.

Population Crisis Committee. *Country Rankings of the Status of Gender: Poor, Powerless, and Pregnant.* Population Briefing Paper No. 20. Washington, D.C.: U.S. Government Printing Office, 1988.

Postman, N. *Technopoly: The Surrender of Culture to Technology.* New York: Knopf, 1992. 〈邦訳〉GS 研究会訳『ハイテク社会の危険』新樹社、1994 年。

Ragins, B. R., and Sundstrom, E. "Gender and Power in Organizations: A Longitudinal Perspective." *Psychological Bulletin,* 1989, *105* (1), 51-88.

Rapoport, R., and Rapoport, R. "The Dual Career Family." *Human Relations,* 1969, *22* (2), 3-30.

Raths, L. E., Harmin, M., and Simon, S. B. Values and Teaching: *Working with Values in the Classroom.* Columbus, Ohio: Merrill, 1966.

Raymond, J. "The Visionary Task: Two-Sights-Seeing." *Women's Studies International Forum,* 1985, *8* (1), 85-90.

Rebecca, M., Hefner, R., and Oleshansky, B. "A Model of Sex-Role Transcendence." In D. Ruble, J. H. Frieze, and J. E. Parsons (eds.), "Sex Roles: Persistence and Change." *Journal of Social Issues,* 1976, *32* (3), 197-206.

Redfield, J. *The Celestine Prophecy.* NY: Warner, 1993. 〈邦訳〉山川紘矢・山川亜希子訳『聖なる予言』角川書店、1996 年〉

Reichling, J. "Statement to the IAEVG Congress." Paper presented at the International Congress of the Association for Educational Vocational Guidance, Stockholm, Aug. 10, 1995.

Richardson, M. S. "Occupational and Family Roles: A Neglected Intersection." *Counseling Psychologist,* 1981, *9* (4), 13-23.

Richardson, M. S. "Work in People's Lives: A Location for Counseling Psychologists." *Journal of Counseling Psychology,* 1993, *40* (4), 425-433.

Ridley, C. R. "Racism in Counseling as an Adversive Behavioral Process." In P. B. Pedersen, J. G. Draguns, W. J. Lonner, and J. E. Trimble (eds.), *Counseling Across Cultures.* (3rd ed.) (pp. 55-77) Honolulu: University of Hawaii Press, 1989.

Rifkin, J. *The End of Work: Technology, Jobs, and Your Future,* New York: Putnam, 1995.〈邦訳〉松浦雅之訳『大失業時代』阪急コミュニケーションズ出版、1996 年。

Robertson, H. "Gender and School Restructuring: Thoughts on the Presence of Absence." Paper presented at the Conference on Restructuring Education: Choices and Challenges, International Conference Linking Research and Practice, Ontario Institute for Studies in Education, Toronto, Mar, 1992.

Rosener, J. B. "Ways Women Lead." *Harvard Business Review,* 1990, *68* (6), 119-125.

Rosener, J. B. *America's Competitive Secret: Utilizing Women as a Management Strategy.* New York: Oxford University Press, 1995.

Rothenberg, P. S. *Race, Class, and Gender in the United States: An Integrated Study.* (3rd ed.) New York: St. Martin's Press, 1995.

Sadker, M., and Sadker, D. *Failing at Fairness: How America's Schools Cheat Girls.* New York: Scribner, 1994.

Saltzman, A. "Downshifting: The Search for Ways to Change Your Life and Reinvent Success," *Inc.,* Aug. 1991, pp. 70-71.

Sandler, B. R. *The Campus Climate Revisited: Chilly for Women Faculty, Administrators, and Graduate Students.* Washington, D.C.: Project on the Status and Education of Women, Association of American Colleges, 1986.

Savickas, M. "Career Interventions That Create Hope." Paper presented at the National Conference of the National Career Development Association, Scottsdale, Ariz., Jan. 12,1990.

Savickas, M. "Linking Career Theory and Practice." Speech presented at the National Career Development Conference, San Francisco, July 6,1995.

Savickas, M. "A Framework for Linking Career Theory and Practice." In M. Savickas and W. B. Walsh (eds.), *Handbook of Career Counseling Theory and Practice.* Palo Alto, Calif.: Davies-Black, 1996.

Savickas, M., and Lent, R. W. *Convergence in Career Development Theories: Implications for Science and Practice.* Palo Alto, Calif.: Consulting Psychologists Press, 1994.

Scarr, S., Phillips, D., and McCartney, K. "Working Mothers and Their Families." *American Psychologist,* 1989, *44* (11), 1402-1409.

Schein, E. H. *Career Anchors: Discovering Your Real Values.* San Diego, Calif.: University Associates, 1990.

Scher, M. "Counseling Males." *Personnel and Guidance Journal,* Dec. 1981, *60* (4), (special issue).

Schlossberg, N. K. "A Model for Analyzing Human Adaptation to Transition." *Counseling Psychologist,* 1981, *9* (2), 2-18.

Schlossberg, N. K. *Counseling Adults in Transition: Linking Practice with Theory.* New York: Splinger, 1984.

Schlossberg, N. K. *Overwhelmed: Coping with Life's Ups and Downs.* San Francisco: New Lexington Press, 1994. (Originally published 1989.)〈邦訳〉武田圭太・立野良嗣訳『「転職社会」転機を活かせ』日本マンパワー出版、2001年。

Schlossberg, N. K. *Transition Coping Guidelines.* Minneapolis, Minn.: Personnel Decisions International, 1994.

Schlossberg, N. K. "Grandparents Raising Grandchildren: An Unexpected Career Transition." Paper presented at 1995 National Conference of National Career Development Association, San Francisco, July 6, 1995.

Schlossberg, N. K., and Robinson, S. P. *Going to Plan B: How You Can Cope, Regroup, and*

Schlossberg, N. K., Waters, E. B., and Goodman, J. *Counseling Adults in Transition.* New York: Springer, 1995.

Schor, J. B. *The Overworked American.* New York: HarperCollins, 1991.

Schwartz, F. "Management Women and the New Facts of Life." *Harvard Business Review,* 1989, *67* (1), 65-76.

Sekaran, U. *Dual-Career Families: Contemporary Organizational and Counseling Issues.* San Francisco: Jossey-Bass, 1986.

Sekaran, U., and Hall, D. T. "Asynchronism in Dual-Career and Family Linkages." In M. B. Arthur, D. T. Hall, and B. S. Lawrence (eds.), *Handbook of Career Theory.* (pp. 159-180) Cambridge, Mass.: Cambridge University Press, 1989.

Senge, P. "Leading Learning Organizations: The Bold, the Powerful, and the Invisible." In F. Hesselbein, M. Goldsmith, and R. Beckhard (eds.), *The Leader of the Future.* (pp. 41-57) San Francisco: Jossey-Bass, 1996.

Sheehy, G. New Passages: Mapping Your Life Across Time. New York: Random House, 1995.

Shephard, H. A. "On the Realization of Human Potential: A Path with a Heart." In M. B. Arthur, L. Bailyn, D. J. Levinson, and H. A. Shephard (eds.), *Working with Careers.* New York: Columbia University School of Business, 1984.

Siegel, B. S. *Peace, Love, and Healing.* New York: HarperCollins, 1989.

Simon, S., and Simon, *S. Simon Workshops in Values Realization.* Hadley, Mass.: Simon and Simon, 1996.

Sinetar, M. *Do What You Love, the Money Will Follow: Discovering Your Right Livelihood.* Mahwah, N.J.: Paulist Press, 1987.

Skovholt, T. M. "Counseling and Psychotherapy Interventions with Men." *Counseling and Human Development,* 1993, *25* (6), 1-16.

Skovholt, T. M., and Morgan, J. I. "Career Development: An Outline of Issues for Men." *Personnel and Guidance Journal,* 1981, *60* (4), 231-237.

Skovholt, T. M., Schauble, D. G., and Davis, R. (eds.). *Counseling Men.* Pacific Grove, Calif.: Brooks/ Cole, 1980.

Sloan, A. "The Hit Men." *Newsweek,* Feb. 26, 1996, pp. 44-48.

Smith, S. "Age and Sex Differences in Children's Opinion Concerning Sex Differences." *Joumal of Genetic Psychology,* 1939, *54,* 17-25.

Sorensen, G., and Mortimer, J. T. "Implications of the Dual Roles of Adult Women for Their Health." In J. T. Mortimer and M. Borman (eds.), *Work Experience and Psychological Development Throughout the Life Span.* Boulder, Colo.: Westview Press, 1988.

Stark, A. "Women in a Postindustrial Society." Paper presented at the Sixteenth Congress of the International Association for EducationalVocational Guidance, Stockholm,

Aug. 7, 1995.

Steenbarger, B. N. "All the World Is Not a Stage: Emerging Contextualist Themes in Counseling and Development." *Journal of Counseling and Development,* 1991, *70* (2), 288-296.

Steenbarger, B. N. "A Multicontextual Model of Counseling: Bridging Brevity and Diversity." *Joumal of Counseling and Development,* 1993, *72* (1), 8-15.

Sternberg, B. von. "U.S. Worried About Children Having Children." *Minneapolis Star Tribune,* Feb. 11, 1994, pp. 2A, 25A.

Stoltz-Loike, M. *Dual Career Couples: New Perspectives in Counseling.* Alexandria, Va.: American Counseling Association, 1992.

Subich, L. M. "How Personal Is Career Counseling?" *Career Development Quarterly,* 1993, *42* (2), 129-131.

Sue, D. W. "A Diversity Perspective on Contextualism." *Journal of Counseling and Development,* 1991, *70* (2), 300-301.

Sue, D. W. "Multicultural Organizational Development: Implications for the Counseling Profession." In J. G. Ponterotto and others (eds.), *Handbook of Multicultural Counseling.* (pp. 474-492) Thousand Oaks, Calif.: Sage, 1995.

Sue, D, W., Arredondo, P., and McDavis, R. J. "Multicultural Counseling Competencies and Standards: A Call to the Profession." *Journal of Counseling and Development,* 1992, *70* (4), 477-486.

Sue, D. W., Ivey, A. E., and Pedersen, P. B. *A Theory of Multicultural Counseling and Therapy.* Pacific Grove, Calif.: Brooks/Cole, 1996.

Sue, D. W., and Sue, D. *Counseling the Culturally Different: Theory and Practice.* New York: Wiley, 1990.

Super D. E. "Vocational Adjustment: Implementing a Self-Concept." *Occupations,* 1951, *30*, 88-92.

Super, D. E. "A Life-Span, Life-Space Approach to Career Development." *Journal of Vocational Behavior,* 1980, *16* (3), 282-298.

Super, D. E. "Life Career Roles: Self-Realization in Work and Leisure." In D. T. Hall and Associates, *Career Development in Organizations.* San Francisco: Jossey-Bass, 1986.

Super, D. E. "The Two Faces of Counseling: Or Is It Three?" *The Career Development Quarterly,* Dec. 1993, *42* (3), 132-136.

Super, D. E., and Overstreet, P. L. *The Vocational Maturity of Ninth Grade Boys.* New York: Teachers College Press, 1960.

Super, D. E., and Sverko, B. (eds.). *Life Roles, Values, and Careers.* San Francisco: Jossey-Bass, 1995.

Swiss, D. J., and Walker J. P. *Women and the Work-FamilyDilemma.* New York: Wiley, 1993.

Theobald, R. *The Rapids of Change: Social Entrepreneurship in Turbulent Times.* Indianapolis, Ind.: Knowledge Systems, 1987.

Thomas, D. A., and Alderfer, C. P. "The Influence of Race on Career Dynamics: Theory and Research on Minority Career Experiences." In M. B. Arthur, D. T. Hall, and B. S. Lawrence (eds.), *Handbook of Career Theory.* (pp. 133-158) Cambridge: Cambridge University Press, 1989.

Tinsley, H.E.A., and Tinsley, D. J. "A Theory of the Attributes, Benefits, and Causes of Leisure Experience." *Leisure Science,* 1986, *8*, 1-45.

Trickett, E. J., Watts, R. J., and Birman, D. (eds.). *Human Diversity: Perspectives on People in Context.* San Francisco: Jossey-Bass, 1994.

"Two Studies of Married Dads Say Those in Two-Income Families Earn Less." *Minneapolis Star Tribune,* Oct. 14, 1994, p. 17 A.

United Nations. "Convention to Eliminate All Forms of Discrimination Against Women (CEDAW)." In United Nations, *Human Rights: A Compilation of International Instruments.* New York: United Nations, 1983.

U.S. Department of Labor. "The American Work Force, 1992-2005." *Occupational Outlook Quarterly,* Fall 1993 (special issue) .

Vaill, P. "Seven Process Frontiers for Organization Development." In W. Sikes, A. Drexler, and J. Cant (eds.), *The Emerging Practice of Organization Development.* (pp. 261-272) Alexandria, Va.: NTL Institute for Applied Behavioral Science, 1989.

Vondracek, F. W., Lerner, R. M., and Schulenberg, J. E. *Career Development: A Life-Span Developmental Approach.* Hillsdale, N.J.: Erlbaum, 1986.

Vondracek, F. W., and Schulenberg, J. E. "Counseling for Normative and Nonnormative Influences on Career Development." *Career Development. Quartedy,* 1992, *40*, 291-301.

Vontress, C. E. "Traditional Healing in Mrica: Implications for Cross-Cultural Counseling." *Journal of Counseling and Development,* 1991, *70* (1), 242-249.

Voydanoff, P. "Work and Family: A Review and Expanded Conceptualization." In E. B. Goldsmith (ed), *Work and Family: Theory, Research, and Applications.* (pp. 1-22) Thousand Oaks, Calif.: Sage, 1989.

Walker, B. A. "The Value of Diversity in Career Self-Development." In D. T. Hall (ed.), *Career Is Dead — Long Live Career! A Relational Approach to Careers.* (pp. 265-277) San Francisco: Jossey-Bass, 1996.

Walker, B. A., and Hanson, W. C. "Valuing Differences at Digital Equipment Corporation." In S. Jackson and Associates (eds.), *Diversity in the Workplace: Human Resource Initiatives.* New York: Guilford Press, 1992.

Walker, J. *I'll Take Charge.* St. Paul: National 4-H Project, Center for Youth Development and Research, University of Minnesota, 1989.

Walker, L. S., Rozee-Koker, P., and Wallston, B. S. "Social Policy and the Dual-Career Family: Bringing the Social Context into Counseling." *Counseling Psychologist*, 1987, *15* (1), 97-121.

Watts, A. G. "Toward a Policy for Lifelong Career Development: A Trans-Atlantic Perspective." Keynote address, Fifth National Career Conference of the National Career Development Association, San Francisco, July 8, 1995.

Weitzman, L. B. *The Divorce Revolution: The Unexpected Social and Economic Consequences for Women and Children in America.* New York: Free Press, 1985.

White, J. L., and Parham, T. A. *The Psychology of Blacks: An African-American Perspective.* (2nd ed.) Upper Saddle River, N.J.: Prentice Hall, 1990.

Wigglesworth, D. C. "Meeting the Needs of the Multicultural Work Force," In J. M. Kummerow (ed.), *New Directions in Career Planning and the Workplace.* Palo Alto, Calif.: Consulting Psychologists Press, 1991.

Williams, C. L., and Berry, J. W. "Primary Prevention of Acculturative Stress Among Refugees: Application of Psychological Theory and Practice." *American Psychologist,* 1991, *46* (6), 632-64l.

Williams, J. E., and Best, D. L. *Measuring Sex Stereotypes: A Thirty-Nation Study.* Thousand Oaks, Calif.: Sage, 1982.

"Without Money, She Finds She Has No Value." *Minneapolis Star Tribune,* Dec. 20, 1991, p. 27A.

Worthington, E. L. "Religious Faith Across the Lifespan: Implications for Counseling and Research." *Counseling Psychologist,* 1989, *17* (4), 555-612.

Yang, J. "Career Counseling of Chinese-American Women: Are They in Limbo?" *Caeer Development Quarterly,* 1991, *39* (4), 350-359.

Yankelovich, D. *New Rules: Seaching for Self-Fulfillment in a World Turned Upside Down.* New York: Random House, 1981.

Yates, G. G. "Spirituality and the American Feminist Experience." *Signs,* 1983, *9*, 59-72.

Zedeck, S. (ed.). *Work, Families, and Organizations.* San Francisco: Jossey-Bass, 1992.

# 索　引

## 事項索引

### 数

10のグローバルでローカルなニーズ　88
4つのL　17, 125, 129, 134
4つのS　292, 294
6つの重要課題　16-18, 39, 47, 330, 335, 355, 399, 404

### ABC

agentic（自主的）　152
American Association of University Women: AAUW　145
American Educational Research Association　119
Association for Religious Values in Counseling: ARVIC　117
Association of Spiritual, Ethical, and Religious Values and Issues in Counseling: ASERVIC　258
BORN FREE　20, 48, 61, 63-64, 66-67, 71, 155, 160, 164, 183, 333, 373, 378
BORN FREE International（BFI）　48
Career Beliefs Inventory　344
communal（共同的）　152
Conference on Equality Between Women and Men in a Changing Europe　111
Coping and Stress Profile　329, 344
Family and Medical Leave Act　179
Global Integrity Ethic　323
Global Intuition Network: GIN　309
golobal social change organizations: GSCOs　88, 323-324
HRD（人的資源開発）　99, 100
ILP　12, 14, 16-19, 25, 38, 40, 43, 45-46, 54, 57, 59-60, 63, 76, 82, 85, 86, 88, 123-125, 134, 136, 159, 167, 181, 190, 209-210, 220, 229, 256, 261, 302-303, 309, 320, 327-328, 330, 335-337, 341, 347, 349, 402-403, 405, 407, 409-410, 412
　——キルト　19, 41, 54, 122, 152, 211, 250, 281-282, 284, 346
　——の概念　41-42, 45, 47, 328, 354
　——ワークショップ　17, 25, 246, 336, 344, 353, 355, 384-385, 389-390, 395
Individual Life Planning　344
Labor（労働）　17
Learning（学習）　17
Leisure（余暇）　17
Life Values Inventory　329
Love（愛）　17
MIT Center for Organizational Learning　311
Multicultural Awareness-Knowledge-Skills Survey: MAKSS　217
Myers-Briggs Type Indicator:MBTI　287
National Career Development Association: NCDA　116
non-event　43
NTL Institute for Applied Behavioral Science　309
Positive Uncertainty:PU　305-308
Psychologists Interested in Religious Issues: PIRI　258

437

Racial-Cultural Identity Development: RCID　80, 217
Rebirth Fantasy　344
Schlossbergの転換（期）モデル　292
System of Interactive Guidance and Information: SIGI　30
Society, Organizations, Families, Individuals: SOFI　127, 134, 342
The Families and Work Institute　178
TQM（total quality management）　309
Transition Coping Guide:TCG　294
Value Scale　329
VR/EGs　221, 223
Work Importance Study（WIS）　55, 376
Work-Family Quiz　344
World Future Society　241
Your Steps in Mastering Change　292

──────あ　行──────

愛（love）、学習（learning）、労働（labor）、余暇（leisure）　122, 124, 129, 135
アイデンティティ　51-52, 72, 81, 126, 128, 135, 147, 161, 220, 226, 232, 234-235, 283, 321, 327-328, 360, 384, 391
　　人種的──　217-218, 225, 245, 411
　　多元的な──　122, 126, 128
　　複数の──　234, 247, 336, 347, 359
　　文化的──　213, 217, 244
　　民族的──　213-214
　　──・ジレンマ　182
　　──の感覚　303
　　──の危機　258
　　──の次元　126, 135, 235, 384
　　文化的──の形式　235
　　文化的──の喪失　234
　　──の発達　78-80, 147, 233, 235
愛の生態学　156
アウシュビッツ　323

アウトプレイスメント・モデル　287
アサーション　198
アセスメント　218, 220
アファーマティブ・アクション　106, 215-216, 230, 296
アフリカ系アメリカ人　228
アルコール依存症　214, 232
ある失業のケース・スタディ　295
意思決定　51, 289, 304-308, 311, 319, 335
異文化　79, 118, 162, 229, 246, 345
意味　45-46, 252-253, 255, 259, 263, 275-277, 286, 331
　　──と目的　116, 253, 271, 280, 388
　　──の探求　161, 277
引退する　291
インベンチュアラー　275
ウエルネス　44-45, 124, 376
ヴォケーショナル　20, 70
受け入れられた知識　68
生まれ変わりのファンタジー（rebirth fantasies）　344, 385
生まれ変わりを体験　285
永久的臨時労働者　98
エージェンシー（Agency）　42, 151-153, 157, 161, 209, 356
エクセルシオール・モデル　157, 162
エティック（etic）・アプローチ　79
エミック（emic）・アプローチ　79
エンパワーメント　32, 43, 69, 100, 230-231, 311, 331, 367
お母さんの路線とお父さんの路線　194
お金　261, 263, 266, 268-270, 281, 334
男らしさ　71-72, 148
　　──や女らしさ　148, 173, 183
終わりなき社会的課題　315

──────か　行──────

階級差別　246, 356
介護

事項索引

　　――支援制度　333
　　――のストレス　49
　　――的仕事　98
カウンセリング　117, 119
　　――とキャリアの専門家　94, 114-115, 119-120, 174, 250, 282, 305
カウンセリングと発達のための全米学会（AACD）　113
カウンセリングにおける宗教的な価値のための学会（ARVIC）　116
カウンセリングにおけるスピリチュアルな、倫理的な、宗教的な価値についての学会（ASERVIC）　116, 258
カウンセリング理論　172
科学的経験主義　349
学習　129, 311, 335, 348
　　――する組織　129, 243, 309, 311, 335, 359
家事　181, 185-186, 191, 355
過少完全雇用　130
家族　101, 103-104, 131, 168, 172, 174-176, 178-179, 182, 185, 188-189, 191-193, 195-197, 201-205, 228, 253, 266, 271, 290, 328, 330, 356, 358
　　拡大――　49, 102, 270
　　ゲイやレズビアンの――　102
　　混合――　180
　　再婚――　49, 359
　　成人単身――　49
　　多元的な――　104
　　同性愛――　180
　　共稼ぎ――　17, 46, 49, 101-102, 104, 169-170, 181, 183, 185, 189, 192, 198, 201, 300, 302
　　共働き――　193, 198-200
　　ひとり親――　49, 101, 169, 170, 180, 198
　　ふたり親――　198
　　役割逆転――　49, 102, 147
　　再構築された――　102
　　――－キャリア　201-202
　　――形態　49, 100-103, 169
　　　その他の――　102

　　――の変化　101
　　――と仕事　35, 204-205, 330, 332-333
　　　　――研究所　178
　　　　――組織　333
　　　　――との関係　201
　　　　――の関わり合い方　312
　　　　――の経済的側面　175
　　　　――の現実　185
　　　　――のつながり　49, 172, 312, 336
　　　　――をつなぐ　17, 167-168, 332, 405, 410
　　――のニーズ　173, 179, 187-188, 192, 332
　　――のパターン　168, 170, 181, 205
　　　新しい――　168, 359
　　　ひとり親――　169-170
　　――の発達　103, 190, 201
　　――役割　135, 180, 191
　　　　――と仕事役割の統合　188
価値観　198, 259-262, 334, 356
家庭　105, 180, 189, 253, 331
家父長制　112, 140, 234, 362, 379
ガラスの天井　143, 150, 159, 178, 193, 238
環境　91, 94-95, 104, 159, 204, 240
　　――保護　94-96, 204, 331
関係性　26, 153, 158, 161, 173, 193, 204
関係のなかの自己　68, 153, 233, 355
還元主義　26, 34, 162
　　――的　12, 91, 407
　　　　――－ニュートン主義者　46
感受性の高いキャリアの専門家　244
感じられた公平さ　189, 198
機会均等　107, 180, 215, 319
起業家　98, 165, 287
気づき　220, 229, 340, 344
虐待　156, 236, 290
ギャラップ調査　171, 250
キャリア（career）　12, 14-15, 29-30,

439

33-34, 36, 39, 51, 55, 64, 86, 97, 122, 126, 146, 150, 173-175, 180-182, 184, 190-191, 193, 195, 197, 201-203, 210, 220, 224-225, 234-235, 246, 261, 265, 274-275, 278, 284, 288, 296, 299, 301-302, 305, 311-312, 316, 319, 321, 329-331, 334-336, 341, 347-350, 354, 371-372, 374, 409

 ――・インフルエンス（career influencies）　344
 ――・ガイダンス　44, 86, 94, 155
 ――・カウンセラー　15, 29, 89, 106, 114, 123, 162, 173, 185, 192, 200-201, 220, 231, 244, 252, 256, 264, 302, 306, 320, 337, 341, 353, 364
 ――・カウンセリング　14, 30, 55, 60, 86, 88, 94, 108, 114, 154, 159, 192, 209-210, 220-224, 231, 244, 256, 278-282, 305, 308, 328-329, 343, 349-350, 402, 404, 407, 409, 412
 ――・ディベロプメント　11-14, 16, 19-22, 26-30, 32-33, 37, 39-44, 46-47, 49-51, 54-55, 59-60, 63-67, 70, 77, 82, 86, 88-89, 95, 98, 103, 105, 112, 114, 117, 123, 128, 130, 135-136, 141-142, 152, 172-173, 181-182, 190-192, 196, 201, 204, 207, 209-210, 214, 216, 220-221, 223, 225-226, 229, 240, 245, 249-250, 252-253, 258-259, 271, 274, 278-279, 282, 304-305, 311, 320-321, 328-329, 331, 335, 343, 349-350, 352, 354, 356, 358, 362-363, 371-374, 389, 402
  女性の――　132, 141-142, 150-151, 183, 224
  男性の――　17, 72, 134
  ――理論　17, 53, 57, 90
 ――・ニーズ　28, 173
 ――・パス　223, 228

 ――・パターン　34, 55, 141, 202
 ――・プランニング　11, 14, 18-19, 26, 28-39, 42, 44-46, 97, 99, 183, 209-210, 224-225, 228, 250-251, 259, 261, 274-275, 328, 330, 336, 382, 388-389
 ――・ライフライン（career lifelines）344
 ――・レインボー（career raibow）344, 403
 ――決定システム（Syestem of Guidance and Information：SIGI）　30
 ――の社会化　48, 122, 135-136, 159
 ――の心理学　54, 271
 ――の専門家　15-16, 18, 28, 30-31, 34-35, 37-38, 44-45, 49-51, 83, 86, 89, 95, 109, 112, 119, 122-123, 151, 162, 170, 173, 175, 178, 185, 192-193, 203-205, 208-212, 214, 223-224, 228-229, 231-232, 234, 239-241, 244-247, 251, 268, 270, 279-281, 284, 288-290, 294-295, 304, 309, 313, 344-345, 347, 349-350, 352, 363-364
  文化的な感受性をもつ――　209
 ――理論　209, 221, 330, 374
教育と女性の地位に関する教育センター全米評議会　149
強制収容所　255
共通の善　37
共同的　152-153, 157-158
キルター　19, 38, 54, 366-367, 372
キルト　19-20, 38-41, 54, 63, 91, 133, 140, 169, 205, 208, 245, 284, 295, 300-301, 325, 328, 337, 344, 364-367, 372, 402
金銭的な恐怖　268
グリーン・ガイダンス　95
グループ・アプローチ（エミック（emic）・アプローチ）　212
グローバル　86, 89-91, 97, 106, 120,

231, 241, 250, 273, 323-324, 328, 330-331, 337, 348, 358, 374, 410
　　　——社会変革組織（GSCOs）　88, 323
グローバルな社会的変化　284, 321
グローバルなニーズ　120, 125, 330-331, 348
グローバルにそしてローカルに、考えそして行動する　86, 90
ケア　156, 258, 269
　　　——の倫理　161, 257
計画外　289-290, 296
計画した変化　289, 350, 359
経済的　108, 123, 129, 142, 209, 261, 352
契約労働者　36, 98, 100, 338
ゲイやレズビアン　77, 207
結婚　107, 174, 188, 198
健康　96, 128, 147, 150, 273, 410
　　　——に関心を向ける　401, 407, 410
権力とジェンダーの問題　151
権利を奪われた男性と女性　158
公共政策　97, 103, 170, 176, 198
高次元の力　251
構成主義的アプローチ　409
構造的－発達論的段階理論　257
構築された知識　78
行動理論　77-78
巧妙な差別　317
公民権　107, 215, 223, 247
高齢者　77, 98, 107-108, 173, 178, 243, 247, 301, 404
国際労働機関（ILO）　96
国民健康保険制度　270
国連人口開発会議　359
国連世界女性会議　35, 104
こころ　323-325, 337, 356
こころとからだとスピリット　45, 48, 255, 338
個人主義　37, 69, 94, 220, 337
個人と組織　320-321, 337, 343, 347, 350

　　　——の変化　337
個人の転換（期）　18, 36, 392, 411
国家未来指標　27, 94
孤独　340-341
子ども　103, 110, 173-174
コミュニオン（Communion）　152-153
コミュニケーション　165, 168, 190, 228, 237, 246, 319
コミュニタリアニズム（communitarianism）　340
コミュニティ　28, 32, 37-39, 46-51, 68, 89, 115-116, 119-120, 125, 129-130, 134, 160-162, 164-166, 173, 175-176, 179, 209-210, 213, 220, 224, 228-229, 237-238, 252, 267, 271-273, 280, 299, 314, 318, 320-321, 330, 332, 335, 337-339, 343, 347-349, 352, 354, 356-357, 362-364, 367, 403, 410, 412
雇用差別　109
雇用の機会均等　223, 230
コンピュータ　29, 86, 91-92, 132, 229

————さ　行————

サークル・オブ・ライフ（人生の環）　18, 43, 338, 353, 364, 400, 403
サーチ・インスティチュート　165, 169
最低賃金　264, 300
差別　79, 149, 159, 246-247, 356
サリー・フォース　199
産業／組織心理学　176-177, 271, 320
サンドイッチ世代　175
サンフランシスコ大地震　340-341
支援（supports）　292, 294, 298-299
ジェンダー（gender）　48, 54, 60-63, 67, 69-72, 76, 79, 81, 95, 107-108, 111, 113, 118, 124, 126, 133, 135, 146, 150, 157, 159, 164, 175-181, 189, 209-211, 223, 225, 227, 230-233, 235, 238, 241, 267, 273, 316, 319, 339, 357, 363, 406, 411
　　　——的にバランスの取れた言語表現　239

――平等　67, 113, 143, 164, 179, 264
　　――役割　17, 21, 45, 49, 54, 60-62, 66, 71, 73, 88, 110-111, 126, 131, 135, 137, 139, 145, 152, 154-155, 157, 173, 181-184, 187, 192, 196-197, 204, 223, 231, 233, 234, 329, 361, 364, 377-378, 405, 410
　　　　――の社会化　60, 64, 122-123, 135, 137, 204, 316
　　　　――のステレオタイプ　61-65, 67
　　　　――理論　17, 60, 63, 373
時間　60, 175, 188, 269-270, 301-303
　　――指向　301-302
　　――の旅人　301
自己　12, 33, 132, 146-148, 153, 182, 192, 230, 271, 292, 296, 298, 302, 315, 319, 328, 358
　　――効力感　142, 145-146, 153, 229
　　――実現　202, 209-210, 220, 254-256, 271
自己充足と結びつき　135, 152, 156-159, 162, 164, 166-167, 185, 332, 343, 347, 355, 376
　　　　――認識　221, 233, 235-236, 245, 257, 327, 403
仕事（work）　13, 27-28, 89, 96, 115-116, 129-132, 135, 138, 142, 153, 178, 185, 187-188, 205, 253, 259, 263-264, 271, 288, 302, 318, 330, 335, 343, 359, 411
　　なすべき――　27, 47, 88, 91, 112, 115, 119-120, 247, 314, 330-331, 335, 357, 363, 374-375, 399-400, 404
　　――－家族　49, 175, 177, 179-180, 188, 193-195, 200, 203-204, 227, 250
　　――人生　99, 146, 335, 358, 371
　　――組織　178, 193-194, 227, 325, 330, 333

　　――と家族　14, 44, 46, 96, 103, 112, 138, 156, 161, 169-170, 172-173, 175-179, 181, 194-198, 201-204, 261, 271, 312, 332-333, 336-338, 364, 371
　　　　――のつながり　14, 44, 103, 112, 168, 178, 180, 343, 410
　　　　――のバランス　133, 183, 194-196, 350
　　――の再創造　28, 129, 272, 407
　　――のパターン　98, 263, 284, 312, 335, 359
　　――満足度　288
　　――役割　129-130, 135, 174-175, 180, 191, 226, 234
　　　　――と家族役割　174-175, 203
　　――倫理　262-263, 338
自主的　99, 152, 157-158
システム　65, 223-224, 233, 311
　　――ズ・アプローチ　52, 159, 179, 312, 336
自尊心　145-147, 153, 174, 232, 321
実証主義　238, 278
実存主義　77, 254, 256, 262
質的研究　17, 59, 68, 118-119, 147, 240, 300, 318, 349, 358
死ぬほど怖い４つの恐怖　116
支配／従属　35, 112, 152, 160, 164, 174, 203, 216, 332, 362, 378-379
使命　275, 278, 334, 411
社会　20, 33, 66, 123, 223, 246, 261, 270, 289, 315, 322, 335, 348, 359, 364
社会化　61-62, 64-65, 71-73, 104, 112, 132, 137-138, 145, 164, 168, 181, 198, 235, 317, 332, 405
社会階級　107, 126, 234, 267
社会経済的　79, 215, 270
社会正義　20, 120, 234, 242, 246, 404-405, 409
社会的　86, 97, 128, 135, 162, 174, 182, 189, 192, 197, 210, 223, 234, 322, 355
社会的（social）、知的（intellectual）、身体

的（physical）、スピリチュアル（spiritual）、情緒的（emotional）、キャリア／職業的（career/vocational）：SIPSEC 124
シャムロック型の組織　100, 243, 312
宗教　79, 116, 126, 212, 250-251, 258, 270, 274, 280, 411
主観的知識　68
柔軟性　227, 335, 359
重要課題1：変化するグローバルな文脈のなかでなすべき仕事を見つける　17, 47, 85, 374
重要課題2：人生を意味ある全体のなかに織り込む　17, 48, 121, 375
重要課題3：家族と仕事をつなぐ　17, 49, 167, 380
重要課題4：多元性と包含性に価値を置く　17, 49, 207, 384
重要課題5：スピリチュアリティ（精神性・魂・霊性）と人生の目的を探究する　18, 50, 249, 387
重要課題6：個人の転換（期）と組織の変化のマネジメント　18, 50, 283, 391
主夫　102, 359
生涯―職業　36, 199, 338
生涯学習　97-99, 129, 271, 311
生涯発達心理学　329
情緒的　128, 268, 274
消費　132
　——主義　267, 334, 348
職から外された労働者　98
職業（job）　13, 29, 123-124, 138, 173, 275, 336, 341
　——ガイダンス　13, 34, 40
　——心理学　54-55, 59, 329
　——選択　30, 36, 172, 210, 252, 328-329, 332, 357
職　96, 99, 274-275, 287
職の保障　96, 100, 310-311
職場　96, 140, 173, 332
職場の柔軟性　226-228, 243, 247, 271, 350
女性

——運動　26, 140, 359
——教育均等法　107
——的特性　137, 140
——と男性　44, 110, 121, 152, 220, 240, 331, 335, 367, 405
——の権力闘争　316
——とマイノリティ　238-240, 357
——と民族的マイノリティ　227, 240, 312, 316, 363
——に対する暴力　151
——の仕事　355
——の人生　135, 142
——のステレオタイプ　136
——の発達　151, 374
——の問題　76, 186, 339
——の役割　73, 146, 176
——蔑視　140
女性差別撤廃条約（CEDAW）　105
知ることの方法　68, 88, 117-118, 142, 238, 240, 257, 345, 349, 358
ジレンマ　182-183, 204
人員削減　29, 34, 35, 72, 100, 133, 141, 143, 160, 191, 288, 296, 310, 312, 316, 325, 359
人権　90, 106, 240
人口動態　34, 201, 204
人材開発　32, 55
人種　80, 126, 210-211, 223-224, 232
　——差別　20, 63, 79, 128, 151, 209, 215, 223, 232, 241-242, 244-246, 339, 356-357
　——的　241, 339, 363
　　——アイデンティティ　79-81
　　——－文化的アイデンティティの発達（RCID）　80, 217, 235
　　——マイノリティ　43, 225, 241, 379
　　——民族的マイノリティ　77
人生　124-125, 131, 134-135, 152-153, 192, 197, 208, 229, 255, 259, 263-264, 279, 285-286, 328, 343, 348, 362-363, 403
　——における意味と目的　14, 46,

50, 82, 115-116, 123, 129, 250, 254, 388, 405, 407, 411
　――の質（QOL）　108, 175, 177
　――の選択　97, 220, 260, 281
　――の転換（期）　123, 285, 289
　――の物語り　275, 279
　――役割　33, 55, 129, 131-136, 166, 173, 185, 210, 302, 329, 331-332, 336-338, 376, 380, 382, 384, 391
　――を統合し、社会を形作る　18, 327
真正性　259, 324
身体的　77, 79, 107, 128, 130, 151, 211
人的資源　37, 100, 192, 309, 312, 316, 341, 363
人的資源開発（HRD）　15, 100, 168, 172, 309, 329, 350, 384
心理的契約　36, 100, 133, 309-310, 355, 406
スーパーウーマン　147, 264
スーパーママ　131, 359
スーパーマン　264
スクール・トゥ・ワーク・トランジション　29, 356
ステップファミリー　102
ステレオタイプ　35, 61-62, 64, 71, 79, 122, 137, 145, 147, 159, 164, 168, 181, 185, 204, 223, 231, 243, 247, 315, 319, 332, 359-360, 362, 377, 405
ストーリー・テリング（物語り）　118, 228
ストレス　103, 131, 174, 192-193, 198, 234, 290, 299
ストロング興味検査　279
スピリチュアリティ　14, 37-38, 44, 46, 50, 78, 82, 115-117, 123, 161-162, 203-204, 210, 250-259, 261, 270-275, 279-282, 319, 329, 331-334, 341, 348, 364, 371, 374, 387-389, 405, 407, 411
　――と宗教的信念　281
　――と人生の目的　18, 88, 116,
281
スピリチュアル　27, 46, 82, 117, 128, 130, 197, 251, 253-257, 271, 274-275, 281-282, 327, 334, 338, 340, 348, 362, 411
スピリット　272, 274
性（sex）　67
性器切除　105, 236, 360
制限された感情　139
性差別　128, 135, 140, 143, 151, 175, 209, 215, 223, 232, 244-246, 355-356
成人　14, 17, 54, 58, 90, 129, 189, 329
精神的過重負担　182
精神力動　77-78, 258
性的　105, 140, 148
　――虐待　105-106, 151, 339
　――指向　79, 107, 126-127, 147, 207, 211, 327, 339
生物多様性　95
生命の全体性　257
性役割　72, 147, 152, 164, 182, 187
　――のステレオタイプ　67, 164
生理的欲求　123
セーフティネット　270, 355
世界女性会議　35, 359
世界人口問題　109
セクシャル・ハラスメント　105, 128, 148, 151, 159, 290, 339
積極的（肯定的）不確実性（PU）　18, 51, 249, 305-308, 395
セメントの床　238
善意のある人々のなかの人種差別　242
全体性　26, 38, 125-126, 152, 252, 254, 337-338
全体的　122-123, 138, 143, 151, 159, 227, 256, 300, 320, 330-331, 338, 344, 347, 403, 412-413
　――アプローチ　402
　――キャリア・ディベロプメント　135
　――人間　166, 227, 255-256, 272, 347

事項索引

──発達　122, 125, 128, 152, 164, 166, 255, 263, 354, 375
前提認識　29, 34, 119, 123, 168, 195, 209, 216-217, 220, 223, 226, 229, 236, 247, 292, 294, 296, 299, 320, 332, 349, 358, 362, 385, 387
全米カウンセリング学会（ACA）　21, 113, 116, 258
全米キャリア・ディベロプメント学会（NCDA）　13, 21, 116-117, 157, 171, 253
全米教育学会　119
全米心理学会（APA）　258
相互依存　94, 274, 310, 313
喪失感　285
阻害要因　65, 136, 159, 162, 207, 245, 397-398
促進要因　65, 136, 159, 162, 397-398
組織　35, 82, 173, 176-177, 271, 284, 309-310, 314-315, 328, 331, 350, 356
──開発（OD）　13-15, 45, 88, 98, 284, 309-310, 314, 323-325, 329
──構造　310, 313, 335
──的変化　309, 313
──の変化　284, 322, 325, 359

────── た　行 ──────

ダイアナ・ペナルティ　150
大災害　341
ダイバーシティ　226-227, 321
タイミング　150, 302
ダウンサイジング　102, 108, 208, 230, 371, 355-356
絶え間ない譲り合い　158
多元主義（pluralism）　17, 38, 114, 211-216, 244, 247, 329, 333, 345, 359
多元性　384, 399
──と包含性に価値を置く　17, 207, 406, 411
多元的　33, 101, 168, 179, 224
──社会　157, 213, 250, 333
他者　333-334, 346

──性　334
──との遭遇　346
多重役割　175
脱職務化　14, 36, 98-99, 312, 316, 371
他の文化にどっぷりと浸る　246
タブー　268
多文化　78-79, 117, 216-217, 221, 237, 244, 356
──カウンセリング　44, 50, 78-79, 81, 114, 210, 212, 216-217, 219-220, 231-233, 235, 237, 244-245
──と治療（MCT）　77
──キャリア・カウンセリング　17, 209, 220-221, 231, 237, 384
──社会　213, 336
──集団　216, 221, 349
──主義（multiculturalism）　14, 17, 21, 28, 45, 54, 60, 77-79, 81, 90, 113-114, 164, 211-212, 214, 216, 244, 329, 412
──的　34, 97, 215-216, 225, 230, 406
────キャリア介入　225
────な課題　406
────な活動　230
────な労働力　335
──問題　77, 114
──理論　17, 60, 77-78
魂　129, 252, 272, 340
多様性　17, 45, 50, 70, 77, 114, 162, 205, 208, 211-212, 214, 216-217, 228, 230, 239, 241, 244-245, 312-313, 320-321, 333, 348, 364, 385, 387, 411
──に価値を置く　208, 212, 239, 244, 312-313, 330, 334, 356
誰が扶養者か　176, 381
探究者たち　288
男女雇用機会均等法　112
男女の賃金格差　175
男性　61, 73, 135, 137-138, 186-187, 199
新しい──　71, 73, 112, 136
──がすること　184

445

──キャリアへの影響　186
　　　──的神秘性　137
　　　──と女性　320, 348
　　　──により高い価値を置く　61
　　　──の運動　35, 76, 112, 140, 359
　　　──の社会化　73, 137, 138
　　　──の性役割　73, 76, 173
　　　──の特権　140, 218, 219
　　　──の発達　70, 73, 76, 137-138
　　　──の役割　35, 62, 71, 73, 76, 137, 169, 176, 186
　　　──優位　236
断片化　54, 162, 203, 403
断片的　12, 26, 91, 128
チェンジ・エージェント　18, 47, 51, 66, 86-89, 113, 162, 166, 239, 247, 315, 323, 335, 337, 339, 344, 350-352, 363, 375, 396, 406
違い　208, 211-212, 214-216, 223, 226, 228-230, 232, 235, 238, 243-246, 250, 313, 336, 343
地球環境　96, 273, 323
地球公共財　96
地球村　47, 89, 113, 330, 345
父親　137, 159, 187, 194
中国系アメリカ人女性　233-234
超越　258, 285-286, 361, 377
直線的　30, 33, 41, 44, 59, 125, 136, 320, 338
直感　304, 308-309
賃金格差　149, 171, 175, 239
使い捨て労働者　36, 98
ディジタル・イクイップメント社　229-230, 241, 333
適応　285-286
テクノロジー　88, 91-94, 99, 238, 243, 274, 287, 306, 310-331, 405
　　　──の建設的な利用　91
手続き的知識　68
デュアル・キャリア　40, 170, 180, 186-190, 192
転換（期）　18, 29, 51, 82, 284-285, 289-292, 294-300, 302, 304, 308, 313, 319, 325, 331, 334-335, 357, 360-362, 406, 411
　　　個人の──　284, 300, 325, 441
　　　──の終わりと始まりの理論　285
天災　341
天職　278-279, 407
伝統　142, 236, 359-361
　　　──的　76, 102, 152, 158, 198
同化　79, 213
道具主義　220
統合　43, 60, 124-125, 210, 213, 328
　　　──的（integrative）　41, 50, 52, 56, 91, 123-124, 154, 174-175, 204, 210, 280, 284, 320, 346, 362, 374, 403
　　　──ライフ・プランニング　12-13, 16, 19, 27, 38-41, 46-47, 51, 58, 60, 63, 83, 85-86, 88, 91, 112, 117, 119, 122-124, 129, 134, 166-168, 181, 193, 201-203, 208, 210, 245-246, 250, 252, 254, 259, 280-281, 284, 289, 302, 304-305, 313, 328, 335, 337-339, 341, 343, 346, 353-354, 356, 360, 364, 370, 382, 390, 402, 404, 409
同時性　190
　　　──（synchoronism）と非同時性（asynchronizum）　190
同性愛恐怖　107, 207, 232
道徳性発達段階　68
トータル・クォリティ・マネジメント（TQM）　100
特性因子理論　16, 25, 28, 32, 251, 336, 343, 357, 409
ドメスティック・パートナーシップ条例　107
共稼ぎ　170, 183, 192
共働き　193
トラウマ　289, 291

446

事項索引

─────── な 行 ───────

内面化　86, 337
ナショナル・トレーニング・ラボラトリ（NTL）　309
ナラティブ　119
汝の至福に従い給え　279-280, 354
二分法的　154
ニュートン主義　26, 94, 273, 341
人間　93, 95, 215, 256, 312, 324, 330, 339, 356
人間性　93, 346
人間存在　246, 255
人間中心　95, 318, 324
人間的　213, 244, 253, 281, 312, 362
人間の尊厳　324, 360
人間の多様性　88, 112, 208
人間の発達　46, 52, 54, 91, 94, 107, 108, 110, 120, 124, 159, 271, 338, 362
ネイティブ・アメリカン　338, 364
ネットワーク　91-92, 159, 229
年齢　79, 126, 150, 211, 243
　　──差別　151, 215, 244
ノン・イベント　289-290

─────── は 行 ───────

ハードサイエンス　143, 164
パートタイム　36, 101-102, 131, 147, 176, 179, 227, 297-298
パートナー　17, 35, 49, 65, 121, 125, 134, 139, 155, 182, 189, 196, 289, 292, 298, 315, 332, 339, 363, 366, 377, 379, 381, 383, 390, 405, 411
　　──シップ　49, 90, 101, 138, 152, 155, 160, 164, 205, 241, 313, 316, 332, 337, 339, 378, 381, 410
配偶者の支援　197, 198
排除（exclusion）　238-240
白人　71, 219, 367
白人の特権　218-219

パストラル・カウンセラー　252
パターン　41-43, 96, 100, 125, 147, 168, 301-302
肌の色　242
発達　60, 126, 128, 135, 143, 152, 157, 217, 257, 271, 328
　　──的-文脈的アプローチ　59-60
花嫁持参金殺人　105
母親の壁　150
パラダイム　12, 26, 27, 33, 43, 72, 88, 94, 117, 157, 162, 215, 305, 313, 322, 332, 338, 343, 355-356, 364, 370-372, 412
　　──・シフト　27-28, 322, 356, 358, 370-372
バラバラになった個人　37
パワー　189-190, 311, 314
　　──・ダイナミクス　190
ビジョン　310, 315, 322-323, 337, 352, 359, 362
非正規雇用　272
非同時性　190-191
平等主義　88, 242
　　──的　104, 138, 155, 164, 181, 189-190, 192, 199, 256, 332-333
　　　ノルウェーの──哲学　109
平等なパートナー　154, 200, 203, 362
貧困　169, 171, 239
ファミリー・フレンドリー組織　312
フェミニスト　54, 69-70, 76, 98, 140, 142, 232, 313, 329
不確実性　11, 42-43, 70, 97, 305-306
複数の役割　192, 197, 359
不在の存在　239
物質主義　18, 50, 132, 253, 255, 262-263, 267, 280, 334, 348
物々交換　269
扶養家族　178, 195
扶養者　49, 102, 137, 146, 158, 174, 176, 181-182, 199, 332, 381
ブラック・アメリカン　225
プランニング　41-43, 125, 302, 346
フレックス・ワークプレイス制　333

447

フレックスタイム制　　99, 159, 178, 227, 333
不連続性　　300-301
プロセス・ヘルパー　　350, 352
プロミス・キーパーズ　　140
文化（culture）　　79, 209, 235, 240, 311
　　　　——的　　345
　　　　——感受性　　245-246
　　　　——多様性　　47, 123, 239, 241
　　　　——適応　　79, 115, 213-215
　　　　——伝統　　237, 411
　　　　——な感受性の高いカウンセラーとキャリアの専門家　　247, 334
文脈　　52, 60, 123, 126, 129, 212, 321, 328, 336
ベツレヘム・スチール社　　287-288
変化　　33, 247, 256, 285, 289, 301, 350
変化するヨーロッパにおける女性と男性の平等に関する会議　　111
変化の6つのレベル　　350
変化の引き金　　289
変化への対応のレベル　　285, 392
偏見　　79, 149, 159, 244, 247, 356
変幻自在のキャリア（protean career）　　14, 27, 320-321, 348
変質　　285-286, 299
変容　　361-362
包括的　　38, 45, 220, 223, 349
包含（inclusion）　　238, 333
　　　　——性（Inclusivity）　　45, 113, 238-241, 243-244, 246, 333, 337, 348, 384, 399
　　　　——的　　44, 125, 241, 245, 247, 383
　　　　——言語　　239, 411
暴力　　28, 104-106, 128, 151, 339
ポートフォリオ・パーソン　　36, 98
ポストモダン　　69, 70
ボランティア活動　　297, 347

――――― ま 行 ―――――

マイノリティ　　80, 209, 212, 217, 220-221, 224-227, 239, 241-243
マッチング　　12, 28, 31, 33, 36, 173, 251, 329, 332
慢性的な出来事　　289
慢性的な転換（期）　　290
見た目ですぐわかる人種／民族グループ　　221
未来学　　92, 94, 154, 162
民主主義　　91, 211, 239, 247, 277, 333-334, 340, 356, 359, 362
民族　　91, 105, 126, 216, 233, 238, 331
　　　　——浄化　　106
　　　　——性　　114-115, 211, 216, 232-234, 241, 327, 339, 406
　　　　——的　　210, 212-223, 245, 315
　　　　——的マイノリティ　　43-44, 72, 78, 97, 102, 117-118, 198, 210, 216, 220, 223-224, 232, 265, 338, 379
無給の仕事　　28, 130, 146, 175-176, 178
結びつき（connectedness）　　37-38, 44, 50, 68, 152, 158-162, 246, 257, 271, 280-281, 320, 337, 364, 376-377, 390, 399
　　　　——の感覚　　166, 274, 334, 341
メンター　　229, 246, 320
メンタルヘルス　　103, 125, 148, 151, 198, 214, 251, 349
目的　　253, 276, 281, 334
　　　　——と全体性　　275
物語り　　19, 40, 57, 97, 252, 276, 278, 281, 324, 365, 404
　　　　——としてのキャリア　　279, 344, 350, 403

――――― や 行 ―――――

薬物依存　　290, 354
役割（role）　　126, 135, 174-175, 180-

182, 191, 198-199, 202-204
　　　――葛藤　　103, 176, 187, 202, 333
　　　――間のバランス　　192
　　　――と関係性　　204, 330
　　　――の変化　　175, 291
　　　――分担　　183-184, 186, 203, 319
　　　――モデル　　146, 189, 200
有給の仕事　　28, 146, 169, 178, 182
有色人種　　209, 219, 232-233, 339
ユニバーサル・アプローチ（エティック（etic）・アプローチ）　　212
良い仕事　　331, 357
良い人生　　267
養育　　98, 181, 273, 355
養育者　　49, 174, 176, 181, 332, 381
幼児殺害　　105, 360
ヨーロッパ中心主義　　77, 209, 333
余暇　　130-133, 197
予期せぬ出来事　　289, 295
予想外の出来事　　290
欲求段階説　　46, 123, 202, 255
嫁焼殺　　360

―――――ら　行―――――

ライフ・キャリア・レインボー　　31, 55, 376
ライフ・スタイル　　153, 174, 181, 187, 261-264, 268, 275-276, 288, 300, 331
ライフ・ステージ　　134-135, 185
ライフ・ディベロプメント　　278
ライフ・パターン　　55, 359, 364, 367
ライフ・プランニング　　11, 15, 17, 19, 28, 46, 48-49, 89, 97, 106, 122, 125-126, 135-136, 143, 153, 162, 167, 175, 181, 196, 203-204, 211, 214-217, 221, 250, 253, 274, 303-304, 310, 320, 328, 330-331, 336, 343, 346-348, 354, 362, 372, 374, 378, 381-382, 387, 403
リーケスティーリング　　111
リーダー　　314, 318-319, 352
　　　――シップ　　165, 229, 238-284, 313-318, 320

離婚率　　177
離職率　　226
リスク　　97, 314, 392, 394
　　　――・テイキング演習（risk-taking exercises）　　344
利他主義　　358
両性具有　　148, 361, 377
量的研究　　17, 118, 149, 349
臨時雇用　　36, 98-100, 102, 147
レイオフ　　141, 208, 266, 287, 290, 294, 310
連続的キャリアの概念　　357
労働者　　30, 165, 181
ローカル　　106, 119-120, 330, 331, 343
ローカルとグローバル　　348
ロールプレイ（role plays）　　201, 344
ロゴセラピー　　116, 255
ロジャーズ理論　　77
ロマンチックな二人の愛　　156
論理実証主義　　44, 70

―――――わ　行―――――

ワーカホリック　　130-131, 190
ワーク・アンド・ファミリー　　226
ワーク・ファミリー・タスクフォース　　100
ワーク・モチベーション　　146
ワーク－ライフ・プログラム　　227
悪い仕事　　272

# 索　引

## 人名索引

### A

Aasen, P.　153
Aburdene, P.　90, 172
Adler, J.　82
Agor, W.　309
Alderfer, C. P.　225, 226
Alexander, C. M.　78, 217
Allport, G. W.　82, 256
Andersen, P.　159, 407
Arredondo, p.　79, 81, 210, 232, 233, 235, 237, 384
Atkinson, D. R.　79, 80, 171, 210, 217, 221, 244

### B

Bach, A.　262
Bailyn, L.　194
Bakan, D.　157
Barker, J. A.　27, 322, 371
Barnett, R. C.　59, 187, 197
Barrett, A.　59, 217
Baruch, G. K.　59, 187, 197
Bateson, M. C.　118, 300, 301
Bateson, G.　274
Beckhard, R.　314

Belenky, M. F.　68, 70, 118
Bellah, R. N.　340
Bem, S.　148
Benson, P. L.　165, 169
Bergin, A. E.　250
Bernard, J.　101
Berry, J. W.　115, 213, 214
Best, D. L.　62, 71
Betz, N. E.　146, 150, 183, 189, 349
Biener, L.　187
Biernat, B.　145
Bird, G. A.　197
Bird, G. W.　197
Block, J. H.　152
Bly, R.　76
Bolles, R. N.　82, 275
Bondi, A. M.　251
Boorstein, S.　251
Borow, H.　20, 224
Bower, B.　145
Brammer, L.　36, 285, 286, 287, 299, 362, 391, 392
Brett, J. M.　188
Bridges, W.　14, 36, 98, 99, 273, 285, 302
Brogan, D.　62
Brooks, L.　271, 349
Brown, D.　35, 271, 329, 349
Browning, D.　101, 170
Bruininks, R.　21
Bruntland, G. H.　108

人名索引

## C

Campbell, D. P.　305
Campbell, J.　279, 280
Capra, F.　26, 161, 162
Carlsen, M. B.　276
Carlson, R.　153
Carter, R. T.　221, 223
Casas, J. M.　78, 217
Cella, K.　79, 81, 210, 232, 235, 384
Charland, W.　37
Chekola, M. G.　153
Chetwynd, J.　61
Chodorow, N.　161
Clark, M. C.　58
Clay, R.　131
Cleveland, H.　96
Clinchy, B.　68, 118
Clinton, H. R.　200
Cochran, L.　119, 278, 279
Cole, J. B.　233
Coleman, E.　73
Comas-Diaz, L.　81, 118, 210, 233
Cook, D. A.　221, 223, 224
Cook, E. P.　60, 71, 145
Cooperrider, D. L.　88, 323, 324
Corning of New York　349
Cornish, E.　92
Crace, R. K.　329
Cross, W. E., Jr.　80, 244
Cummins, H. L.　194

## D

Daly, K.　119

## 

Damashek, B.　365
D'Andrea, M.　217
Daniels, J.　217
Davenport, D. S.　233
DeBell, C.　344
DeMeuse, K. P.　311
Dinklage, L. B.　304
Drucker, P. F.　118, 314, 395
DuBois, P. M.　356
Dupuy, P.　147
Durning, A.　265, 266, 267

## E

Erlamdson, G.　21
Edwards, O.　262, 263
Ehrenreich, B.　269
Eisler, R. T.　160, 378
England, J.　213
Epperson, S. E.　146
Epstein, D. F.　233
Erikson, E. H.　82, 254, 257
Espin, O. M.　118, 233
Estor, M.　111
Etzioni, A.　37, 161, 340

## F

Farrell, W.　76
Farren, C.　315
Feller, R.　335
Ferguson, M.　26, 162, 322, 339, 361
Figler, H. E.　98
Fishman, D. M.　182, 183, 202
Fitzgerald, L. F.　150, 183, 189
Fletcher, J. K.　321

Fouad, N.   220
Fox, M.   27, 38, 88, 94, 129, 130, 161, 263, 272, 273, 274, 325, 357, 387
Fox, T.   276
Frank, J. D.   255
Frankl, V.   82, 116, 254, 255, 323
Freedman, J.   267
Freud, S.   332
Friedman, D. E.   178-179, 312
Friedman, L.   143
Fukuyama, M. A.   79
Fullager, J. C.   21

## G

Galinsky, E.   178, 179, 312
Gallagher, N.   267, 268
Gama, E. M. P.   81, 118, 119, 214, 233, 236, 237
Gelatt, H. B.   51, 125, 302, 305, 306, 307, 308, 347, 395
Giddens, A.   97
Gilbert, L. A.   183, 197, 198
Gilgun, J.   119
Gilligan, C.   68, 82, 118, 119, 161, 257, 321
Goldberg, H.   68, 76
Goldberger, N.   118
Goldsmith, E. B.   174, 176
Goldsmith, M.   314
Goman, C. K.   100
Goodman, E.   340, 341, 407
Goodman, J.   288
Gore, A.   95
Gould, W. B.   254, 255, 256
Grant, L.   101, 133, 170

Greene, B.   81, 118, 210, 233
Greenhaus, J. H.   180, 188, 329

## H

Haavio-Mannila, E.   185
Hackett, G.   146
Hagberg, J.   82, 117, 190, 275, 388
Hage, D.   101, 170
Halal, B.   241
Hall, D. T.   14, 21, 100, 165, 180, 190, 193, 194, 195, 226, 271, 320, 355, 412
Hall, F. S.   180, 193
Hamlin, S.   133
Handel, G.   119
Hansen, L. S.   23, 63, 67, 81, 142, 145, 164, 165, 174, 233, 237, 239, 339, 344, 393
Hanson, W. C.   229, 384
Hardesty, S.   149
Hare-Mustin, R. T.   69, 70, 135
Harman, W. W.   161, 162, 258
Harmin, M.   260
Hartnett, O.   61
Havelock, R.   351
Heck, R.   217
Hefner, R.   361
Helgesen, S.   314
Helms, J. E.   80, 81, 214, 217
Henderson, H.   27, 38, 88, 90, 94, 98, 156, 161, 162, 241, 357, 371
Henze, D. L.   188, 198
Herr, E. L.   349
Hesselbein, F.   314
Hill, A.   105
Hiller, D. V.   196

Hilton, C. 279
Hines, A. 92
Hoffman, L. W. 189
Hopson, B. 285
Hotchkiss, L. 224
Howard, A. 271

## I

Ibrahim, F. A. 233, 235, 236
Impoco, J. 101, 170
Ivey, A. E. 77, 78
Ivey, M. B. 77

## J

Jackson, J. 366
Jacobs, N. 149
James, W. 254
Jepsen, D. A. 119, 279
Johnson, P. C. 88, 323, 324
Johnston, W. B. 34
Jordan, J. 68, 153, 161, 321
Jung, C. 82, 254, 287

## K

Kahn, H. 235
Kanchier, C. J. 288
Kanter, R. M. 172, 173, 193, 198, 312, 315
Kanungo, R. N. 131
Katz, M. R. 261
Kaye, B. 315
Keen, S. 76
Keierieber, D. 165

Kelly, E. W., Jr. 251
Kidder, R. M. 90, 118
Kiechel, W. 165
Kierleber, D. 165
Kimmel, M. S. 72
Kinsella-Shaw, M. 182, 202
Kluckhohn, F. R. 221, 235, 390
Kofodimos, J. R. 133
Kohlberg, L. 82, 257
Kratz, K. 252, 254, 257, 387, 407
Krumboltz, J. D. 344, 349
Kulin, J. 270
Kutner, N. G. 62

## L

Lang, E. 323
Lappel, F. M. 356
Leafgren, F. 76
Leider, R. J. 82, 115, 275, 276, 281, 315, 344, 388, 389
Lent, R. W. 330
Lerner, G. 112, 362, 363
Lerner, R. M. 60
Leong, F. T. 220
Leung, L. A. 224
Lewis, B. A. 164, 165
Lewis, J. 237
Lichtor, M. B. 318-320
Lindberg, P. S. 147, 148
Lipman-Blumen, J. 312
Lippitt, G. 309
Lippitt, R. 309
Livsey, R. 21
Locke, D. C. 78, 79
Loeffler, T. A. 131
Loye, D. 160

## M

McClenahen, J. S.   265, 272
McDaniels, C.   131, 271
McIntosh, P.   218
Mack, M. L.   254
McWhirter, E. H.   237
Madsen, L.   189
Mandela, N.   211
Maracek, J.   69, 70, 135
Maslow, A. H.   46, 82, 123, 202, 253, 255, 256
May, R.   254, 360
Mead, M.   279, 301, 360
Meadows, D. H.   87
Menuhin, Y.   279
Merriam, S. B.   58
Mill, J. S.   279
Miller, J. B.   68, 118, 153, 321
Miller, J. V.   201
Milne, C.   279
Minor, C. W.   35
Mirvis, P.   27, 243
Mirvis, P. H.   100, 243, 271, 311
Misra, K. S.   131
Mitchell, E.   117
Mogil, C.   270
Moore, D.   76, 199
Moore, T.   38, 252, 263
Moreno, J.   345, 398
Moris, A.   344
Morten, G.   79, 80, 171, 210, 217, 221, 244
Moyers, B.   280
Myers, L. J.   233

## N

Nader, R.   269
Naisbitt, J.   172
Naylor, M. R.   277, 281, 388, 389
Naylor, T. H.   277, 281, 388, 389
Needleman, J.   269
Nevill, D. D.   329
Newman, M.   365
Noer, D. M.   36, 100
Nye, F. I.   189

## O

O'Hara, M.   91
Okun, B. F.   223
Oleshansky, B.   361
Olson, B.   117
Olson, D.   192, 193, 329, 344
O'Neil, J.   74, 137
O'Neil, J. M.   182, 202
Osherson, S.   73
Overstreet, P. L.   42

## P

Packer, A. E.   34
Parham, T. A.   385, 344
Parker, V. A.   180, 226, 227, 312
Parks, R.   247, 404
Parsons, F.   13, 329
Pate, R. H.   251
Peck, M. S.   161, 340
Pedersen, P. B.   78, 79
Philliber, W. W.   197

Piaget, J.   257
Pilder, B.   287, 288
Pinchot, G.   314
Plant, P.   94, 95, 357
Pleck, J. H.   72, 161, 173, 176
Policoff, S. P.   263
Pollitt, K.   69
Ponterotto, J. G.   78, 217
Postman, N.   93
Psalti, A.   79, 81, 210, 232, 235, 384

## R

Rachlin, V.   183, 198
Ragins, B. R.   316
Rapoport, R.   182
Rapoza, R. S.   67, 142
Raths, L. E.   260
Rebecca, M.   361, 377
Redfield, J.   252
Reichling, J.   96, 272
Rheingold, H.   258
Richardson, M. S.   28, 174
Richmond, L.   21
Ridley, C. R.   241
Rieger, B. P.   217
Rifkin, J.   14, 92
Rivas, M.   212
Rivers, C.   59, 197
Robertson, H.   239
Robinson, S. P.   43, 289, 290
Roe, A.   70
Roehlkepartain, E. C.   169
Rogers, C.   253, 254, 256
Rosener, J. B.   316, 317, 318, 340, 395

Rothenberg, P. S.   107
Rozee-Koker, P.   176, 198

## S

Sadker, D.   139
Sadker, M.   139
Saltzman, A.   264
Sandler, B. R.   149
Savickas, M.   13, 279, 302, 303, 330, 350, 389, 391, 407
Schein, E.   193, 315
Scher, M.   73
Schlossberg, N. K.   21, 36, 43, 102, 285, 288, 289, 290, 292, 293, 295, 299, 302, 344, 360-361, 389, 391, 392, 407
Schor, J. B.   133
Schulenberg, J. E.   60
Schwartz, F.   194
Scruggs, M.   197
Sekaran, U.   180, 188, 190
Senge, P.   311, 314
Shapiro, D.   115, 281
Sheehy, G.   51
Shephard, H. A.   356
Simek-Morgan, L.   77
Simon, S. B.   260
Simpson, O. J.   72, 105
Sinetar, M.   276
Skovholt, T.   21, 72, 73, 137, 138, 139
Slepian, A.   270
Sparks, R.   217
Stark, A.   98
Stoltz-Loike, M.   189, 190
Strodtbeck, F. L.   221, 235, 390

Subich, L. M.   349
Sue, D.   80, 218
Sue, D. W.   60, 78, 79, 80, 210, 218, 356
Sundstrom, E.   316
Super, D. E.   12, 31, 33, 42, 55, 57, 129, 131, 329, 349, 376
Super, S. C.   55, 376
Suzuki, L. A.   78, 217
Sverko, B.   376, 391
Swiss, D. J.   147, 149, 193

### T

Taliaferro, J.   101, 170
Tarule, J. M.   68, 118
Thanchankery, T.   324
Theobald, R.   90, 118, 162, 358
Thomas, D. A.   225, 226
Thomas, C.   105
Tinsley, D. J.   130
Tinsley, H.E.A.   130
Tornow, W. W.   310, 311

### V

Vaill, P.   310
van Kaam, A.   254
Vondracek, F. W.   60
Vontress, C. E.   79
Voydanoff, P.   173, 175, 176, 178

### W

Walker, B. A.   228, 229, 313, 321, 384, 421
Walker, J.   164
Walker, J. P.   147, 149, 193
Walker, L. S.   176, 198
Wallston, B. S.   176, 178, 198
Walz, G.   335
Waters, E. B.   288
Washington, B. T.   279
Watts, T.   79, 97
Weitzman, L. B.   144
White, J. L.   242
Wigglesworth, D. C.   225
Williams, C. L.   115, 214
Williams, J. E.   62, 71
Willimon, W. H.   277, 281, 388
Wirth, T.   110
Woodrow, P.   270
Work, J.   315

### Y

Yang, J.   234
Yankelovich, D.   253, 255, 358
Yates, G. G.   251, 387
Yogev, S.   188
Yurich, J. M.   233

### Z

Zedeck, S.   176, 178, 271

## 著者紹介

**サニー・S・ハンセン**（Sunny Sundal Hansen）

ミネソタ大学名誉教授。キャリア・カウンセリング、キャリア教育、多文化間カウンセリング等を専門領域とし、特にアメリカにおけるキャリア・カウンセリングの発展に非常に大きく貢献した。論文や著書などの業績は250を超えるが、代表的な業績としては、アメリカ政府からの助成金を得て開発した、男女双方にとってのキャリア・オプションを広げるための革新的なプログラムBORN FREE、そしてキャリアを職業のみならず、家庭、余暇、生きる意味、社会における役割などが有機的に統合されたものとする「統合的ライフ・プランニング（Integrative Life Planning）」が挙げられる。ハンセン博士はこれまで、アメリカ・カウンセリング学会（ACA）や全米キャリア発達学会（NCDA）の会長を務め、ミネソタ大学や全米キャリア発達学会をはじめ、さまざまな学会から表彰を受けている。また、これまで15カ国以上のさまざまな国で講演やワークショップを行ってきており、日本では1998年の日本心理学会の基調講演者として招聘された。

## 監訳者紹介

### 平木典子（ひらき・のりこ）

・専門領域：臨床心理学、家族心理学
・現職：統合的心理療法研究所(IPI)所長／日本キャリア開発研究センター(JICD)理事
・主な著書・訳書：『新版 カウンセリングの話』（朝日新聞出版、2004 年）、『改訂版 アサーション・トレーニング』（日本・精神技術研究所、2009 年）、共著『家族を生きる』（東京大学出版会、2012 年）、『アサーションの心』（朝日新聞出版、2015 年）、共監訳『サビカス キャリア・カウンセリング理論』（M. L. サビカス著、福村出版、2015 年）

### 今野能志（こんの・ともゆき）

・専門領域：キャリア開発／キャリア・カウンセリング
・前職：株式会社行動科学研究所代表取締役／日本キャリア・カウンセリング研究会（JCC）会長／日本キャリア開発研究センター（JICD）理事
・主な著書：共著『事例 キャリア・カウンセリング』（生産性出版、1999 年）、共著『キャリア開発／キャリア・カウンセリング』（生産性出版、2004 年）、『目標による管理（MBO）』（生産性出版、2005 年）
・2014 年 2 月逝去

### 平　和俊（たいら・かずとし）

・専門領域：キャリア開発／キャリア・カウンセリング
・現職：気づきプロジェクト代表／日本キャリア・カウンセリング研究会（JCC）会員
・主な論文・訳書：「キャリアを創る『気づきのマネジメント』」（『産業カウンセリング研究』、2007 年）、共監訳『サビカス キャリア・カウンセリング理論』（M. L. サビカス著、福村出版、2015 年）

### 横山哲夫（よこやま・てつお）

・専門領域：キャリア開発／キャリア・カウンセリング
・前職：日本キャリア・カウンセリング研究会（JCC）顧問／日本キャリア開発研究センター（JICD）顧問
・主な著書・訳書：『「個立」の時代の人材育成』（生産性出版、1988 年）、編著『キャリア開発／キャリア・カウンセリング』（生産性出版、2004 年）、共訳『組織文化とリーダーシップ』（E. H. シャイン著、白桃書房、2012 年）
・2019 年 6 月逝去

## 訳者紹介

### 乙須敏紀（おとす・としのり）

翻訳家。九州大学文学部卒。西洋史、心理学、美術などの分野を専門とする。
主な訳書：『高齢者虐待の研究』（R. J. ボニー・R. B. ウォレス編、明石書店、2008 年）、共訳『家庭内暴力の研究』（R. チョーク・P. A. キング編、福村出版、2011 年）、『サビカス キャリア・カウンセリング理論』（M. L. サビカス著、福村出版、2015 年）

## キャリア開発と統合的ライフ・プランニング

### 不確実な今を生きる6つの重要課題

2013年4月25日　初版第1刷発行
2020年2月20日　　　第4刷発行

著　者　サニー・S・ハンセン
監訳者　平木典子
　　　　今野能志
　　　　平　和俊
　　　　横山哲夫
訳　者　乙須敏紀
発行者　宮下基幸
発行所　福村出版株式会社
　　　　〒113-0034　東京都文京区湯島2-14-11
　　　　電　話　03-5812-9702
　　　　ＦＡＸ　03-5812-9705
　　　　https://www.fukumura.co.jp
印　刷　株式会社文化カラー印刷
製　本　本間製本株式会社

ISBN 978-4-571-24050-8
定価はカバーに表示してあります。

Printed in Japan
落丁・乱丁本はお取替えいたします。
本書の無断複製・転載・引用等を禁じます。

## 福村出版◆好評図書

M. L. サビカス 著／日本キャリア開発研究センター 監訳／乙須敏紀 訳
### サビカス キャリア・カウンセリング理論
●〈自己構成〉によるライフデザインアプローチ
◎2,800円　　ISBN978-4-571-24055-3　C3011

キャリア構成理論の旗手，サビカス初の邦訳。クライエントの人生物語を再構成し，最適な職業選択へと導く。

渡部昌平 編著
### 実践家のためのナラティブ／社会構成主義キャリア・カウンセリング
●クライエントとともに〈望ましい状況〉を構築する技法
◎3,000円　　ISBN978-4-571-24061-4　C3011

ナラティブ／社会構成主義キャリア・カウンセリングの現場で活躍する専門家達が，各自の実践ノウハウを公開。

渡部昌平 編著
### 社会構成主義キャリア・カウンセリングの理論と実践
●ナラティブ，質的アセスメントの活用
◎3,200円　　ISBN978-4-571-24056-0　C3011

社会構成主義キャリア・カウンセリングとナラティブ，またそれらを背景とした質的アセスメントを多面的に詳解。

石山恒貴 著
### 越境的学習のメカニズム
●実践共同体を往還しキャリア構築するナレッジ・ブローカーの実像
◎2,600円　　ISBN978-4-571-24064-5　C3011

会社等の枠を越境して学びの場を求める越境的学習が個人と組織にもたらす効果について事例研究をもとに検証。

P. クーグラー 編著／皆藤 章 監訳
### スーパーヴィジョンの実際問題
●心理臨床とその教育を考える
◎5,000円　　ISBN978-4-571-24077-5　C3011

ユング派というオリエンテーションを超え，スーパーヴィジョンとは何かという問題を通して心理臨床を考える。

D. フォーシャ 著／岩壁 茂・花川ゆう子・福島哲夫・沢宮容子・妙木浩之 監訳／門脇陽子・森田由美 訳
### 人を育む愛着と感情の力
●AEDPによる感情変容の理論と実践
◎7,000円　　ISBN978-4-571-24063-8　C3011

変容を重視した癒やしの治療モデルAEDP（加速化体験力動療法）。創始者ダイアナ・フォーシャによる初の解説書。

R. プルチック・H. R. コント 編著／橋本泰央・小塩真司 訳
### 円環モデルからみたパーソナリティと感情の心理学
◎8,000円　　ISBN978-4-571-24078-2　C3011

パーソナリティと感情の包括的モデルの一つである対人円環モデル。その広範な研究と臨床心理への応用を紹介。

◎価格は本体価格です。